Marcelo Moraes Paula
Bacharel e licenciado em Geografia pela Universidade de São Paulo
Professor de Geografia no Ensino Fundamental e Médio

Angela Rama
Mestre em Geografia pela Universidade de São Paulo
Bacharel e licenciada em Geografia pela Universidade de São Paulo
Professora de Geografia no Ensino Fundamental e Médio

Jornadas.geo – 7º ano (Ensino Fundamental)
© Marcelo Moraes Paula; Angela Rama, 2016
Direitos desta edição:
Saraiva Educação Ltda., São Paulo, 2016
Todos os direitos reservados

Dados Internacionais de Catalogação na Publicação (CIP)
(Câmara Brasileira do Livro, SP, Brasil)

Paula, Marcelo Moraes
   Jornadas.geo : geografia, 7º ano : ensino fundamental / Marcelo Moraes Paula, Angela Rama. – 3. ed. – São Paulo : Saraiva, 2016.

   Suplementado pelo manual do professor.
   Bibliografia
   ISBN 978-85-472-0018-3 (aluno)
   ISBN 978-85-472-0019-0 (professor)

   1. Geografia (Ensino fundamental) I. Rama, Angela. II. Título.

15-08280   CDD-372.891

Índice para catálogo sistemático :
1. Geografia : Ensino fundamental   372.891

Contêineres no Porto de Paranaguá, no Paraná, o maior porto graneleiro da América Latina.

Gerente editorial	M. Esther Nejm
Editor responsável	Wagner Nicaretta
Editor	Raquel Maygton Vicentini
Assistentes editoriais	Henrique Reichert, Klismann Nunes Matos
Coordenador de revisão	Camila Christi Gazzani
Revisores	Cesar G. Sacramento, Kátia Lopes Godoi, Sueli Bossi
Produtor editorial	Roseli Said
Coordenador de iconografia	Cristina Akisino
Pesquisa iconográfica	Thiago Fontana, Daniel Cymbalista, Renata Freitas e Beatriz Micsik
Licenciamento de textos	Erica F. Brambila e Carolina Carmini
Gerente de artes	Ricardo Borges
Coordenador de artes	Narjara Lara
Design	Casa Paulistana de Comunicação
Capa	Sérgio Cândido, com imagem de Cassio Vasconcelos/Fotografias Aéreas
Diagramação	Estúdio Editores.com
Edição de arte	Regiane de Paula Santana
Assistente	Camilla Felix Cianelli
Ilustrações	Alan Carvalho, Alex Argozino, Alex Silva, BIS, Bernardo Borges/Rogério Borges, Luis Moura, Luiz Fernando Rubio, Paulo César Pereira, Selavi Conteúdo Criativo
Cartografia	Dacosta Mapas, Mário Yoshida, Sonia Vaz e Studio Caparroz
Tratamento de imagens	Emerson de Lima
Produtor gráfico	Thais Mendes Petruci Galvão
Impressão e acabamento	EGB - Editora Gráfica Bernardi Ltda.

075454003001

O material de publicidade e propaganda reproduzido nesta obra está sendo utilizado apenas para fins didáticos, não representando qualquer tipo de recomendação de produtos ou empresas por parte do(s) autor(es) e da editora.

Editora Saraiva   SAC | 0800-0117875
De 2ª a 6ª, das 8hs às 18hs
www.editorasaraiva.com.br/contato

Avenida das Nações Unidas, 7221 – 1º andar – Setor C – Pinheiros – CEP 05425-902

APRESENTAÇÃO

Caro aluno,

Compreender o lugar, o país e o mundo em que vivemos significa refletir como, onde e por que ocorrem as relações entre as pessoas, os fenômenos naturais, as relações entre os seres humanos e a natureza, entre tantos outros fatos que influenciam a vida em sociedade. A reflexão sobre o que acontece nesses espaços é um dos primeiros passos para trocar ideias e agir conscientemente no sentido de buscar mudanças.

Cabe à Geografia ajudar a responder de que formas e com quais objetivos os seres humanos organizam os diversos e diferentes espaços que constroem em sua constante relação com a natureza. Muitas perguntas podem ser feitas e explicações discutidas, como: por que um grande número de pessoas se concentra em um determinado lugar? De que forma as indústrias ou os supermercados escolhem um determinado lugar para se instalar? Por que em alguns lugares há boas condições de vida e, em outros, há más condições? Os seres humanos podem produzir energia e usar recursos naturais sem causar grandes impactos ambientais? Por que alguns países exercem influência ou domínio sobre outros? De onde vêm os recursos minerais? Por que há conflitos e guerras no mundo? Como os vulcões entram em erupção e por que ocorrem terremotos? Muitas dessas perguntas não têm respostas definitivas, pois o mundo está em constante mudança e o conhecimento sobre ele também.

Convidamos você a estudar Geografia e esperamos que este livro possa ajudá-lo a compreender melhor o espaço organizado pelos seres humanos, o qual você ajuda a produzir e do qual você também é parte; esperamos ainda que ele contribua para sua formação como cidadão participante e atuante na sociedade.

Bom estudo!

Os autores

CONHEÇA SEU LIVRO

Este livro está organizado em oito unidades. O desenvolvimento dos temas foi distribuído em diferentes seções, cada uma com finalidade específica.

Conheça essa estrutura.

Abertura de unidade

Estas páginas são uma preparação para o estudo da unidade. Aproveite as perguntas da seção *Trocando ideias* para conversar sobre os assuntos que serão estudados a seguir, ao longo da unidade.

Apresenta os principais conteúdos que serão trabalhados e desenvolvidos na unidade.

O início de cada capítulo é claramente identificado.

Saiba mais

Aqui são apresentados textos complementares que ampliam e aprofundam os temas tratados.

Não deixe de...

Aqui você encontra sugestões de livros, filmes e *sites* que ampliam e enriquecem os temas estudados. Para facilitar a sua escolha, as sugestões são acompanhadas de resenhas informativas.

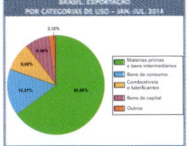 

Leitura de imagem

Algumas imagens são exploradas por questões que vão ajudá-lo a identificar e compreender melhor as informações presentes nos mapas, fotografias, gráficos e ilustrações.

E no...?

A seção *E no mundo?* faz a relação entre os conteúdos referentes a lugares do mundo e o Brasil.

Linguagem cartográfica

Aqui são apresentados conteúdos procedimentais importantes para o trabalho com mapas e outros produtos cartográficos, como croquis, plantas e imagens de satélite. Nas atividades são trabalhadas a interpretação e a produção de mapas.

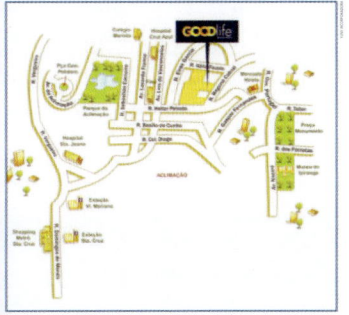 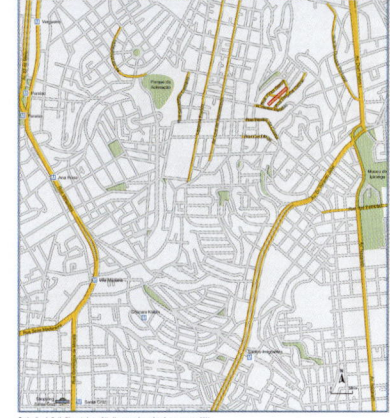

Infográficos

Este recurso, que reúne imagens e textos, é utilizado para comunicar de maneira dinâmica e direta o conteúdo trabalhado. Por meio dele, você compreende melhor os assuntos estudados.

Teia do saber

Este é um momento especial para você utilizar o que aprendeu. As atividades propostas resgatam, organizam e ampliam os conhecimentos trabalhados. Além disso, permitem o desenvolvimento de diferentes habilidades, entre elas as de observar, organizar dados e informações, estabelecer comparações e argumentar.

Encerrando a unidade

Esta seção traz a oportunidade de rever o conhecimento adquirido e refletir sobre ele. Aproveite esse momento de avaliação para retomar os assuntos estudados e tirar suas dúvidas.

Em algumas unidades, o *Investigando seu lugar* propõe atividades de coleta e análise de informações sobre sua realidade.

Conhecimento interligado

Esta seção mostra que os conhecimentos da Geografia estão ligados a diversas áreas, como Matemática, História e Ciências, entre outras.

Em ação

Nesta seção você será convidado a posicionar-se de maneira crítica e a refletir sobre suas próprias atitudes. Envolve debates, trabalhos em equipe e análise de situações, entre outras atividades.

SUMÁRIO

1 O território brasileiro

1. Divisão política e regional, 14
- Divisão política, 14
- A Federação brasileira, 15
- Divisão regional, 16
- As macrorregiões brasileiras, 16
- As regiões geoeconômicas, 17

Saiba mais – Mudança no mapa do Brasil, 17

2. Dimensão e localização, 18
- "Gigante pela própria natureza", 18
- Distâncias norte-sul e leste-oeste, 19
- Linguagem cartográfica – Fusos horários, 20
- O Brasil na América, 22
- O Brasil e seus vizinhos, 23

Teia do saber, 24

3. Formação do território brasileiro, 26
- A ocupação da América pelos europeus, 26
- O Tratado de Tordesilhas, 27
- América Portuguesa e Brasil, 28
- Expansão para o oeste, 29

4. Ocupação e integração do território, 30
- O ciclo do pau-brasil, 31
- O ciclo da cana-de-açúcar, 31
- O ciclo da mineração, 32
- O ciclo do café, 32
- A industrialização, 33

Saiba mais – Políticas territoriais: a construção de Brasília, 33

Teia do saber, 34

Em ação – Território brasileiro e representantes do povo, 36

2 O Brasil e suas regiões

1. Região Norte, 40
- Apropriação do território, 40
- Vivendo nas cidades, 41
- Importância dos rios, 42
- As rodovias, 43

Saiba mais – Região Norte e Amazônia, 43

Linguagem cartográfica – Imagens de satélite: devastação da vegetação na Amazônia, 44

2. Região Nordeste, 46
- Apropriação do território, 46
- De volta para casa, 47
- As sub-regiões do Nordeste, 48
- O Semiárido e o combate à seca, 49

Teia do saber, 50

3. Regiões Centro-Oeste e Sul, 52
- Região Centro-Oeste, 52
- Apropriação do território, 52
- Crescimento econômico, 53
- Região Sul, 54
- Apropriação do território, 54
- Economia diversificada, 55

4. Região Sudeste, 56
- Apropriação do território, 56
- Do ouro para o café, 57
- Do café para a indústria, 58
- Centro econômico do Brasil, 59

Teia do saber, 60

Em ação – Desigualdades regionais e futebol, 62

3 Relevo e águas no Brasil

1. O relevo brasileiro, 66
    Altitudes modestas, 67
    Um relevo desgastado, 68
    O relevo se transforma, 69
    O relevo submarino, 70
        Recursos naturais no relevo submarino, 71
  Saiba mais – O pré-sal, 71

2. Principais formas do relevo brasileiro, 72
    Planícies, 72
    Depressões, 72
    Planaltos, 73
    Distribuição das formas de relevo no território, 74
  Teia do saber, 75
  Linguagem cartográfica – Mapa hipsométrico e perfil topográfico, 76

3. Águas no território brasileiro, 78
    Distribuição, 78
    Águas subterrâneas, 79
  E no mundo? – Cidade do México está afundando, 79
    Rios e bacias hidrográficas brasileiras, 80
        Bacia do Prata, 80
        Bacia do Amazonas, 81
        Bacia do São Francisco, 81
        Bacia do Parnaíba, 81
        Bacia do Tocantins, 81
        Bacias Costeiras, 81

4. Uso das águas continentais no Brasil, 82
    Irrigação, 82
    Consumo animal, 83
    Abastecimento urbano e industrial, 83
  Saiba mais – Transposição do Rio São Francisco, 83
    Geração de energia, 84
    Transporte, 84
  Saiba mais – Água: crise no abastecimento × uso eficiente e responsável, 85
  Teia do saber, 86
  Conhecimento interligado – O Velho Chico e seus mitos, 88

4 Vegetação e clima no Brasil

1. Aspectos da vegetação brasileira, 92
    Vegetação nativa e atual, 92
    Formações vegetais no Brasil, 93
        Florestas e Campos Amazônicos, 93
        Caatinga, 93
        Mata Atlântica, 94
        Cerrado, 94
  Saiba mais – Mata dos Cocais, 94
        Vegetação do Pantanal, 95
        Mata de Araucárias, 95
        Vegetação Litorânea, 95
        Campos, 95

2. Devastação e preservação, 96
    Devastação, 96
    Ações para preservação, 98
  Saiba mais – Combate ao desmatamento na Amazônia, 99
  Teia do saber, 100

3. Clima no Brasil, 102
    Dinâmica do clima no Brasil, 103
    Fatores que influenciam o clima, 104

4. Tipos de clima do Brasil, 106
    Distribuição, 106
    Principais características, 107
        Clima Equatorial, 107
        Clima Tropical, 107
        Clima Semiárido, 107
        Clima Tropical Úmido, 108
        Clima Subtropical, 108
        Clima Tropical de Altitude, 109
E no mundo? – Climas que não ocorrem no Brasil, 109
Linguagem cartográfica – Clima e vegetação do Brasil: sobreposição de mapas, 110
Teia do saber, 112
Conhecimento interligado – Previsão do tempo e conhecimento popular, 114

5 O espaço rural brasileiro

1. Paisagens do campo e da cidade, 118
   Espaços interdependentes, 119
   Modernização do campo, 120
      Problemas da modernização do campo, 121

2. Terra e trabalho no campo, 122
   Estrutura fundiária brasileira, 123
      Reforma agrária, 124
      Assentamentos e movimentos sociais, 125
   Trabalhadores do campo brasileiro, 126
   Saiba mais – Direitos trabalhistas, 126
   Teia do saber, 127
   Linguagem cartográfica – Trabalho escravo: uso da variável visual tamanho, 128

3. Agricultura brasileira, 130
   Alguns produtos de destaque, 130
      Café, 130
      Soja, 131
      Milho, 131
      Feijão, 132
      Cana-de-açúcar, 132
   Saiba mais – Agriculturas alternativas, 133

4. Pecuária e extrativismo, 134
   Pecuária, 134
      Pecuária tradicional e moderna, 134
      Pecuária orgânica, 134
      Principais rebanhos e áreas de criação, 135
   Extrativismo vegetal, 136
   Saiba mais – Carnaúba, a "árvore da vida", 136
      Extrativismo mineral, 137
   Teia do saber, 138
   Em ação – Agricultura familiar e feiras orgânicas, 140

6 Brasil: país urbano

1. Do campo para a cidade, 144
   A urbanização brasileira, 144
   E no mundo? – Um mundo cada vez mais urbano, 145
      Cidade: espaço de grandes contrastes, 146
         O centro e a periferia, 146
   Saiba mais – Subúrbio: diferentes significados, 146
      Desigualdade social, 147
      Segregação espacial, 148
      Especulação imobiliária e moradias precárias, 149
   Linguagem cartográfica – Venda de imóveis na cidade: uso de croqui, 150

2. A rede urbana brasileira, 152
   Hierarquia urbana, 153
      Metropolização, 154
   E no mundo? – Aglomerações urbanas, 154
   Teia do saber, 155

3. Serviços públicos nas cidades, 156
   Limpeza pública, 157
   Áreas verdes nas cidades, 157
   Transporte público, 158
   Saiba mais – Transporte e mobilidade urbana, 158
      Quem paga pelos serviços públicos?, 159

4. Problemas ambientais nas cidades, 160
   Poluição, 160
   Saiba mais – Problemas ambientais: relação entre lugares, 160
      Contaminação do solo, 161
      Poluição visual, 161
      Excesso de barulho, 162
      Poluição do ar, 162
      Contaminação das águas, 163
   Teia do saber, 164
   Em ação – Cidades sustentáveis, 166

7 Indústria, serviços e comércio no Brasil

1. Indústria no Brasil, 170
    Distribuição espacial da indústria, 170
        A concentração industrial, 171
    E no mundo? – Distribuição da indústria no mundo, 171
        A desconcentração industrial, 172
    Infográfico – Indústria e ambiente, 173

2. Industrialização no Brasil, 174
    Até 1930, 174
    Saiba mais – Bens industriais: classificação, 174
        De 1930 a 1955, 175
        De 1956 a 1990, 176
        De 1990 aos dias atuais, 176
    Teia do saber, 177

3. O setor de serviços, 178
    Saiba mais – Informatização e expansão da internet, 178
        Turismo, 179
        Transportes, 180
            Rodovias, 182
            Ferrovias, 183
    Linguagem cartográfica – Áreas de interesse turístico no Brasil: uso de símbolos, 184

4. Comércio, 186
    Comércio *on-line*, 186
    Comércio informal, 186
    Comércio interno no Brasil, 187
    Saiba mais – Comércio Justo e Solidário e moedas sociais, 187
        Comércio externo do Brasil, 188
    E no mundo? – Quem fiscaliza o comércio mundial?, 188
    Infográfico – Principais parceiros comerciais do Brasil, 189
    Teia do saber, 190
    Conhecimento interligado – Antigas e novas profissões, 192

8 População brasileira

1. Brasil: país populoso, 196
    O crescimento da população brasileira, 197
        Crescimento em declínio, 198
        Por que as famílias brasileiras estão menores?, 199

2. Distribuição e movimentos da população, 200
    Distribuição espacial da população, 200
    Brasil: país pouco povoado, 201
    E no mundo? – Países mais populosos do mundo, 201
        Movimentos da população brasileira no território, 202
            Principais fluxos migratórios, 202
    Teia do saber, 204

3. População brasileira: idade, sexo e trabalho, 206
    Idade e sexo, 206
    Saiba mais – Pirâmides etárias, 207
        População brasileira e trabalho, 208
    E no mundo? – Distribuição da PEA em alguns países, 208
        A mulher no mercado de trabalho, 209
    Linguagem cartográfica – Mulheres no mercado de trabalho: variável visual valor, 210

4. População brasileira e diversidade cultural, 212
    Os povos indígenas, 212
        Terras Indígenas, 213
    Saiba mais – Demarcações e invasões das Terras Indígenas, 213
        Os povos negros africanos, 214
        Terras quilombolas, 215
    Saiba mais – Proteção às Comunidades Quilombolas, 215
        Os europeus e outros povos, 216
    Saiba mais – Imigração nos dias atuais, 217
    Teia do saber, 218
    Em ação – O Censo e as condições de vida, 220

Bibliografia, 223

UNIDADE 1

O território brasileiro

Nesta primeira unidade, iniciamos o estudo do espaço geográfico brasileiro, apresentando alguns aspectos gerais sobre o território. Também esperamos que você perceba que a formação, o povoamento, os limites e as dimensões do território resultam de um longo processo histórico, marcado pelo desenvolvimento de diversas atividades econômicas.

Nesta unidade você vai saber mais sobre

- Divisão política e regional do território brasileiro
- Dimensão e localização do Brasil
- Fusos horários
- Limites e fronteiras
- Formação e expansão do território brasileiro
- Ocupação e integração do território

Vista aérea da Praia do Forte e da cidade de Natal (RN), 2014.

Imagem de satélite.

TROCANDO IDEIAS

1. A imagem de satélite mostra parte da América Central e a América do Sul. Como os países foram delimitados nessa imagem? E as Unidades da Federação brasileiras?

2. Você sabe o que significam os pontos pretos inseridos na imagem? Um desses pontos é a cidade de Natal. Em que estado ela se localiza?

3. Hoje, Natal tem paisagens urbanas como a que aparece na fotografia, mas nas primeiras décadas do século XVI era apenas um povoado que fazia parte da capitania Rio Grande. Na sua opinião, por que Portugal dividiu o Brasil em capitanias?

1 Divisão política e regional

DIVISÃO POLÍTICA

Observe atentamente o mapa.

Fonte: *Atlas geográfico escolar.* Rio de Janeiro: IBGE, 2012. p. 90.

LEITURA DE IMAGEM

1. O que está representado no mapa?
2. Em quantas Unidades da Federação o território brasileiro foi dividido? Em qual delas você mora?

Segundo a Constituição de 1988, o Brasil é uma Federação cujo nome oficial é República Federativa do Brasil. Uma **Federação** caracteriza-se por ser um Estado descentralizado, ou seja, as unidades federativas possuem autonomia política e eleição de seus governantes.

O Brasil é composto de 27 Unidades da Federação (UFs), sendo 26 estados e um Distrito Federal, onde se localiza Brasília, capital do país e sede do Governo Federal. Os estados estão divididos em municípios, que são as menores unidades político-administrativas da Federação. Em 2014, nosso país possuía 5.570 municípios.

No Brasil, as eleições para governadores de estado e do Distrito Federal, senadores, deputados estaduais, deputados federais, presidente da República, prefeitos e vereadores ocorrem a cada quatro anos. Os eleitores, obrigados a votar, são os cidadãos brasileiros alfabetizados maiores de 18 anos e menores de 70. Também podem votar, caso queiram, pessoas com idade entre 16 e 17 anos e maiores de 70 anos, além dos analfabetos.

Constituição: conjunto de leis, normas e regras de um país. A Constituição regula e organiza o funcionamento do Estado. É a lei máxima que limita poderes e define os direitos e os deveres dos cidadãos.

Eleição: no Brasil, é o processo no qual eleitores determinam, pelo voto direto, quem serão seus representantes na administração municipal, estadual e federal.

Estado: instituição que exerce o controle sobre um território politicamente independente, delimitado por fronteiras e limites, com governo e leis próprias.

Unidades da Federação: partes do território brasileiro com governos e leis próprias, mas que são subordinadas ao Governo Federal e à Constituição Federal.

A Federação brasileira

O **Governo Federal**, ou **União**, é constituído pelos poderes Executivo (exercido pelo presidente da República), Legislativo (constituído pelo Senado Federal e pela Câmara dos Deputados Federais) e Judiciário (Supremo Tribunal Federal).

Observe as fotografias.

O Palácio da Alvorada é a sede do Poder Executivo da Federação brasileira. Nele trabalha o presidente da República, responsável pela execução das leis e pela administração do país. Fotografia de 2013.

O presidente da República divide sua responsabilidade com os ministros. Cada ministro é indicado pelo presidente para cuidar de uma área ou de um setor de atividade do governo, que são os ministérios. Na fotografia, a Esplanada dos Ministérios em Brasília em 2013.

O Congresso Nacional reúne os Senadores e os Deputados Federais, responsáveis pela elaboração e aprovação das leis da União e pela fiscalização das obras e ações do presidente da República e dos ministros. Fotografia de 2013.

No Supremo Tribunal Federal estão os juízes responsáveis por assegurar o cumprimento das leis previstas na Constituição brasileira. Fotografia de 2012.

No federalismo brasileiro há uma forte centralização do poder político pelo Governo Federal, com enfraquecimento da autonomia dos estados. Assim, podemos afirmar que, no caso do Brasil, a Federação apresenta algumas características que a diferenciam de outras federações, como a dos Estados Unidos. Nesse país, as unidades federativas têm maior autonomia política. Há estados, por exemplo, onde a pena de morte é permitida e em outros não, ou seja, as leis podem ser bem diferentes de um estado para outro.

Além de ser uma Federação, o Brasil é uma **República Presidencialista**. É uma República, pois há um chefe de Estado, eleito por tempo determinado; e é Presidencialista pois, além de ser chefe de Estado, o presidente é chefe de Governo.

Chefe de Estado: pessoa sem poderes administrativos. Seu papel é representar o país de forma cerimonial em festas e outros eventos para autoridades ou em programas humanitários.

Chefe de Governo: cuida de toda a administração do país, das questões econômicas e sociais à política de segurança externa.

DIVISÃO REGIONAL
As macrorregiões brasileiras

A divisão do Brasil em macrorregiões é a mais conhecida e divulgada.

Fonte: *Atlas geográfico escolar.* Rio de Janeiro: IBGE, 2012. p. 94.

> **LEITURA DE IMAGEM**
> 1. Que regiões aparecem no mapa? Em qual dessas regiões você vive?
> 2. Que Unidades da Federação fazem parte da região onde você vive?

As cinco regiões – Norte, Nordeste, Sudeste, Sul e Centro-Oeste – foram criadas pelo Instituto Brasileiro de Geografia e Estatística (IBGE) com base na localização das Unidades da Federação e nas semelhanças entre os aspectos econômicos e sociais e os elementos naturais, como o clima e a vegetação.

Apesar de as macrorregiões serem caracterizadas por aspectos comuns, cada região apresenta particularidades. Ou seja, em uma mesma região podemos encontrar atividades econômicas diversas e manifestações culturais diferentes, além das distinções em relação aos elementos naturais.

Na Região Nordeste, por exemplo, há áreas com clima seco, como o Sertão, e áreas com clima úmido, como a faixa litorânea.

À esquerda, Sertão nordestino, no município de Cabaceiras (PB), 2012; à direita, praia no município de Uruçuca (BA), 2014.

As regiões geoeconômicas

Agora, observe este outro mapa.

LEITURA DE IMAGEM

1. O Brasil foi dividido em quais regiões?
2. Há estados que fazem parte de mais de uma região geoeconômica. Cite esses estados e as regiões das quais fazem parte.

Fonte: *Atlas geográfico escolar.* Rio de Janeiro: IBGE, 2012. p. 152.

Na divisão do Brasil em regiões geoeconômicas ou complexos regionais, foram consideradas principalmente as características econômicas e da história da ocupação do território. Além disso, diferentemente da divisão em macrorregiões, os limites que separam os complexos regionais não são os mesmos das Unidades da Federação. Por isso, há Unidades da Federação que fazem parte de duas regiões simultaneamente.

Um exemplo é Minas Gerais, que possui grande parte de sua área situada no Centro-Sul, mas também tem parte do norte do estado localizada no Nordeste. A explicação para isso é que o norte de Minas Gerais tem mais semelhanças e afinidades com o Nordeste do que com o Centro-Sul.

SAIBA MAIS

Mudança no mapa do Brasil

Ao longo da história do nosso país, os limites entre os estados sofreram diversas alterações, com a criação de novos estados. Também ocorreram diversas propostas de mudanças que não se efetivaram. Em 2011, por exemplo, foi realizado um plebiscito para a divisão do estado do Pará em três: Pará, Carajás e Tapajós. A maior parte da população paraense, no entanto, votou contra essa alteração.

Os defensores da criação de novos estados argumentam que os atuais possuem muitos contrastes socioeconômicos. Com essa mudança, haveria mais investimentos, possibilitando a melhoria da economia e das condições de vida da população.

Por outro lado, os críticos alegam que novas Unidades da Federação significariam mais gastos para o país, com a criação de novos cargos políticos e liberação de verbas públicas. E defendem ainda que os problemas nos estados existentes poderiam ser resolvidos de outras formas.

2 Dimensão e localização

"GIGANTE PELA PRÓPRIA NATUREZA"

Observe no planisfério os territórios dos oito maiores países do mundo.

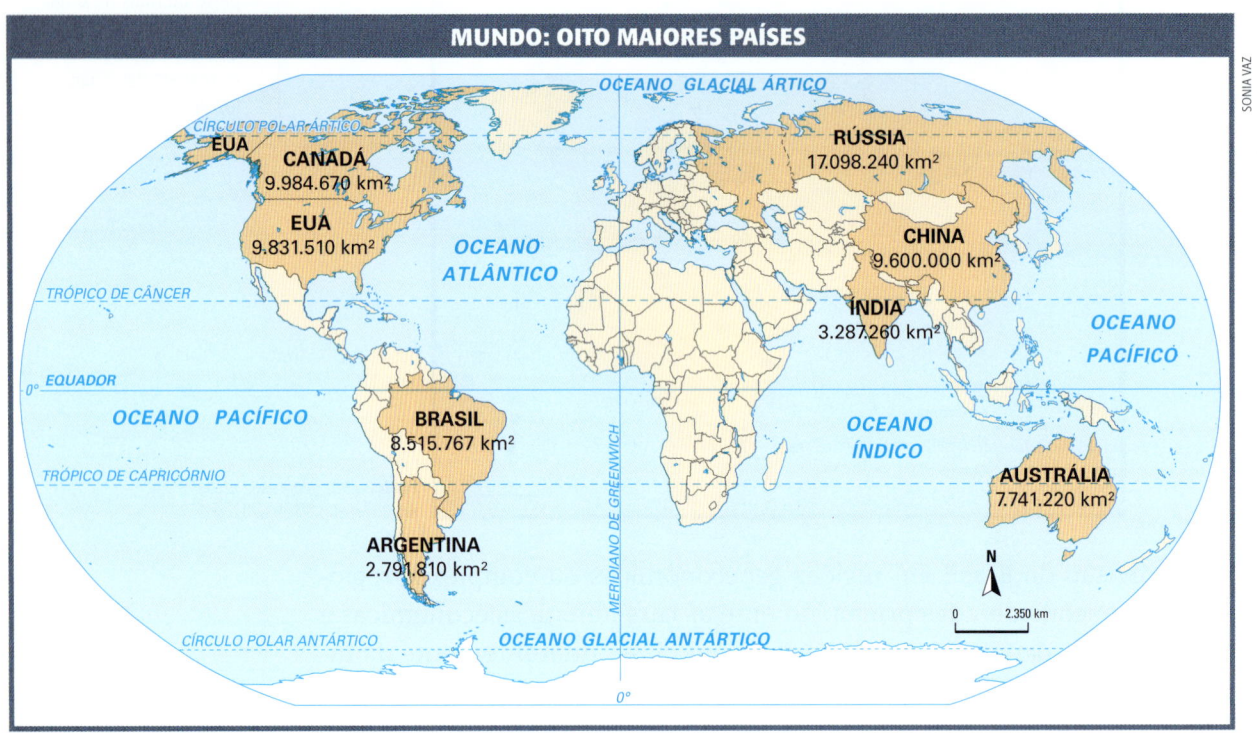

Fonte: *Atlas geográfico escolar*. Rio de Janeiro: IBGE, 2012. p. 34; IBGE Países@. Disponível em: <www.ibge.gov.br>. Acesso em: set. 2014.

Com uma área territorial de aproximadamente 8.515.767 km², o Brasil é o quinto maior país do mundo, superado apenas pela Rússia, pelo Canadá, pela China e pelos Estados Unidos.

O território brasileiro está situado totalmente a oeste do Meridiano de Greenwich, no Hemisfério Ocidental, e apresenta aproximadamente 93% do território no Hemisfério Sul e 7% no Hemisfério Norte. É atravessado pela Linha do Equador, ao norte, e pelo Trópico de Capricórnio, ao sul.

Devido ao imenso território que possui, o Brasil é muitas vezes chamado de "país-continente". Para se ter uma ideia da grande extensão de nosso país, o continente europeu, com área territorial de 10.360.000 km², é constituído por 50 países, sendo vários deles menores que muitos estados brasileiros.

Hemisfério: corresponde a cada uma das metades do globo terrestre ou do planisfério, delimitadas pelo Meridiano de Greenwich (Hemisfério Ocidental e Hemisfério Oriental) e pela Linha do Equador (Hemisfério Norte e Hemisfério Sul).

Território: espaço geográfico com limites definidos e constituído por construções humanas e/ou elementos naturais (rios, vegetação, solo, clima). O território é o espaço sobre o qual um povo, por meio do seu governo, exerce poder ou domínio.

LEITURA DE IMAGEM

1. Classifique os países representados no mapa em ordem decrescente de acordo com o tamanho do território de cada um.
2. Quais deles estão localizados no Hemisfério Ocidental?
3. Quais estão totalmente inseridos no Hemisfério Sul?
4. Dos oito maiores países do mundo, qual deles possui terras nos hemisférios Norte e Sul?

Distâncias norte-sul e leste-oeste

Observe o mapa.

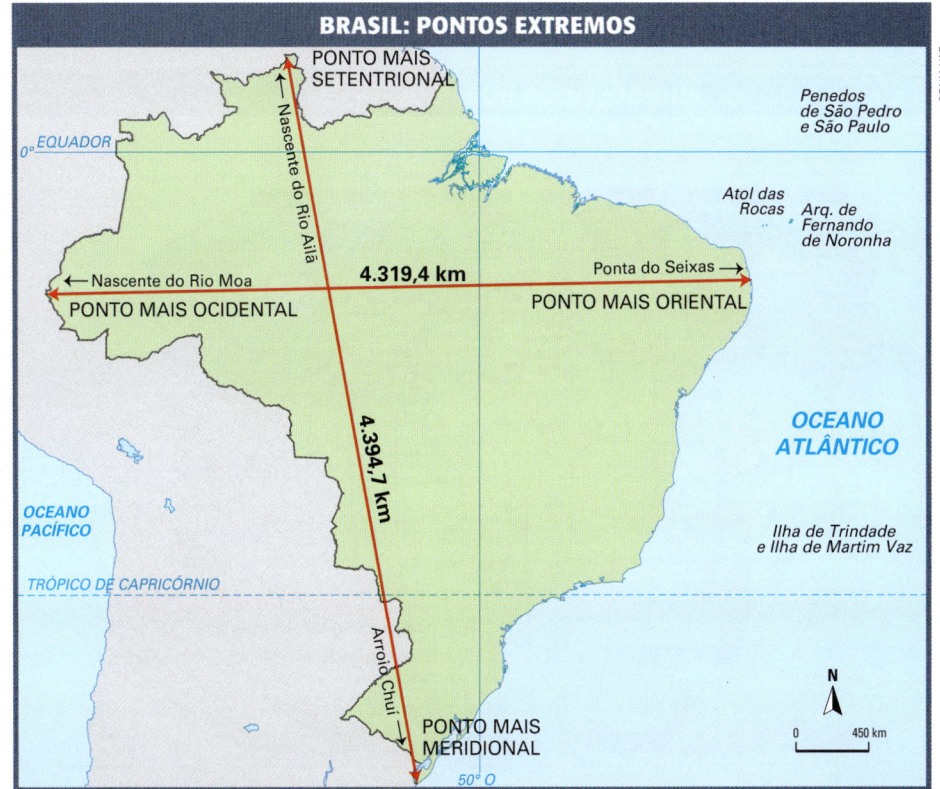

Fonte: *Atlas geográfico escolar*. Rio de Janeiro: IBGE, 2012. p. 91.

LEITURA DE IMAGEM

1. Em que estados se localizam os pontos extremos do território brasileiro?
2. O território brasileiro é mais extenso de norte a sul ou de leste a oeste? A diferença entre essas extensões é muito grande? Justifique sua resposta.

Os pontos extremos do Brasil são os lugares mais distantes ao norte, ao sul, a leste e a oeste do seu território.

O ponto mais setentrional (ao norte) é a nascente do Rio Ailã, no Monte Caburaí, em Roraima, fronteira com a Guiana. O ponto mais meridional (ao sul) é o Arroio (riacho) Chuí no estado do Rio Grande do Sul, na divisa com o Uruguai. O ponto mais ocidental (a oeste) é a nascente do Rio Moa, na Serra do Contamana ou Divisor no Acre, fronteira com o Peru. O ponto mais oriental (a leste) é a Ponta do Seixas no estado da Paraíba, limite com o Oceano Atlântico.

A grande extensão latitudinal (norte-sul) do território brasileiro ajuda a explicar a diversidade de paisagens naturais, com a ocorrência de diferentes tipos de clima e de vegetação. Em direção ao norte do território, em geral, ocorrem climas com temperaturas mais elevadas. Já em direção ao sul, os climas apresentam médias de temperaturas mais baixas. Essa diferença se deve à influência da latitude. De modo geral, as regiões localizadas nas altas latitudes (próximas aos polos) têm climas mais frios que as localizadas nas baixas latitudes (próximas à Linha do Equador), como veremos com mais detalhes na *Unidade 4*.

A grande extensão longitudinal (leste-oeste), em conjunto com o **movimento de rotação** da Terra, explica a existência de horários diferenciados no território brasileiro.

Movimento de rotação: é o movimento que a Terra realiza ao redor de si mesma. A rotação dura cerca de 24 horas. Os dias, as noites e os diferentes horários da Terra são consequências desse movimento.

Fusos horários

Os fusos horários são zonas da Terra que apresentam o mesmo horário em toda a sua extensão. Nosso planeta é dividido em 24 fusos diferentes. Observe o mapa.

Fonte: elaborado com base em *Atlas Geográfico Escolar*. Rio de Janeiro: IBGE, 2012. p. 35; OBSERVATÓRIO NACIONAL/DIVISÃO SERVIÇO DA HORA (DSHO). Disponível em: <http://pcdsh01.on.br/Fusbr.htm>. Acesso em: jul. 2014.

A hora do fuso do Meridiano de Greenwich, ou GMT (abreviação do inglês *Greenwich Mean Time*), é a referência mundial na determinação das horas. Dessa maneira, todas as localidades situadas a leste de Greenwich têm hora adiantada em relação a esse meridiano e as localidades que estão a oeste têm a hora atrasada. Em outras palavras, ao passar de um fuso para outro, deve-se adiantar (a leste ou oriente) ou atrasar (a oeste ou ocidente) uma hora no relógio.

Veja no mapa dos fusos horários que a cidade de Brasília está situada no fuso que indica 3 horas a menos (atrasadas) em relação ao horário de Londres, cidade que está localizada no fuso do Meridiano de Greenwich (fuso inicial). Assim, quando em Londres forem 18 horas, por exemplo, em Brasília serão 15 horas.

Em alguns países há horários fracionados em relação a Greenwich. É o caso da Venezuela, da Índia, do Afeganistão, entre outros. Observe, no mapa, que esses países aparecem em rosa. Por exemplo, o horário do Irã está adiantado três horas e meia em relação ao fuso inicial. Assim, quando em Londres forem 9 horas, em Teerã (capital do Irã) serão 12 horas e 30 minutos.

Outro aspecto importante a destacar é em relação à China. Mesmo com uma grande extensão territorial de leste a oeste, esse país possui um único fuso em todo o seu território.

A grande extensão leste-oeste do território brasileiro proporciona a existência de quatro fusos horários no nosso país. Observe o mapa da página ao lado.

Enquanto na maior parte dos estados brasileiros, como Maranhão e Paraná, são 9 horas, em Mato Grosso, por exemplo, são 8 horas e no Acre, 7 horas. Já do lado leste, no arquipélago de Fernando de Noronha são 10 horas. Como existem quatro fusos em nosso país, a hora oficial do Brasil é a da capital federal, Brasília.

Fonte: DSHO. Disponível em: <http://pcdsh01.on.br/Fusbr.htm>. Acesso em: jul. 2014.

Atividades

1. Que horas são, neste momento, no lugar onde você está? E no restante do país? Para registrar suas respostas no caderno, siga as instruções:

   I. Desenhe quatro relógios, um para cada fuso horário do Brasil.

   II. No primeiro relógio, desenhe os ponteiros indicando o horário, neste momento, de onde você mora.

   III. No segundo, terceiro e quarto relógios, indique as horas nos demais fusos brasileiros.

   IV. Abaixo de cada relógio escreva o nome de uma Unidade da Federação (ou parte dela, no caso do Amazonas) ou do arquipélago que estão em cada fuso.

2. Lucas está na cidade de Porto Alegre (RS). Ele está nervoso, porque alguém vai esperá-lo no aeroporto Marechal Rondon, na cidade de Campo Grande (MS) com uma encomenda importante, às 20h30, e o avião só partirá às 17h00 e levará 4 horas para chegar ao destino. Responda às questões no caderno:

   a. Quando o avião de Lucas partir, serão 17h00. Que horas serão em Campo Grande?

   b. Quatro horas depois, quando Lucas chegar a Campo Grande, que horas serão lá?

   c. Lucas vai perder a hora? Por quê?

3. Observe o planisfério na página ao lado. Se em Brasília (DF) são 8 horas, que horas serão:

   a. em Nova York?

   b. em Berlim?

   c. no Cairo?

   d. no seu município?

21

O BRASIL NA AMÉRICA

O Brasil está localizado na América. Observe, nos mapas, duas maneiras de dividir esse continente, utilizando critérios diferentes.

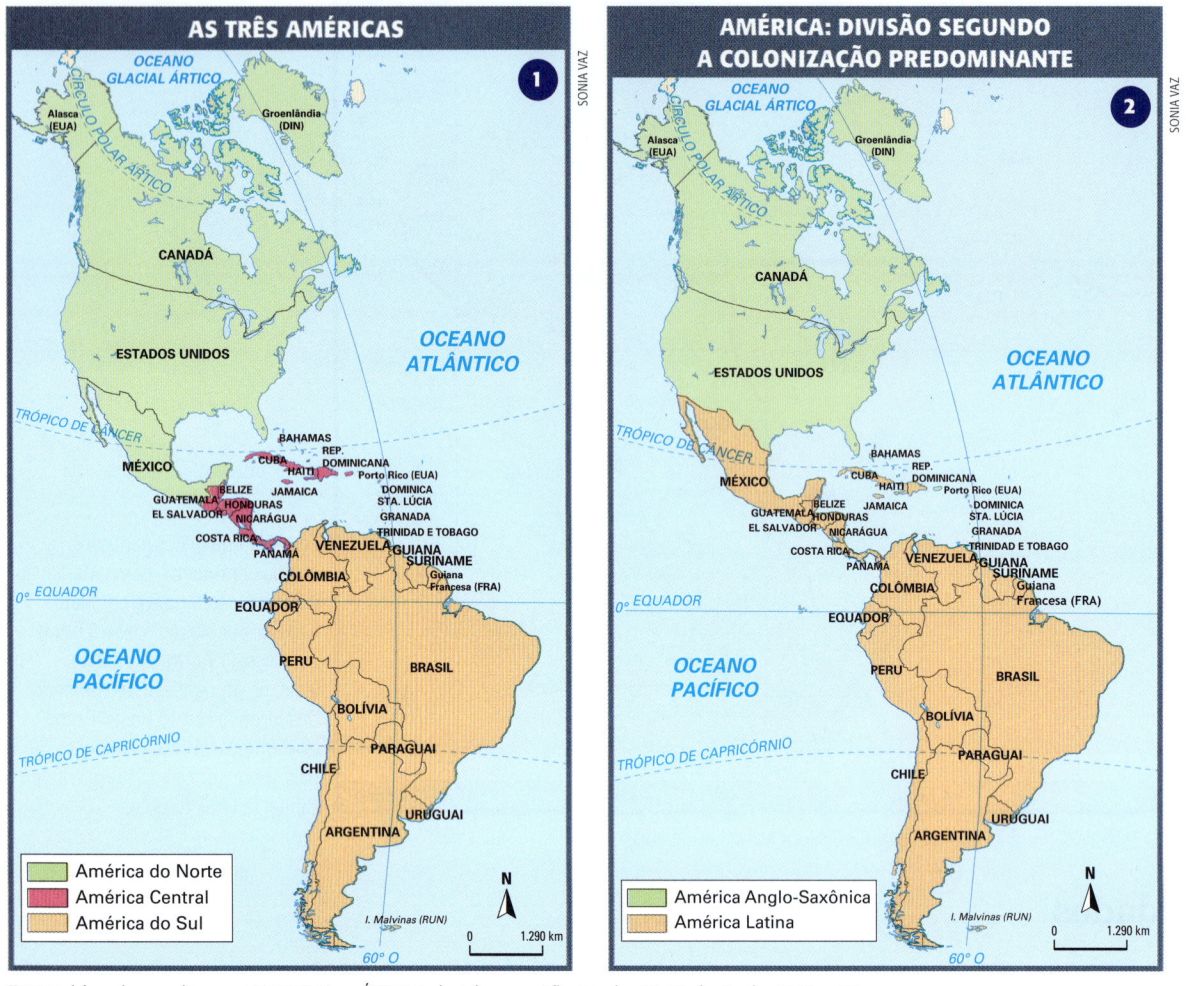

Fonte: elaborados com base em CALDINI, Vera; ÍSOLA, Leda. *Atlas geográfico Saraiva*. São Paulo: Saraiva, 2013. p. 96.

No mapa 1, a divisão do continente americano em **América do Norte**, **América Central** e **América do Sul** utiliza como critério a distribuição das terras no sentido norte-sul. De acordo com esse critério, o Brasil está localizado na América do Sul.

Já no mapa 2, a divisão do continente americano em América Latina e América Anglo-Saxônica leva em consideração a colonização e a língua falada em cada região. De acordo com esse critério, o Brasil está localizado na América Latina.

LEITURA DE IMAGEM

1. Segundo os critérios adotados, em que regiões do continente americano está localizado o Brasil?

2. Todos os países que formam a América do Norte fazem parte da América Anglo-Saxônica? Explique sua resposta.

América Latina: região que recebeu esse nome por ter sido colonizada principalmente por portugueses e espanhóis. Por esse motivo, nessa parte da América as línguas oficiais da maior parte dos países são o português (no Brasil) e o espanhol, ambas as línguas de origem latina.

América Anglo-Saxônica: região que recebeu esse nome por ter sido colonizada principalmente por ingleses, que são de origem anglo-saxã. Na América Anglo-Saxônica, o inglês é a língua predominante.

Colonização: processo de ocupação, dominação, povoamento e/ou exploração de uma determinada região.

O Brasil e seus vizinhos

O mapa abaixo localiza o Brasil e os países da América do Sul.

Fonte: *Atlas geográfico escolar*. Rio de Janeiro: IBGE, 2012. p. 41.

LEITURA DE IMAGEM

1. Como foram representados os limites entre os países? E entre as Unidades da Federação do Brasil?
2. Que países não fazem limite com o Brasil?
3. Que país possui o maior limite com o Brasil? E o menor?
4. Que países não são banhados por oceano?
5. Que país vizinho do Brasil tem saída para os oceanos Atlântico e Pacífico?
6. A Unidade da Federação onde você mora é vizinha de algum país da América do Sul? Qual? Se não, indique dois estados brasileiros que sejam vizinhos de algum país sul-americano.

O Brasil tem 23.086 km de fronteiras, sendo 16.886 km terrestres (países da América do Sul) e 7.367 km marítimas (Oceano Atlântico).

As extensas fronteiras brasileiras trazem vantagens para o comércio internacional por facilitarem as trocas comerciais. Ao mesmo tempo, dificultam o monitoramento e o controle, ocorrendo ações criminosas, como comércio ilegal de produtos (contrabando), tráfico de drogas e de armas, fuga e entrada de criminosos etc. No entanto, os sucessivos governos não podem atribuir as falhas de segurança das fronteiras à sua grande extensão, devendo tomar atitudes específicas para combater esses problemas.

Fronteira: área de contato entre dois países vizinhos, situada próximo à divisa. A divisa é o aspecto visível do limite marcada por rios, serras, pontes, placas de sinalização e monumentos que representam onde começa e onde termina o território dos países e das Unidades da Federação.

23

teia do saber

1. Observe os mapas e faça as atividades.

    a. Explique por que o título da sequência de mapas é *Brasil: país-continente*.

    b. Além da grande área territorial, nosso país tem grandes extensões norte-sul e leste-oeste. Explique que relações existem entre essas extensões e as características físicas e os fusos horários no território.

2. No lugar onde você mora, que horas são nesse momento? Essa hora é a mesma em todo o território brasileiro? Explique sua resposta.

3. O território brasileiro também possui extensas fronteiras. Quais são as possíveis vantagens e desvantagens dessa extensão?

4. De acordo com a divisão político-administrativa, como está organizado o território brasileiro?

5. Sobre a divisão regional do território brasileiro, responda às questões abaixo.

    a. Quais são as principais divisões regionais? Que regiões foram criadas?

Fonte: THÉRY, Hervé; MELLO, Nelly A. de. *Atlas do Brasil*: disparidades e dinâmicas do território. São Paulo: Edusp, 2009. p. 19.

   b. Que diferenças podem ser apontadas entre a divisão do Brasil em macrorregiões e a divisão em regiões geoeconômicas?

6. Leia novamente o texto do boxe *Saiba Mais*, "Mudança no mapa do Brasil", na página 17, e faça as atividades no caderno.

    a. O que dizem os defensores e os críticos da criação de novas Unidades da Federação no Brasil?

    b. E você, o que pensa sobre isso? Debata o assunto com o professor e os colegas. Depois escreva um pequeno texto defendendo seus argumentos.

7. Leia o trecho da notícia.

Exército envia 450 militares à faixa de fronteira entre Mato Grosso e Bolívia

"O Exército Brasileiro está mobilizando 450 homens para reforçar a presença militar na fronteira entre Mato Grosso e o território boliviano desde a manhã deste sábado [10 mai. 2014], manobra prevista nas ações da oitava edição da Operação Ágata, deflagrada pelo Ministério da Defesa em toda a faixa fronteiriça nacional.

[...]

Agora, com a proximidade da Copa do Mundo em 12 cidades-sedes brasileiras, inclusive a capital mato-grossense Cuiabá, o governo pretende reforçar sua presença militar para coibir crimes em função do previsto aumento de fluxo de pessoas e mercadorias entre o Brasil e os países vizinhos.

Entre as ocorrências que o Ministério da Defesa pretende combater na fronteira estão crimes ambientais, narcotráfico internacional e contrabando de veículos.

[...]"

Exército envia 450 militares à faixa de fronteira entre Mato Grosso e Bolívia. 30 mai. 2014. G1. Disponível em: <http://g1.globo.com>. Acesso em: jul. 2014.

Militares na fronteira entre Mato Grosso e Bolívia, 2012. Em 2014, devido à realização da Copa do Mundo de Futebol, o Ministério da Defesa reforçou o patrulhamento na região.

a. A notícia descreve problemas na fronteira entre quais países?

b. Levando-se em consideração a divisão do continente americano em "Três Américas", em que região estão localizados esses países?

c. Que tipos de crimes foram destacados na notícia? Que outros tipos de crimes se relacionam com as fronteiras?

d. Qual é a diferença entre fronteira e limite?

e. De que maneiras a divisa entre países, estados ou municípios pode ser demarcada?

f. O estado de Mato Grosso está localizado em qual macrorregião brasileira? E em qual região geoeconômica?

Investigando seu lugar

8. Faça uma pesquisa sobre os limites que demarcam o território da Unidade da Federação onde você mora.

   a. Que Unidade(s) da Federação ou país(es) faz(em) limite com a UF onde você mora?

   b. Que tipos de divisa marcam a separação entre os territórios?

   c. Converse com uma pessoa que costuma ir, por via terrestre, a diferentes Unidades Federativas ou municípios. Pergunte que tipo de divisa ela observa entre os territórios e que diferenças e/ou semelhanças ela percebe entre as paisagens ao passar de um território para o outro.

3 Formação do território brasileiro

A OCUPAÇÃO DA AMÉRICA PELOS EUROPEUS

Observe a imagem.

LEITURA DE IMAGEM

1. O que está representado na imagem?
2. Na sua opinião o que o fato representado na imagem significou para a história?

Desembarque de Colombo na Ilha de São Salvador (1803), de Frederick Kemmelmeyer.

Em 1492, o navegador Cristóvão Colombo saiu da Espanha à procura de uma rota, pelas águas do Oceano Atlântico, que o levasse às Índias. Nessa região, os europeus tinham interesse em produtos muito importantes para a época, tais como essências, tecidos, pedras preciosas e especiarias.

Com informações de que a Terra era esférica, como asseguravam os estudos de alguns cartógrafos da época, Colombo concluiu que poderia chegar à região das Índias navegando para o oeste. Porém os cálculos de Colombo não eram precisos e, entre a Europa e a Ásia, acabou encontrando terras que os europeus, oficialmente, desconheciam.

Em 12 de outubro de 1492, Cristóvão Colombo desembarcou em uma ilha que recebeu o nome de São Salvador. Essa ilha era apenas uma pequena parte do continente que mais tarde passaria a se chamar América ou "terra de Américo", em homenagem a Américo Vespúcio, banqueiro, navegador e um dos financiadores das primeiras expedições ao chamado Novo Continente.

Cartógrafo: pessoa que elabora mapas e outros produtos cartográficos.

Especiaria: planta aromática usada na produção de medicamentos e para conservar ou temperar os alimentos. Entre as especiarias destacam-se a pimenta-do-reino, o cravo e a canela.

O Tratado de Tordesilhas

Desde o início do século XV, os portugueses realizavam viagens marítimas pelo Oceano Atlântico, com o objetivo de alcançar as Índias contornando a África.

A descoberta da América pelos espanhóis despertou os interesses de Portugal, que passou a reivindicar da Espanha o direito de explorar as terras do Novo Continente. Para evitar guerras, Portugal e Espanha assinaram, em 1494, o **Tratado de Tordesilhas**.

Por esse tratado, todas as terras já descobertas e as que viessem a ser descobertas a oeste de uma linha imaginária, localizada a 370 léguas (aproximadamente 20.350 km) do arquipélago de Cabo Verde (África), pertenceriam à Coroa Espanhola, e as terras localizadas a leste dessa linha pertenceriam à Coroa Portuguesa. O Tratado de Tordesilhas foi importante porque definiu o primeiro limite do território que mais tarde daria origem ao Brasil.

No início do ano 1500, o governo português organizou uma expedição comandada por Pedro Álvares Cabral. Essa expedição tinha dois claros objetivos: estabelecer feitorias na África e tomar posse das terras portuguesas na América.

No dia 22 de abril de 1500, Cabral e seus comandados desembarcaram no litoral sul do atual estado da Bahia, em terras que mais tarde viriam a fazer parte do território brasileiro.

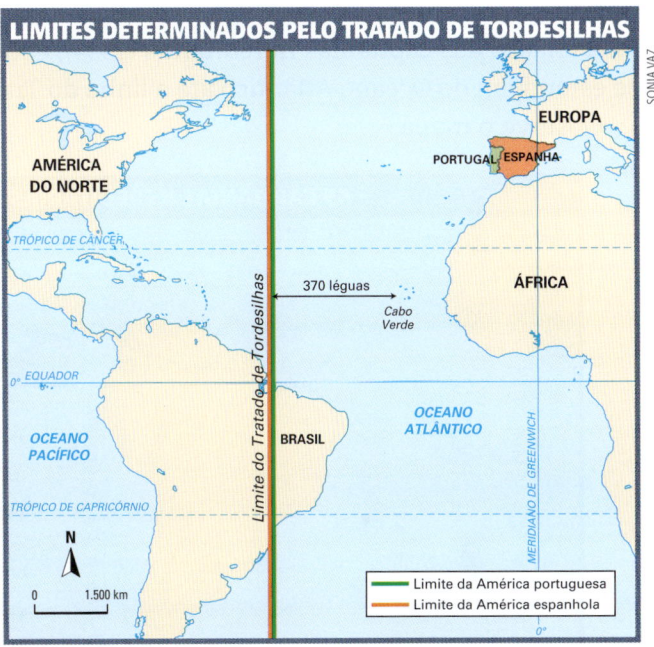

Fonte: ARRUDA, José J. de. *Atlas histórico básico*. São Paulo: Ática, 1999. p. 20.

Feitorias: postos avançados de Portugal que representavam os interesses políticos, militares e comerciais da Coroa Portuguesa.

NÃO DEIXE DE LER

- **Terra à vista! A viagem de Cabral ao Brasil e à Índia**

  Janaína Amado e Luiz Carlos Figueiredo. São Paulo: Atual, 2013.

  Narrativa sobre a expedição de Cabral às terras que, pelo Tratado de Tordesilhas, pertenciam à Coroa Portuguesa.

Desembarque de Pedro Álvares Cabral em Porto Seguro em 1500 (1922), de Oscar Pereira da Silva.

América Portuguesa e Brasil

Até pouco tempo atrás, predominava a ideia de que o Brasil existe desde a chegada dos portugueses em 1500. Assim, parecia que o território brasileiro estava definido, com os mesmos limites que conhecemos hoje, somente esperando para ser encontrado e apresentado ao mundo.

O território brasileiro, na verdade, começou a ser construído pelos colonizadores, que se apropriaram dos espaços ocupados pelos povos indígenas, expulsando-os, escravizando-os ou exterminando-os. Com o tempo, os portugueses ampliaram seus domínios e criaram, na chamada América Portuguesa, bases administrativas no território que deu origem ao Brasil.

A primeira tentativa de Portugal para administrar suas terras na América foi a criação das **capitanias hereditárias** (1534), enormes lotes de terra que se estendiam do Oceano Atlântico até a linha do Tratado de Tordesilhas.

Observe o mapa.

Fonte: GIRARDI, Gisele; ROSA, Jussara V. *Novo atlas geográfico do estudante*. São Paulo: FTD, 2005. p. 20.

NÃO DEIXE DE ACESSAR

- **IBGE – Brasil 500 anos**
  http://brasil500anos.ibge.gov.br
  Neste *site* você encontra a seção "Território brasileiro e povoamento", na qual há textos e várias imagens relativas ao processo de povoamento e construção do território brasileiro, a partir da chegada dos colonizadores europeus.

As longas distâncias entre uma capitania e outra e as dificuldades de comunicação e transportes garantiam a autonomia política e administrativa dos capitães ou donatários.

Na tentativa de limitar o poder local dos donatários, a Coroa Portuguesa criou, em 1549, o **governo-geral** com sede em Salvador, na capitania da Bahia de Todos os Santos. O governador-geral tinha poderes quase ilimitados. Mas, na prática, sua autoridade estava restrita à sua sede, pois o poder continuava dividido entre as capitanias hereditárias.

Donatários: nobres que recebiam da Coroa Portuguesa a posse da capitania hereditária, com amplos poderes políticos e administrativos.

Expansão para o oeste

Durante a **União Ibérica** (1580-1640), período em que Portugal ficou sob o domínio da Espanha, ocorreu a expansão do território para oeste. O Tratado de Tordesilhas foi ignorado e os limites entre as áreas coloniais dos dois países na América acabaram se confundindo, facilitando o deslocamento de portugueses e brasileiros (bandeirantes, expedições militares, expansão da pecuária, mineração etc.) para o interior do continente.

O **Tratado de Madri**, assinado em 1750 por Portugal e Espanha, legalizou a posse definitiva para os portugueses dos territórios conquistados além do Tratado de Tordesilhas durante a União Ibérica. Observe o mapa ao lado.

Fonte: GIRARDI, Gisele; ROSA, Jussara V. *Novo atlas geográfico do estudante*. São Paulo: FTD, 2005. p. 20.

Após a independência (1822), a construção do território brasileiro, com delimitação de fronteiras, aconteceu de forma mais intensa. A diplomacia brasileira aproveitou a expansão para o oeste, iniciada no período colonial, para definir grande parte das fronteiras atuais do Brasil.

Veja nos mapas abaixo a configuração do território brasileiro no final do Período Imperial (1822-1889) e na primeira metade do século XX.

Fonte: GIRARDI, Gisele; ROSA, Jussara V. *Novo atlas geográfico do estudante*. São Paulo: FTD, 2005. p. 20.

4 Ocupação e integração do território

Observe as imagens.

Gravura de engenho de cana-de-açúcar, em Pernambuco, elaborada por Simon de Vries, em 1682.

Escravos lavando diamantes, em Curralinho (MG). Gravura publicada no *Atlas de uma viagem ao Brasil*, de Karl Martius e Johann Baptist von Spix, por volta de 1835.

Moinho Matarazzo, em São Paulo (SP), por volta de 1900.

LEITURA DE IMAGEM
- Identifique a atividade econômica representada em cada imagem.

A ocupação e a integração do território brasileiro estão associadas, entre outros fatores, aos períodos ou ciclos econômicos caracterizados por uma atividade principal (extração de pau-brasil, cultivo de cana-de-açúcar, de café, pecuária, mineração, indústria) que ocorria com maior intensidade no espaço geográfico.

As atividades econômicas no Brasil, até o desenvolvimento da cafeicultura no século XIX, eram regionais e separadas umas das outras. Essa organização espacial ocorria em "ilhas econômicas", caracterizando o território como um "arquipélago econômico", como denominam alguns pesquisadores.

Apesar de os termos "ciclo" e "período" estarem associados à ideia de sucessão, ou seja, de que uma atividade substituía a outra, nenhuma delas desaparecia: em cada período, uma atividade tinha maior importância na economia da colônia ou do país, mas as demais continuavam a ser praticadas.

Pau-brasil: árvore nativa da Mata Atlântica utilizada pelo colonizador europeu para extração de madeira e produção de corantes para o tingimento de tecidos.

30

O CICLO DO PAU-BRASIL

O ciclo de extração do pau-brasil foi de curta duração (1500-1530), pouco contribuindo para o processo de ocupação e integração do território.

O corte das toras de madeira, executado pelos indígenas, estava restrito a uma pequena faixa do litoral e o transporte para a Europa era realizado principalmente por franceses, que se aproveitavam da ausência e da falta de interesse da Coroa Portuguesa para dominar o comércio do pau-brasil. Observe o mapa ao lado.

Representação artística do Brasil (cerca de 1500-1559), de Giovanni Battista Ramusio.

Os portugueses pouco se envolveram com a atividade, pois estavam mais interessados no rico comércio de especiarias com o Oriente e, aparentemente, suas terras na América não possuíam nenhuma riqueza que pudesse despertar maiores interesses comerciais.

LEITURA DE IMAGEM

1. Quem eram os principais habitantes da América Portuguesa no período representado na imagem?
2. Que atividade está representada?
3. Como a presença de europeus foi representada no mapa?

O CICLO DA CANA-DE-AÇÚCAR

A partir de 1530, com o declínio do comércio com o Oriente, a Coroa Portuguesa decidiu iniciar o processo de ocupação de suas terras na América. A primeira expedição colonizadora, comandada por Martim Afonso de Souza, visava proteger o território de invasões, estabelecer os primeiros povoados e desenvolver o cultivo da cana-de-açúcar. Em 1532, foi fundada São Vicente, a primeira vila do Brasil.

Foi com a cana-de-açúcar que começou a ocorrer a transformação e a ocupação mais efetiva da América Portuguesa. O litoral nordestino, principal área produtora, ficou caracterizado pela presença da grande propriedade (latifúndio), pela monocultura (cana-de-açúcar) e pelo trabalho escravo (inicialmente indígena, posteriormente africano). A produção destinava-se ao mercado europeu. Esse sistema de produção ficou conhecido como **plantation**.

A lavoura canavieira expandiu sua área de influência, direta e indiretamente, por boa parte da América Portuguesa, estimulando atividades econômicas complementares, como a produção de algodão, milho e mandioca e a pecuária, que fornecia carne e animais de tração para o trabalho nos engenhos.

NÃO DEIXE DE LER

- **O trabalho nos engenhos**

Etelvina Trindade. São Paulo: Atual, 1996.

Apresenta os vários aspectos da produção e comercialização do açúcar, tanto no Brasil como na Europa, permitindo compreender melhor a economia açucareira no período colonial.

O CICLO DA MINERAÇÃO

A descoberta de ouro e diamantes, no século XVII, em Minas Gerais, Goiás e Mato Grosso trouxe modificações na organização e ocupação do espaço brasileiro. Coincidindo com a decadência econômica da produção de açúcar, a mineração provocou o deslocamento do eixo econômico do Nordeste para a Região Centro-Sul e foi a primeira atividade econômica a promover uma ocupação mais intensa do interior do Brasil, provocando o surgimento de várias cidades, como Ouro Preto (MG), Mariana (MG) e Cuiabá (MT).

Essas cidades necessitavam de muitas mercadorias e de animais, como mulas e burros, que pudessem auxiliar no trabalho nas minas. As mercadorias e os animais chegavam com os tropeiros. Nas rotas dos tropeiros formaram-se muitos povoados e vilas que depois se tornaram cidades, como Sacramento (RS) e Sorocaba (SP).

A atividade mineradora foi também responsável pela transferência, em 1763, da capital colonial de Salvador para o Rio de Janeiro.

O CICLO DO CAFÉ

O Período Imperial (1822-1889) foi marcado pela lavoura cafeeira. Do Rio de Janeiro, o café se expandiu rapidamente, ocupando áreas do interior do território, principalmente nos estados de São Paulo, Minas Gerais, Paraná e Espírito Santo.

A expansão do café estimulou o desenvolvimento de meios de transporte mais eficientes, com a construção de ferrovias, sobretudo em São Paulo, e outras atividades econômicas em diversas áreas do país, como no Sul (pecuária e agricultura) e no Centro-Oeste (pecuária), que abasteciam o crescimento econômico do Sudeste. O Nordeste, e especialmente o Norte, mais distantes do centro dinâmico e articulador, receberam menor influência.

NÃO DEIXE DE LER

- **O ouro e as transformações na sociedade colonial**
Eduardo França Paiva. São Paulo: Atual, 2004.
A obra apresenta o século XVIII como palco das grandes transformações da sociedade brasileira. Procura relacionar, em linguagem acessível, o ciclo da mineração e o processo de independência do Brasil.

- **Império do café: a grande lavoura no Brasil**
Ana Luiza Martins. São Paulo: Atual, 2000.
O livro aborda a introdução da cultura cafeeira no Brasil e suas consequências: o trabalho escravo; o trabalho livre e assalariado; a queda da monarquia; a implantação e a importância das ferrovias; e o desenvolvimento das cidades e das regiões cafeeiras.

Até 1850 a produção cafeeira se deu no Vale do Paraíba (fluminense e paulista); de 1850 a 1900, expandiu-se para a Zona da Mata Mineira, Região de Campinas e Espírito Santo; de 1900 a 1950, para o centro-oeste paulista e área de Minas Gerais e Espírito Santo; depois de 1950, a expansão ocorreu para o noroeste do Paraná e oeste do Mato Grosso do Sul.

Fonte: BECKER, Bertha K.; EGLER, Claudio A. G. *Brasil*: uma nova potência regional na economia. São Paulo: Bertrand, 1992.

A INDUSTRIALIZAÇÃO

A existência de infraestrutura (estradas de ferro, portos, rede bancária etc.), a maior concentração populacional e, por conseguinte, maior oferta de mão de obra beneficiaram a Região Sudeste no processo de industrialização do Brasil, iniciado a partir da segunda metade do século XIX.

A indústria contribuiu para maior integração do território brasileiro. Estradas foram abertas para facilitar o transporte de matérias-primas, produtos industrializados e os milhares de migrantes, em sua maioria nordestinos, em busca de melhores condições de vida e trabalho nas principais cidades da região. No entanto, a concentração industrial e econômica no Sudeste ampliou as diferenças regionais do território brasileiro.

Área industrial no Brás, bairro da cidade de São Paulo (SP), 1910.

+ SAIBA MAIS

Políticas territoriais: a construção de Brasília

As políticas territoriais adotadas pelos governos incentivaram a ocupação e a integração do território.

Uma das políticas que favoreceram o povoamento e o desenvolvimento econômico do interior do Brasil foi a construção de Brasília, planejada para ser a nova capital do país, substituindo a cidade do Rio de Janeiro.

Até o final da década de 1950, o Centro-Oeste tinha uma população pequena, se comparada à do Sudeste, do Nordeste e do Sul. A região estava praticamente isolada do restante do país, sendo a comunicação com as outras regiões muito precária. A principal atividade econômica era o extrativismo mineral, principalmente garimpos de ouro e diamante.

Com o início da construção de Brasília em 1957, foram abertas rodovias, ampliando a comunicação do Centro-Oeste com o restante do país e atraindo um grande número de pessoas que sonhavam com melhores condições de vida na nova capital.

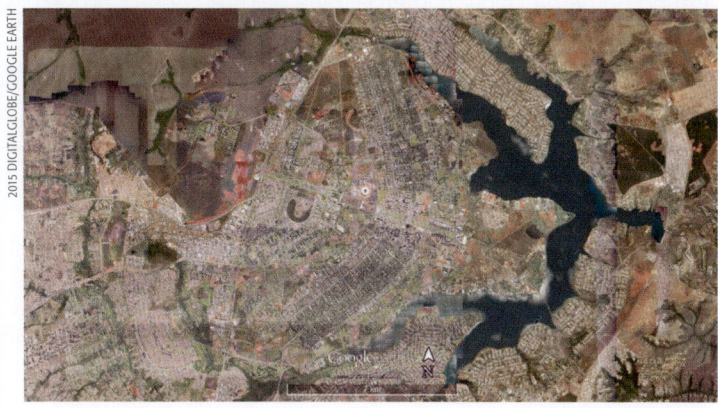

Brasília, no Distrito Federal, foi planejada em 1957. Sua construção seguiu um projeto, chamado de Plano Piloto, que lembra um avião, e foi concluída em 1960. Imagem de satélite de 2014.

Atividades

- Por que a construção de Brasília pode ser considerada uma política de integração do território nacional?

33

teia do saber

1. O mapa ao lado representa, de forma resumida, informações sobre a formação do território brasileiro do século XVI ao XIX. Observe-o atentamente e faça as atividades no caderno.

    Fonte: THÉRY, Hervé; MELLO, Neli A. de. *Atlas do Brasil*: disparidade e dinâmicas do território. 2. ed. São Paulo: Edusp, 2009. p. 33.

    a. Os limites atuais do território brasileiro estavam definidos desde a chegada do colonizador português em 1500? Explique sua resposta.

    b. Explique o que é a linha tracejada verticalmente e sua importância para a formação do território brasileiro.

2. A organização da América Portuguesa em capitanias hereditárias permitia uma integração do território? Explique.

3. Por que a União Ibérica favoreceu a expansão do território português na América para oeste?

4. Leia o texto e depois faça as atividades.

    ### A origem do nome Brasil

    Não há um consenso entre os pesquisadores sobre a origem do nome Brasil. A teoria mais divulgada afirma que Brasil vem do nome da árvore comercializada pelos europeus, no século XVI, nas terras que hoje constituem nosso país: o pau-brasil. O nome da árvore é devido à cor vermelha de sua madeira, que lembra brasas. Esta explicação seria insuficiente, pois já no século XIV mapas traziam a representação de uma ilha, no norte do Oceano Atlântico, chamada Brasil, Bracia ou Berzil.

    a. De acordo com o texto, qual é a teoria mais divulgada sobre a origem do nome do nosso país?

    b. Em que parte do território o pau-brasil estava concentrado? Quem eram os responsáveis por sua extração? E até quando se deu a exploração?

5. Por que a partir de 1530 os portugueses resolveram ocupar efetivamente suas terras na América?

6. Cite a atividade econômica que promoveu, pela primeira vez, maior ocupação do interior da América Portuguesa.

7. Observe as fotos ao lado. Depois responda às questões no caderno.

a. Você conhece alguns desses doces? Quais?

b. Muitas das receitas desses doces são da época do Brasil colonial e têm um ingrediente básico que, sem ele, não poderiam ter o sabor adocicado. Que ingrediente é esse?

c. Branco, mascavo, demerara, o açúcar que consumimos no nosso país vem da cana-de-açúcar. Antes da chegada dos europeus, os indígenas usavam mel para preparar alguns alimentos. Explique a importância do cultivo da cana-de-açúcar para a formação do território brasileiro.

8. Ainda sobre o açúcar, leia o texto e faça as atividades no caderno.

> Dos períodos em que se costumou dividir a história econômica brasileira – [....] –, o da cana-de-açúcar, inegavelmente, é um dos mais importantes, por ter ocupado maior área territorial e por haver se prolongado por cinco séculos, o maior período de nossa história.
>
> ANDRADE, Manuel C. de. A civilização açucareira. In: QUINTAS, Fátima (Org.).
> *A civilização do açúcar*. Recife: Sebrae, Fundação Gilberto Freyre, 2007. p. 13.

a. Cite os períodos ou ciclos, estudados na unidade, aos quais o autor se refere.

b. No período ou ciclo do açúcar, a produção canavieira ocorreu principalmente em qual macrorregião?

9. Muitas pessoas tomam café sem açúcar, mas a combinação dos dois ingredientes faz parte da cultura nacional há bastante tempo. Até o nome da nossa primeira refeição é "café da manhã", mesmo que não tomemos café. Em espanhol, por exemplo, a primeira refeição do dia é *desayuno*, algo como desjejum, ou seja, quebra do jejum.

a. Quais foram as principais áreas ocupadas pela expansão da cafeicultura no Brasil?

b. Explique a importância da produção cafeeira para a ocupação, a integração do território brasileiro e a economia do nosso país.

Investigando seu lugar

10. Os alimentos que fazem parte da nossa cultura estão relacionados com a formação do território. Em grupo, façam uma pesquisa sobre um prato tradicional da Unidade da Federação ou macrorregião onde vocês vivem.

a. Qual é a origem desse prato? Qual é a relação dele com a economia e a formação do território do nosso país?

b. Como ele é preparado? O modo de preparo mudou ao longo do tempo?

c. Quais são os ingredientes? Como eles são produzidos e obtidos atualmente e como isso ocorria no passado?

Encerrando a unidade

- Retome os conteúdos trabalhados e, por meio de linguagem visual (cartaz, *slides*, vídeo etc.) ou oral (poema, programa de rádio), apresente uma síntese do que foi estudado. Cada grupo pode se responsabilizar por um tema ou capítulo, por exemplo. Ao final, é importante apresentar os trabalhos para socializar as produções.

EM AÇÃO

Território brasileiro e representantes do povo

A Câmara dos Deputados é composta por representantes de todas as Unidades da Federação. Os deputados discutem e aprovam propostas em diversas áreas (educação, saúde, habitação etc.), e fiscalizam o destino dos recursos públicos, devendo agir pelos interesses da sociedade brasileira.

A Câmara tem, no máximo, 513 deputados federais, eleitos a cada quatro anos. A quantidade de vagas para deputados de cada estado e do Distrito Federal depende do número de habitantes de cada Unidade da Federação. O cálculo do número de vagas é feito no ano anterior às eleições, com base nos dados fornecidos pelo IBGE (Instituto Brasileiro de Geografia e Estatística).

O estado mais populoso pode eleger até 70 deputados, e nenhum estado da federação, independentemente do número de habitantes, poderá ter menos de oito deputados federais. Observe o mapa.

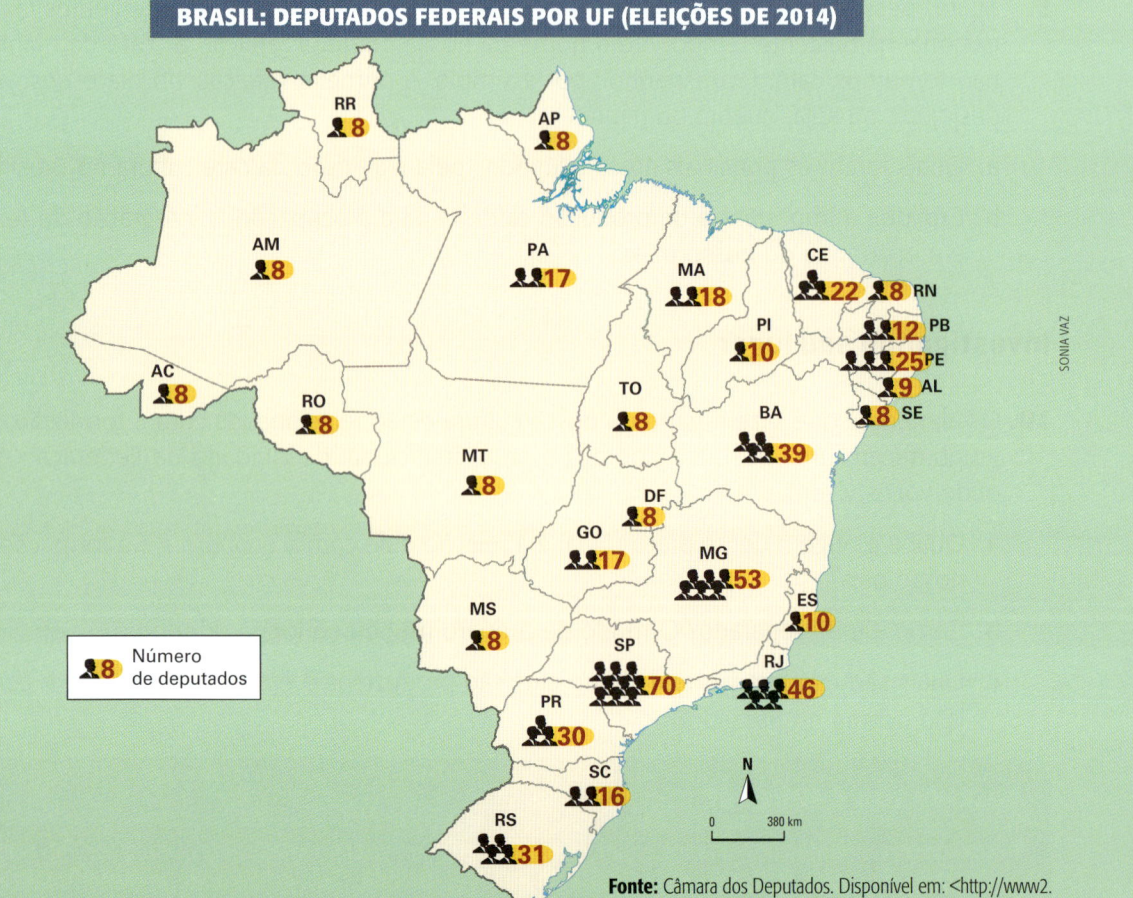

BRASIL: DEPUTADOS FEDERAIS POR UF (ELEIÇÕES DE 2014)

UF	Deputados
RR	8
AP	8
AM	8
PA	17
MA	18
CE	22
RN	8
PB	12
PI	10
PE	25
AL	9
SE	8
AC	8
RO	8
TO	8
BA	39
MT	8
DF	8
GO	17
MG	53
ES	10
MS	8
SP	70
RJ	46
PR	30
SC	16
RS	31

SONIA VAZ

Fonte: Câmara dos Deputados. Disponível em: <http://www2.camara.leg.br>. Acesso em: jan. 2015.

AS MINORIAS SOCIAIS NA CÂMARA

A presença de mulheres e negros na Câmara, e em outras instâncias de governo, vem crescendo a cada eleição. A participação, no entanto, ainda é bem pequena. As mulheres ocupam 10% das cadeiras de deputados e os declarados negros ocupam cerca de 20% das cadeiras. Os povos indígenas, até hoje, elegeram um único deputado federal, Mario Juruna, do povo Xavante, eleito em 1982 pelo estado do Rio de Janeiro.

Parlamentares e ministras no Senado, Brasília (DF), 2013.

Minorias sociais: grupos que sofrem preconceitos, discriminações e que, muitas vezes, têm de lutar por seus direitos na sociedade, como os povos indígenas, as mulheres, os negros, os homossexuais, os deficientes físicos.

Atividades

1. Quantas vagas para deputado federal há na Unidade da Federação onde você vive?

2. Que UF concentra o maior número de deputados? Por que isso ocorre?

3. No caderno, indique as unidades político-administrativas (município, UF ou país) para as quais são eleitos os representantes listados abaixo:

    a. Governadores;
    b. Prefeitos;
    c. Deputados federais;
    d. Vereadores;
    e. Senadores;
    f. Deputados estaduais;
    g. Presidente da República.

4. Quem é o(a) atual presidente do nosso país? Qual é o período do seu mandato?

5. Quem é o(a) governador(a) da UF e o(a) prefeito(a) do município onde você mora?

6. A participação política não ocorre apenas nas instituições do governo. Ela pode ocorrer na escola, na família ou no bairro, por exemplo. A eleição do gestor da escola (também chamado de diretor) e a discussão de assuntos que envolvem toda a comunidade escolar, por exemplo, são formas de participação política.

    a. Na sua escola ocorrem as formas de participação citadas?
    b. Que outras formas de participação política podem ocorrer nas escolas?

7. Faça uma pesquisa com um adulto que mora com você para saber se ele lembra em quem votou nas últimas eleições e se acompanha as ações do seu candidato ou de outros políticos. Depois, na sala de aula, converse com o professor e os colegas sobre a importância de acompanhar o trabalho de deputados e demais governantes em todas as unidades político-administrativas.

UNIDADE 2
O Brasil e suas regiões

Nesta unidade vamos conhecer aspectos das macrorregiões brasileiras, especialmente aqueles ligados ao processo histórico de formação do território e à economia. Apesar de haver aspectos que diferenciam uma região da outra, devemos lembrar que todas elas fazem parte de um todo – o território brasileiro – e que se relacionam entre si, assim como os diferentes lugares que as constituem também se relacionam com outros lugares do Brasil e do mundo.

Vista aérea do Porto de Manaus (AM), 2014.

Vista aérea da cidade de Salvador (BA), 2011.

Morro do Gigante Adormecido em Caiapônia (GO), 2014.

Estação Ecológica de Jureia-Itatins em Iguape (SP), 2014.

Vista aérea da cidade de Porto Alegre (RS), 2012.

TROCANDO IDEIAS

1. Em que regiões o território brasileiro foi dividido na fotomontagem?
2. Algumas das paisagens não costumam ser escolhidas para representar a região da qual fazem parte. Comente essa afirmação observando as fotografias.
3. Que outras imagens você escolheria para representar a região onde você mora?

Nesta unidade você vai saber mais sobre

- Região Norte: ocupação do território; vivendo nas cidades; importância dos rios
- Região Nordeste: ocupação do território; migração de retorno; as sub-regiões do Nordeste
- Região Centro-Oeste: ocupação do território; importância de Brasília; expansão da área agrícola
- Região Sul: ocupação do território; economia diversificada
- Região Sudeste: ocupação do território; centro econômico do Brasil

1 Região Norte

Observe o mapa.

REGIÃO NORTE: DIVISÃO POLÍTICA

Fonte: *Atlas geográfico escolar*. Rio de Janeiro: IBGE, 2012. p. 94.

LEITURA DE IMAGEM

1. Quantos e quais estados formam a Região Norte?
2. Que rio é utilizado como divisa entre os estados do Pará e Tocantins?
3. Quais capitais de estado estão localizadas no Hemisfério Norte?
4. Considerando que o território brasileiro possui uma área de cerca de 8,5 milhões km², qual o percentual aproximado ocupado pela Região Norte?

Área: 3.853.327 km²
População: 17,04 milhões

APROPRIAÇÃO DO TERRITÓRIO

Durante o período colonial, a Região Norte não despertou grande interesse no colonizador português. Em seu território não foram encontradas as cobiçadas riquezas minerais, como ouro e prata, e os solos foram considerados inadequados para a agricultura. A expansão da ocupação e a apropriação das riquezas da região se deram principalmente com a exploração das chamadas drogas do sertão (pimenta, guaraná, sementes, castanhas, madeira, urucum e outras) e com a instalação de missões religiosas e fortes militares.

A partir do final do século XIX, a apropriação da região ganhou impulso com a extração do látex da seringueira, que era a principal matéria-prima para a produção de borrachas e pneus. O chamado "ciclo da borracha" atraiu grande número de migrantes, sobretudo da Região Nordeste. Porém, no início da década de 1920, a atividade entrou em rápida decadência, devido à concorrência com seringais asiáticos, provocando diminuição das migrações e estagnação econômica.

Somente a partir do final da década de 1960 os processos de apropriação do território e de expansão do povoamento da Região Norte tornaram-se mais intensos. O Governo Federal passou a incentivar projetos de construção de rodovias, implantação de indústrias e expansão da agropecuária e do extrativismo mineral.

Missões religiosas: áreas destinadas ao ensino da religião católica aos indígenas e à coleta das drogas do sertão.

VIVENDO NAS CIDADES

A Floresta Amazônica é um elemento natural marcante na paisagem da Região Norte, e muitas comunidades se encontram na floresta. A maior parte da população da região, no entanto, atualmente vive em cidades. Isso se deve a dois fatores principais:

- grande concentração de terras no campo (predomínio de grandes propriedades rurais);
- fracasso de projetos agropecuários voltados para atender os pequenos produtores.

Dessa forma, milhares de trabalhadores rurais migraram para as cidades à procura de melhores condições de vida. Observe as fotografias e leia sobre alguns aspectos de cidades da Região Norte.

NÃO DEIXE DE ACESSAR

- O Eco
www.oeco.org.br/amazonia
Há várias notícias e reportagens sobre a Amazônia, principalmente sobre a devastação da floresta e lutas pela preservação.

Cerca de metade da população do estado do Amazonas se concentra em Manaus. Nesse município, há a Zona Franca de Manaus, uma área onde há redução ou isenção de impostos para indústrias. Por ser um importante centro industrial, atrai pessoas de outros municípios e estados. As principais empresas estabelecidas na Zona Franca de Manaus são as dedicadas à montagem de computadores, telefones celulares, televisores e motocicletas. À esquerda, vista aérea de Manaus (AM) e o Rio Negro, 2013. À direita, vista aérea da Zona Franca de Manaus, 2010.

Depois de Manaus, Belém (PA) é o município mais populoso da Região Norte. Apresenta uma concentração industrial importante, com destaque para as indústrias alimentícias, têxteis, madeireiras e de bebidas. Na fotografia, em primeiro plano, a Praça da República, no centro histórico, 2014.

As cidades da Região Norte enfrentam os mesmos problemas que outras cidades do Brasil, principalmente relacionados à infraestrutura urbana (moradias, transporte, energia elétrica, água encanada, coleta de lixo e esgoto), que é deficiente em muitos bairros. Na fotografia, palafitas em igarapé de Altamira (PA), 2011.

IMPORTÂNCIA DOS RIOS

Grande parte das principais cidades da Região Norte está localizada ao longo dos rios. Eles são as mais importantes vias de transporte para grande quantidade de pessoas e mercadorias, e muitas comunidades só podem ser alcançadas de barco.

Transporte de pessoas em embarcação no Rio Negro, nas proximidades de Manaus (AM), 2014.

Os rios também influenciam a construção de moradias. Tanto nas cidades como nas comunidades mais distantes, muitas casas são construídas nos rios (flutuantes) ou em suas proximidades (palafitas).

As palafitas são construídas sobre estacas altas de madeira para evitar que a água invada a moradia na época das cheias dos rios. Na fotografia, palafitas em comunidade ribeirinha do Rio Amazonas, em Parintins (AM), 2013.

As palafitas são muito utilizadas pelas **comunidades ribeirinhas**, população que vive nas margens dos rios. Os ribeirinhos sobrevivem principalmente da pesca, da agricultura de vazante e do extrativismo vegetal (látex, castanha-do-pará, piaçava, açaí).

Agricultura de vazante: agricultura praticada nas margens dos rios quando o nível das águas está mais baixo, nos períodos de seca ou vazante. Os ribeirinhos produzem principalmente mandioca, milho, feijão e arroz, produtos destinados ao consumo da família.

AS RODOVIAS

Para diminuir a dependência da população em relação ao transporte fluvial e integrar a Região Norte ao restante do país, estradas foram abertas especialmente a partir da década de 1960. Várias cidades e povoados surgiram ao longo dessas rodovias, como a Transamazônica, a Belém-Brasília, a Cuiabá-Porto Velho e a Porto Velho-Manaus.

Entretanto, a construção de rodovias encontrou obstáculos, como a vegetação densa da Floresta Amazônica, a necessidade de várias pontes devido à grande quantidade de rios, os solos frágeis sujeitos à erosão e o clima extremamente chuvoso.

A rodovia Transamazônica tornou-se um símbolo do projeto de integração do território brasileiro e também da má gestão dos recursos públicos. Atualmente, muitos trechos da rodovia ainda encontram-se em péssimo estado de conservação.

Trecho da Transamazônica no município de Vitória do Xingu (PA), 2012.

NÃO DEIXE DE ACESSAR

- **Transamazônica**
http://fotografia.folha.uol.com.br/galerias/7568-transamazonica

Neste acervo, você pode ver fotografias de diversos momentos da construção da Transamazônica.

SAIBA MAIS

Região Norte e Amazônia

Região Norte e Amazônia não são sinônimos, apesar de a maior parte da Floresta Amazônica ocupar os estados daquela região.

Em geral, os termos "Amazônia" ou "Amazônia Internacional" referem-se à região localizada na Bacia Amazônica (região onde se encontram o Rio Amazonas, afluentes e subafluentes), na qual a presença da Floresta Amazônica é marcante. Essa região abrange nove países da América do Sul.

Também há a denominação "Amazônia Legal", que é uma divisão regional administrativa criada em 1966 pelo Governo Federal brasileiro com o objetivo de definir os estados beneficiados por projetos de desenvolvimento regional. Inclui os estados da Região Norte, além do Maranhão e de Mato Grosso.

Fonte: OLIVEIRA, Ariovaldo U. de. *Amazônia*: monopólio, expropriação e conflitos. Campinas: Papirus, 1989.

Atividades

1. Observe o mapa e responda: que países são abrangidos pela Amazônia Internacional?
2. Podemos usar Região Norte e Amazônia como sinônimos? Explique.

LINGUAGEM CARTOGRÁFICA

Imagens de satélite: devastação da vegetação na Amazônia

As imagens de satélite são muito usadas para a confecção de mapas. Observe a imagem de satélite a seguir e o mapa produzido a partir dela.

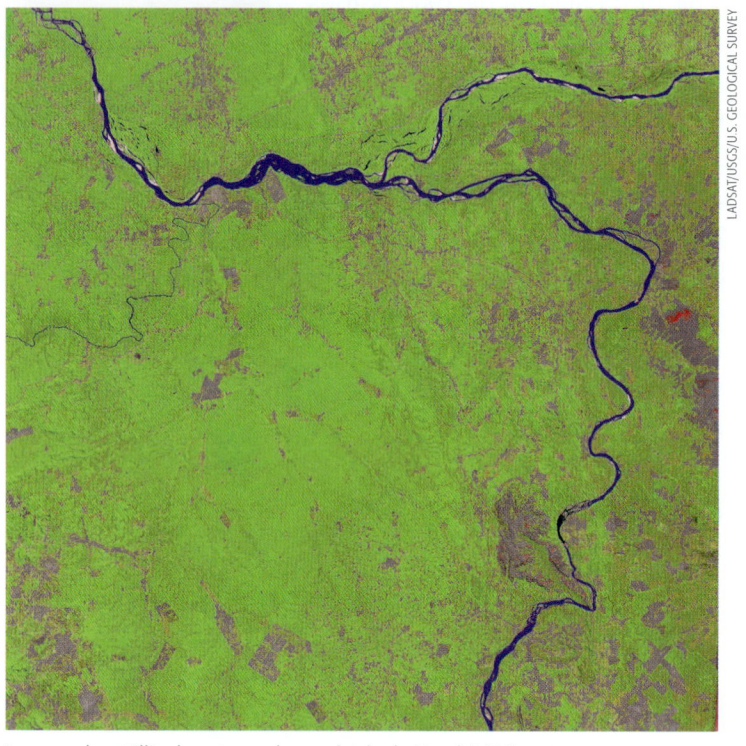

Imagem de satélite do entorno do município de Marabá (PA), 1984.

MARABÁ (PA)

Rio
Área preservada
Área desmatada

Na imagem de satélite e no mapa da página ao lado, a área é vista em uma visão vertical, de cima para baixo. No entanto, há diferenças entre os dois tipos de representação: a imagem de satélite é como se fosse uma fotografia tirada do espaço; e o mapa é uma interpretação dessa imagem, uma representação gráfica que utiliza cores, formas e linhas para representar os fenômenos espaciais, como os rios e a vegetação.

Observe uma imagem de satélite da mesma área da imagem anterior, mas que foi feita 29 anos após a primeira.

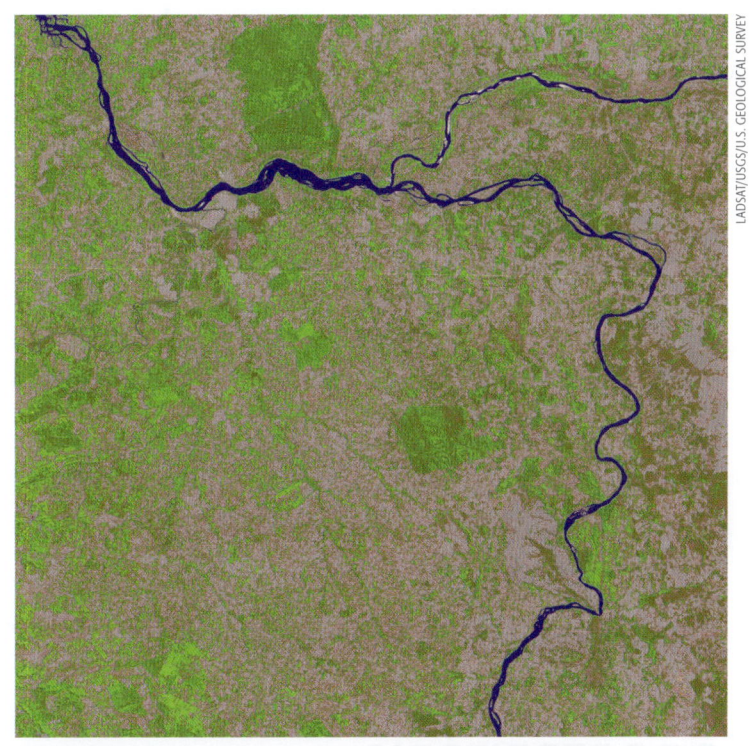

Imagem de satélite do entorno do município de Marabá (PA), 2013.

Atividades

1. Compare a imagem de satélite acima com a da página anterior e descreva o que ocorreu com as áreas representadas.

2. Como foram representadas, no mapa, as áreas desmatadas, as áreas preservadas e o rio principal?

3. Com base na imagem de satélite acima, produza um mapa, seguindo as etapas de trabalho seguintes.

   I. Coloque um papel transparente sobre a imagem de satélite.

   II. Trace os contornos das áreas preservadas e desmatadas e dos rios. Pinte a área desmatada e a área preservada com cores diferentes. Você também pode usar símbolos ou hachuras para diferenciar as áreas.

   III. Insira os elementos que compõem o mapa: título, legenda, escala, fonte, orientação.

2 Região Nordeste

Observe o mapa.

REGIÃO NORDESTE: DIVISÃO POLÍTICA

Fonte: *Atlas geográfico escolar*. Rio de Janeiro: IBGE, 2012. p. 94.

Área: 1.554.257 km²
População: 55,88 milhões

LEITURA DE IMAGEM

1. Quantos estados formam a Região Nordeste? Cite dois deles.
2. Qual capital não é banhada pelo Oceano Atlântico? Em qual estado ela se localiza?
3. Quais estados nordestinos possuem seus territórios separados pelo Rio Parnaíba?
4. Aracaju, João Pessoa e Fortaleza são capitais de quais estados?
5. Em relação ao total da população brasileira (cerca de 200 milhões), qual a porcentagem da população da Região Nordeste?

APROPRIAÇÃO DO TERRITÓRIO

A Região Nordeste foi ocupada e explorada economicamente por europeus desde a chegada dos primeiros colonizadores. Do século XV até a segunda metade do século XVII, a região foi o principal centro econômico da colônia portuguesa na América.

Nesse período, destacou-se a produção de açúcar, que concentrou riquezas na região e influenciou a organização do espaço territorial do Nordeste. Ao redor dos portos de onde partiam os navios carregados principalmente de açúcar para a Europa, desenvolveram-se importantes cidades, como Recife e Olinda, ambas em Pernambuco.

No século XVIII, com a descoberta de ouro e diamantes em Minas Gerais, Goiás e Mato Grosso, a Região Nordeste começou a entrar em decadência econômica. E a concentração do desenvolvimento industrial na Região Sudeste, no século XX, fez a crise da economia nordestina se agravar ainda mais.

A longa crise na economia foi um dos motivos que levaram milhares de nordestinos a migrarem para outras regiões em busca de melhores condições de vida, especialmente a partir dos anos 1950.

NÃO DEIXE DE ASSISTIR

- **Central do Brasil**
  Direção: Walter Salles. Brasil, 1998.

  Mulher que escreve cartas para analfabetos na estação Central do Brasil, no Rio de Janeiro, ajuda menino a procurar o pai que nunca conheceu, no interior do Nordeste.

DE VOLTA PARA CASA

Principalmente a partir dos anos 1990, muitas empresas instalaram-se no Nordeste, atraídas pelo menor custo da mão de obra e por vantagens oferecidas pelos governos de alguns estados e municípios nordestinos, como terrenos a preços baixos, redução e isenção de impostos. O Governo Federal, em parceria com muitos governos estaduais, também investiu em obras públicas como construção e ampliação de rodovias, portos e aeroportos. Atualmente, existem vários polos industriais no Nordeste, principalmente na Bahia, em Pernambuco e no Ceará.

Vista aérea do Polo Industrial de Camaçari (BA), 2012.

A irrigação favoreceu o desenvolvimento e o crescimento da produção agrícola em áreas antes consideradas inadequadas para as plantações devido à escassez de água. Destaca-se a produção de cebola, tomate, soja e frutas (melão, manga, maracujá, uva).

Apesar de ainda apresentar problemas, como a concentração de terras e de renda, elevado desemprego e carência de serviços públicos como água encanada, coleta de esgoto, atendimento médico e educação de qualidade, o crescimento econômico tem atraído mão de obra de todos os lugares. A partir da década de 1990, muitos migrantes nordestinos voltaram para a casa, num processo chamado de **migração de retorno**. Observe a tabela abaixo. Nela podemos identificar, de maneira geral, a melhoria no acesso a alguns bens e serviços nas moradias da Região Nordeste entre os anos de 2002 e 2012.

Plantação de coco irrigada com as águas do Rio São Francisco em Jatobá (PE), 2014.

| Nordeste: moradias com acesso a alguns bens e serviços (em %) – 2002 e 2012 ||||||||
Ano	Abastecimento de água	Coleta de esgoto	Coleta de lixo	Televisão	Geladeira	Acesso a internet
2002	70,6	24,2	68,4	79,9	67,5	4,2
2012	80,6	37,0	76,6	95,8	93,1	25,3

Fonte: IBGE. *Pesquisa Nacional por Amostra de Domicílios (PNAD) 2002 e 2012*. Disponível em: <www.ibge.gov.br/>. Acesso em: jul. 2014.

AS SUB-REGIÕES DO NORDESTE

O território da Região Nordeste apresenta sub-regiões com características naturais e socioeconômicas bem distintas. Veja o mapa e as fotografias.

Fonte: ANDRADE, Manuel C. de. *A terra e o homem do Nordeste*. São Paulo: Ciências Humanas, 1980. p. 22.

Na **Zona da Mata**, o clima quente e úmido favoreceu o desenvolvimento da Mata Atlântica, que ocupava grande parte da sub-região. Porém, sua devastação foi intensa, e em seu lugar surgiram grandes plantações de cana-de-açúcar e cacau. Nessa sub-região se localizam as principais cidades e atividades industriais e a maior parte da população do Nordeste. As praias do litoral, como a da fotografia 1, atraem milhares de turistas.

O **Agreste** é uma área de transição entre a Zona da Mata (quente e úmida) e o Sertão (quente e seco). As cidades mais importantes dessa sub-região são Campina Grande (PB) e Caruaru (PE). No campo, destacam-se a pecuária e a agricultura de subsistência, como na fotografia 2.

No **Sertão** predomina o clima quente e seco, com longos períodos de secas (veja a fotografia 3) que prejudicam os pequenos agricultores. A agricultura (mandioca, milho e feijão) e a pecuária de subsistência (bovinos e caprinos) são as principais atividades econômicas da sub-região. Por outro lado, há grandes propriedades agrícolas que têm modernos sistemas de irrigação. O Sertão também recebe a denominação de **Semiárido**.

O **Meio-Norte** se localiza entre a Amazônia e o Sertão. Além das atividades desenvolvidas nas cidades, sobretudo comércio e serviços, na sub-região se destaca o extrativismo vegetal, principalmente do coco do babaçu (veja fotografia 4). Nos últimos anos, a plantação de soja e a criação de gado tiveram grande expansão.

Praia de Tambaú, em João Pessoa (PB), na Zona da Mata, 2014.

Pequena propriedade rural em Estrela de Alagoas (AL), no Agreste, 2012.

Estiagem em Sertânia (PE), no Sertão, 2013.

Mata dos Cocais em Barreirinhas (MA), característica do Meio-Norte, 2013.

O SEMIÁRIDO E O COMBATE À SECA

O Semiárido contém os municípios que, de acordo com levantamentos realizados pela Superintendência do Desenvolvimento do Nordeste (Sudene), fazem parte de projetos especiais para seu desenvolvimento, como as ações de combate à seca.

No nosso país, o combate às secas é bastante antigo. Em 1909 foi criado o primeiro órgão com esse objetivo, a Inspetoria de Obras Contra as Secas. Desde então, órgãos foram criados e substituídos, encaminhando projetos como construção de estradas, de açudes, barragens, pontes etc.

Ao longo de décadas, muitos desses projetos beneficiaram apenas a elite latifundiária, ou seja, um grupo de pessoas donas de terras e ligadas ao poder político local. Essa situação ficou conhecida como "indústria da seca", que aprofundava a miséria da maior parte dos sertanejos.

Nos últimos anos, no entanto, esse quadro vem sendo alterado, com políticas e projetos que beneficiam diretamente pequenos produtores e suas famílias, como a construção de cisternas nas pequenas propriedades rurais.

SEMIÁRIDO BRASILEIRO

Fonte: SUDENE. Disponível em: <http://www.sudene.gov.br>. Acesso em: jul. 2014.

Moradia com cisterna em Tremedal (BA), 2012.

LEITURA DE IMAGEM

1. Qual estado nordestino não possui terras no Semiárido?
2. Além dos estados nordestinos, o Semiárido abrange áreas de qual estado?

Cisternas: reservatórios de água que permitem a captação e o armazenamento das chuvas.

Sudene: órgão do Governo Federal que tem como objetivo promover o desenvolvimento econômico e social de todo o Nordeste e parte dos estados do Espírito Santo e de Minas Gerais, assim como sua integração competitiva nos mercados nacional e internacional.

NÃO DEIXE DE ACESSAR

- **Articulação no Semiárido Brasileiro – ASA Brasil**
  www.asabrasil.org.br/portal
  A ASA Brasil reúne diversas entidades como ONGs e associações de trabalhadores que lutam pelo desenvolvimento social, econômico, político e cultural do Semiárido brasileiro. O *site* da ASA traz informações sobre ações que vêm sendo desenvolvidas no Semiárido, com notícias e depoimentos.

teia do saber

1. Observe as fotografias e leia as legendas. Depois, responda às questões em seu caderno.

1 Um passeio interessante ao se conhecer uma cidade é visitar o mercado local, pois nele podemos verificar os hábitos alimentares, os temperos usados, as frutas e ervas locais, a relação entre as pessoas, entre outros aspectos. Na fotografia, vemos o Mercado Ver-o-Peso, considerado o maior mercado e feira ao ar livre da América Latina. No século XVII, funcionava no local um posto de fiscalização que controlava o peso dos produtos trazidos para Belém. Esse posto era chamado de Casa de Ver o Peso. Fotografia de 2014.

2 Grande parte dos produtos vendidos no Mercado Ver-o--Peso (peixes, carnes, frutas, legumes, ervas medicinais, raízes aromáticas etc.) tem origem nos rios e na Floresta Amazônica. Fotografia de 2010.

   a. Que informações das legendas das fotografias sugerem que o Ver-o-Peso se localiza na Região Norte?
   b. Que influência dos rios e da floresta pode ser identificada no Ver-o-Peso? Explique outros aspectos da Região Norte, estudados na unidade, que têm relação com a presença dos rios e da floresta.
   c. Como eram chamados os produtos de grande interesse no período colonial e que são citados na legenda da fotografia 2?

2. Sobre a Região Norte, faça as atividades.
   a. Explique por que, no período colonial, a região não despertou grande interesse no colonizador português.
   b. Qual foi o papel da produção da borracha entre o final do século XIX e o início do século XX na expansão da ocupação da região? Que consequências a crise dessa atividade trouxe para a região?
   c. Que fatores impulsionaram a migração para a região a partir do final da década de 1960?

3. Mesmo com muitas pessoas vivendo no campo, na Região Norte a maior parte da população está nas cidades, como ocorre nas demais macrorregiões brasileiras. Explique os fatores desse predomínio da população urbana na Região Norte.

4. Explique a diferença entre os termos "Amazônia Internacional" e "Amazônia Legal".

5. Observe as fotografias e faça as atividades no caderno.

Obras de construção da Ferrovia Transnordestina, em Betânia (PE), 2013.

Indústria automotiva em Camaçari (BA), 2013.

a. Em que macrorregião estão os locais retratados?

b. Que atividades econômicas foram mostradas?

c. Escreva um pequeno texto sobre o crescimento econômico apresentado pelo Nordeste nas últimas décadas, relacionando-o com as atividades econômicas retratadas nas fotografias.

6. Leia o texto e responda às questões.

É possível viver bem no Semiárido

"Adriana [...], 36 anos, nasceu [...] em Frei Miguelinho, no agreste pernambucano. Por conta dos muitos anos de seca, seus pais [...] foram embora com toda família para Minas Gerais. No período de chuva voltavam para o Nordeste [...]. Entre idas e vindas, Adriana conheceu um rapaz e pouco depois se casaram. [...]

Quando a situação ficava complicada, Adriana partia para São Paulo em busca de trabalho para manter a família. [...]. Ela conseguiu juntar um pouco de dinheiro [...] e comprou 6 hectares de terra. [...]

Adriana diz que o grande problema, na época, era a falta de água, pois a família não tinha onde armazenar para o período da seca. [...]

Para Adriana, a vida da família começou a melhorar quando recebeu a cisterna de 16 mil litros [...].

A participação em momentos de capacitações e intercâmbios despertou em Adriana a vontade de produzir alimentos saudáveis [...]. Hoje, a propriedade de Adriana já tem cajueiros, mangueiras, coqueiros, graviola, limão, seriguela, acerola, tangerina e algumas plantas nativas. Adriana também está produzindo em sua propriedade hortaliças e milho que até o momento são consumidos apenas pela família, mas já existe um projeto para se comercializar o excedente [...]."

O Candeeiro. Ano 7, n.1196, out. 2013.
Disponível em: <www.centrosabia.org.br>. Acesso em: jul. 2014.

a. Muitas pessoas como Adriana tiveram de sair do Nordeste para outras regiões, principalmente o Sudeste. O que levou um grande número de pessoas a deixarem o Nordeste no século XX, em especial a partir da década de 1950?

b. O texto apresenta um exemplo, entre vários outros, de pessoas que retornaram para o Semiárido e conseguiram tirar seu sustento da terra. No caso de Adriana, o que possibilitou que ela voltasse e permanecesse no Semiárido?

3 Regiões Centro-Oeste e Sul

REGIÃO CENTRO-OESTE

Observe o mapa.

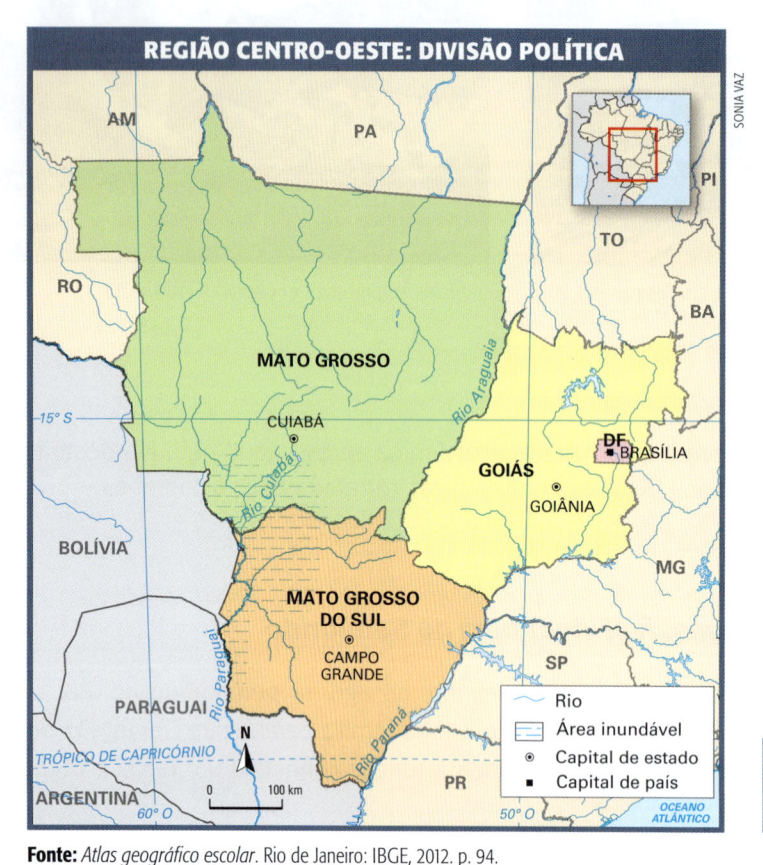

REGIÃO CENTRO-OESTE: DIVISÃO POLÍTICA

Fonte: Atlas geográfico escolar. Rio de Janeiro: IBGE, 2012. p. 94.

Área: 1.606.371 km²
População: 15,04 milhões

LEITURA DE IMAGEM

1. Quais Unidades Federativas formam a Região Centro-Oeste?
2. Que rio serve de divisa entre os estados de Mato Grosso e Goiás?
3. Que cidade está localizada no Distrito Federal? Qual é sua função?
4. Calcule o percentual da população e a área da Região Centro-Oeste em relação aos totais nacionais.

Apropriação do território

A apropriação e a expansão da ocupação do Centro-Oeste ocorreu principalmente a partir do século XVII, com a descoberta de ouro e diamantes na região. Em função da atividade mineradora, surgiram cidades importantes, como Goiás Velho e Cuiabá. Entretanto, até o final da década de 1950, a Região Centro-Oeste permanecia praticamente isolada do restante do território brasileiro, apresentando baixa densidade demográfica e economia baseada na pecuária e no extrativismo.

A partir dos anos 1960, a situação começou a mudar, pois a região passou a despertar maior interesse do Governo Federal, preocupado com a ocupação do interior do Brasil.

A construção de Brasília foi uma das principais medidas que favoreceram o povoamento e o desenvolvimento econômico da Região Centro-Oeste. A construção da nova capital do Brasil favoreceu a abertura de rodovias, ampliou a comunicação da região com o restante do país e atraiu grande número de pessoas em busca de melhores condições de vida.

NÃO DEIXE DE LER

- **Região Centro-Oeste**
Paulo Roberto Moraes e Suely A. R. F. de Mello. São Paulo: Harbra, 2009.

Ilustrada com belíssimas imagens, mapas e gráficos, esta obra traz importantes informações sobre a história, as características físicas, a população, o folclore e outras curiosidades sobre o Centro-Oeste.

Crescimento econômico

Nas décadas de 1970 e 1980, a oferta de terras a baixos preços fez com que muitos agricultores e pecuaristas, sobretudo do Rio Grande do Sul, Paraná e São Paulo, migrassem para o Centro-Oeste, contribuindo com a expansão do povoamento da região e com o desenvolvimento de novas áreas agrícolas, sobretudo com cultivo de soja e criação de bovinos.

A principal atividade econômica do Centro-Oeste é a agropecuária. A região produz cerca de metade da soja colhida no Brasil, que está entre os maiores produtores do mundo. O Centro-Oeste também possui o maior rebanho de bovinos do país.

Embora muito importante para a exportação e para a indústria alimentícia, a expansão da agropecuária comercial (chamada de agronegócio) teve aspectos negativos, tais como:

- concentração de terras: a produção do agronegócio se caracteriza pela existência de grandes propriedades rurais, em detrimento da pequena agricultura familiar e com pequena absorção de mão de obra. Esses fatores impulsionaram a migração das pessoas do campo para as cidades;
- devastação da vegetação: grandes áreas do Cerrado, vegetação predominante na Região Centro-Oeste, foi devastada para a implantação das grandes produções. Também foram devastadas áreas do Pantanal e de muitas nascentes de rios, prejudicando o ecossistema da região e comunidades que dependem de elementos naturais de forma mais direta, como povos indígenas e outras comunidades tradicionais.

Criação de gado em Caiapônia (GO), 2014. Em geral, o gado é criado solto, em pastos de grandes propriedades e com produção voltada principalmente para o fornecimento de carne.

Com o agronegócio ocorreu o crescimento de muitos serviços urbanos ligados a ele, como escritórios, redes bancárias, empresas de transportes, comercialização de equipamentos agrícolas. Muitas indústrias também se instalaram no Centro-Oeste nas últimas décadas. O crescimento econômico é um dos fatores que explica a grande expansão urbana dos municípios do Centro-Oeste nas últimas décadas, especialmente das capitais.

No eixo Goiânia-Anápolis-Brasília, há cerca de 10 milhões de pessoas. Esse número pode chegar a 20 milhões até 2022. Na fotografia, vista parcial da cidade de Goiânia (GO), 2014.

REGIÃO SUL

Observe o mapa.

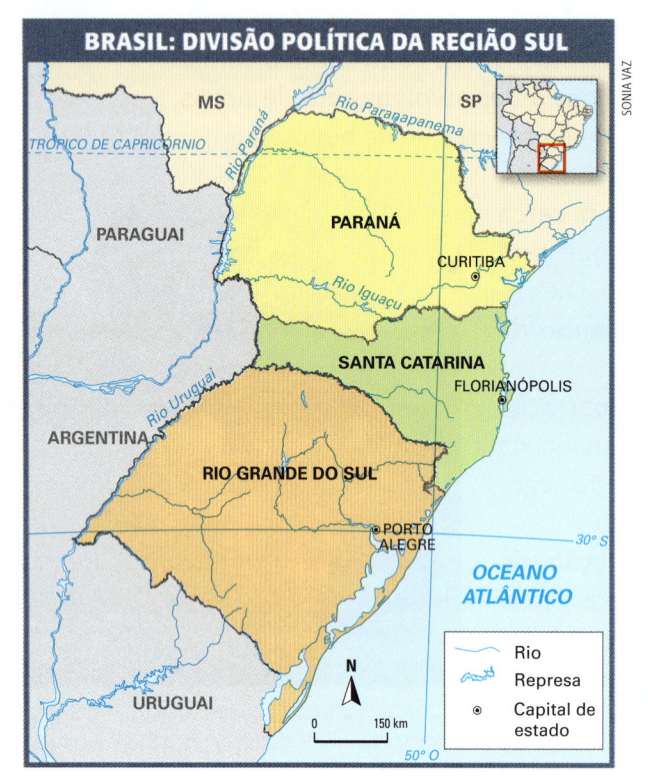

BRASIL: DIVISÃO POLÍTICA DA REGIÃO SUL

Fonte: *Atlas geográfico escolar*. Rio de Janeiro: IBGE, 2012. p. 94.

Área: 577.214 km²
População: 28,85 milhões

LEITURA DE IMAGEM

1. Quantos estados formam a Região Sul? Quais são eles?
2. Os estados da Região Sul fazem limite com quais países da América do Sul?
3. Que estado tem sua capital localizada em uma ilha? Qual é o nome dessa capital?
4. Calcule os percentuais de área e população da Região Sul em relação aos totais brasileiros.

Apropriação do território

Somente a partir do século XIX, o governo brasileiro decidiu se apropriar da Região Sul e ocupá-la de forma efetiva, temendo uma invasão das terras pelos países vizinhos.

A principal estratégia do governo foi incentivar a vinda de europeus. A disponibilidade de terras era um dos fatores determinantes de atração para os imigrantes.

Os principais grupos de imigrantes europeus, chamados de colonos, foram os alemães e os italianos. Também migraram russos, poloneses, austríacos e ucranianos. A ocupação não foi semelhante para todos os estados da Região Sul. De acordo com as condições de relevo e vegetação da área a ser ocupada, e da cultura e costumes que cada grupo trazia, desenvolveram-se colônias diferentes.

Os alemães, que começaram a chegar a partir de 1824, instalaram-se principalmente no Rio Grande do Sul e em Santa Catarina, onde fundaram importantes cidades, como São Leopoldo (RS), Novo Hamburgo (RS), Blumenau (SC) e Brusque (SC). Os italianos instalaram-se principalmente no centro-norte do Rio Grande do Sul, onde fundaram cidades como Garibaldi, Caxias do Sul e Bento Gonçalves.

As marcas da imigração europeia na Região Sul estão presentes nas paisagens e nas manifestações culturais da população.

NÃO DEIXE DE LER

- **Região Sul**
Paulo Roberto Moraes e Suely A. R. F. de Mello. São Paulo: Harbra, 2009.

O livro possibilita conhecer a vinda dos imigrantes e a lavoura, a cultura, as relações com o Mercosul, as potencialidades econômicas e outros temas relacionados à Região Sul.

Economia diversificada

A Região Sul tem aproximadamente 85% de sua população vivendo em cidades. A partir da década de 1970, grande parte da população rural deixou o campo, devido ao avanço das grandes propriedades monocultoras (especialmente cana-de-açúcar e soja) e à mecanização da produção. Entre as décadas de 1970 e 1980 a saída do campo ocorreu para vários destinos: cidades da própria Região Sul; cidades e áreas agrícolas do Sudeste; novas áreas agrícolas das Regiões Centro-Oeste e Norte; e áreas agrícolas do Paraguai (esses emigrantes foram denominados "brasiguaios").

A Região Sul tem importante produção agropecuária. Na agricultura, os principais produtos são arroz, trigo, milho, soja, uva, pêssego e feijão. Na pecuária, destaca-se a criação de suínos e aves.

O Sul apresenta o maior rebanho suíno do Brasil. A região é responsável por aproximadamente 46% da criação nacional. Na fotografia, criação de suínos no município de Quatro Pontes (PR), 2012.

Segunda região mais industrializada do Brasil, no Sul se destacam indústrias têxteis e alimentícias, muitas delas associadas à produção agropecuária da região. Próximo às áreas de plantio, encontram-se fábricas de óleos vegetais, moinhos de trigo e as vinícolas. E, próximo às áreas de criação, estão instaladas indústrias de laticínios, de couro e os frigoríficos. Entre os setores industriais que passaram a ganhar destaque estão o automobilístico, principalmente próximo à cidade de Curitiba, no estado do Paraná, o de informática e o metalúrgico. A atração de indústrias ocorreu devido aos incentivos fiscais e também pela localização da região, próxima aos países do Mercado Comum do Sul (Mercosul), com os quais o Brasil aumentou as trocas comerciais.

Mercosul: criado em 1991, é uma associação comercial composta por Brasil, Argentina, Paraguai, Uruguai e Venezuela, que adota políticas para facilitar o comércio de mercadorias e serviços entre eles.

Apesar de apresentar altos índices relacionados a indicadores sociais, como níveis de escolaridade, saneamento básico, Índice de Desenvolvimento Humano (IDH), na Região Sul também há áreas de moradias precárias e pobreza, especialmente nas periferias das grandes cidades.

Moradias sem saneamento básico em Curitiba (PR), 2011.

55

4 Região Sudeste

Observe o mapa.

BRASIL: DIVISÃO POLÍTICA DA REGIÃO SUDESTE

Fonte: *Atlas geográfico escolar*. Rio de Janeiro: IBGE, 2012. p. 94.

Área: 924.511 km²
População: 84,64 milhões

LEITURA DE IMAGEM

1. Quais estados formam a Região Sudeste?
2. Que estado da Região Sudeste não é banhado pelo Oceano Atlântico?
3. Que rio serve de divisa entre as regiões Sudeste e Sul?
4. Compare os dados de população do Sudeste com os das demais regiões e responda: qual região apresenta a maior população?

APROPRIAÇÃO DO TERRITÓRIO

Como vimos na *Unidade 1*, a decadência da economia açucareira no Nordeste e a mineração em áreas do atual estado de Minas Gerais, em meados do século XVII, foram fatores que contribuíram para mudanças significativas na distribuição da população, na economia e na sociedade brasileira.

A descoberta de ouro e diamantes em Minas Gerais atraiu grande número de pessoas para a região, dando origem a vários povoados que rapidamente se transformaram em cidades, como é o caso de Ouro Preto e Mariana.

Nas rotas dos tropeiros, importantes comerciantes que abasteciam a região mineradora, também surgiram povoados e vilas que mais tarde se tornaram cidades, como Sorocaba, no estado de São Paulo.

NÃO DEIXE DE LER

- **Tropeiros – Viajantes e aventureiros**

Cândida Vilares e Vera Vilhena. São Paulo: Melhoramentos, 2005.

O livro resgata a figura do tropeiro que, com suas mulas, transportava mercadorias, novidades e costumes. Com base em fatos históricos do início do século XIX, o livro conta a história do menino Bento, que passa a ser líder da tropa após a morte do pai.

Vista aérea de Sorocaba (SP), 2011.

DO OURO PARA O CAFÉ

Durante um século, a mineração foi a principal atividade econômica praticada no Brasil. O centro político e econômico foi deslocado do Nordeste para o Sudeste.

A partir da segunda metade do século XVIII, a mineração entrou em decadência e a população de Minas Gerais começou a partir em busca de terras para a agricultura, principalmente nos atuais estados de São Paulo e Rio de Janeiro, onde o cultivo do café começava a despontar.

No século XIX e início do século XX, a cafeicultura foi a principal atividade econômica do Brasil, enriquecendo fazendeiros, empresários e banqueiros. A cafeicultura também provocou profundas modificações na organização do espaço geográfico da Região Sudeste: proporcionou intenso crescimento das cidades; construção de ferrovias; aumento populacional com as migrações internas e de estrangeiros, principalmente italianos; aumento do número de casas comerciais e bancárias; formação de um grande mercado consumidor.

NÃO DEIXE DE LER

- **Café e modernização**
Tania Regina de Luca.
São Paulo: Atual, 2001.

Esta obra proporciona uma visão detalhada das mudanças econômicas, sociais e culturais trazidas pelo café ao Oeste Paulista, entre 1870 e 1900.

As ferrovias foram construídas para transportar o café das principais áreas produtoras até o porto de Santos, de onde era exportado. Na fotografia, ramal ferroviário dentro de fazenda no interior de São Paulo, em 1890.

Os imigrantes europeus, principalmente os italianos, vieram para o Brasil e substituíram a mão de obra escrava. Na fotografia, colheita de café em Araraquara (SP), 1902.

DO CAFÉ PARA A INDÚSTRIA

O acúmulo de capitais proporcionado pela economia cafeeira, as ferrovias, a ampliação do mercado consumidor com a consolidação do trabalho assalariado, o porto de Santos e as dificuldades para exportação do café, a partir da década de 1930, foram fatores fundamentais para o desenvolvimento da indústria.

No decorrer dos anos, diversas indústrias instalaram-se na região, formando na atualidade a maior concentração industrial do país e uma das maiores do mundo. Milhares de pessoas migraram de outras regiões, principalmente do Nordeste, à procura de trabalho e melhores condições de vida.

Região metropolitana: região estabelecida por lei, que envolve uma cidade principal e suas cidades vizinhas fortemente integradas, formando uma grande área urbana.

A Região Sudeste possui um complexo industrial constituído por indústrias siderúrgicas, têxteis, automobilísticas, navais, aeronáuticas, de bebidas, calçados e tecnologia de ponta, editoriais e gráficas, extrativas etc. À esquerda, linha de montagem de aviões da Embraer em São José do Campos (SP), 2014. À direita, linha de montagem em fábrica de máquinas de lavar e fogões em Rio Claro (SP), 2013.

O desenvolvimento da indústria não ocorreu de forma homogênea na região. As indústrias instalaram-se principalmente nas grandes cidades, de forma mais destacada em São Paulo e municípios vizinhos, Rio de Janeiro e Belo Horizonte.

Embora tenha ocorrido uma expansão da industrialização nas demais macrorregiões, o Sudeste ainda concentra a maior produção industrial do país. As regiões metropolitanas – de São Paulo, Rio de Janeiro e Belo Horizonte – são as que apresentam maior concentração de indústrias e pessoas.

A Região Metropolitana de São Paulo, também chamada de Grande São Paulo, tem uma população de cerca de 20 milhões de habitantes. É formada pelo município de São Paulo e vários outros municípios próximos. Imagem de satélite de 2014.

CENTRO ECONÔMICO DO BRASIL

A Região Sudeste é a mais urbanizada do país, com cerca de 93% da população vivendo em cidades. Também é o centro econômico do país, com sedes de importantes empresas industriais, comerciais e de serviços, como grandes bancos, supermercados, lojas de departamento, entre outras. Além disso, concentra hospitais, que recebem pessoas de todo o Brasil, e muitas opções de lazer, com grande quantidade de teatros e cinemas. A região também conta com uma ampla rede de transportes composta de rodovias, ferrovias, portos e aeroportos, que permite o deslocamento de pessoas, matérias-primas e mercadorias.

Vista aérea do Aeroporto Internacional de Guarulhos, em Guarulhos (SP), 2014.

O processo de industrialização trouxe modificações para o campo, modernizando a agropecuária da região e expandindo as agroindústrias. A região é a maior produtora de diversos itens agrícolas, como laranja, café e cana-de-açúcar.

Assim como em outras regiões do país, no Sudeste também ocorreu concentração de terras, com grandes propriedades monocultoras que produzem principalmente para a indústria e para a exportação. No entanto, há grande número de pequenas e médias propriedades que se dedicam à produção de alimentos principalmente destinados ao mercado interno, como frutas, verduras, ovos, leite etc.

Apesar de concentrar grande parte da riqueza produzida no Brasil, a Região Sudeste apresenta pobreza e grande desigualdade social, assim como acontece nas outras regiões do país.

NÃO DEIXE DE LER

- **Região Sudeste**
Paulo Roberto Moraes e Suely A. R. F. de Mello. São Paulo: Harbra, 2009.
O livro traz informações sobre a história, as características físicas, a população, o folclore, a culinária típica e muitas outras curiosidades e temas importantes da Região Sudeste.

Nas grandes cidades da região mais rica e desenvolvida do Brasil, convivem lado a lado moradias de alto padrão e moradias em favelas ou cortiços. Na fotografia, vista aérea de favela ao lado de condomínio de luxo em São Paulo (SP), 2012.

teia do saber

1. Você já deve ter visto ou ouvido uma previsão do tempo para o Brasil. Observe o mapa e, depois, resolva as atividades.

   a. A regionalização usada no mapa da previsão do tempo é a mesma usada nesta unidade? Justifique sua resposta.

   b. Que regiões compõem essa regionalização?

   c. Identifique a previsão do tempo, divulgada no mapa, para a região onde você vive.

2. Escreva, no caderno, o nome da macrorregião correspondente a cada informação.

BRASIL: PREVISÃO DO TEMPO – 14 JAN. 2015

Fonte: Climatempo. Disponível em: <www.climatempo.com.br>. Acesso em: jan. 2015

I. O processo de industrialização ocorrido no Brasil se concentrou nessa região, beneficiado pelo acúmulo de capitais e de infraestrutura advindos da economia cafeeira.

II. Muitas pessoas migraram dessa região nas décadas de 1970 e 1980. Entre outros destinos, muitos agricultores se dirigiram a novas áreas agrícolas do país e ao Paraguai.

III. Até a década de 1970 seus solos eram considerados pobres, quando investimentos em pesquisas proporcionaram a correção para a agricultura. Hoje, é a maior produtora de soja, com destaque para as grandes propriedades em detrimento das pequenas propriedades rurais.

IV. Os rios são as principais vias de transporte da região. Grande parte das cidades estão ao longo deles. Visando diminuir a dependência do transporte fluvial, o Governo Federal passou a investir na construção de estradas.

V. Embora seja o centro econômico do país, a região não está livre da pobreza e da desigualdade social.

3. Observe o gráfico.

   a. A qual região corresponde a coluna A? Explique outra importante produção do agronegócio dessa região e as consequências negativas da produção comercial em larga escala.

   b. A coluna B representa a região que vem expandindo a produção pecuária, ao mesmo tempo em que a Floresta Amazônica é devastada. Que região é essa?

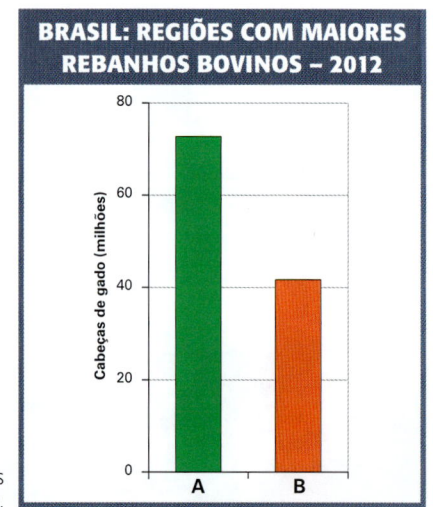

BRASIL: REGIÕES COM MAIORES REBANHOS BOVINOS – 2012

Fonte: IBGE. Tabela 1: Efetivo de bovinos e variação anual, por Grandes Regiões – 2008-2012. *Produção da Pecuária Municipal*, v. 40, 2012.

4. Além da regionalização usada no mapa da atividade 1, existem outras que evidenciam as diferenças que ocorrem no território brasileiro. Observe o mapa e leia o texto abaixo. Depois, responda às questões.

Os quatro brasis

A regionalização em *quatro brasis* foi elaborada pelos geógrafos Milton Santos e Maria Laura Silveira. Essa proposta mantém os limites entre os estados e leva em consideração as características da história da ocupação do território e da economia e, principalmente, aspectos presentes em cada região relacionados a ciência, tecnologia e serviços. Entre os itens avaliados, estão: redes de telecomunicações, energia e transportes, equipamentos de informática, acesso à internet, bancos, bolsas de valores, centros de pesquisa, universidades, agências de propaganda e *marketing*, agropecuária altamente mecanizada etc.

Fonte: SANTOS, Milton; SILVEIRA, Maria Laura. *O Brasil*: território e sociedade no início do século XXI. Rio de Janeiro/São Paulo: Record, 2002. p. 308.

a. Que regiões constituem os "quatro brasis"? Que características do espaço geográfico brasileiro foram utilizadas para definir essas regiões?

b. Que macrorregiões do IBGE formam a Região Concentrada? Explique, de acordo com o que você estudou nesta unidade, os aspectos socioeconômicos dessa região.

Investigando seu lugar

5. Apesar das características comuns, as regiões apresentam diferenças no seu interior, principalmente nos aspectos econômicos e sociais: diferenças entre as Unidades da Federação, entre os municípios e entre os bairros.

Providencie fotografias de diversos lugares da macrorregião onde você vive que evidenciem, na paisagem, as diferenças econômicas e sociais. Em grupo, montem um cartaz com as imagens e deem um título para representar a principal ideia.

Encerrando a unidade

- No caderno, copie e complete o quadro com informações estudadas na unidade.

Região	UFs (siglas)	Principais fatores da apropriação do território	Características do espaço geográfico atual

Desigualdades regionais e futebol

As desigualdades entre as regiões brasileiras podem ser verificadas em diversos aspectos. Observe os gráficos e o quadro.

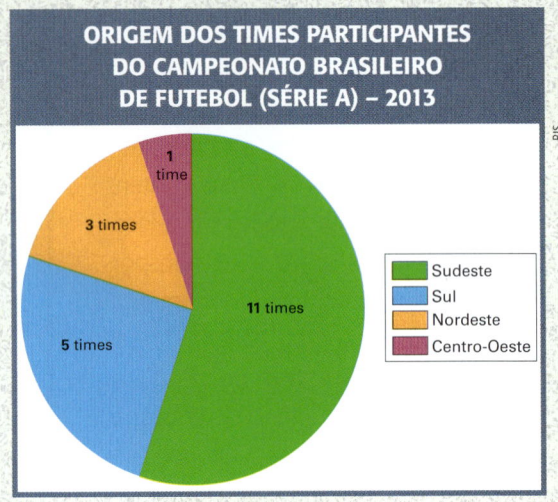

ORIGEM DOS TIMES PARTICIPANTES DO CAMPEONATO BRASILEIRO DE FUTEBOL (SÉRIE A) – 2012

- Sudeste: 12 times
- Sul: 4 times
- Nordeste: 3 times
- Centro-Oeste: 1 time

ORIGEM DOS TIMES PARTICIPANTES DO CAMPEONATO BRASILEIRO DE FUTEBOL (SÉRIE A) – 2013

- Sudeste: 11 times
- Sul: 5 times
- Nordeste: 3 times
- Centro-Oeste: 1 time

Dez primeiros colocados no Campeonato Brasileiro de Futebol (Série A) – 2012 e 2013

2012	2013
Fluminense – RJ	Cruzeiro – MG
Atlético – MG	Grêmio – RS
Grêmio – RS	Atlético Paranaense – PR
São Paulo – SP	Botafogo – RJ
Vasco da Gama – RJ	Vitória – BA
Corinthians – SP	Goiás – GO
Botafogo – RJ	Santos – SP
Santos – SP	Atlético – MG
Cruzeiro – MG	São Paulo – SP
Internacional – RS	Corinthians – SP

Fonte dos gráficos e da tabela: Confederação Brasileira de Futebol (CBF). Disponível em: <www.cbf.com.br>. Acesso em: jul. 2014.

Como você observou, os gráficos mostram como o futebol reflete a desigualdade entre as macrorregiões: o Sudeste concentra a maior parte dos times que participaram da série A do Brasileirão, o principal campeonato nacional entre clubes.

A desigualdade em relação ao futebol está relacionada com a concentração do poder econômico na região. O maior mercado consumidor se encontra no Sudeste, principalmente nos estados do Rio de Janeiro e de São Paulo. Isso atrai as empresas patrocinadoras, que têm o objetivo de divulgar suas marcas e produtos. Os patrocínios trazem mais dinheiro para os clubes atraírem e manterem os melhores jogadores, as melhores equipes técnicas, a infraestrutura para treinamento etc.

Desigualdades e políticas regionais

Embora tenham ocorrido avanços nos últimos 20 anos em aspectos sociais e econômicos, indicando uma diminuição da desigualdade entre as regiões, ela ainda é marcante e pode ser verificada, por exemplo, nos rendimentos das pessoas, na escolaridade, na mortalidade infantil, entre outros. Observe os gráficos.

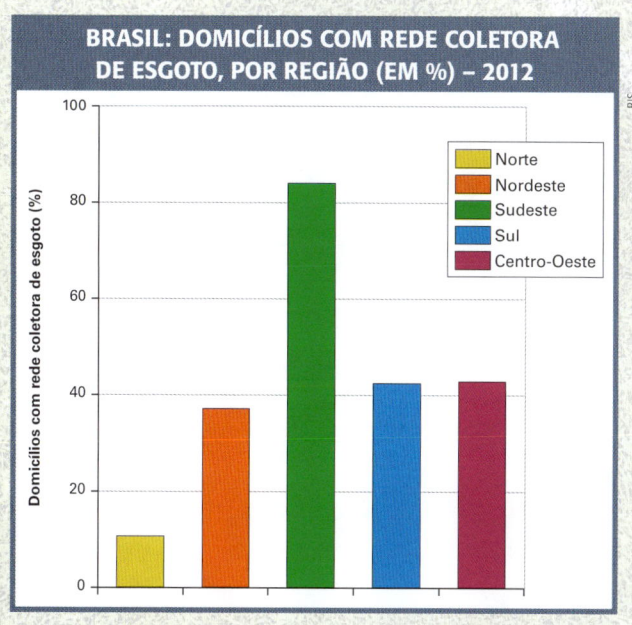

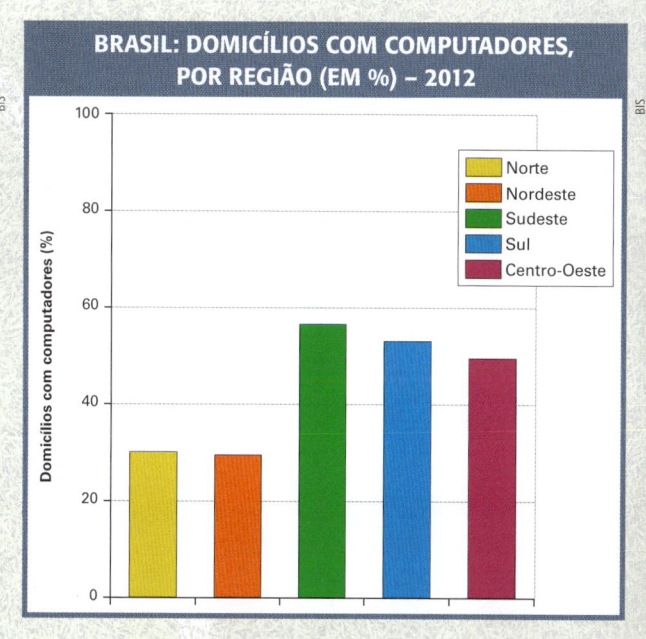

BRASIL: DOMICÍLIOS COM REDE COLETORA DE ESGOTO, POR REGIÃO (EM %) – 2012

BRASIL: DOMICÍLIOS COM COMPUTADORES, POR REGIÃO (EM %) – 2012

Fonte: IBGE. *PNAD 2013*. Disponível em: <www.ibge.gov.br>. Acesso em: ago. 2014.

"Erradicar a pobreza e a marginalização e reduzir as desigualdades sociais e regionais" é um dos objetivos da República Federativa do Brasil, conforme a Constituição de 1988.

Atualmente, é o Ministério da Integração Nacional que tem o papel de promover a formulação e condução de políticas que promovam o desenvolvimento de determinadas regiões ou áreas dentro das regiões. Algumas dessas políticas são: obras contra a seca; programas de irrigação e de acesso à água; planos de desenvolvimento sustentável, entre muitas outras.

Atividades

1. Observe novamente os gráficos e o quadro da página 62 e responda:
   a. A que região pertence a maioria dos times que ficaram entre os dez primeiros da Série A do Campeonato Brasileiro em 2012 e 2013? Que Unidades Federativas se destacam?
   b. Quantos times participantes do Campeonato Brasileiro de 2012 e 2013 são da região onde você vive?

2. Há relação entre a concentração regional de times e a concentração econômica? Explique sua resposta.

3. Com base nos gráficos desta página, apresente dados que comprovem a desigualdade regional no nosso país.

4. Pesquise ações de governos, empresas, organizações não governamentais ou outras instituições que têm o objetivo de melhorar as condições de vida da população e da economia das macrorregiões que apresentam indicadores sociais e econômicos menos favoráveis.

5. Em grupo, imaginem que vocês compõem as equipes técnicas do governo que devem pensar em soluções para diminuir as desigualdades entre as regiões quanto às condições de vida da população. Que medidas vocês propõem?

UNIDADE 3
Relevo e águas no Brasil

Nas duas primeiras unidades, destacamos os processos históricos e as atividades econômicas que se relacionam com a produção do espaço geográfico brasileiro.

Em alguns momentos, a natureza apareceu como recurso para as atividades econômicas; em outros, como elemento natural degradado pelas ações humanas.

Agora, estudaremos alguns aspectos da dinâmica da natureza e as relações que ela estabelece com a paisagem e as atividades humanas. Observe a imagem.

Nesta unidade você vai saber mais sobre

- O relevo brasileiro e suas altitudes modestas
- Transformações do relevo
- Estrutura e formas do relevo brasileiro
- Mapa hipsométrico e perfil topográfico
- Águas no território brasileiro
- Rios e bacias hidrográficas brasileiras
- Uso dos recursos hídricos no Brasil

Ilha do Cardoso, Cananeia (SP), 2012.

FABIO COLOMBINI

TROCANDO IDEIAS

1. Que elementos naturais podem ser identificados na fotografia?
2. Como é a forma do terreno nos arredores de sua casa ou de sua escola: plana ou acidentada? Há muitas subidas e descidas?
3. Há rios e córregos visíveis na paisagem do município onde você mora? Qual o nome do principal rio? As águas são usadas em alguma atividade humana?

1 O relevo brasileiro

Observe as fotografias de algumas paisagens encontradas no território brasileiro.

Cânion de Itaimbezinho visto da Trilha do Cotovelo, Parque Nacional de Aparados da Serra, em Cambará do Sul (RS), 2014.

Petrolina (PE), às margens do Rio São Francisco, 2012.

A superfície do território brasileiro é irregular. As paisagens em todo o país são constituídas ora por terrenos quase planos, ora por terrenos acidentados, com morros ou serras. As diferentes formas do terreno que aparecem nas paisagens retratadas acima fazem parte do relevo brasileiro.

O **relevo** é o conjunto das diferentes formas do terreno existentes na superfície terrestre. É um elemento natural importante nas características de uma paisagem, pois influencia a distribuição da vegetação, o clima, o curso dos rios, a agricultura, a construção de moradias e estradas etc.

Na maioria das vezes, o relevo e os rios são elementos naturais de destaque nas paisagens. Nas cidades, devido às intensas modificações realizadas pelos seres humanos, muitas vezes, os elementos naturais passam despercebidos. O relevo acaba ficando "escondido" sob as casas, prédios e ruas, e rios e córregos podem estar canalizados ou "espremidos" entre construções.

LEITURA DE IMAGEM

1. Em quais estados e regiões do Brasil estão localizadas as paisagens retratadas?
2. Em qual das paisagens retratadas o terreno é mais plano?
3. Como você acha que surgiram essas formas do terreno? Será que elas foram sempre assim ou sofreram modificações?

ALTITUDES MODESTAS

O relevo do nosso país tem altitudes diferenciadas. Observe o mapa hipsométrico (mapa de altitudes) do Brasil. Nele há uma sequência de cores que obedece a uma ordem crescente. As baixas altitudes são representadas por cores claras, e as altitudes mais elevadas, por cores mais escuras.

Altitude: é a medida vertical que vai do nível zero (nível do mar) até o ponto mais alto de uma determinada elevação do terreno.

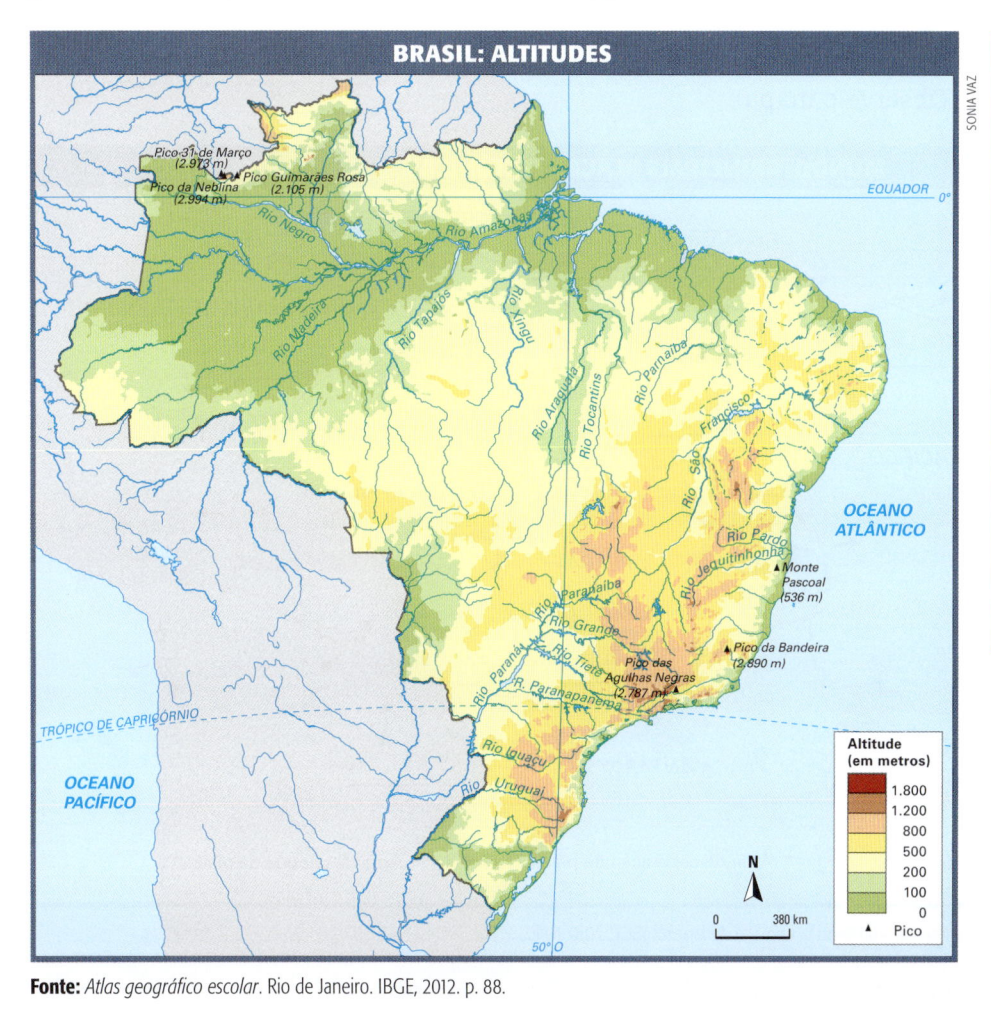

BRASIL: ALTITUDES

LEITURA DE IMAGEM

1. Que cores estão representando as maiores e as menores altitudes do território brasileiro? Onde você obteve essa informação?
2. Qual é o ponto de maior altitude do território brasileiro, onde se localiza e qual sua altitude?
3. Em que faixas de altitude está a Unidade da Federação onde você mora?
4. Que pico(s) aparece(m) na macrorregião onde você mora? Qual é o nome e a altitude dele(s)? Em que estado se localiza(m)?

Fonte: *Atlas geográfico escolar.* Rio de Janeiro. IBGE, 2012. p. 88.

A legenda do mapa mostra faixas de altitude: 0 a 100 metros; 100 a 200 metros; 200 a 500 metros; 500 a 800 metros; 800 a 1.200 metros; 1.200 a 1.800 metros; mais de 1.800 metros.

No Brasil, de modo geral, predominam altitudes modestas em relação a algumas formas da superfície terrestre. Aproximadamente 93% do território apresenta altitudes inferiores a 900 metros.

Os terrenos com maiores altitudes estão concentrados nas regiões Sudeste e Sul e no norte do estado de Roraima. O ponto mais alto do território brasileiro é o Pico da Neblina, com 2.994 metros, localizado no estado do Amazonas, próximo à fronteira com a Venezuela.

O Monte Pascoal, em Itamaraju (BA), foi a primeira porção de terra do Brasil avistada pelos portugueses em 1500. Fotografia de 2012.

UM RELEVO DESGASTADO

Além das baixas altitudes, no relevo brasileiro há outras características importantes:
- ausência de cordilheiras e montanhas de formação recente;
- estrutura geológica bastante antiga, caracterizada por não apresentar grandes tremores de terra e vulcões.

Essas características estão relacionadas à localização do território brasileiro na placa tectônica. Observe o mapa.

> **Estrutura geológica:** conjunto dos vários tipos de rochas que sustentam o relevo, ou seja, é a base sobre a qual se encontram as diversas formas da superfície terrestre.

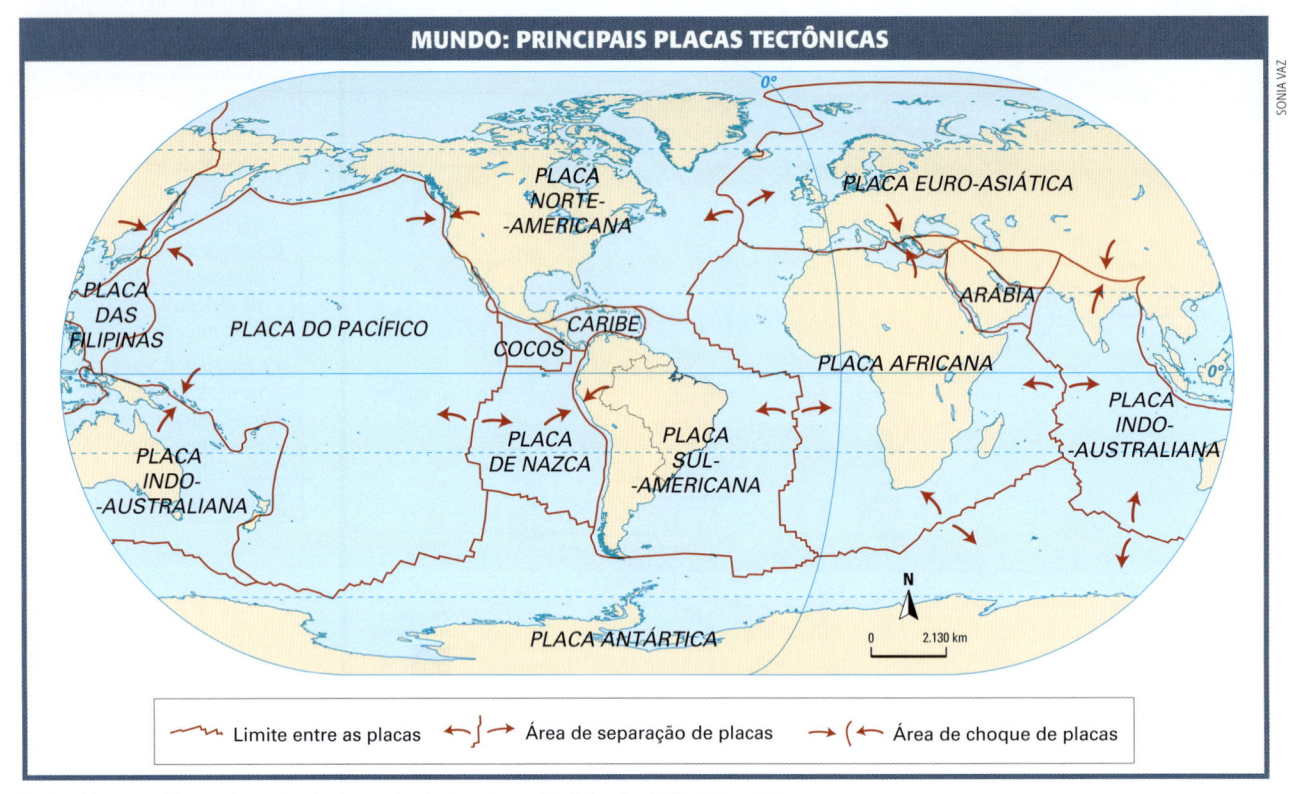

MUNDO: PRINCIPAIS PLACAS TECTÔNICAS

Fonte: *Atlas geográfico escolar*: ensino fundamental – do 6º ao 9º ano. Rio de Janeiro: IBGE, 2010. p. 103.

As placas tectônicas se movimentam em várias direções, ora chocando-se umas com as outras, ora afastando-se, provocando a ocorrência de vulcões, terremotos e formas de relevo como grandes montanhas e vales.

Como podemos verificar no mapa, o território brasileiro está localizado no centro da placa Sul-Americana, distante das áreas onde ocorrem choque ou separação entre placas. Dessa forma, a ação dos agentes internos (vulcanismo, terremotos etc.) sobre o território brasileiro é muito pequena, quando comparada aos locais que estão sobre as bordas ou mais próximos a elas.

Em determinados pontos do território brasileiro, tremores de terra podem ser sentidos devido a reflexos de terremotos ocorridos no Oceano Atlântico e em países sujeitos a vulcanismos e abalos sísmicos (terremotos), como o Chile e o Peru, ou devido a pequenos tremores de terra motivados pela acomodação de rochas.

A ação dos agentes externos (água, ventos etc.) acaba prevalecendo sobre a ação dos agentes internos na transformação do relevo brasileiro.

O RELEVO SE TRANSFORMA

Observe o mapa.

BRASIL: ESTRUTURA GEOLÓGICA

Legenda:
- Escudos cristalinos
- Bacias sedimentares

Fonte: FERREIRA, Graça M. L. *Atlas geográfico*: espaço mundial. São Paulo: Moderna, 2013. p. 121.

LEITURA DE IMAGEM
- Que tipos de estruturas geológicas se destacam no território brasileiro?

A estrutura geológica do território brasileiro é antiga, estável e bastante desgastada pela ação dos agentes externos, sendo constituída basicamente por rochas cristalinas e sedimentares.

As áreas onde predominam as rochas cristalinas são chamadas de **escudos cristalinos** ou **maciços antigos** e podem apresentar importantes jazidas de minerais metálicos, como ferro, manganês, bauxita, cobre, ouro etc. Por terem uma formação antiga, essas rochas foram bastante desgastadas pelos agentes externos, responsáveis também pelo transporte e pela sedimentação dos materiais. Entre os agentes externos que agem sobre as rochas, na maior parte do território, estão as águas de chuvas e de rios, que se apresentam em grande quantidade devido aos altos índices pluviométricos, como veremos nos próximos capítulos e na *Unidade 4*.

Também se destacam na estrutura geológica as **bacias sedimentares**, formadas principalmente por rochas sedimentares. Nesse tipo de estrutura geológica podem ocorrer jazidas de combustíveis fósseis: petróleo, gás natural e carvão mineral.

Rochas cristalinas: também denominadas magmáticas ou ígneas, são as rochas formadas pela solidificação do magma. Por isso, são consideradas rochas primárias.

Rochas sedimentares: formadas a partir da decomposição e do acúmulo de detritos de outras rochas.

As formas existentes no Parque Estadual de Vila Velha, em Ponta Grossa (PR), foram lentamente modeladas, ao longo de milhões de anos, pela ação do vento e da chuva. Fotografia de 2011.

O RELEVO SUBMARINO

Relevo submarino ou oceânico é o conjunto de formas da superfície terrestre que se encontram submersas, ou seja, cobertas pelas águas dos oceanos.

Assim como ocorre com o relevo continental, o relevo submarino apresenta formas, estrutura geológica e altitudes diferenciadas. Observe na ilustração algumas das principais formas desse relevo.

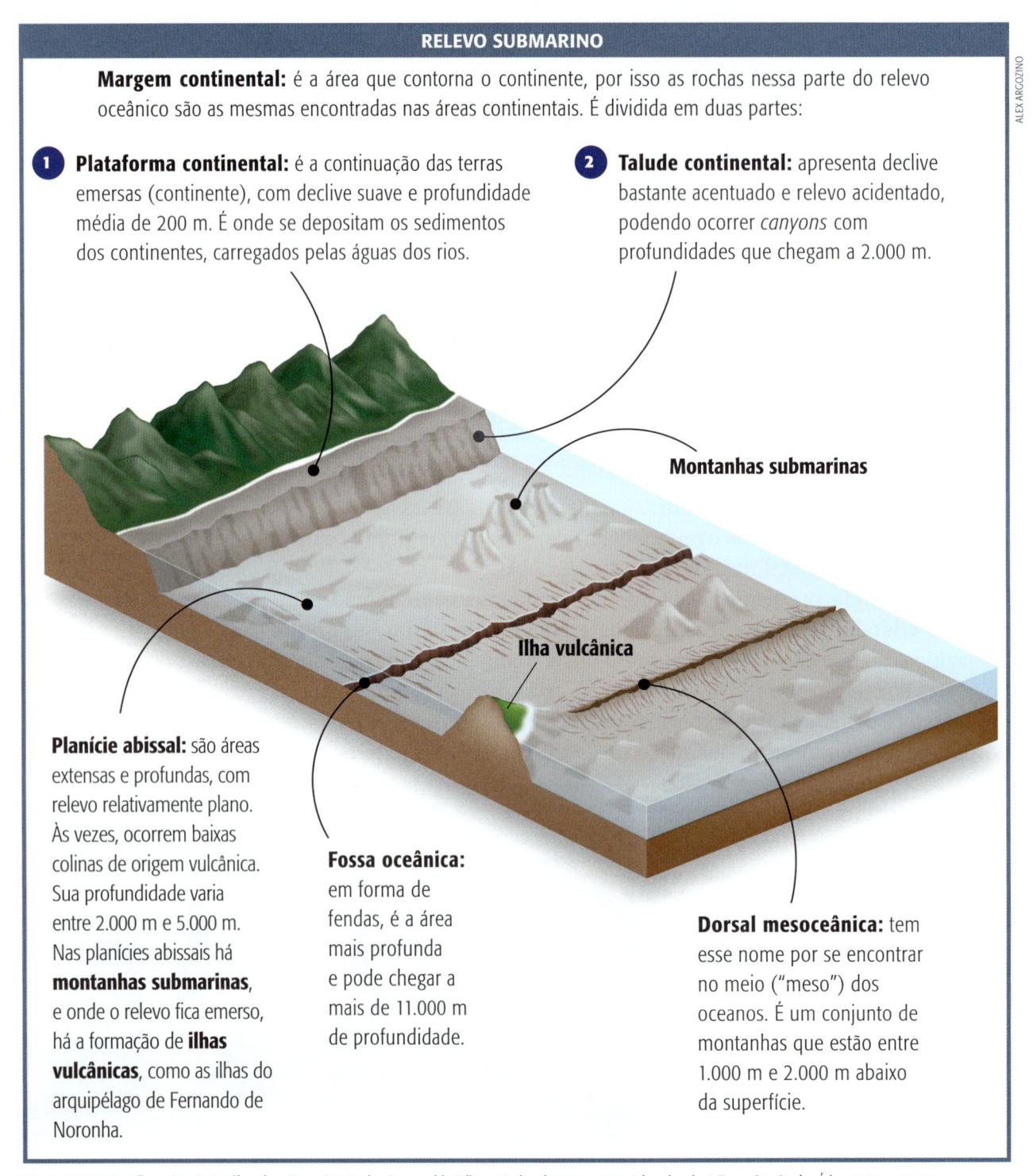

RELEVO SUBMARINO

Margem continental: é a área que contorna o continente, por isso as rochas nessa parte do relevo oceânico são as mesmas encontradas nas áreas continentais. É dividida em duas partes:

1 Plataforma continental: é a continuação das terras emersas (continente), com declive suave e profundidade média de 200 m. É onde se depositam os sedimentos dos continentes, carregados pelas águas dos rios.

2 Talude continental: apresenta declive bastante acentuado e relevo acidentado, podendo ocorrer *canyons* com profundidades que chegam a 2.000 m.

Montanhas submarinas

Ilha vulcânica

Planície abissal: são áreas extensas e profundas, com relevo relativamente plano. Às vezes, ocorrem baixas colinas de origem vulcânica. Sua profundidade varia entre 2.000 m e 5.000 m. Nas planícies abissais há **montanhas submarinas**, e onde o relevo fica emerso, há a formação de **ilhas vulcânicas**, como as ilhas do arquipélago de Fernando de Noronha.

Fossa oceânica: em forma de fendas, é a área mais profunda e pode chegar a mais de 11.000 m de profundidade.

Dorsal mesoceânica: tem esse nome por se encontrar no meio ("meso") dos oceanos. É um conjunto de montanhas que estão entre 1.000 m e 2.000 m abaixo da superfície.

Fonte: TEIXEIRA, Wilson (Org.). *Decifrando a Terra*. São Paulo: Companhia Editora Nacional, 2003. p. 263; *Atlas visuais*: A Terra. São Paulo: Ática, 1995. p. 50-51.

Recursos naturais no relevo submarino

Nas rochas que sustentam o relevo submarino, localizadas na **plataforma continental**, há ocorrências de diversos recursos naturais. Observe o mapa.

LEITURA DE IMAGEM

1. Que recurso é o mais explorado na plataforma continental brasileira?
2. Que recursos são encontrados na plataforma continental da Região Nordeste?

BRASIL: RECURSOS NATURAIS NA PLATAFORMA CONTINENTAL

Legenda:
- Petróleo (exploração)
- Petróleo (produção)
- Carvão
- Diamante
- Ouro
- Fosfato
- Sais de potássio
- Minerais pesados
- Calcário

Fonte: *Atlas geográfico das zonas costeiras e oceânicas do Brasil.* Rio de Janeiro: IBGE, 2011. p. 55.

SAIBA MAIS

O pré-sal

Você já deve ter visto em jornais, revistas ou na televisão plataformas de petróleo em mares e oceanos. Recentemente, ocorreram as maiores descobertas de petróleo no Brasil, na chamada camada pré-sal, entre os estados de Santa Catarina e Espírito Santo. Segundo pesquisas, é um petróleo de alta qualidade e maior valor de mercado. Observe a ilustração e leia o texto.

"[...] Convencionou-se chamar de pré-sal porque forma um intervalo de rochas que se estende por baixo de uma extensa camada de sal, que em certas áreas da costa atinge espessuras de até 2.000 m. O termo 'pré' é utilizado porque, ao longo do tempo, essas rochas foram sendo depositadas antes da camada de sal. A profundidade total dessas rochas, que é a distância entre a superfície do mar e os reservatórios de petróleo abaixo da camada de sal, pode chegar a mais de 7 mil metros."

Petrobras. *Perguntas e respostas.* Disponível em: <http://sites.petrobras.com.br>. Acesso em: ago. 2014.

EXTRAÇÃO DE PETRÓLEO NO PRÉ-SAL

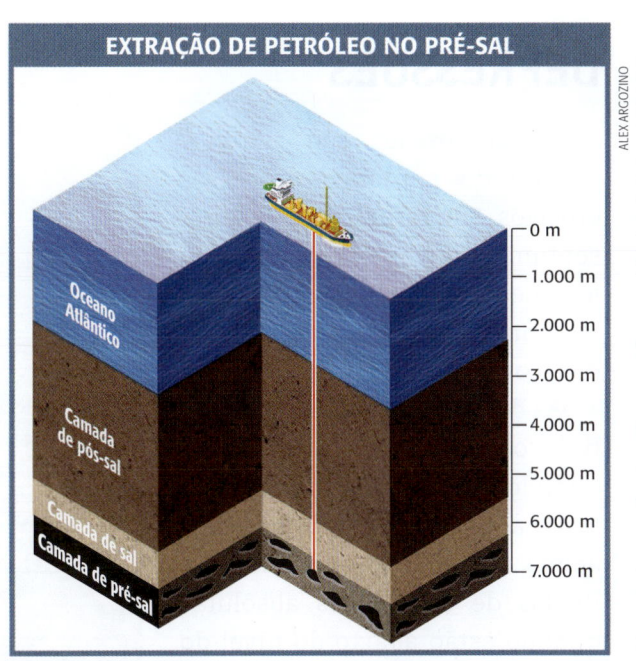

- Oceano Atlântico
- Camada de pós-sal
- Camada de sal
- Camada de pré-sal

(0 m, 1.000 m, 2.000 m, 3.000 m, 4.000 m, 5.000 m, 6.000 m, 7.000 m)

Fonte: *Blog* do Planalto. Disponível em: <http://blog.planalto.gov.br>. Acesso em: ago. 2014.

2 Principais formas do relevo brasileiro

As diferentes formas da superfície terrestre continental do nosso país são agrupadas em três tipos: planícies, depressões e planaltos.

PLANÍCIES

As planícies são formas do relevo que se caracterizam por apresentar terrenos relativamente planos, formados pelo acúmulo de materiais (partículas de rocha ou provenientes de espécies animais e vegetais) transportados principalmente por rios, lagos e mares. Ocorrem em áreas de bacias sedimentares.

Quando o principal agente de formação é o mar, são chamadas de **planícies costeiras**. Quando um rio é o responsável pela formação, denominamos **planícies fluviais**. As **planícies lacustres** têm os lagos como principais formadores.

A planície do Rio Amazonas, por exemplo, é resultado do acúmulo de materiais trazidos pelo rio, e a planície litorânea recebe materiais carregados pelas águas do Oceano Atlântico.

Vista aérea do Rio Catrimani, afluente do Rio Branco, no estado de Roraima, 2012.

DEPRESSÕES

As depressões são terrenos desgastados por longos processos erosivos. São formas que se apresentam relativamente planas ou levemente onduladas. Localizam-se entre superfícies mais elevadas, como os planaltos.

As depressões podem ser **relativas** ou **absolutas**. São relativas quando estão rebaixadas em relação aos terrenos vizinhos, mas acima do nível do mar. São chamadas de depressões absolutas quando estão abaixo do nível do mar. No relevo brasileiro não há depressões absolutas.

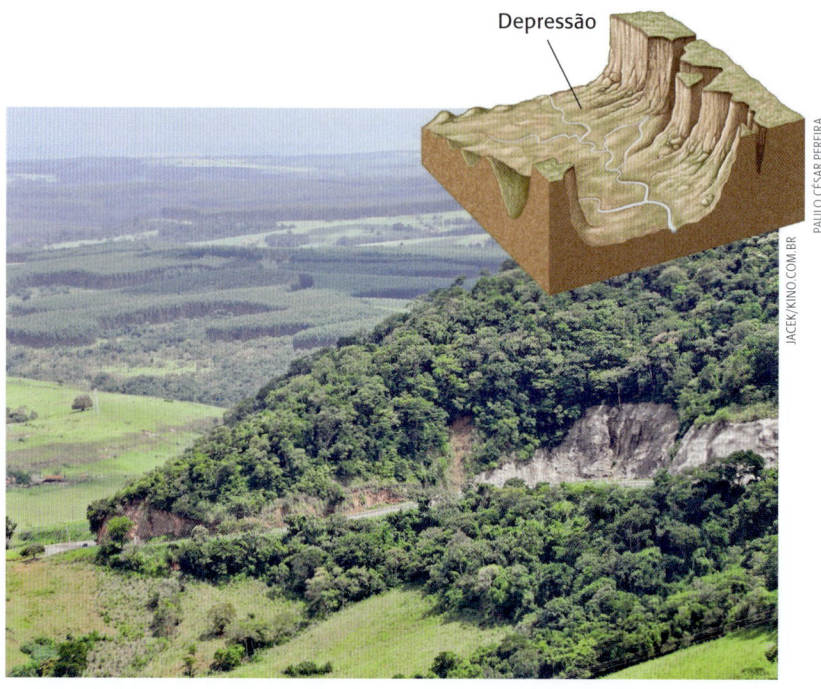

Depressão Periférica de São Paulo, vista da Serra de Botucatu (SP), 2012.

PLANALTOS

Os planaltos são terrenos irregulares, bastante desgastados, por exemplo, pela ação da chuva, dos rios e dos ventos. Neles, o processo de desgaste supera o de sedimentação (deposição de sedimentos). Podem ocorrer tanto em escudos cristalinos quanto em bacias sedimentares.

Os mais extensos planaltos brasileiros são os Planaltos e Chapadas da Bacia do Paraná, o Planalto e Chapadas da Bacia do Parnaíba e Planaltos e Serras do Atlântico Leste Sudeste.

Os planaltos podem ser formados por: chapadas, morros e serras.

- **Chapadas:** formas de topo plano e com desníveis acentuados, que lembram um degrau (escarpa).

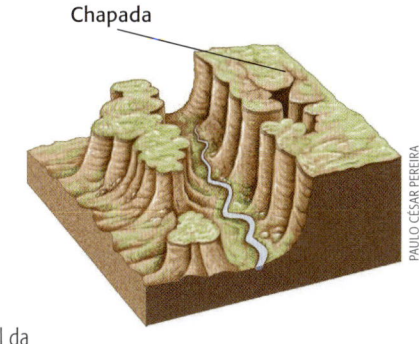

Parque Nacional da Chapada Diamantina, em Palmeiras (BA), 2014.

- **Morros:** formações arredondadas de elevações modestas.

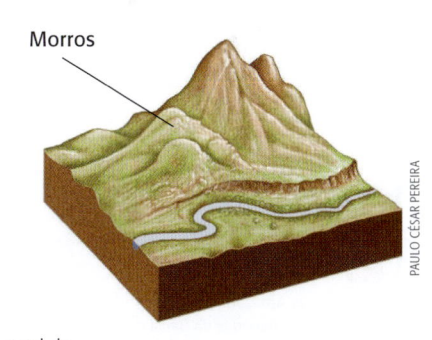

Morros na zona rural de Cunha (SP), 2014.

- **Serras:** conjuntos de montanhas ou morros com desníveis acentuados.

Parque Nacional da Serra da Bocaina, entre os estados de São Paulo e Rio de Janeiro, 2014.

DISTRIBUIÇÃO DAS FORMAS DE RELEVO NO TERRITÓRIO

Observe no mapa como estão distribuídas as principais formas de relevo no Brasil.

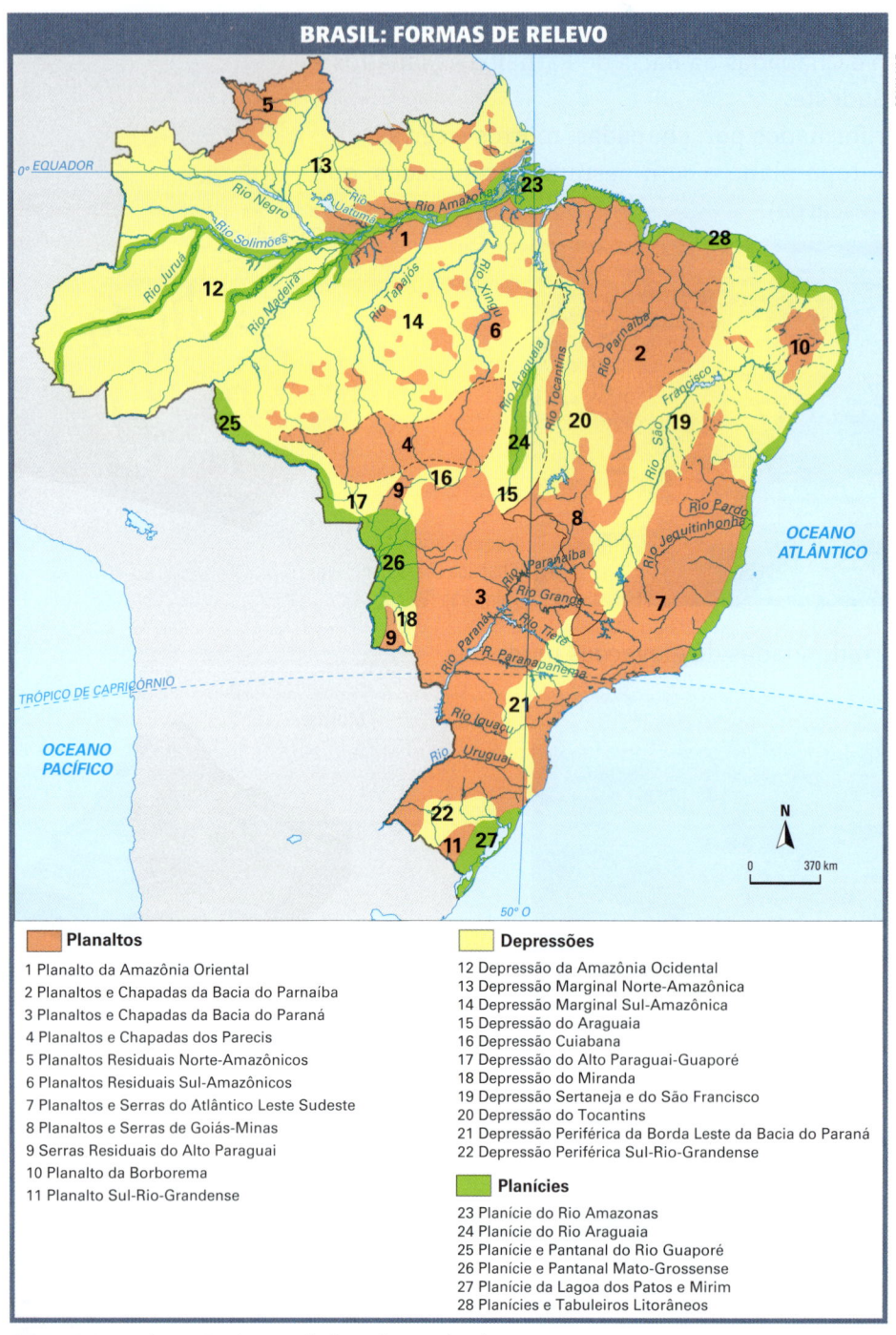

BRASIL: FORMAS DE RELEVO

Planaltos
1 Planalto da Amazônia Oriental
2 Planaltos e Chapadas da Bacia do Parnaíba
3 Planaltos e Chapadas da Bacia do Paraná
4 Planaltos e Chapadas dos Parecis
5 Planaltos Residuais Norte-Amazônicos
6 Planaltos Residuais Sul-Amazônicos
7 Planaltos e Serras do Atlântico Leste Sudeste
8 Planaltos e Serras de Goiás-Minas
9 Serras Residuais do Alto Paraguai
10 Planalto da Borborema
11 Planalto Sul-Rio-Grandense

Depressões
12 Depressão da Amazônia Ocidental
13 Depressão Marginal Norte-Amazônica
14 Depressão Marginal Sul-Amazônica
15 Depressão do Araguaia
16 Depressão Cuiabana
17 Depressão do Alto Paraguai-Guaporé
18 Depressão do Miranda
19 Depressão Sertaneja e do São Francisco
20 Depressão do Tocantins
21 Depressão Periférica da Borda Leste da Bacia do Paraná
22 Depressão Periférica Sul-Rio-Grandense

Planícies
23 Planície do Rio Amazonas
24 Planície do Rio Araguaia
25 Planície e Pantanal do Rio Guaporé
26 Planície e Pantanal Mato-Grossense
27 Planície da Lagoa dos Patos e Mirim
28 Planícies e Tabuleiros Litorâneos

Fonte: ROSS, Jurandyr L. S. (Org.). *Geografia do Brasil*. São Paulo: Edusp, 2009. p. 53.

LEITURA DE IMAGEM

1. Qual é o significado de cada cor que aparece no mapa?
2. Que nome recebe a depressão localizada nos estados de São Paulo, Paraná e Santa Catarina?
3. Que nome recebe a planície localizada entre os estados de Mato Grosso e Mato Grosso do Sul?
4. Indique o nome das formas de relevo sobre as quais correm os rios:
   a. Paraná;
   b. Amazonas;
   c. São Francisco.

NÃO DEIXE DE LER

- **A Terra vista do alto**
  Fernando Carraro.
  São Paulo: FTD, 2000.

  Um grupo de pessoas viaja de balão, atravessando a Serra do Mar e o interior dos estados de São Paulo e Mato Grosso, passando por diferentes paisagens e formas de relevo brasileiro.

Como você pode observar no mapa, a maior parte do relevo brasileiro é constituída por planaltos e depressões. As áreas de planície cobrem uma pequena parte do território, em comparação às demais formas e estão próximas aos rios e no litoral.

1. Observe a fotografia, consulte o mapa hipsométrico do Brasil (página 67) e responda às questões.

Pico da Neblina, na Serra Imeri, no norte do estado do Amazonas, 2009.

   a. Qual a altitude do Pico da Neblina? Em que estado se localiza?
   b. Por que podemos dizer que as altitudes do relevo brasileiro são modestas? Explique a relação das altitudes modestas com sua formação e estrutura geológica.

2. Diferencie os conceitos de relevo e estrutura geológica.

3. Em qual tipo de estrutura geológica podem ser encontrados no território brasileiro os minerais metálicos? E os combustíveis fósseis?

4. Observe o mapa da página 74 e cite um exemplo de planalto, planície e depressão encontrados no território brasileiro. Apresente as diferenças entre as três unidades de relevo.

5. Qual a relação entre a posição do Brasil na placa Sul-Americana e o fato de nosso território não apresentar vulcões ativos e terremotos de grande intensidade?

6. Quais são as principais formas do relevo submarino? Em qual delas ocorre a extração de petróleo no Brasil?

7. Leia o texto e faça as atividades.

> [...] No processo de modelagem do relevo, os agentes atuam removendo partículas de materiais de lugares mais elevados, transportando-as para lugares mais baixos e depositando-as nas calhas dos rios, lagos e oceanos. [...] O processo que engloba a remoção, o transporte e a deposição de materiais é denominado de erosão, sendo responsável ao longo de milhões de anos pela elaboração do relevo à superfície da Terra. [...]
>
> SANTOS, Rozely Ferreira dos (Org.). *Vulnerabilidade ambiental*. Brasília: MMA, 2007.

   a. O texto se refere aos agentes internos ou externos do relevo? Diferencie esses tipos de agentes.
   b. Na modelagem do relevo brasileiro, qual dos agentes predomina: internos ou externos? Explique por que isso ocorre.

Investigando seu lugar

8. Cite a(s) forma(s) de relevo que ocorre(m) na Unidade da Federação onde você mora. Consulte o mapa da página 69 para verificar a(s) estrutura(s) geológica(s) sobre a(s) qual(is) se encontra(m), relacionando-a(s).

LINGUAGEM CARTOGRÁFICA

Mapa hipsométrico e perfil topográfico

No estudo do relevo da superfície terrestre são utilizados dois importantes recursos: o mapa hipsométrico e o perfil topográfico.

O **mapa hipsométrico**, também chamado de **mapa de altitudes**, representa as altitudes da superfície terrestre. Observe o mapa hipsométrico do Brasil na página ao lado.

Assim como outros mapas, o mapa hipsométrico representa a superfície numa visão vertical, isto é, vista de cima para baixo, em um plano. Para melhor visualizar e comparar as altitudes e formas de um terreno, podemos utilizar o **perfil topográfico**, também denominado perfil de relevo.

O perfil topográfico é uma representação gráfica da superfície terrestre que apresenta a configuração do relevo e as altitudes ao longo de um trajeto em linha reta. O perfil abaixo corresponde a uma das linhas traçada no mapa hipsométrico da página ao lado. Observe-o.

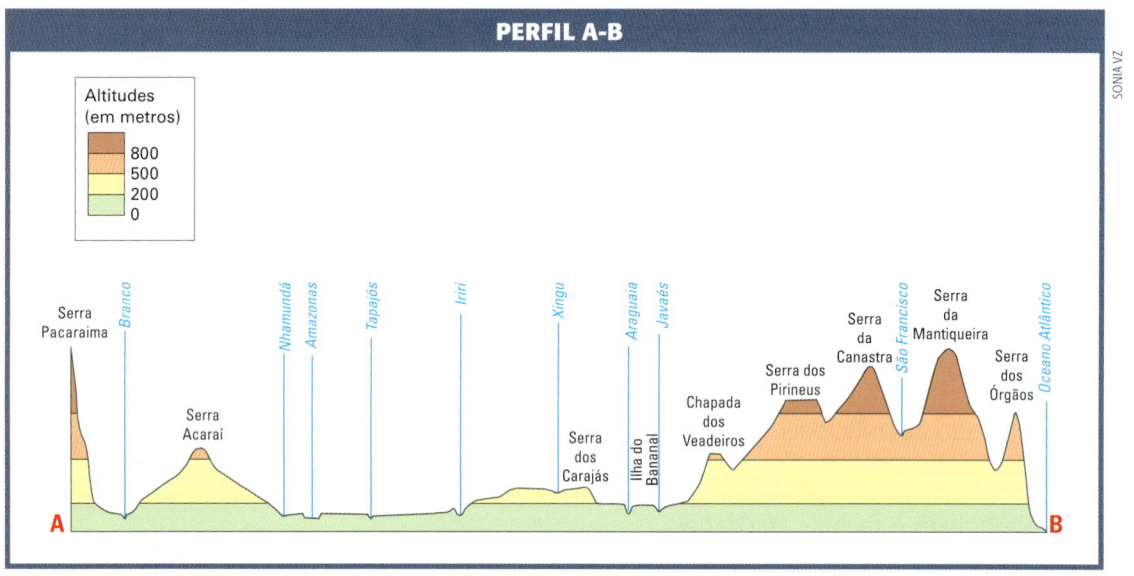

PERFIL A-B

Altitudes (em metros)
- 800
- 500
- 200
- 0

Elementos indicados: Serra Pacaraima, Branco, Serra Acaraí, Nhamundá, Amazonas, Tapajós, Iriri, Xingu, Serra dos Carajás, Araguaia, Javaés, Ilha do Bananal, Chapada dos Veadeiros, Serra dos Pirineus, Serra da Canastra, São Francisco, Serra da Mantiqueira, Serra dos Órgãos, Oceano Atlântico.

SONIA VZ

Fonte: GIRARDI, Gisele; ROSA, Jussara V. *Novo atlas geográfico do estudante*. São Paulo: FTD, 2005. p.22.

Atividades

1. Responda às questões no caderno.

    a. Que faixas de altitudes foram representadas no mapa hipsométrico?

    b. Como as faixas de altitude foram representadas?

    c. Cite duas formas de relevo do território brasileiro com mais de 800 m de altitude.

    d. Cite uma localidade que possui altitude de até 200 m.

    e. Identifique a Unidade da Federação onde você mora e descreva o relevo, citando as faixas de altitude predominantes e os nomes de serras, chapadas, planícies e outras ocorrências que se destacam.

2. Agora, observe o perfil C-D e cite os nomes de rios e formas de relevo (indicadas com números) nele representados. Para isso você deverá relacionar o perfil ao mapa hipsométrico.

BRASIL: ALTITUDES

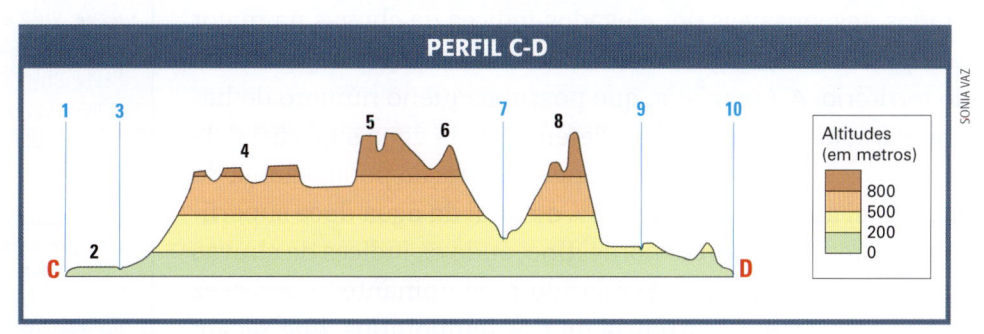

Fonte: GIRARDI, Gisele; ROSA, Jussara V. *Novo atlas geográfico do estudante*. São Paulo: FTD, 2005. p. 22.

PERFIL C-D

Fonte: GIRARDI, Gisele; ROSA, Jussara V. *Novo atlas geográfico do estudante*. São Paulo: FTD, 2005. p.22.

77

3 Águas no território brasileiro

DISTRIBUIÇÃO

Observe o mapa.

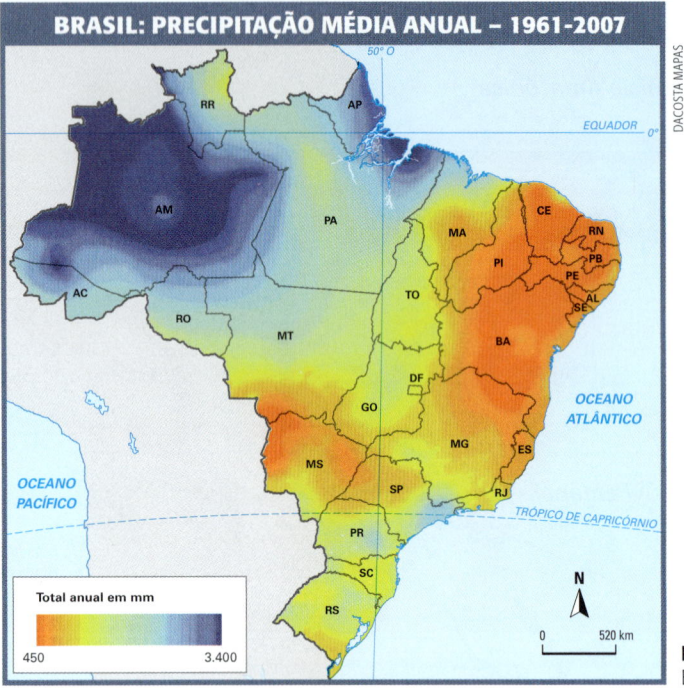

BRASIL: PRECIPITAÇÃO MÉDIA ANUAL – 1961-2007

Total anual em mm: 450 – 3.400

Fonte: *Conjuntura dos Recursos Hídricos no Brasil*. Brasília: Agência Nacional de Águas, 2013. p. 38.

LEITURA DE IMAGEM

1. Que região brasileira apresenta as maiores médias de precipitação?
2. Que relação podemos estabelecer entre a precipitação média anual e a distribuição da água no território brasileiro?

Como vimos no *Capítulo 1*, o relevo brasileiro sofre constantes ações das águas de rios e chuvas. Ao mesmo tempo que esculpem (desgastam) o relevo, as águas têm um importante papel de transportar sedimentos para áreas mais baixas da superfície. Na maior parte do nosso país, esse trabalho é intenso, devido à grande quantidade de chuvas e rios.

O Brasil apresenta um território rico em **recursos hídricos**. Nele se concentram cerca de 12% de toda a água doce disponível na superfície do globo (rios e lagos), além de extensas reservas de águas subterrâneas. O Brasil também conta com uma extensa costa marítima, que favorece os transportes, a exploração de recursos naturais, o turismo etc.

A abundância de recursos hídricos resulta, principalmente, dos climas quentes e úmidos, responsáveis por elevados índices de chuvas na maior parte do país. Apesar disso, a água doce superficial é distribuída de forma irregular pelo território. A Amazônia, que possui pequeno número de habitantes se comparada a outras regiões, detém 78% da água superficial. Já no Sudeste, essa relação se inverte: a maior concentração populacional do Brasil tem disponível aproximadamente 6% do total da água doce superficial do país. Na sub-região do Sertão nordestino, onde os índices de chuvas são baixos, característica do Clima Semiárido predominante, a escassez natural é ainda maior, com a ocorrência de rios temporários, que secam durante os períodos em que não chove na região.

Recursos hídricos: corresponde às várias formas de acesso à água disponíveis em um território, como rios, lagos, mares, oceanos, geleiras e águas subterrâneas.

NÃO DEIXE DE LER

- **Água: vida e energia**
Eloci Peres Rios. São Paulo: Atual, 2004.
O livro apresenta vários aspectos que envolvem a água: as fontes disponíveis, a possibilidade de reaproveitamento, os danos causados ao meio ambiente pelo uso indevido dessa substância, doenças transmitidas por esse meio etc.

ÁGUAS SUBTERRÂNEAS

O uso de águas subterrâneas, ou seja, aquelas encontradas no subsolo, é uma prática bastante antiga. No nosso país, elas são utilizadas no abastecimento rural e urbano, para as mais variadas atividades, como irrigação, uso doméstico, indústria e lazer.

As extensas reservas de águas subterrâneas são denominadas aquíferos. Os maiores aquíferos estão nas regiões de rochas sedimentares, que são mais porosas, favorecendo a absorção de água. Já em grande parte do Nordeste, onde predominam as rochas cristalinas, o potencial dos aquíferos é bastante fraco. Observe o mapa.

A extração das águas subterrâneas feita de forma inadequada e sem preocupação ambiental pode trazer várias consequências, como secar fontes e nascentes, diminuir a vazão de rios, provocar afundamento do solo etc.

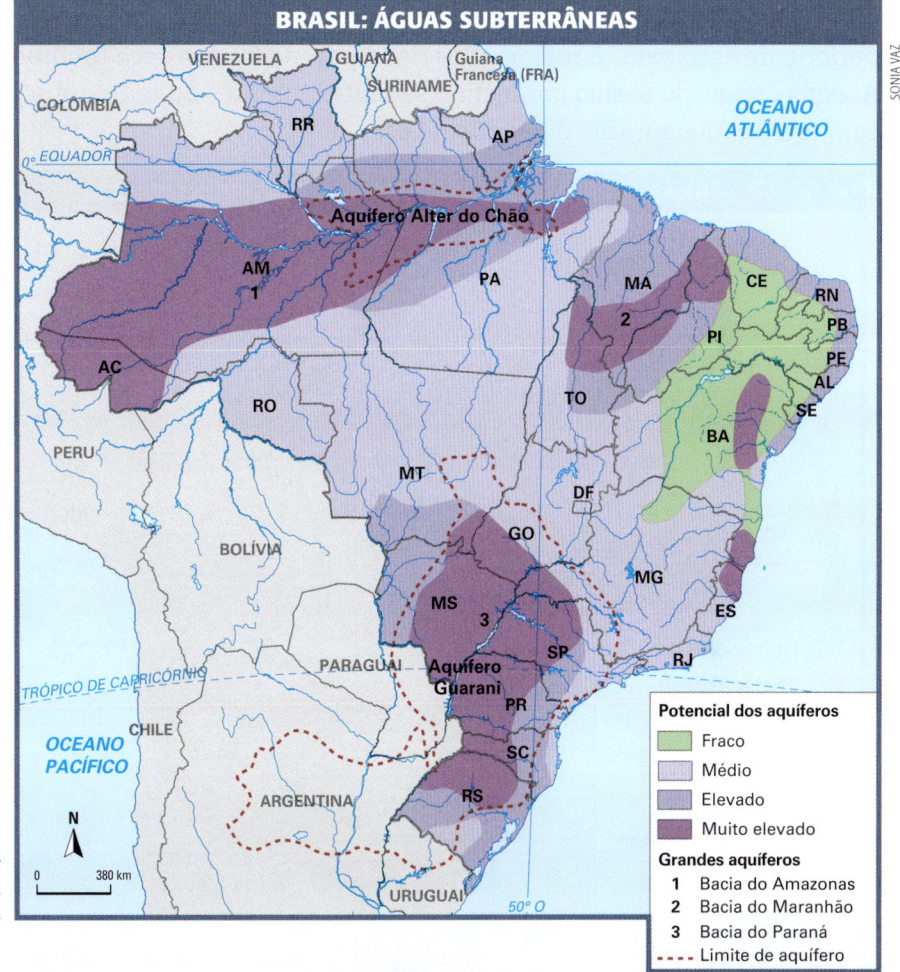

LEITURA DE IMAGEM
- Quais regiões geoeconômicas do Brasil apresentam os dois maiores aquíferos? Qual o potencial desses aquíferos?

BRASIL: ÁGUAS SUBTERRÂNEAS

Potencial dos aquíferos
- Fraco
- Médio
- Elevado
- Muito elevado

Grandes aquíferos
1. Bacia do Amazonas
2. Bacia do Maranhão
3. Bacia do Paraná
- - - Limite de aquífero

Fonte: CALDINI, Vera; ÍSOLA, Leda. *Atlas geográfico Saraiva.* São Paulo: Saraiva, 2013. p. 37.

E NO MUNDO?

Cidade do México está afundando

" [...]

Nem todos os mexicanos que se deslocam apressados pela capital estão conscientes da ameaça, mas a cidade está afundando. Pesquisadores apontam para uma taxa média anual de afundamento de sete centímetros. Em algumas regiões, esse índice chega a 40 centímetros por ano. Os vilões são a pressão das construções sobre o solo frágil e o aumento da extração de água para atender a uma superpopulação.
[...]
Apesar de ser impossível conter totalmente o fenômeno, alguns métodos têm ajudado a amenizá-lo. Com os estudos intensificados a partir dos anos [19]90, foram criadas políticas públicas para remediar o afundamento. Uma das medidas é a reinjeção de água no subsolo. Essa água passa por um processo de tratamento e é reinjetada para manter o solo argiloso úmido, sem contrair-se e fragilizar-se. Outra medida, nem sempre respeitada, é a proibição da construção de edifícios com mais de cinco andares em áreas delicadas, que não suportariam estruturas desse porte a longo prazo. [...] "

MARTINS, Elisa. Cidade do México afunda sete centímetros por ano. *O Globo*, 13 nov. 2012. Disponível em: <http://oglobo.globo.com>. Acesso em: nov. 2014.

RIOS E BACIAS HIDROGRÁFICAS

O Brasil possui uma das maiores redes hidrográficas do planeta, formada por rios extensos e com grande volume de água. Os rios brasileiros estão distribuídos por **bacias hidrográficas**, que são áreas delimitadas por **divisores de água** e banhadas por um rio principal e todos os seus afluentes (rios que deságuam em outros rios).

O regime de alimentação dos rios brasileiros é basicamente pluvial (depende das chuvas). Em geral, predomina o regime pluvial tropical, com cheias no período chuvoso e diminuição do volume de água no período de estiagem. A maioria dos rios é perene (nunca seca totalmente). Apenas alguns do Sertão nordestino são intermitentes ou temporários (secam totalmente durante o período de estiagem).

Divisor de água: forma de relevo que determina as nascentes dos rios e o sentido de escoamento de suas águas.

Rede hidrográfica: todos os cursos de água (rios e afluentes) de um território.

BRASIL: RIOS E BACIAS HIDROGRÁFICAS PRINCIPAIS

Legenda:
- Bacia do Amazonas
- Bacia do Tocantins
- Bacia do Parnaíba
- Bacia do São Francisco
- Bacia do Prata
- Bacias Costeiras do Oiapoque e do Araguari
- Bacias Costeiras do Nordeste oriental
- Bacias Costeiras do Nordeste ocidental
- Bacias Costeiras do Sudeste
- Bacias Costeiras do Sul

Fonte: elaborado com base em *Atlas geográfico escolar*. Rio de Janeiro: IBGE, 2012. p. 105.

LEITURA DE IMAGEM

1. Cite o nome de duas bacias hidrográficas que estão representadas no mapa.
2. Qual é a maior bacia hidrográfica no Brasil? Escreva o nome do principal rio dessa bacia.
3. A UF onde você mora é abrangida por qual(is) bacia(s) hidrográfica(s)?

Bacia do Prata

No território brasileiro, a Bacia do Prata é constituída por três sub-bacias: a do Rio Paraná, a do Rio Paraguai e a do Rio Uruguai, que deságuam no Rio da Prata, em território argentino e uruguaio. Destaca-se pela grande concentração populacional e industrial, principalmente na Região Sudeste do Brasil. No Rio Paraná está localizada a hidrelétrica de Itaipu, a maior do Brasil. A construção de hidrovias proporcionou maior integração entre cinco estados brasileiros (São Paulo, Minas Gerais, Goiás, Mato Grosso do Sul e Paraná), aproximou o Brasil de alguns países vizinhos (Argentina, Paraguai e Uruguai) e facilitou o escoamento da produção agrícola da Região Centro-Oeste.

Bacia do Amazonas

A Bacia do Amazonas é a maior bacia fluvial do mundo. Cobre 47% do território brasileiro e ainda se distribui por Suriname, Guiana, Guiana Francesa (FRA), Bolívia, Peru, Colômbia e Venezuela. É formada pelo rio principal, o Amazonas, e por seus vários afluentes. Possui cerca de 20 mil quilômetros navegáveis em território brasileiro, sendo uma importante via de circulação para a Região Norte.

O Rio Amazonas nasce na Cordilheira dos Andes (Peru) e recebe várias denominações (Ucaiali, Marañón, Solimões) antes de ser chamado de Amazonas, a partir do encontro com o Rio Negro, nas proximidades da cidade de Manaus (AM). Na fotografia, Rio Amazonas, no trecho do município de Urucará, 2014.

Bacia do São Francisco

O seu principal rio é o São Francisco, também chamado de "rio de integração nacional", porque atravessa cinco estados (Minas Gerais, Bahia, Pernambuco, Alagoas e Sergipe). Nasce no sul de Minas Gerais, na Serra da Canastra, e atravessa todo o Sertão nordestino, constituindo-se importante fonte de água para a população e a economia da região. O principal trecho navegável está entre Pirapora (MG) e Juazeiro (BA). O rio também apresenta importante aproveitamento hidrelétrico ao longo de seu trajeto. Muitos afluentes do São Francisco são rios temporários.

Delta: tipo de foz em que o rio se divide em vários canais estreitos.

Bacia do Parnaíba

O principal rio desta bacia é o Parnaíba, que separa os estados do Maranhão e do Piauí. Alguns de seus afluentes são temporários, pois estão associados ao clima seco da região. A foz do Parnaíba forma um dos maiores deltas do mundo.

Bacia do Tocantins

O rio principal é o Tocantins, e o Rio Araguaia é o maior e principal afluente. No Rio Araguaia encontra-se a maior ilha fluvial do mundo, a Ilha do Bananal. Por apresentar longos trechos navegáveis, os rios dessa bacia são utilizados para o transporte de parte da produção de soja das áreas por eles banhadas. No Rio Tocantins, foi construída a usina hidrelétrica de Tucuruí, a segunda maior do Brasil. A energia produzida por essa hidrelétrica abastece o Projeto de Mineração Carajás, no Pará, e os municípios da região.

Bacias Costeiras

São constituídas pelos rios que nascem nas proximidades do litoral e costumam ter pequena extensão. Essas bacias são as mais transformadas e degradadas do Brasil, pois muitos dos seus rios cortam importantes áreas urbanas, agrícolas, industriais, portuárias e turísticas.

Delta do Rio Parnaíba, visto do alto, entre os estados do Piauí e Maranhão, 2010.

4 Uso das águas continentais no Brasil

No Brasil, a água retirada dos recursos hídricos é usada principalmente para irrigação, consumo animal, abastecimento das cidades (moradias, clubes, comércio etc.) e das indústrias.

IRRIGAÇÃO

O uso da água nas lavouras ocorre há milhares de anos e é a atividade humana que demanda maior quantidade total de água. A irrigação consiste em desviar água de um curso d'água para áreas agrícolas, permitindo corrigir a distribuição natural das chuvas.

BRASIL: CONSUMO DE ÁGUA POR SETOR – 2010

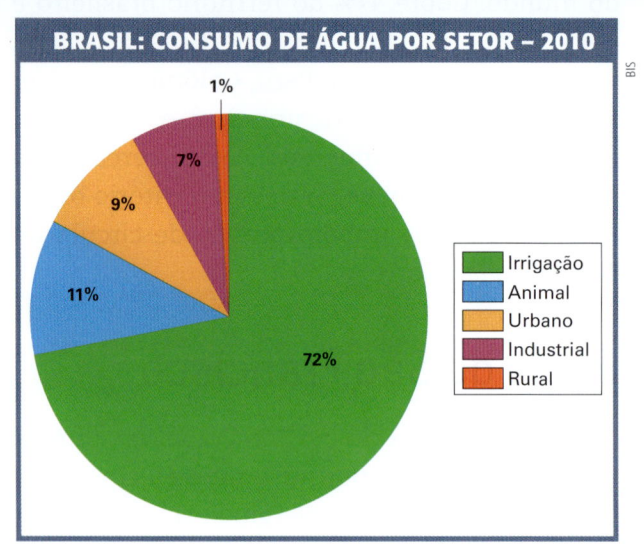

- Irrigação: 72%
- Animal: 11%
- Urbano: 9%
- Industrial: 7%
- Rural: 1%

Fonte: *Conjuntura dos Recursos Hídricos no Brasil*. Brasília: Agência Nacional de Águas, 2013. p. 89.

A modernização da agricultura introduziu equipamentos como bombas elétricas, tubulações mais resistentes e versáteis, pivô central (veja imagem abaixo) etc., que promoveram novas formas de irrigação, intensificando o uso das águas dos rios e do subsolo.

Apesar da modernização, agências governamentais brasileiras estimam que apenas 10% das áreas de cultivo são irrigadas. Um dos principais fatores que explica esse baixo percentual é o fato de muitos agricultores não terem acesso aos equipamentos e técnicas para implantação de sistemas de irrigação, sobretudo os mais modernos, que têm um custo elevado. Assim, muitas propriedades rurais acabam dependendo apenas da ocorrência das chuvas para garantir a produção.

Embora o percentual de lavouras irrigadas seja relativamente pequeno no Brasil, a quantidade de água usada é bastante grande, principalmente devido ao desperdício causado por muitas das técnicas de irrigação utilizadas no país.

A irrigação pode provocar impactos ambientais como consumo maior do que a capacidade de reposição da água nos rios, redução do estoque de águas subterrâneas e acúmulo de sais (salinização) no solo.

NÃO DEIXE DE ACESSAR

- **Agência Nacional de Águas – ANA**
  www.youtube.com/user/anagovbr

  Canal da Agência Nacional de Águas com vários vídeos e animações sobre diferentes aspectos que envolvem a questão da água no Brasil.

Sistema de irrigação com pivô central em plantação de soja na zona rural de São Gonçalo do Abaeté (MG), 2014.

CONSUMO ANIMAL

A água usada na criação de animais é destinada, principalmente, para a dessedentação do rebanho e no abate.

Dessedentação: ato de saciar a sede.

Dessedentação de rebanho bubalino em São João da Boa Vista (SP), 2013.

ABASTECIMENTO URBANO E INDUSTRIAL

O abastecimento urbano constitui o terceiro maior uso dos recursos hídricos no Brasil. A água é usada em moradias, hospitais, clubes, estabelecimentos comerciais etc.

As indústrias brasileiras usam grandes quantidades de água para fins diversos, como na produção de alimentos, bebidas e cosméticos, na lavagem de produtos e equipamentos etc.

Laranjas no processo de lavagem em indústria produtora de suco em Uraí (PR), 2014.

+ SAIBA MAIS

Transposição do Rio São Francisco

Levar água, até 2025, para cerca de 12 milhões de habitantes de 390 municípios do Agreste e do Sertão de Pernambuco, Ceará, Paraíba e Rio Grande do Norte, por meio da transposição das águas do Rio São Francisco, é o objetivo do Projeto de Integração do Rio São Francisco com Bacias Hidrográficas do Nordeste Setentrional, que está sendo implantado pelo Governo Federal.

Entre as críticas feitas ao projeto está a de que os mais beneficiados serão os grandes proprietários de fazendas agrícolas, em detrimento de grande parte da população que vive no Sertão, a mais prejudicada pela escassez de água.

TRANSPOSIÇÃO DO RIO SÃO FRANCISCO

Fonte: Portal Brasil. Disponível em <http://brasil.gov.br>. Acesso em: nov. 2014.

83

GERAÇÃO DE ENERGIA

O relevo de topografia irregular e com muitos desníveis, associado à rede hidrográfica, colabora para que o Brasil seja um dos maiores produtores mundiais de energia elétrica produzida em **usinas hidrelétricas**.

No Brasil, as usinas hidrelétricas estão concentradas na Bacia do Prata, constituída de muitos rios que correm sobre planalto e que banham a Região Sudeste, onde há grande concentração de indústrias e cidades que demandam grande quantidade de energia. Na Bacia do São Francisco também há importantes hidrelétricas.

NÃO DEIXE DE ACESSAR

- Agência Nacional de Energia Elétrica – ANEEL
www.aneel.gov.br
No "Espaço do Consumidor" você encontra cartilhas ilustradas da série Energia do Dia a Dia, que demonstram de um modo divertido conceitos e dicas relacionados à regulação da eletricidade.

O funcionamento de uma hidrelétrica depende do represamento da água do rio por meio de uma barragem de concreto. Após ser represada, a água cai de uma grande altura sobre imensas turbinas que, ao girarem, produzem energia elétrica. Na fotografia, hidrelétrica de Itaipu, na divisa entre Brasil e Paraguai, 2012.

Entre os impactos socioambientais da implantação de hidrelétricas estão, principalmente, aqueles relativos à inundação de grandes áreas, com a destruição da flora e da fauna e a remoção de populações locais.

Por isso, muitas vezes, a implantação de uma grande usina gera conflitos entre setores da sociedade, como ocorreu em torno do projeto de construção da Represa de Belo Monte, no estado do Pará.

TRANSPORTE

O transporte em rios ocorre por meio de vias chamadas **hidrovias**. Esse tipo de transporte é utilizado para o trânsito de pessoas e de grandes quantidades de mercadorias por longas distâncias.

No Brasil, vários rios constituem hidrovias, mesmo aqueles cujas condições naturais não favorecem a navegação, com acentuadas quedas d'água. Várias obras têm sido realizadas para que os rios se tornem navegáveis, tais como: canalização, aumento da profundidade dos leitos, diminuição da velocidade das águas e construção de eclusas, que permitem transpor os desníveis do relevo.

A eclusa funciona como um elevador de navios. Por meio dela é possível navegar por rios com acentuadas quedas d'água. Na fotografia, eclusa da Usina Hidrelétrica Nova Avanhandava, em Buritama (SP), 2012.

SAIBA MAIS

Água: crise no abastecimento × uso eficiente e responsável

O ano de 2014 foi marcado por uma grave crise no abastecimento de água no estado de São Paulo. Especialistas apontam que o abastecimento de água em diversos estados brasileiros será um problema cada vez maior.

Na maioria dos lugares, o problema da falta de água se deve mais ao uso ineficiente e irresponsável dos recursos hídricos do que à escassez natural. Muitas vezes, os governos locais usam a escassez natural para justificar a miséria, como ocorre com a chamada "indústria da seca" no Sertão nordestino, conforme vimos na *Unidade 2*.

Muitos dos nossos rios, por exemplo, são usados de forma inadequada, como verdadeiros esgotos a céu aberto, recebendo efluentes domésticos e industriais e sendo contaminados por produtos químicos usados na agricultura.

Lixo urbano acumulado ao longo do Igarapé Mestre Chico, em Manaus (AM), 2014.

O combate às crises no abastecimento e o uso eficiente e responsável da água dependem de todos: cidadãos, governos, empresários etc.

Atitudes simples em nosso dia a dia podem fazer diferença, como não demorar no banho, deixar a torneira fechada na hora de escovar os dentes, fazer uso da água da chuva ou da lavagem de roupa para fins não potáveis, como lavar o quintal e a calçada etc.

As indústrias que fazem uso da água devem tratá-la antes de jogá-la em rios e córregos. Na agricultura, devem ser usados sistemas de irrigação mais eficientes, que não desperdicem água.

Os governos devem implantar sistemas de coleta de esgoto e tratamento, além de fiscalizar estabelecimentos que fazem uso dos recursos hídricos, promover campanhas de conscientização da população, entre outras medidas.

Diante dos sérios problemas de má distribuição, escassez e uso ineficiente das águas no nosso país, foi instituída a chamada Lei das Águas (Lei nº 9.433, de 8 de janeiro de 1997), cujo objetivo principal é garantir a disponibilidade de água com qualidade adequada aos respectivos usos. No ano 2000, foi criada a Agência Nacional de Águas (ANA), um órgão ligado ao Ministério do Meio Ambiente que tem a missão de promover o acesso à água de qualidade e em quantidade suficiente para a atual e as futuras gerações.

1. Leia alguns fundamentos da chamada Lei das Águas. Depois, responda às questões.

> I – A água é um bem de domínio público;
> II – A água é um recurso natural limitado, dotado de valor econômico;
> III – Em situações de escassez, o uso prioritário dos recursos hídricos é o consumo humano e a dessedentação de animais;
> [...]

Lei nº 9.433, de 8 de janeiro de 1997.

a. Na sua opinião, por que essa lei foi instituída?

b. Imagine que um determinado rio é usado para irrigar fazendas de soja e abastecer as moradias de algumas cidades; e esse rio teve a quantidade de água diminuída devido à falta de chuvas na região. De acordo com a lei, que usos da água deverão ser priorizados?

2. Se o nosso país tem uma das redes hidrográficas mais ricas do mundo, a falta de água não é improvável? No caderno, explique sua resposta.

3. Cite três aproveitamentos econômicos dos rios brasileiros.

4. Observe a fotografia e faça as atividades.

Construção da Hidrelétrica de Santo Antônio, em Porto Velho (RO), 2014.

a. De que forma a água será aproveitada?

b. Que característica deve ter o relevo do local onde é construída uma usina? Explique sua resposta.

c. Por que grande parte dos rios brasileiros favorece a construção de hidrelétricas?

5. Qual bacia hidrográfica concentra o maior número de hidrelétricas? Por que será que isso ocorre?

6. Copie e preencha o quadro com informações sobre uma das bacias hidrográficas estudadas nesta unidade, e que abrange a UF onde você mora.

Bacia hidrográfica	Rio principal	Localização	Característica

7. Observe a fotografia. Depois, responda às questões no caderno.

    a. O que a fotografia retrata?

    b. Que impactos ambientais e sociais a construção de uma usina hidrelétrica causa?

8. Sobre os aquíferos no Brasil, responda.

    a. Como é a distribuição no território brasileiro? Qual a relação do potencial dos aquíferos com os tipos de rochas?

    b. Que problemas podem ocorrer com a superexploração dos aquíferos?

9. Os rios brasileiros que correm sobre planícies são mais favoráveis à navegação, já que nos planaltos brasileiros há ocorrência de desníveis nos terrenos. Explique de que forma a navegação pode ser possível nos rios que correm sobre terrenos acidentados.

10. Cite medidas que os diferentes setores da sociedade podem tomar para fazer uso eficiente e responsável dos recursos hídricos.

Indígenas munduruku protestam em Brasília (DF), em junho de 2013, pedindo a suspensão da construção da Usina Hidrelétrica de Belo Monte, no Rio Xingu, próximo ao município de Altamira (PA).

Investigando o seu lugar

11. Em grupo, façam uma pesquisa sobre os recursos hídricos e o relevo do seu município. Sugerimos a realização de um **trabalho de campo**, juntamente com o professor, para a observação das formas de relevo, da hidrografia e uma visita a uma estação de tratamento de águas ou a um centro de distribuição próximo do lugar onde vivem. Algumas perguntas deverão ser respondidas ao longo do trabalho:

    a. De que forma o relevo e a hidrografia influenciam a paisagem e as atividades humanas? Citem exemplos da atuação dos seres humanos no relevo e na hidrografia no município onde vocês moram.

    b. Que recursos hídricos abastecem o município? Há problemas de escassez de água? Os recursos hídricos são aproveitados de forma eficiente e racional?

    c. Como é feita a despoluição e o tratamento das águas?

    d. Há lugares do município onde há problemas no abastecimento? Por que isso acontece?

    Organizem os resultados e apresentem-nos para os colegas e o professor, usando recursos visuais (vídeos, cartazes, painel fotográfico, *slides* etc.).

Encerrando a unidade

- Em grupo, produzam um painel fotográfico das formas de relevo e dos rios do território brasileiro. Escrevam uma legenda para cada fotografia, com a localização do lugar retratado e informações importantes que exemplifiquem ou que aprofundem o conteúdo estudado na unidade. Escrevam um título para o painel e exponham-no na sala de aula.

O Velho Chico e seus mitos

Nas comunidades próximas ao "Velho Chico", como é conhecido o Rio São Francisco, originaram-se diversos mitos que compõem o rico folclore brasileiro. Vamos conhecer alguns deles.

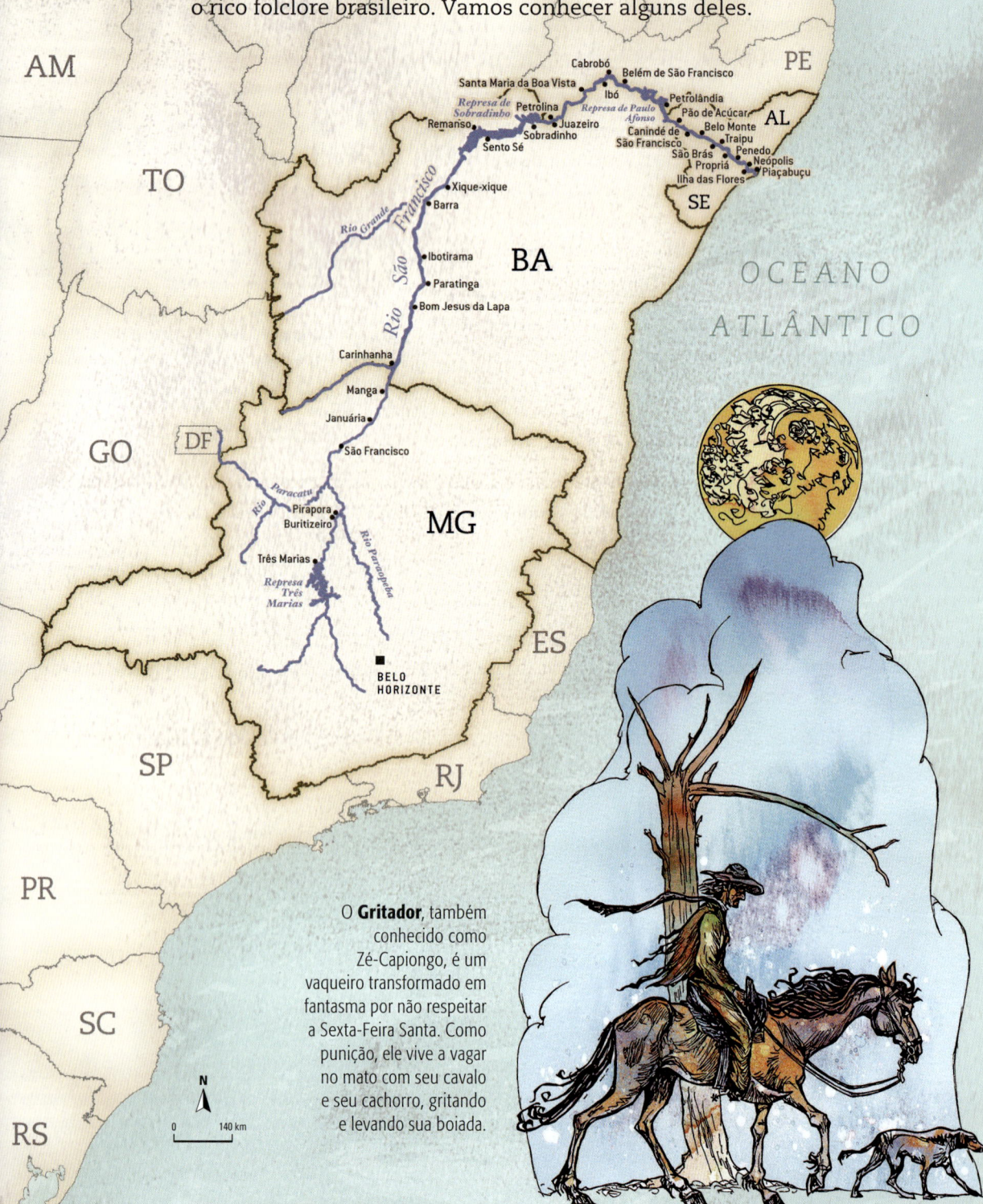

O **Gritador**, também conhecido como Zé-Capiongo, é um vaqueiro transformado em fantasma por não respeitar a Sexta-Feira Santa. Como punição, ele vive a vagar no mato com seu cavalo e seu cachorro, gritando e levando sua boiada.

O **Romãozinho** era um garoto de 12 anos que foi transformado num pequeno demônio e que apronta diabruras ao longo de todo o Vale do São Francisco. Diz a lenda que era um moleque malvado que provocava brigas entre o pai e a mãe.

O **Minhocão** (ou Surubim-rei) lembra as lendas da Cobra-Grande Amazônica. É descrito como um ser em forma de verme, com mais de 30 metros de comprimento, que provoca erosão nas margens do rio.

O **Bicho-d'água** é um monstro peludo e dentuço que come pessoas. Ele não vive próximo às margens e sim na parte mais profunda do rio. É tão temido que alguns remeiros do São Francisco não se atrevem a dormir perto dos pontos em que ele costuma aparecer.

A **Mãe-d'água** se origina de um mito indígena, no qual a filha preferida de um pajé é punida com o afogamento por ter matado seus irmãos ciumentos, que tentaram matá-la. O mito foi contaminado pelo das sereias europeias e, por isso, a Mãe-d'água é geralmente representada como uma mistura de mulher e peixe que hipnotiza e atrai os jovens pescadores para o fundo do rio com suas promessas de amor e os afoga.

O **Caboclo-d'água** (chamado às vezes de Negro do Rio) é um ser musculoso e com um olho só que pode assumir várias formas. Ele vira o barco dos pescadores dos quais não gosta ou que não lhe oferecem um pedaço de fumo.

O **Cavalo-d'água**, no qual monta o Caboclo-d'água, surge ao amanhecer e ao pôr do sol. Seu relincho é associado à previsão de tempo bom. O mito pode ter surgido com pescadores que viram algum grande mamífero aquático, como o peixe-boi.

A **Pisadeira** é uma feiticeira que se senta sobre o peito de quem está dormindo (daí o conselho dos mais velhos para não dormir de barriga para cima), provocando pesadelos terríveis. Ela possui na cabeça uma touca vermelha. Se a vítima pegar a touca, passa a ter controle sobre a assombração, que atende qualquer desejo desde que lhe devolva a peça.

A **carranca** é uma escultura de madeira que retrata a cabeça de animais ferozes com expressões faciais humanas. É colocada na frente dos barcos (proa) para espantar assombrações e proteger os navegantes do Rio São Francisco.

DESIGN: BERNARDO BORGES / ILUSTRAÇÕES: ROGÉRIO BORGES

Atividades

1. Cite dois municípios de cada estado banhado pelo "Velho Chico".

2. Em grupo, pesquisem mitos de sua região que se relacionam a elementos naturais, como rios e matas. Procurem conhecer as teorias que explicam o surgimento do mito. Depois, cada grupo poderá produzir e apresentar uma dramatização com base nas informações pesquisadas.

UNIDADE 4
Vegetação e clima no Brasil

Nesta unidade, estudaremos os aspectos e a distribuição dos tipos de vegetação e de clima no território brasileiro. Para iniciar, observe as imagens que representam algumas espécies vegetais encontradas no nosso país.

Nesta unidade você vai saber mais sobre

- Aspectos da vegetação brasileira
- Ações humanas: devastação e preservação das formações vegetais
- Sistema Nacional das Unidades de Conservação
- Importância do clima
- O Brasil e as zonas térmicas
- Dinâmica do clima no Brasil
- Tipos de clima do Brasil
- Climogramas: comparando tipos de clima

Amazônia (2008), de Mara D. Toledo.

2

TROCANDO IDEIAS *Moradores da Caatinga* (2014), de Lourdes de Deus.

1. Associe as informações às obras de arte.
   a. Em climas quentes e úmidos, desenvolve-se uma vegetação fechada com grande quantidade e variedade de espécies, e folhas largas que estão sempre verdes devido às chuvas.
   b. Nas regiões de climas quentes e secos, a vegetação se adapta à pouca ocorrência de chuvas. Muitas espécies apresentam caules que armazenam água.
2. Na sua opinião, a falta de água influencia o tipo de vegetação de um lugar? Explique.

91

1 Aspectos da vegetação brasileira

VEGETAÇÃO NATIVA E ATUAL

Como você pode observar nos mapas, o território brasileiro tem uma posição destacada no cenário mundial quanto à riqueza e à diversidade vegetal. No entanto, as formações vegetais nativas passaram por um intenso processo de devastação no decorrer da ocupação do território.

BRASIL: VEGETAÇÃO NATIVA

Legenda:
- Florestas Amazônicas
- Campos Amazônicos
- Mata Atlântica
- Cerrado
- Caatinga
- Mata de Araucárias
- Pantanal
- Campos (ou Campo Limpo)
- Vegetação Litorânea

Fonte: elaborado com base em ROSS, Jurandyr L. S. (Org.). *Geografia do Brasil*. São Paulo: Edusp, 2009. p. 204.

LEITURA DE IMAGEM

1. O que significa a expressão "vegetação nativa" no título do mapa 1?

2. Comparando o mapa 1 com o mapa 2, que formações vegetais sofreram maiores alterações?

3. Cite quatro estados brasileiros que tiveram sua vegetação mais devastada.

BRASIL: VEGETAÇÃO ATUAL

Legenda:
- Florestas Amazônicas
- Campos Amazônicos
- Mata Atlântica
- Cerrado
- Caatinga
- Mata de Araucárias
- Pantanal
- Campos
- Vegetação Litorânea
- Área devastada pela ação humana

Fonte: elaborado com base em ROSS, Jurandyr L. S. (Org.). *Geografia do Brasil*. São Paulo: Edusp, 2009. p. 204; *Atlas geográfico escolar*. Rio de Janeiro: IBGE, 2012. p. 100.

FORMAÇÕES VEGETAIS NO BRASIL

Florestas e Campos Amazônicos

Compactas e fechadas, com árvores de grande porte e próximas umas das outras, as **Florestas Amazônicas**, sob a influência de um clima quente e úmido, caracterizam-se por serem latifoliadas e perenes, e por apresentarem grande variedade de plantas.

As Florestas Amazônicas constituem a maior Floresta Tropical do mundo, ocupando uma área de aproximadamente 6,5 milhões de km². Vista aérea do Parque Nacional do Monte Roraima em Uiramutã (RR), 2014.

Nas Florestas Amazônicas há **florestas de inundação** e **florestas de terra firme**. Observe a ilustração.

Latifoliada: que possui folhas largas e planas.
Perene: que permanece verde durante todas as estações do ano.

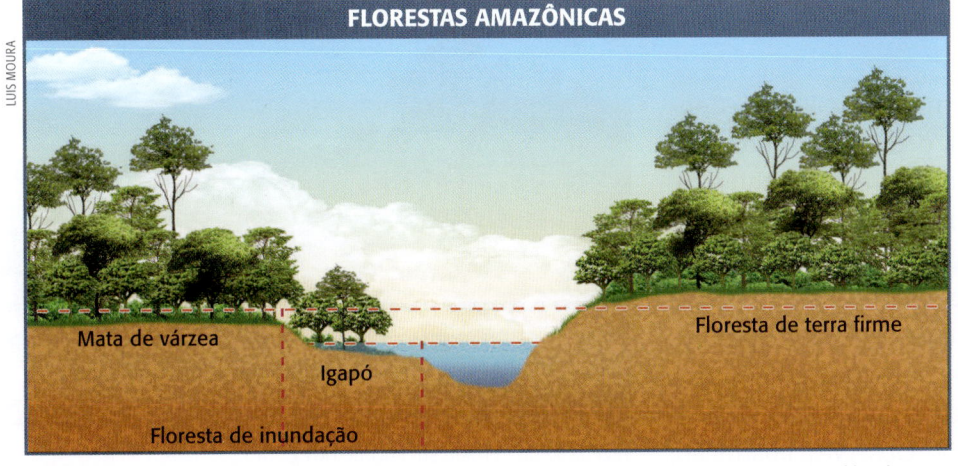

FLORESTAS AMAZÔNICAS

Mata de várzea
Igapó
Floresta de inundação
Floresta de terra firme

As florestas de terra firme não são atingidas pelas inundações dos rios e ocupam cerca de 90% na bacia hidrográfica amazônica. As florestas de inundação podem ser: **matas de igapó**, que ocupam áreas de solo permanentemente alagado, ao longo do curso dos rios; e **matas de várzea**, periodicamente inundadas pelas águas dos rios.

Fontes: Imazon. Disponível em: <www.imazon.org.br>; Instituto Socioambiental. Disponível em: <http://pib.socioambiental.org>. Acesso em: out. 2014.

No meio das Florestas Amazônicas aparecem outros tipos de vegetação, como os **Campos Amazônicos** (ou Campinarana). É uma vegetação aberta composta principalmente por gramíneas.

Caatinga

Vegetação típica do Semiárido, onde predomina um clima quente, com longos períodos de seca. Caracteriza-se pela presença de espécies vegetais com folhas pequenas ou espinhos. Algumas espécies armazenam água e outras perdem as folhas (decíduas) nos períodos de seca prolongada. Também é comum a presença de espécies de cactos, espécies vegetais que acumulam água no caule e apresentam espinhos no lugar de folhas, como o xiquexique e o mandacaru.

Caatinga em área afetada pela seca em Tucano (BA), 2012.

Mata Atlântica

A Mata Atlântica ocupava a faixa litorânea do território brasileiro, estendendo-se desde o estado do Rio Grande do Norte até o Rio Grande do Sul, e também por trechos do interior dos estados de São Paulo, Goiás, Minas Gerais, Mato Grosso do Sul e Paraná. Foi a formação vegetal mais devastada e hoje se encontra reduzida a poucos trechos. Muito fechada, apresenta grande variedade de espécies vegetais. Muitas dessas espécies têm folhas largas e sempre verdes, devido à grande quantidade de chuvas e temperaturas médias elevadas, características do clima das áreas onde ocorre.

Mata Atlântica no Parque Nacional de Itatiaia, em Itatiaia (RJ), 2014.

Cerrado

É encontrado principalmente na Região Centro-Oeste, onde predomina o clima com duas estações bem definidas: uma seca e outra chuvosa. Para resistir às queimadas naturais que acontecem na estação seca, essa formação vegetal apresenta árvores com tronco e galhos retorcidos e de cascas grossas. Entre as árvores que se apresentam ora espaçadas no terreno, ora mais próximas umas das outras, crescem arbustos e plantas rasteiras.

Há vários tipos de Cerrado. Observe a ilustração.

Vegetação do Cerrado em Poconé (MT), 2013.

CERRADO — Campo limpo | Campo sujo | Campo cerrado | Cerrado | Cerradão

Os tipos de Cerrado variam desde os "campos limpos", onde há poucas árvores e muitas gramíneas (capim), até os "cerradões", onde existem muitas árvores.

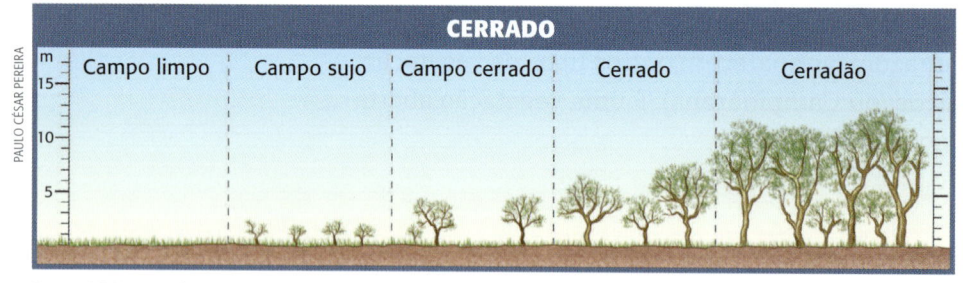

Fonte: ROSS, Jurandyr L. S. (Org.). *Geografia do Brasil*. São Paulo: Edusp, 2009. p. 180.

SAIBA MAIS

Mata dos Cocais

A Mata dos Cocais ocorre principalmente nos estados do Maranhão e Piauí, em áreas de clima quente e úmido. Constitui área de transição entre as Florestas Amazônicas, o Cerrado e a Caatinga. É formada principalmente por palmeiras como o babaçu, a carnaúba e o buriti.

Palmeiras de carnaúba em Patos do Piauí (PI), 2014.

Vegetação do Pantanal

Ocorre na área do território brasileiro conhecida como Pantanal, nos estados de Mato Grosso e Mato Grosso do Sul. É uma formação vegetal que se desenvolve em climas com temperaturas elevadas e estações secas e chuvosas bem definidas. É bastante variada e complexa, apresentando espécies do Cerrado, dos Campos e das Florestas Amazônicas.

Vegetação pantaneira às margens do Rio Negro em Aquidauana (MS), 2013.

Mata de Araucárias

Originalmente ocupava uma área que se estendia do sul do estado de São Paulo até o Rio Grande do Sul, em áreas de clima mais frio e com chuvas regulares. Apresenta pequena variedade de espécies vegetais, com predomínio da araucária (tipo de conífera, espécie que possui sementes em forma de cone), além de imbuia, canela e erva-mate. A Mata de Araucárias também é chamada de Mata dos Pinhais ou Floresta Aciculifoliada, por causa de suas folhas finas e pontiagudas.

Araucárias em Cambará do Sul (RS), 2012.

Vegetação Litorânea

Entre as várias formações da Vegetação Litorânea do Brasil destacam-se os mangues, localizados no encontro de águas de rios e do Oceano Atlântico. Os mangues estão presentes em vários pontos do litoral brasileiro, desde o Amapá até Santa Catarina. Esse tipo de formação vegetal desenvolve-se sobre solos salinos e pobres em oxigênio. Para se adaptarem a essas condições, algumas espécies vegetais desenvolvem "raízes aéreas", absorvem o oxigênio diretamente da atmosfera.

Mangue no Rio Guriú em Jericoacara (CE), 2012.

Campos

Ocorrem principalmente no estado do Rio Grande do Sul, onde são chamados de Campanha Gaúcha ou Pampa. Em geral, nos Campos predominam pequenos arbustos (árvores de pequeno porte) e gramíneas (pequenas plantas conhecidas como capim).

Pampas em Santana do Livramento (RS), 2011.

2 Devastação e preservação

DEVASTAÇÃO

Além da ocupação humana com abertura de estradas e expansão de cidades, o desmatamento das **Florestas Amazônicas** ocorre devido a queimadas, extração de madeira, exploração mineral, criação de gado e agricultura, com destaque para o cultivo de soja.

Vista aérea mostra área devastada da Floresta Amazônica, próximo a Santarém (PA), 2013.

No **Cerrado**, o processo de ocupação e desmatamento tornou-se intenso, principalmente com o plantio de soja e a formação de pastos para o gado bovino. As carvoarias também têm papel de destaque nesse processo.
A retirada da vegetação aumenta o impacto das chuvas sobre o solo e contribui para a formação de voçorocas. O uso intensivo de máquinas agrícolas provoca a compactação do solo, reduzindo as infiltrações de água e facilitando a formação de ravinas.

Voçoroca no município de Cavalcante (GO), 2015.

Assoreamento: acumulação de sedimentos em rios, lagos e represas resultante do desgaste das partes mais altas do relevo.
Matas ciliares: vegetação que ocorre nas margens de rios, lagos e represas.
Ravina: fissura estreita e profunda no solo, resultante de processos erosivos.
Voçoroca: grande abertura no solo, resultante da erosão subterrânea provocada pela infiltração da água.

No **Pantanal**, grandes propriedades agrícolas e voltadas para a criação de gado bovino ocuparam as terras mais baixas, próximas aos rios. A degradação das matas ciliares para prática da agricultura e da pecuária intensificou o assoreamento, ampliando a área de inundação de muitos rios e ameaçando a flora e a fauna.

Os **Campos** são utilizados para a criação de gado bovino desde o século XVIII. A vegetação rasteira constitui-se imensa área de pastagem natural. A pecuária, em associação com os cultivos de trigo e soja, tem colaborado para o desmatamento e a degradação dos solos, provocando a arenização, ou seja, a expansão de solos arenosos e pobres em nutrientes.

No sudoeste do estado do Rio Grande do Sul, a retirada da vegetação dos Campos tem ampliado o processo de arenização. Na fotografia, trecho de arenização do solo no município de Manoel Viana (RS), 2012.

96

Os mangues, típicos da **Vegetação Litorânea**, estão sendo destruídos devido à poluição das águas de oceanos e rios, à expansão das cidades, à construção de portos e ao crescimento do turismo litorâneo, com a instalação de hotéis e casas de veraneio. A degradação das áreas de manguezais prejudica a reprodução de espécies marinhas, influindo na produção pesqueira e na geração de renda de muitas comunidades tradicionais que vivem da pesca.

O pisoteamento do gado em alguns trechos da **Caatinga** foi tão intenso que a cobertura vegetal praticamente desapareceu. A agricultura irrigada também transformou extensas áreas de vegetação nativa em produtoras de frutas como abacaxi, melão, manga, uva e laranja. Além disso, a Caatinga tem sofrido com a salinização dos solos e a desertificação, devido ao corte da vegetação para servir como lenha, à agricultura e ao manejo do solo sem os conhecimentos técnicos adequados.

Produção de uva irrigada com água do Rio São Francisco, em Petrolina (PE), 2014.

Desertificação: fenômeno em que uma determinada formação vegetal é transformada em deserto. Pode ocorrer devido a mudanças climáticas ou pelo uso intensivo e inadequado do solo pelos seres humanos.

Salinização: aumento da concentração de sais, provocado pela grande evaporação da água contida nos solos.

A devastação da **Mata Atlântica** começou no século XVI, com o colonizador europeu extraindo pau-brasil. Depois, foram implantados os engenhos de açúcar e, no século XIX, as grandes fazendas de café. Ao longo do tempo a ocupação foi intensa, com expansão de área agrícolas, de cidades etc. Atualmente, existem apenas 5% da mata original, preservados principalmente em parques e reservas ambientais.

Imagem de satélite com vista parcial da Mata Atlântica "confinada" entre a as cidades de São Paulo à (esquerda) e Santos à (direita), 2014.

A **Mata de Araucárias** foi muito devastada para retirada de madeira, para exploração da erva-mate e para introdução de pastagens, áreas agrícolas e cidades. Restam menos de 2% da área original em poucas áreas protegidas.

Fonte: elaborado com base em ROSS, Jurandyr L. S. (Org.). *Geografia do Brasil*. São Paulo: Edusp, 2009. p. 204.

AÇÕES PARA PRESERVAÇÃO

Apesar da intensa destruição, algumas áreas com formações vegetais nativas do mundo todo resistem à ocupação humana. Isso se deve, entre outros fatores, ao crescimento dos movimentos ambientalistas e à necessidade de defender o que restou da devastação imposta pelos seres humanos à natureza.

No Brasil, a situação não é diferente. Poder público, universidades, organizações não governamentais, cooperativas de pequenos produtores, comunidades tradicionais e outras instituições têm buscado meios para proteger não só as formações vegetais nativas do país mas os ecossistemas como um todo (vegetação, espécies animais, recursos hídricos, solo, clima), com objetivos não só ambientalistas, mas também de subsistência de comunidades tradicionais, como povos indígenas, seringueiros, ribeirinhos, caiçaras e quilombolas.

Muitas práticas estão sendo adotadas no Brasil com resultados positivos, tais como projetos de manejo sustentável; formação de cooperativas para a extração de recursos florestais; aprovação de Unidades de Conservação, aumento da fiscalização de órgãos competentes, entre muitos outros.

Observe o mapa.

Ecossistema: interação de elementos bióticos (seres vivos) e abióticos (rochas, solo, clima etc.).

Manejo sustentável: maneira de usar os recursos naturais com menor impacto ambiental possível, possibilitando o sustento de comunidades tradicionais e a preservação dos ecossistemas.

Unidades de Conservação: áreas com características naturais relevantes, sob regime especial de administração, às quais se aplicam garantias de proteção da diversidade biológica e/ou desenvolvimento de pesquisas.

BRASIL: UNIDADES FEDERAIS DE CONSERVAÇÃO – 2012

Mapa do Brasil mostrando a distribuição de Unidades Federais de Conservação.

Legenda:
- Parques nacionais
- Reservas biológicas
- Áreas de relevante interesse ecológico
- Áreas de proteção ambiental
- Estações ecológicas
- Florestas nacionais
- Reservas ecológicas
- Reservas florestais

Área (em ha):
- De 1.000.001 a 3.800.000
- De 200.000 a 1.000.000
- Menos de 200.000

Fonte: CALDINI, Vera; ÍSOLA, Leda. *Atlas geográfico Saraiva*. São Paulo: Saraiva, 2013. p. 70.

LEITURA DE IMAGEM

1. Que região brasileira concentra o maior número de Unidades de Conservação com maiores áreas? Qual é a formação vegetal predominante nessas Unidades?

2. Que tipo(s) de Unidade de Conservação foi(ram) representada(s) na UF onde você mora?

Nas **Unidades de Conservação de Proteção Integral** são proibidos a presença de moradores e o uso dos recursos naturais com fins econômicos. São permitidos turismo ecológico e pesquisas científicas. Pertencem a esse grupo: Estação Ecológica; Reserva Biológica; Parque Nacional, Estadual e Municipal; Refúgio da Vida Silvestre; e Monumento Natural. Na fotografia, Praia do Meio em primeiro plano, Praia da Conceição e Morro do Pico ao fundo, no Arquipélago de Fernando de Noronha (PE), 2014.

As **Unidades de Conservação de Uso Sustentável** são áreas onde é permitida a presença de moradores em associação ao uso sustentável dos recursos naturais, que podem ser explorados economicamente, respeitando-se normas de proteção dos ecossistemas. Pertencem a esse grupo: Área de Proteção Ambiental; Área de Relevante Interesse Ecológico; Floresta Nacional, Estadual e Municipal; Reserva Extrativista; Reserva da Fauna; Reserva de Desenvolvimento Sustentável; e Reserva Particular do Patrimônio Natural. Na fotografia, Reserva Extrativista Marinha de Maragogipe (BA), 2013.

SAIBA MAIS

Combate ao desmatamento na Amazônia

"Os alertas de desmatamento na Amazônia caíram 20% entre agosto de 2013 e abril de 2014, comparado ao mesmo período de 2012/2013. [...]

Seguindo a tendência de diminuição apresentada em fevereiro [de 2014] pelo Instituto Brasileiro do Meio Ambiente e Recursos Naturais Renováveis (Ibama), a área da Amazônia Legal afetada no período caiu de 1.872,85 quilômetros quadrados para 1.500,53 quilômetros quadrados.

[...] No período de agosto de 2013 a abril de 2014, foram apreendidos centenas de equipamentos, como tratores e motosserras, e aplicados 2.401 autos de infração e mais de R$ 1,1 trilhão em multas. [...]

O diretor do Ibama explica que, [...] no município de Novo Progresso (PA), há a fiscalização em parceria com os indígenas da etnia Caiapó, que denunciam a ação de madeireiros ilegais em suas terras. Em uma das operações, foram destruídos 11 acampamentos e 26 motosserras. [...]"

VERDÉLIO, Andreia. Alertas de desmatamento na Amazônia Legal caem 20%.
Disponível em: <http://agenciabrasil.ebc.com.br>. Acesso em: ago. 2014.

Atividades

1. Que ações foram realizadas pelo poder público para combater o desmatamento na Amazônia? Como os Caiapó contribuíram?

2. Ainda há muito trabalho a ser feito no combate ao desmatamento da Amazônia. Apresente dados do texto que confirmam essa frase.

teia do saber

1. Há muito tempo os povos indígenas sabem da importância da preservação das vegetações para o equilíbrio dos ecossistemas e para a sobrevivência das pessoas. Sobre isso, leia o texto, observe a fotografia e o mapa. Depois, responda às questões no caderno.

> Para os yanomami, *urihi*, a terra-floresta, não é um mero espaço inerte de exploração econômica (o que chamamos de "natureza"). Trata-se de uma entidade viva, inserida numa complexa dinâmica cosmológica de intercâmbios entre humanos e não humanos. Como tal, se encontra hoje ameaçada pela predação cega dos brancos. Na visão do líder Davi Kopenawa Yanomami:
> 'A terra-floresta só pode morrer se for destruída pelos brancos. Então, os riachos sumirão, a terra ficará friável, as árvores secarão e as pedras das montanhas racharão com o calor. Os espíritos xapiripë, que moram nas serras e ficam brincando na floresta, acabarão fugindo. Seus pais, os xamãs, não poderão mais chamá-los para nos proteger. A terra-floresta se tornará seca e vazia. Os xamãs não poderão mais deter as fumaças-epidemias e os seres maléficos que nos adoecem. Assim, todos morrerão.'

Povos indígenas no Brasil. Yanomami. Disponível em: <http://pib.socioambiental.org>. Acesso em: ago. 2014.

TERRA INDÍGENA YANOMAMI NO BRASIL

Fonte: *Atlas geográfico escolar*. Rio de Janeiro: IBGE, 2012. p. 112.

Os yanomami têm seu território entre o Brasil e a Venezuela, com uma população de cerca de 35.000 pessoas (dados de 2011).

Entre tantas atrocidades cometidas contra os povos indígenas, uma delas marcou a história dos yanomami, quando, entre 1987 e 1990, suas terras foram invadidas por garimpeiros, causando a morte de mais de mil membros desse povo devido a doenças e à violência sofrida. Na fotografia, aldeia yanomami em Barcelos (AM), 2012.

a. Que formação vegetal predomina no território dos yanomami? Relacione o mapa acima com os da página 92 para compor sua resposta. Quais são as características principais dessa formação vegetal?

b. De acordo com o depoimento de Davi Kopenawa, quais as consequências da destruição da floresta?

c. O que causou a morte de mais de mil Yanomami no final da década de 1980?

d. Que atividades causam a devastação das Florestas Amazônicas atualmente?

2. Além dos povos indígenas, outras comunidades dependem diretamente da natureza para sua subsistência. Leia sobre uma prática adotada no Semiárido. Depois, responda às questões no caderno.

> [...] O manejo no Semiárido, por meio da manutenção da cobertura vegetal a longo prazo, garante a conservação do solo e a manutenção do regime hídrico, além de proporcionar oportunidade de emprego e renda para a população rural [...].
> A manutenção das áreas florestadas naturais tem um alto valor em termos de manutenção da paisagem e beleza cênica, contribuindo para o aumento do potencial ecoturístico da região.
>
> Ministério do Meio Ambiente. Manejo Sustentável dos Recursos Florestais da Caatinga. Natal: MMA 2008. p. 20. Disponível em: <www.mma.gov.br>. Acesso em: nov. 2014.

Carregamento de lenha em carro de boi da Comunidade Nova Esperança, em Ingazeira (PE), 2011.

a. Que formação vegetal natural é predominante na região citada no texto? Cite as características dessa vegetação.

b. Cite as principais causas do desmatamento dessa formação vegetal.

c. De acordo com o texto, como a manutenção dessa vegetação colabora com os aspectos ecológicos e socioeconômicos?

3. Cite, resumidamente, ações desenvolvidas para a preservação das vegetações nativas no nosso país.

4. No caderno, copie o quadro abaixo e preencha-o com as informações sobre a formação vegetal que predomina na Unidade da Federação onde você mora.

Tipo de vegetação	Onde ocorre	Principais características	Causas da devastação

5. Cite os fatores que provocaram a devastação de grandes áreas da Mata Atlântica e do Cerrado.

6. Explique o problema que vem se verificando nos Campos do Rio Grande do Sul.

7. Explique, de modo geral, o objetivo da criação das Unidades de Conservação. Que tipos de Unidades existem?

Investigando seu lugar

8. Em grupo, façam uma pesquisa sobre projetos que unem preservação de vegetações nativas e subsistência de comunidades locais, desenvolvidos no município ou na Unidade da Federação onde vocês moram.

a. Quais os objetivos do projeto e que ações são realizadas?

b. De que forma o projeto atua na preservação ambiental e na promoção de atividades que garantem a subsistência das pessoas?

c. Que instituições promovem ou estão envolvidas no projeto? Quem é diretamente beneficiado por ele?

3 Clima no Brasil

Como vimos nos *Capítulos 1 e 2*, os tipos de vegetação estão diretamente relacionados aos elementos do clima (fenômenos atmosféricos que caracterizam as condições climáticas de uma determinada região). A temperatura, a precipitação e a pressão atmosférica são exemplos de elementos do clima. Observe as fotografias.

1. Nos períodos do ano em que as temperaturas são mais altas, as pessoas tendem a usar roupas mais leves, como camisetas e bermudas. Também é maior o consumo de bebidas, frutas, ventiladores e aparelhos de ar-condicionado, ampliando a produção e a comercialização desses produtos. Na fotografia, dia de verão na cidade de Florianópolis (SC), 2013.

2. Nos períodos do ano em que as temperaturas são mais baixas, as pessoas tendem a usar roupas mais pesadas, como blusas, casacos, calças e botas, cobertores e outros produtos que as protegem do frio. Na fotografia, dia de inverno na cidade de Porto Alegre (RS), 2012.

3. O vento, que é um elemento do clima, esculpe diversas formas na superfície terrestre, como as dunas, formadas pelo acúmulo de areia. Na fotografia, dunas no município de Piaçabu (AL), 2013.

4. Durante os períodos mais secos do ano, as altas temperaturas, associadas à falta de chuva, fazem com que rios do Sertão nordestino desapareçam temporariamente. Na fotografia, leito seco de rio em Itapipoca (CE), 2012.

LEITURA DE IMAGEM

1. Que fotografias mostram a influência do clima em atividades humanas? E a influência em elementos naturais?
2. Cite outras influências que o clima exerce em atividades humanas e na natureza.

DINÂMICA DO CLIMA NO BRASIL

Observe o mapa.

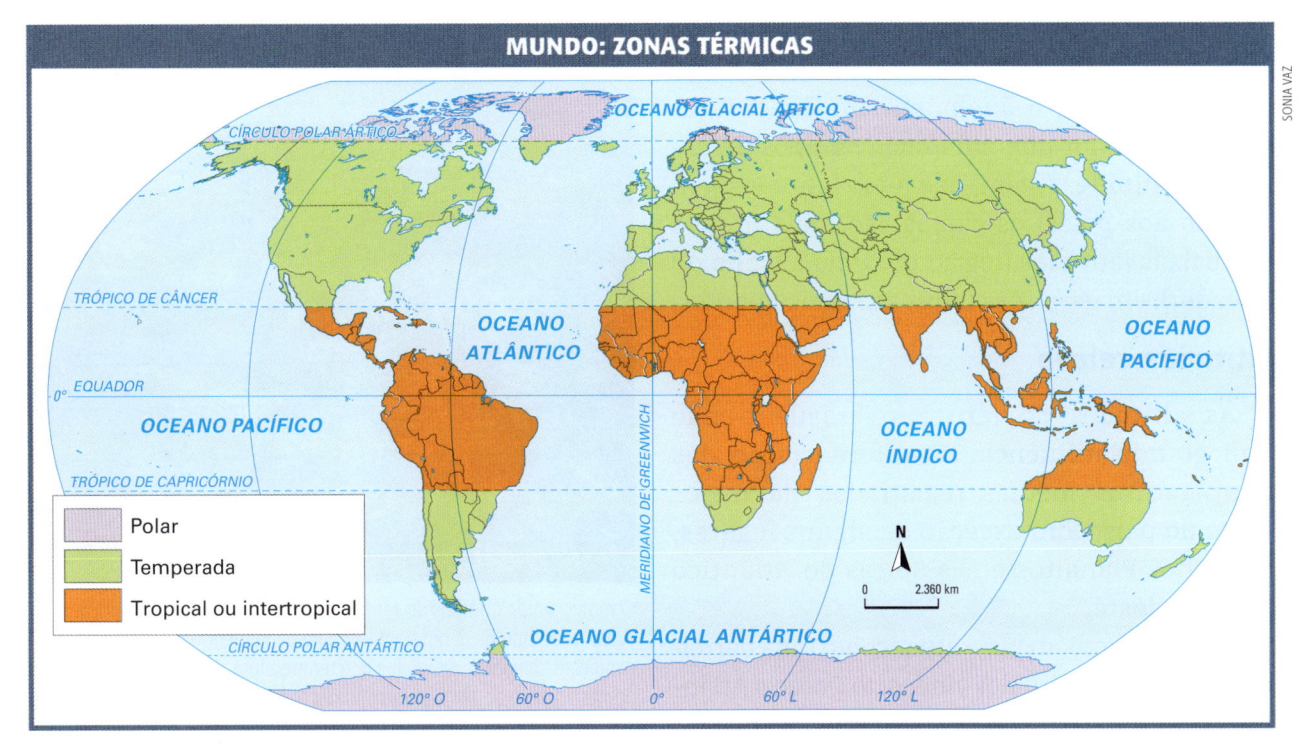

MUNDO: ZONAS TÉRMICAS

Legenda:
- Polar
- Temperada
- Tropical ou intertropical

Fonte: *Atlas geográfico escolar*. Rio de Janeiro: IBGE, 2012. p. 58.

LEITURA DE IMAGEM

1. Em qual zona térmica se localiza a maior parte do território brasileiro?
2. Quais continentes não apresentam terras na zona tropical? Em quais zonas térmicas se localiza a maior parte das terras desses continentes?
3. O sul do território brasileiro se localiza em qual zona térmica?

A maior parte do território brasileiro se encontra na **zona tropical** ou **intertropical** que é a que mais recebe calor do Sol. Nessa zona térmica as médias de temperaturas são mais elevadas que nas outras zonas, com predomínio de climas quentes.

Na **zona polar**, os raios solares aquecem a superfície com pouca intensidade. As temperaturas são baixas, com predomínio de climas frios.

A **zona temperada** é mais aquecida que a polar, porém recebe menos calor do Sol que a zona tropical. Nela, predominam temperaturas mais amenas e estações do ano bem definidas.

Além da quantidade de luz e calor do Sol (radiação solar) que cada zona térmica recebe – o que está relacionado à latitude e a curvatura da superfície da Terra –, outros fatores devem ser considerados para compreender a dinâmica dos tipos de clima: a altitude, a maritimidade (proximidade do mar), a continentalidade (distância do mar), as correntes marítimas, o relevo, as massas de ar, entre outros. Analisaremos, a seguir, esses fatores e sua influência no território brasileiro.

NÃO DEIXE DE LER

- **Sobrevivendo ao frio**
  Iris Stern. São Paulo: Saraiva, 2005.

  O livro descreve a vida nas zonas polares e explica de que maneira os organismos sobrevivem nos lugares onde o frio é muito intenso. Narra também as aventuras humanas na conquista dos polos e do Everest e descreve a vida dos esquimós.

Fatores que influenciam o clima

Latitude

Como vimos, as médias de temperatura são maiores quanto mais nos aproximamos da Linha do Equador; e diminuem em direção aos polos. Esse fator que influencia os tipos de clima é a **latitude**. Assim, nas altas latitudes (em direção aos polos) os climas são mais frios, e nas baixas latitudes (região próxima à Linha do Equador), em geral, os climas são mais quentes.

Altitude e relevo

As altitudes do território brasileiro não têm grande influência na diferenciação das temperaturas médias registradas na maior parte do país, com exceção de alguns lugares, como nos Planaltos e nas Serras do Atlântico Leste Sudeste.

O relevo também pode atuar como uma barreira para os ventos úmidos vindos do Oceano Atlântico para o interior. Observe o exemplo na figura.

O município de Campos do Jordão, na Serra da Mantiqueira (SP), a 1.700 m de altitude, é um bom exemplo da influência da altitude nas condições climáticas de um lugar. A temperatura anual média registrada no município é de 14 °C, enquanto nas áreas vizinhas de menores altitudes a temperatura anual média é de 18 °C. Fotografia de 2012.

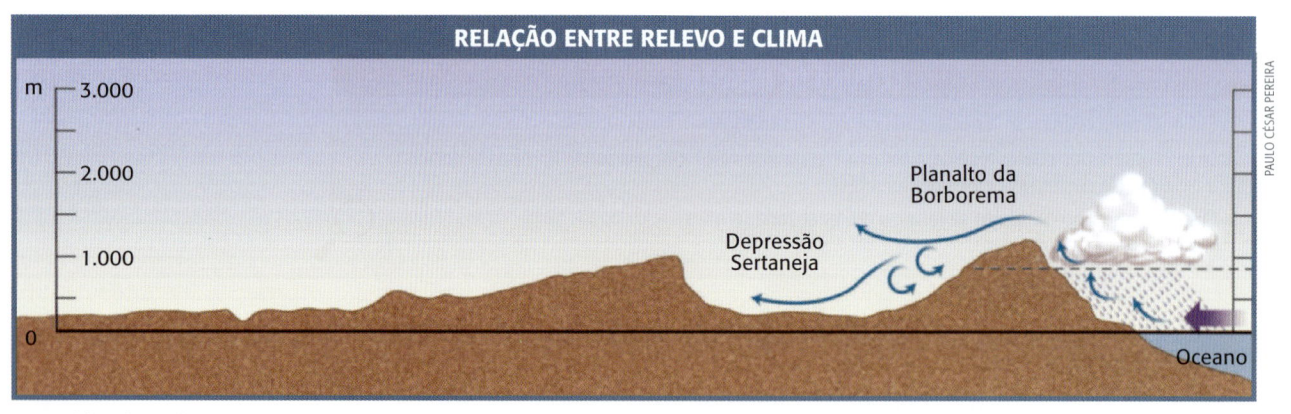

RELAÇÃO ENTRE RELEVO E CLIMA

Fonte: elaborado com base em ROSS, Jurandyr L. S. (Org.). *Geografia do Brasil*. São Paulo: Edusp, 2009. p. 55.

O relevo explica, em parte, a escassez de chuva em determinadas épocas, em áreas do Sertão nordestino, pois os ventos úmidos raramente atingem o interior com força para provocar chuvas.

Maritimidade e continentalidade

Nas áreas mais próximas do mar (maritimidade), a variação de temperatura é menor do que em áreas mais distantes dele. Isso ocorre porque as águas oceânicas se aquecem mais lentamente que as terras emersas (continentes e ilhas). Também esfriam mais lentamente. Portanto, as variações de temperatura são menores no litoral do que no interior.

No caso brasileiro, devido à predominância de baixas altitudes, os ventos marítimos suavizam as amplitudes térmicas em grande parte do interior do território, sendo a influência da continentalidade (distância do mar) pouco significativa nos climas.

Amplitude térmica: diferença entre a maior e a menor temperatura registrada ao longo de um período de tempo.

Massas de ar

As massas de ar são grandes bolsões de ar que adquirem as características de temperatura e umidade das áreas onde se formam. Uma massa de ar fria e úmida, por exemplo, pode provocar queda da temperatura e aumento da umidade do ar, com possibilidade de chuvas. Se a massa de ar for quente e seca, pode ocorrer aumento da temperatura e queda na umidade do ar, reduzindo a probabilidade de chuva.

Observe no mapa as principais massas de ar que atuam no Brasil.

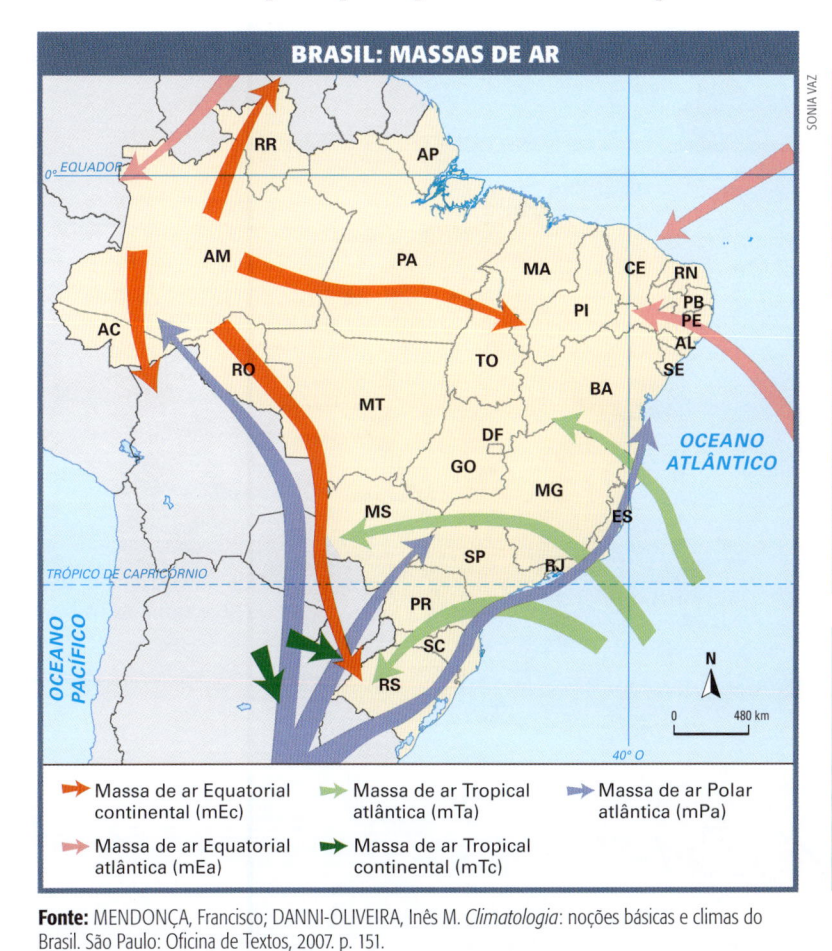

Massa Equatorial Atlântica (mEa): quente e úmida, origina-se sobre o Oceano Atlântico. Atua principalmente durante o verão no litoral das regiões Norte e Nordeste.

Massa Tropical Atlântica (mTa): quente e úmida, tem sua origem sobre o Oceano Atlântico, nas proximidades do Trópico de Capricórnio. Atua principalmente no litoral brasileiro, com mais intensidade na Região Sudeste.

Massa Tropical Continental (mTc): quente e seca, forma-se na região central da América do Sul e atua principalmente sobre o Centro-Oeste, o Sul e o interior do Sudeste, provocando longos períodos de tempo quente e seco (estiagem).

Fonte: MENDONÇA, Francisco; DANNI-OLIVEIRA, Inês M. *Climatologia*: noções básicas e climas do Brasil. São Paulo: Oficina de Textos, 2007. p. 151.

Massa Polar Atlântica (mPa): fria e úmida, origina-se próximo ao Círculo Polar Antártico, no Oceano Atlântico. Atinge com maior frequência a Região Sul, porém durante o inverno tem atuação destacada sobre o território brasileiro, chegando a atingir a Amazônia, onde provoca o fenômeno da "friagem", com quedas nas temperaturas da região. Proporciona tempo frio e chuvoso.

Massa Equatorial Continental (mEc): quente e úmida, forma-se sobre a Bacia do Amazonas e atua praticamente em todas as regiões do Brasil durante o verão, provocando elevadas temperaturas e grandes quantidades de chuvas fortes e passageiras.

LEITURA DE IMAGEM

1. Que massas de ar têm origem no Oceano Atlântico? Que características elas têm em comum?
2. Que massas de ar têm maior atuação na região onde você mora? Onde ela se origina?

4 Tipos de clima do Brasil

DISTRIBUIÇÃO

Observe no mapa a distribuição dos principais tipos de clima do Brasil.

BRASIL: TIPOS DE CLIMA

Legenda:
- Equatorial
- Tropical
- Semiárido
- Tropical Úmido
- Tropical de Altitude
- Subtropical

Fonte: FERREIRA, Graça M. L. *Atlas geográfico*: espaço mundial. São Paulo: Moderna, 2013. p. 123.

LEITURA DE IMAGEM

1. Que tipos de clima foram representados no mapa?
2. Identifique o(s) tipo(s) de clima que predomina(m) na Unidade da Federação onde você mora.
3. Indique os tipos de clima predominantes em cada macrorregião.
4. Considerando a latitude, qual dos tipos climáticos deve apresentar as menores temperaturas médias? Explique.

A existência de vários tipos de clima no Brasil se explica pela influência dos diferentes aspectos do território brasileiro, relacionados a latitude, altitude, massas de ar etc., como estudado no *Capítulo 3*.

106

PRINCIPAIS CARACTERÍSTICAS

Clima Equatorial

Abrange a Amazônia e se caracteriza por ser um clima quente e úmido, dominado pela atuação da Massa Equatorial Continental. Apresenta temperaturas elevadas, com média anual de 25 °C e pequena amplitude térmica. As chuvas são abundantes.

A grande quantidade de chuvas se deve à rica rede hidrográfica, à densa vegetação e à umidade proveniente do Oceano Atlântico. O ar quente, carregado de vapor de água, proveniente dos rios, do oceano e da transpiração das plantas, sobe para as camadas mais altas da atmosfera. Ao entrar em contato com o ar frio, sofre condensação e se precipita em forma de chuva denominada **convectiva**. Observe a imagem ao lado.

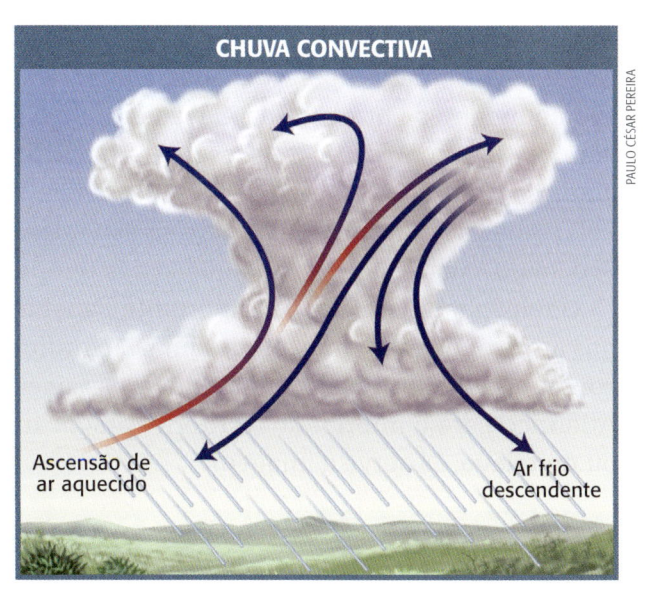

Fonte: FORSDYKE, A. G. *Previsão do tempo e clima*. São Paulo: Melhoramentos, 1975. p. 62 (Série Prisma).

As chuvas convectivas são resultado da convecção, ou seja, da subida do ar quente, carregado de vapor de água, que condensa e se precipita.

Clima Tropical

Abrange uma extensa área em estados das regiões Centro-Oeste, Nordeste e Sudeste. A temperatura média anual é superior a 20 °C. Apresenta duas estações bem definidas, uma chuvosa e outra mais seca. Durante a estação seca, em geral entre abril e setembro, ocorre uma diminuição das temperaturas. São os meses do inverno, considerado frio e seco, pois chove pouco. Durante a estação chuvosa, entre outubro e março, as temperaturas são mais altas. São os meses do verão, que é quente e com chuvas convectivas fortes e, muitas vezes, passageiras.

Clima Semiárido

Ocupa extensas áreas dos estados do Nordeste, na sub-região do Sertão. As médias de temperatura são elevadas, superiores a 26 °C. Chove pouco na maior parte do ano e há longos períodos de seca.

A área de ocorrência do Clima Semiárido é periodicamente afetada por secas prolongadas, que provocam alterações no abastecimento de água para a população, a agricultura e a pecuária.

Área de Caatinga afetada pela seca em Serra Talhada (PE), 2013.

107

Clima Tropical Úmido

Estende-se pela faixa litorânea, desde São Paulo até o Rio Grande do Norte. Apresenta temperatura média anual superior a 20 °C. As chuvas são abundantes por causa da elevada umidade trazida pelos ventos que vêm do Oceano Atlântico. Apresenta um período mais seco e outro mais chuvoso. Durante os meses de inverno, devido à maior atuação da Massa Polar Atlântica em uma faixa que se estende do litoral sul da Bahia até São Paulo, ocorre significativa queda das temperaturas.

O relevo também exerce importante papel na distribuição das chuvas nas áreas onde esse clima predomina. Em muitas áreas do litoral, o relevo constitui uma barreira que dificulta a passagem da umidade do Oceano Atlântico para o interior do território, provocando as **chuvas orográficas** ou **de relevo**. Observe a imagem.

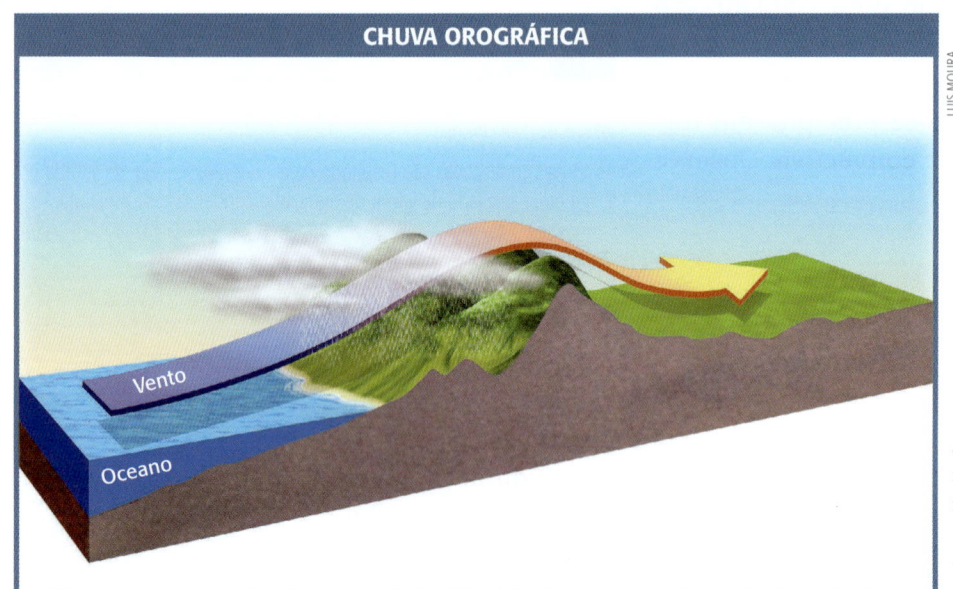

Geada: camada fina de gelo que se forma sobre o solo, os objetos e as plantas devido à queda de temperatura abaixo de 0 °C.

Ao encontrar uma barreira, o ar úmido sobe a encosta e o vapor de água se condensa, provocando as chuvas orográficas. Geralmente a precipitação é elevada do lado da vertente voltada para o Oceano Atlântico.

Fonte: PRESS, Frank (Org.). *Para entender a Terra*. Porto Alegre: Bookman, 2006. p. 317.

Clima Subtropical

Abrange o sul dos estados de São Paulo e Mato Grosso do Sul e a Região Sul. As massas de ar que mais atuam nesse tipo de clima são a Polar Atlântica e a Tropical Atlântica. Caracteriza-se por ser um tipo de clima quente no verão e frio no inverno. A temperatura média anual, geralmente, é inferior a 18 °C. As chuvas são bem distribuídas ao longo do ano. Em áreas de maiores altitudes, registram-se as menores temperaturas, podendo ocorrer precipitação de neve. Diferentemente do que ocorre no inverno em outras regiões brasileiras, as baixas temperaturas, com geadas no Sul, não são fenômeno raro.

Estrada de terra entre campos cobertos de neve, em São José dos Ausentes (RS), 2013.

Clima Tropical de Altitude

As áreas com esse tipo de clima possuem temperaturas mais baixas que as do Clima Tropical, devido ao fator altitude e às chuvas, que são bem distribuídas durante o ano. Abrange áreas com mais de 1.000 metros de altitude nos estados de São Paulo, Minas Gerais, Rio de Janeiro, Mato Grosso do Sul, Espírito Santo, Paraná e Goiás. As chuvas se concentram no verão, quando muitas vezes ocorrem de forma torrencial, favorecendo os deslizamentos de terra e as enchentes.

Nos meses mais frios do ano ocorre diminuição considerável das chuvas, e nas partes mais elevadas do relevo pode ocorrer o fenômeno das geadas. A massa de ar que mais influencia as características desse tipo de clima é a Tropical Atlântica. Nos meses mais frios, a Massa Polar Atlântica ganha força. Quando essas duas massas de ar se encontram, ocorrem **frentes frias** e **chuvas frontais**. Observe a ilustração.

Frente fria: encontro de uma massa de ar quente com uma massa de ar frio, provocando chuvas e queda de temperatura.

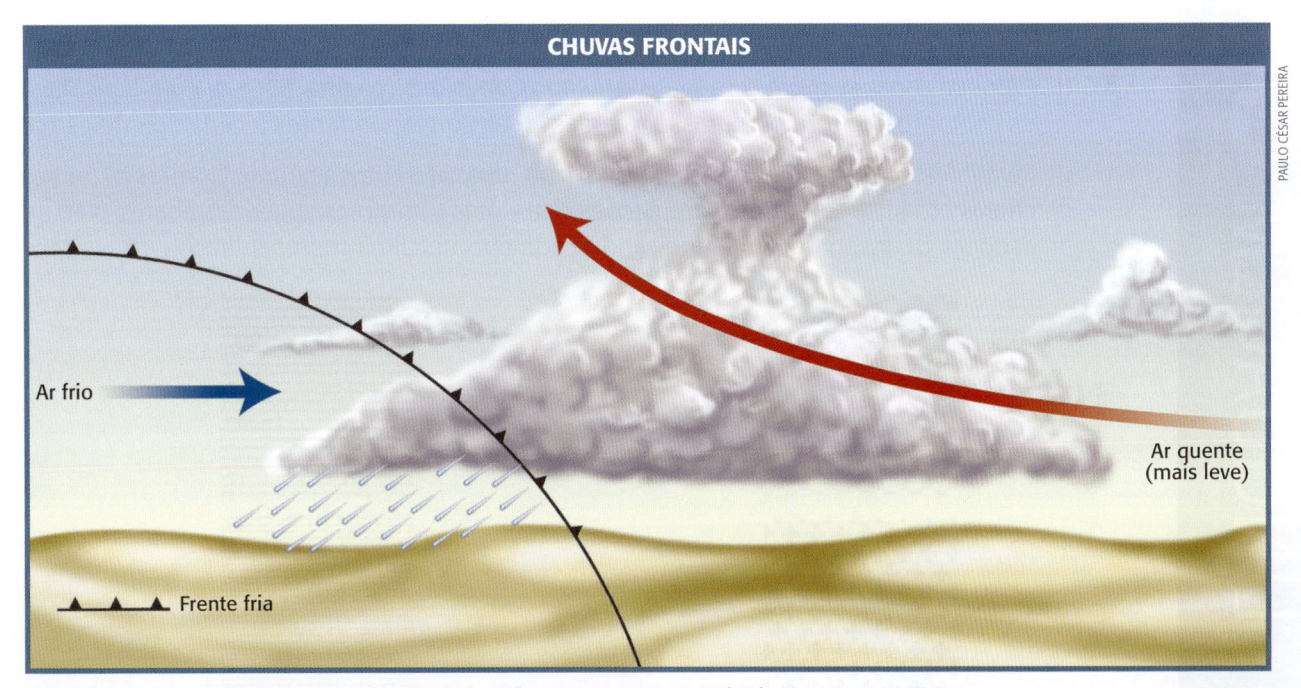

CHUVAS FRONTAIS

Ar frio

Ar quente (mais leve)

Frente fria

Fonte: FORSDYKE, A. G. *Previsão do tempo e clima*. São Paulo: Melhoramentos, 1975. p. 63 (Série Prisma).

Quando uma massa de ar frio, mais densa, choca-se com uma massa de ar quente, o ar frio empurra o ar quente e úmido para as camadas mais altas; ao resfriar-se, o ar quente e úmido precipita, formando as chuvas.

🌎 E NO MUNDO?

Climas que não ocorrem no Brasil

No mundo, existem tipos de clima que não ocorrem no Brasil. Os principais são:

Clima Desértico: pode ser deserto frio ou quente e caracteriza-se pela escassez de chuva, predominando nas áreas localizadas entre as latitudes 20 e 30 graus.

Clima Mediterrâneo: com verão seco e quente e inverno chuvoso com temperaturas amenas, ocorre principalmente nas áreas próximas ao Mar Mediterrâneo.

Clima Temperado: as estações do ano são bem definidas e as áreas onde predomina se localizam na zona térmica temperada.

Clima Frio: o inverno é longo, com temperaturas bastante baixas e ocorrência de neve, e o verão é curto. Grandes extensões de terra do Hemisfério Norte, localizadas em altas latitudes, apresentam esse clima.

Clima Polar: apresenta as médias de temperatura mais baixas da Terra, ocorrendo na zona térmica polar.

LINGUAGEM CARTOGRÁFICA

Clima e vegetação do Brasil: sobreposição de mapas

Nesta unidade você observou mapas temáticos que representam os tipos de clima e de vegetação que ocorrem no Brasil. Embora possam ser representados separadamente, esses elementos naturais se relacionam.

Para verificar o tipo de vegetação que se relaciona a cada tipo de clima, você vai realizar a técnica da **sobreposição de mapas**. Essa técnica consiste em colocar um mapa sobre outro de mesma escala com o objetivo de relacionar diferentes fenômenos que ocorrem no território.

Siga as etapas de trabalho.

> **Mapa temático:** mapa que apresenta um tema específico sobre o espaço representado, ou seja, apresenta informações sobre um determinado fenômeno espacial, que pode ser natural (clima, vegetação, hidrografia etc.) ou humano (divisão política, distribuição da população, atividades econômicas etc.).

Etapas de trabalho

I. Providencie um papel transparente quadrado com pelo menos 16 cm de lado.

II. Coloque o papel sobre o mapa *Brasil: tipos de clima* (página 106) e, com lápis, faça os contornos do território brasileiro e das áreas correspondentes a cada tipo de clima.

III. Para diferenciar os tipos de clima no mapa, use diferentes texturas (formas e/ou hachuras com espessuras ou orientações diferentes), como as sugeridas abaixo. Não se esqueça de inserir legenda, indicando cada tipo de clima representado.

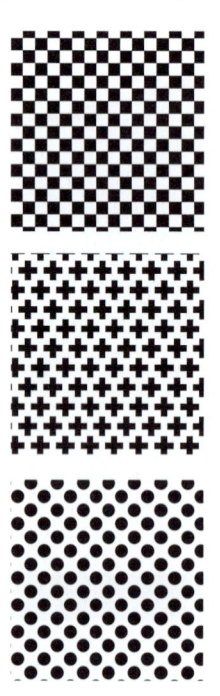

IV. Insira a legenda e o título do lado direito do mapa, para que não fiquem sobrepostos às informações do mapa *Brasil: vegetação nativa* (página 111).

V. Depois que o mapa estiver pronto, coloque-o sobre o mapa *Brasil: vegetação nativa* (página 111), cuidando para que os contornos do território brasileiro coincidam.

VI. Por fim, você vai fazer a leitura, a análise e a relação das informações representadas nos mapas, realizando as atividades.

BRASIL: VEGETAÇÃO NATIVA

Legenda:
- Florestas Amazônicas
- Campos Amazônicos
- Mata Atlântica
- Cerrado
- Caatinga
- Mata de Araucárias
- Pantanal
- Campos (ou Campo Limpo)
- Vegetação Litorânea

Fonte: elaborado com base em ROSS, Jurandyr L. S. (Org.). *Geografia do Brasil*. São Paulo: Edusp, 2009. p. 204.

Atividades

1. Copie o quadro no caderno e complete-o com base na sobreposição de mapas.

Tipo de clima	Principal(is) tipo(s) de vegetação a que se associa

2. Cite os dois tipos de clima que abrangem a maior parte do território brasileiro. A que tipos de vegetação eles estão associados?

3. A área coberta pela Caatinga está associada, principalmente, a qual tipo de clima? Em que estados esse clima ocorre?

4. Associe os tipos de clima aos tipos de vegetação nativa que ocorriam na sua Unidade da Federação, descrevendo a localização das áreas de ocorrência.

5. O mapa de vegetação nativa corresponde à cobertura vegetal existente no território brasileiro nos dias de hoje? Faça uma pesquisa para descobrir se a devastação da vegetação influi nos elementos do clima de um lugar.

teia do saber

1. Observe a imagem. Depois, responda às questões no caderno.

Muitas vezes nosso país é associado à tropicalidade, com muito sol, rios e florestas. Cena do filme *Rio 2* (2014).

a. Explique por que nosso país é considerado tropical.

b. A localização do Brasil na zona térmica intertropical é suficiente para explicar a predominância de climas quentes em nosso país? Explique.

2. Diferentemente do que muitas pessoas pensam, o Clima Tropical não está presente em todo o território brasileiro. De acordo com essa afirmação, responda.

a. Em que região brasileira as médias térmicas no inverno são mais baixas?

b. Que tipo de clima predomina nessa região e que aspectos o caracterizam?

3. A atuação das massas de ar é muito importante na dinâmica do clima e do tempo atmosférico em nosso país. Leia a manchete e, depois, responda às questões no caderno.

> **Massa de ar frio atinge sul do país e termômetros vão a -7,7 °C**
>
> *Folha online*, 19 jun. 2014. Disponível em: <http://www1.folha.uol.com.br>. Acesso em: ago. 2014.

a. O que são massas de ar? Que mudanças podem provocar no tempo atmosférico?

b. A qual massa de ar a manchete se refere? Em que área se origina esse tipo de massa de ar?

c. Que outros tipos de massa de ar atuam no clima e no tempo atmosférico do nosso país?

4. Leia a manchete e responda às questões.

> **Fim de semana começa com a passagem de uma frente fria no Espírito Santo**
>
> *Folha Vitória*, 8 ago. 2014. Disponível em: <http://www.folhavitoria.com.br>. Acesso em: ago. 2014.

a. O que é uma frente fria? O que ela provoca no tempo atmosférico?

b. Que massas de ar estão associadas a esse fenômeno no Sudeste e no Sul do Brasil?

5. Explique a influência do Planalto da Borborema no clima de parte da Região Nordeste.

6. Algumas características dos tipos de clima podem ser representadas em gráficos denominados **climogramas**. Observe-os.

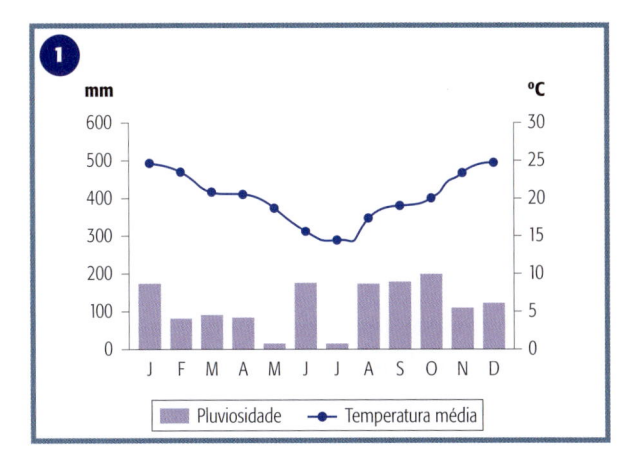

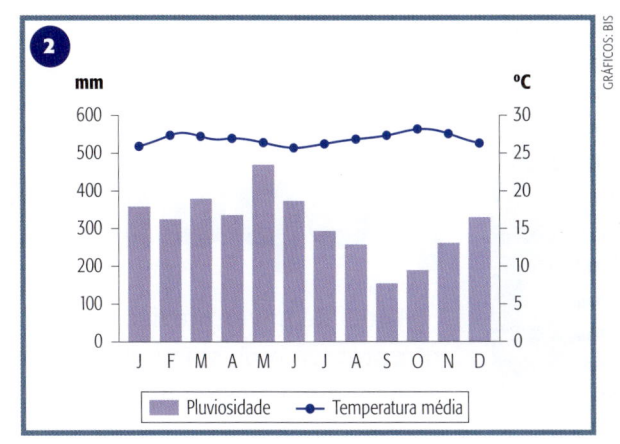

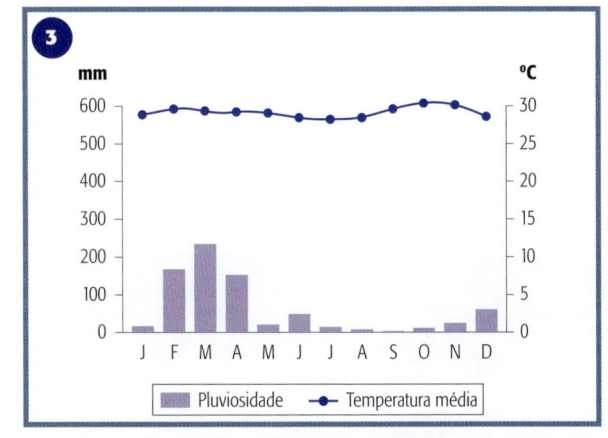

1

mm	°C
600	30
500	25
400	20
300	15
200	10
100	5
0	0

J F M A M J J A S O N D

■ Pluviosidade ● Temperatura média

2

mm	°C
600	30
500	25
400	20
300	15
200	10
100	5
0	0

J F M A M J J A S O N D

■ Pluviosidade ● Temperatura média

3

mm	°C
600	30
500	25
400	20
300	15
200	10
100	5
0	0

J F M A M J J A S O N D

■ Pluviosidade ● Temperatura média

Fonte: CALDINI, Vera; ÍSOLA, Leda. *Atlas geográfico Saraiva*. São Paulo: Saraiva, 2013. p. 39.

a. Que elemento climático está indicado na escala da direita? E na da esquerda?

b. O que é indicado no eixo horizontal?

c. Em qual climograma a quantidade de chuva ao longo do ano é maior?

d. Qual climograma apresenta médias de temperatura mais elevadas?

e. Identifique o tipo de clima representado em um dos climogramas. Justifique sua resposta.

Investigando o seu lugar

7. Faça uma pesquisa sobre o clima que predomina no município onde você mora. Procure descobrir que fatores climáticos influenciam nesse tipo de clima.

Encerrando a unidade

- Em grupo, pesquisem de que forma o tipo de clima influencia a vida das pessoas, as atividades econômicas e os tipos de vegetação predominantes da Unidade da Federação onde vocês moram. Desenhem uma situação mostrando como o clima ou as condições do tempo atmosférico interferem nas suas vidas ou na paisagem da sua Unidade da Federação ou do seu município.

113

Previsão do tempo e conhecimento popular

Antes de haver previsões meteorológicas feitas por técnicos e cientistas, as pessoas interpretavam os sinais da natureza tentando descobrir o melhor momento para realizar as atividades do dia a dia, como plantar e colher. Assim, o conhecimento popular alertava as pessoas sobre chuvas, secas e outros fenômenos climáticos.

Na Grécia Antiga, Aristóteles, considerado o "Pai da Meteorologia", escreveu um tratado sobre essa ciência, divulgando suposições, nem todas corretas, sobre a previsão do tempo e o clima.

Nos dias de hoje, mesmo com modernos métodos, muitas pessoas ainda se utilizam da experiência e do conhecimento popular para fazer previsões do tempo. Muitos ditos populares são comprovados cientificamente. Observe este exemplo.

"CÉU PEDRENTO É SINAL DE CHUVA E VENTO."

Céu de Bonito (MS), 2011.

O ditado expressa a percepção da chegada de chuva e vento, indicada pela presença de nuvens de alta a média altitude, como os *Altocumulus* (veja fotografia acima). O céu "pedrento" é como se estivesse cheio de pedras. A presença dessas nuvens na manhã de dias quentes e de elevada evaporação pode ser um sinal de aparecimento, no final da tarde, de nuvens *Cumulonimbus* (veja fotografia ao lado), que indicam possibilidade de chuvas fortes, ventos e trovoadas.

Formação de tempestade tropical no fim da tarde em Campo Novo do Parecis (MT), 2013.

PROFETAS DA CHUVA

No Sertão nordestino, todo início de ano, há o encontro dos Profetas da Chuva. Esses senhores, com longa experiência de vida e conhecimento passado de geração a geração, reúnem-se em Quixadá, no Ceará, para falar de suas previsões. Cada um com seu método, eles preveem se naquele ano haverá seca ou chuva, possibilitando que os agricultores se planejem quanto à produção. Leia o texto abaixo.

Encontro dos Profetas da Chuva em Quixadá (CE), 2015.

Profetas da chuva

"[...] por viver em um ambiente extremamente hostil, o sertanejo desenvolveu uma acuidade [grande capacidade de percepção] detalhada para a observação dos fenômenos presenciados na natureza, em especial para a previsão do tempo e do clima, utilizando como referência o comportamento dos animais, o comportamento da vegetação e a posição dos astros, constelações e nuvens.

Com relação aos animais, os sertanejos observam o canto, a atitude e a conduta, como se pode exemplificar utilizando o comportamento das formigas, pois, quando estas constroem suas casas em lugares altos e secos, isso é indício de chuva à vista. [...] os astros, constelação e nuvens são observados pelos sertanejos, com destaque para os ditos que associam o clima da próxima estação à observação da Lua. Conforme os sertanejos, a estação vai ser chuvosa quando a primeira lua cheia de janeiro 'sair vermelha, por detrás de uma barra de nuvens', mas 'se surgir prateada é sinal de seca'."

MAIA, Diego Corrêa; MAIA, Ana Cláudia Nogueira. *A utilização dos ditos populares e da observação do tempo para a Climatologia Escolar no Ensino Fundamental II.* Disponível em: Portal de Periódicos Eletrônicos da UFBA. <www.portalseer.ufba.br>. Acesso em: ago. 2014.

Atividades

1. Quais são os métodos de previsão do tempo usados pelos chamados "profetas da chuva"?

2. Converse com pessoas mais velhas e pergunte sobre ditados ou crenças que conheçam sobre a previsão do tempo. Em grupo, reúnam os conhecimentos tradicionais pesquisados e façam a relação com os conhecimentos científicos.

3. Você costuma observar o tempo atmosférico? O que você observa? Consegue fazer alguma previsão do tempo? Se sim, no que você se baseia?

4. Faça uma pesquisa sobre a importância das previsões do tempo nas diversas atividades econômicas. Por exemplo, por que é importante saber o comportamento dos elementos climáticos para a agricultura?

UNIDADE 5

O espaço rural brasileiro

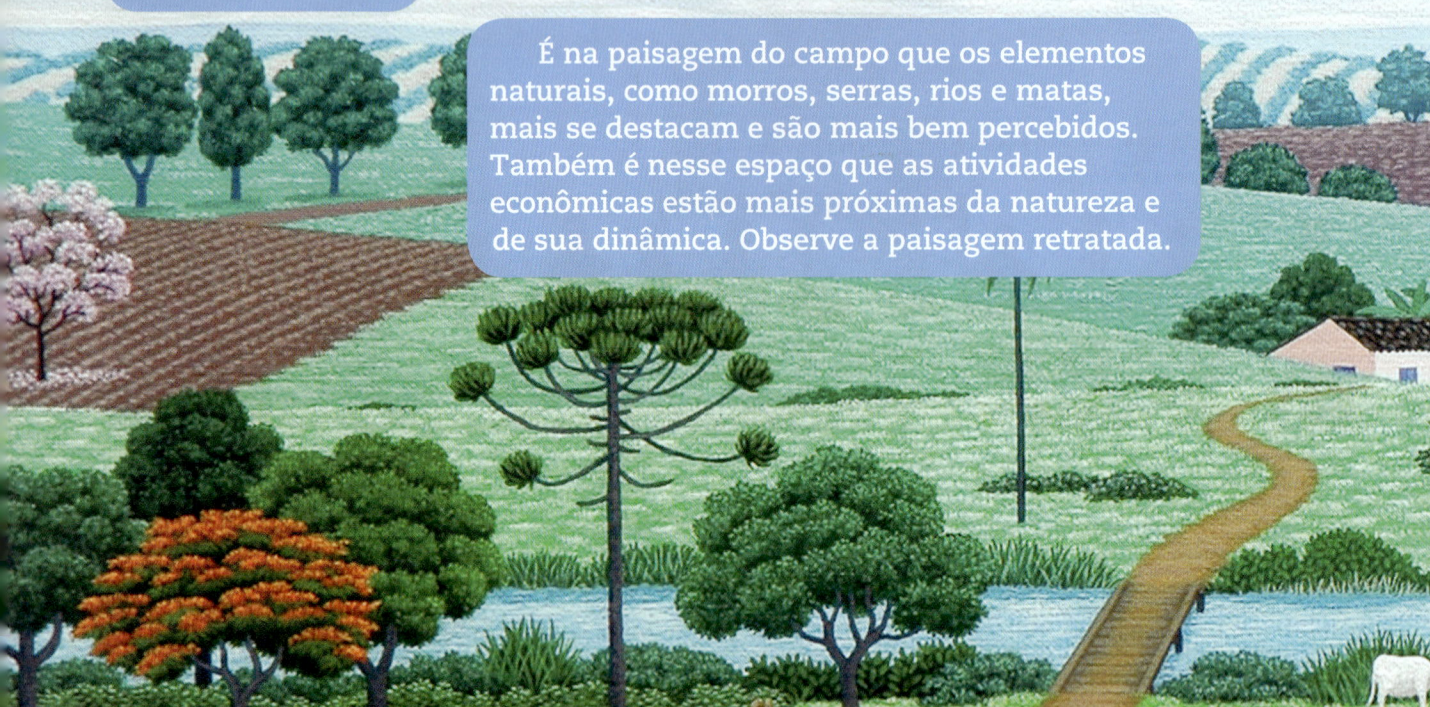

É na paisagem do campo que os elementos naturais, como morros, serras, rios e matas, mais se destacam e são mais bem percebidos. Também é nesse espaço que as atividades econômicas estão mais próximas da natureza e de sua dinâmica. Observe a paisagem retratada.

Nesta unidade você vai saber mais sobre

- Relações entre campo e cidade
- Modernização do campo brasileiro e problemas ambientais
- Estrutura fundiária brasileira
- Movimentos sociais e conflitos no campo
- Trabalhadores rurais
- Extrativismo vegetal, extrativismo mineral e pecuária
- Principais rebanhos e áreas de criação no Brasil
- Agricultura brasileira

Paisagem rural (2011), de Edgar Calhado.

TROCANDO IDEIAS

1. Que elementos da paisagem indicam que se trata de área rural?
2. Qual a principal atividade econômica dessa área rural? Que outras atividades econômicas são desenvolvidas no campo?
3. Na sua opinião, todo o espaço rural brasileiro tem uma paisagem parecida com esta? Explique.

EDGAR CALHADO, PAISAGEM RURAL, C. 2011/GALERIA JACQUES ARDIES/COLEÇÃO PARTICULAR

1 Paisagens do campo e da cidade

Observe a imagem de satélite.

Imagem de satélite mostrando a área rural e urbana do município de Andirá (PR), 2013.

As paisagens do campo (área rural) e da cidade (área urbana) se diferenciam pelos elementos que as compõem e pela forma como estão organizados.

No campo, os elementos naturais, como rios, morros e matas, destacam-se na paisagem. Em geral, as construções são distantes umas das outras com predomínio de propriedades rurais (chácaras, sítios, fazendas etc.), e a presença de estabelecimentos comerciais e de prédios é pequena ou inexistente. As principais atividades econômicas desenvolvidas são as do setor primário: agricultura (plantações), pecuária (criações de animais) e extrativismo (como a extração mineral, a extração vegetal e a pesca).

Também podemos observar, na paisagem do campo, outros elementos, como:
- hotéis e chácaras destinadas a turismo e lazer;
- agroindústrias, ou seja, estabelecimentos que transformam o produto agrícola em bem industrializado no próprio local de cultivo ou próximo a ele. Por exemplo, uma agroindústria pode transformar a uva em vinho ou a cana-de-açúcar em álcool e açúcar;
- empresas mineradoras, que extraem minerais (ferro, cobre, carvão mineral etc.) em grande escala com equipamentos avançados.

Já na paisagem das cidades, os elementos humanos ou culturais se destacam, como ruas, avenidas, praças, pontes, viadutos, prédios, indústrias etc. As construções, em geral, são concentradas no espaço, ou seja, são próximas umas das outras, e há grande movimento de pessoas e veículos. As principais atividades econômicas desenvolvidas são as do setor secundário (indústria) e terciário (comércio e serviços).

NÃO DEIXE DE LER

- **Acontece na cidade**
Carlos Eduardo Novaes (Org.). São Paulo: Ática, 2005.
Com bom humor e uma dose de reflexão, alguns dos mais importantes autores da literatura brasileira contemporânea retratam a vida nos grandes centros urbanos.

ESPAÇOS INTERDEPENDENTES

O campo e a cidade são espaços diferentes, porém estão inter-relacionados e são interdependentes, isto é, dependem um do outro. Produtos do campo são consumidos nas cidades e produtos e serviços da cidade são consumidos no campo. Isso ocorre porque as atividades econômicas que se desenvolvem em cada um dos espaços mantêm relações cada vez mais estreitas. Observe as fotografias.

Um grande produtor de soja utiliza várias máquinas agrícolas, como tratores, semeadeiras e colheitadeiras, para desenvolver a plantação. Essas máquinas são fabricadas por indústrias, geralmente localizadas nas áreas urbanas. Na fotografia, colheita mecanizada de soja em Santa Maria (RS), 2013.

Uma seca prolongada ou fortes chuvas podem comprometer a produção agrícola de frutas, verduras e legumes e provocar o aumento do preço ou a ausência desses produtos nas feiras livres ou supermercados nas cidades. Na fotografia, parte da produção de hortaliças se perdeu depois de geada, em Londrina (PR), 2013.

Além da interdependência na produção, cada vez mais o campo está integrado ao espaço urbano e ao modo de vida urbano. Atualmente, em muitos lugares do meio rural brasileiro, podemos observar na paisagem equipamentos e infraestrutura antes encontrados apenas nas cidades, como energia elétrica, telefonia, antenas parabólicas, acesso à internet etc.

Essa integração do campo ao espaço urbano está relacionada às transformações recentes ocorridas no nosso país, como veremos a seguir.

NÃO DEIXE DE ASSISTIR

- **Tapete vermelho**
  Direção: Luís Alberto Pereira. Brasil, 2005.
  Casal de família simples do interior leva o filho para a cidade para assistir a um filme no cinema. Mas os tempos mudaram e os cinemas desapareceram. No caminho, o trio cruza com tipos curiosos, provando que as lendas da roça ainda estão bem vivas.

Casa com antena parabólica na zona rural de Jacutinga (MG), 2014.

MODERNIZAÇÃO DO CAMPO

No Brasil, o campo passou por muitas transformações nas últimas décadas. Entre elas, está a modernização da produção rural. São características dessa modernização:

- **mecanização da produção:** utilização de tratores, colheitadeiras, ceifadeiras e outros equipamentos que possibilitam grande aumento da produtividade e substituem a mão de obra dos trabalhadores rurais.
- **uso de insumos agrícolas:** adubos, fertilizantes e defensivos agrícolas (agrotóxicos).
- **aplicação de novos conhecimentos:** pesquisas são desenvolvidas e novas técnicas e tecnologias são aplicadas, como o desenvolvimento de espécies resistentes a pragas ou que se adaptam a determinado tipo de solo ou clima; medicamentos e vacinas são usados nos rebanhos para que se desenvolvam mais rapidamente etc.

A modernização do meio rural brasileiro se relaciona ao processo de industrialização, especialmente a partir da década de 1930, quando possibilitou os avanços técnicos no campo e fez aumentar a produção de matérias-primas. Com o aumento do consumo de produtos industrializados, foi necessária maior quantidade de matéria-prima da agricultura, da pecuária e do extrativismo, estimulando o aumento da produção no campo.

Embora a modernização da produção no campo tenha contribuído para modificar as paisagens, o trabalho e a vida no meio rural, no Brasil há propriedades que utilizam equipamentos e técnicas simples, principalmente em razão da falta de recursos financeiros para investimentos em máquinas, equipamentos e mão de obra especializada.

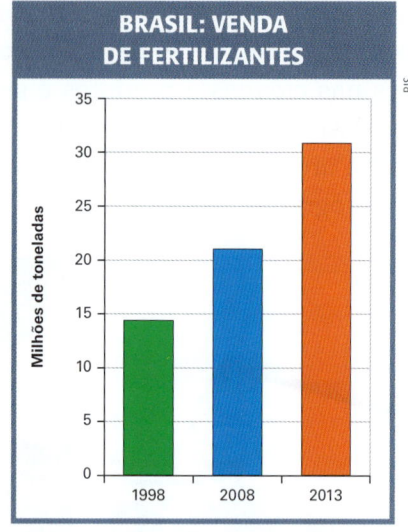

BRASIL: VENDA DE FERTILIZANTES

(Gráfico de barras – Milhões de toneladas)
- 1998: ~14,5
- 2008: ~21
- 2013: ~31

Fonte: Associação Nacional para Difusão de Adubos (Anda). Disponível em: <www.anda.org.br>. Acesso em: ago. 2014.

LEITURA DE IMAGEM

1. O que ocorreu com a venda de fertilizantes nos anos representados no gráfico?
2. Faça uma análise comparativa entre os períodos 1998-2008 e 2008-2013 quanto ao crescimento da venda de fertilizantes. Na sua opinião, que relação pode ser estabelecida entre esses resultados e a produção agrícola brasileira?

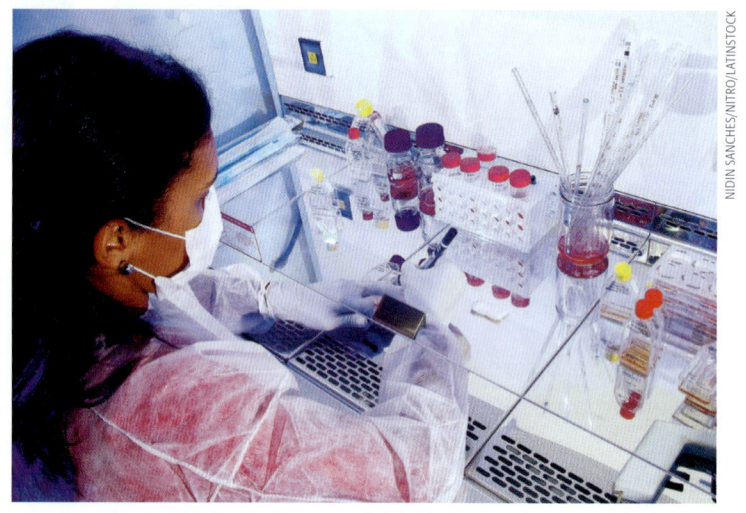

Pesquisadora trabalha no laboratório da Escola de Veterinária da Universidade Federal de Minas Gerais, em Belo Horizonte, 2013.

Lavrador arando a terra em Custódia (PE), 2013.

Problemas da modernização do campo

A modernização do campo aumentou a produtividade e tornou nosso país um grande produtor rural. No entanto, alguns aspectos negativos podem ser apontados, como:

- **Substituição da produção**

Muitos produtores rurais substituíram o cultivo de gêneros alimentícios (feijão, milho, mandioca, hortaliças etc.) pela produção de matéria-prima (soja, cana-de-açúcar, algodão, laranja etc.) para a indústria nacional ou para a exportação.

Esse é um dos fatores que geraram, ao longo dos anos, o aumento dos preços dos gêneros alimentícios, pois ocorreu diminuição da oferta desses produtos. Se a oferta é menor que a procura, o preço do produto aumenta.

- **Problemas ambientais**

O peso e o tráfego das máquinas sobre o solo podem provocar sua compactação, ou seja, a terra fica "dura", havendo grande dificuldade para o desenvolvimento das raízes, o que prejudica a prática agrícola.

Muitas das técnicas modernas e substâncias aplicadas são agressivas ao meio ambiente. Observe os exemplos na fotografia e na ilustração.

> **NÃO DEIXE DE ACESSAR**
>
> - **Atlas da questão agrária brasileira**
> http://www2.fct.unesp.br/nera/atlas/index.htm
>
> Este atlas traz textos e mapas com dados do meio rural brasileiro. Além de apresentar informações, os autores discutem e analisam vários aspectos ligados à questão agrária no Brasil.

A erosão ocorre devido à retirada da vegetação e da aração do solo. O solo exposto, em caso de chuvas fortes, fica sujeito a voçorocas como esta no Parque Nacional da Serra da Canastra, em São Roque de Minas (MG), 2011.

Fertilizantes e agrotóxicos infiltram-se no solo e atingem as águas subterrâneas, contaminando-as. Ou, ainda, são levados pelas águas das chuvas atingindo córregos, rios e lagos. Podem também contaminar pessoas e animais.

- **Concentração de terras e êxodo rural**

A produção em grande escala fez com que muitas propriedades rurais monocultoras (que produzem um único gênero agrícola) expandissem ainda mais suas terras para aumentar sua produção.

Com a dificuldade de acesso à terra e a recursos para nela produzir, um grande contingente de pessoas, especialmente a partir da década de 1940, deixou o campo em busca de melhores condições de vida, no movimento migratório denominado êxodo rural.

2 Terra e trabalho no campo

Observe as fotografias e leia as legendas.

1

Pequena propriedade rural, na qual trabalham geralmente o proprietário e seus familiares. Nas pequenas propriedades, parte da produção é destinada para venda e parte para o sustento da família. Nesse tipo de propriedade, tradicionalmente é produzida grande parte dos alimentos consumidos no Brasil, como feijão, arroz, mandioca, milho, frutas, verduras, leite, frango e ovos. Na fotografia, zona rural de Marmelópolis (MG), 2013.

2

Parte de uma **grande propriedade rural**, que costumeiramente contrata pessoas para a produção. Nesse tipo de propriedade, destacam-se os cultivos de soja, cana-de-açúcar, café e laranja, além da criação de gado para fornecimento de carne. Grande parte da produção é destinada às indústrias alimentícias ou é exportada. Na fotografia, colheitadeiras de soja na zona rural de Tangará da Serra (MT), 2012.

ESTRUTURA FUNDIÁRIA BRASILEIRA

A **estrutura fundiária** de um país corresponde à forma de distribuição social das terras, ou seja, como as propriedades agrárias estão distribuídas, de acordo com a área ou com a forma de utilização.

A maior parte das propriedades rurais no Brasil são **pequenas propriedades** (área inferior a 100 hectares), como a da fotografia 1 da página anterior. Elas correspondem a quase 90% das propriedades agrárias do Brasil e ocupam aproximadamente 20% da área total dos imóveis rurais.

As **médias propriedades** (entre 100 e 1.000 hectares) correspondem a 10% do total das propriedades agrárias e ocupam cerca de 35% da área total. Em grande parte dessas propriedades é realizada exploração comercial.

Hectare (ha): corresponde a 10 mil metros quadrados, que é o equivalente ao tamanho de um campo de futebol, aproximadamente.

Média propriedade rural produtora de laranja, em Santo Antonio de Posse (SP), 2014.

LEITURA DE IMAGEM

- Qual o total aproximado (em milhões de ha) de terras ocupadas referente a cada tipo de propriedade (pequena, média e grande)? Explique como esses números revelam a estrutura fundiária do Brasil.

A **grande propriedade** rural (área superior a 1.000 hectares), como a da fotografia 2 da página anterior, representa 1% das propriedades agrárias e ocupa cerca de 45% das terras.

A distribuição das terras e o tamanho das propriedades no Brasil revelam uma estrutura fundiária extremamente **concentrada**. Grande parcela das terras ocupadas pertence a um pequeno número de proprietários. Além disso, muitas propriedades rurais são improdutivas (inexploradas ou subaproveitadas), ou seja, não são utilizadas para o desenvolvimento das atividades econômicas do campo, como a agricultura ou a pecuária.

Observe o gráfico ao lado e o mapa da página seguinte.

BRASIL: ÁREA OCUPADA PELOS ESTABELECIMENTOS RURAIS – 2006

Tamanho do estabelecimento rural:
- Menos de 10 ha } Pequena propriedade
- De 10 ha a menos de 100 ha
- De 100 ha a menos de 1.000 ha } Média propriedade
- 1.000 ha ou mais } Grande propriedade

Fonte: IBGE. *Censo Agropecuário 2006*. Disponível em: <www.ibge.gov.br>. Acesso em: ago. 2014.

BRASIL: CONCENTRAÇÃO DA TERRA

Fonte: GIRARDI, Gisele; ROSA, Jussara V. *Atlas geográfico do estudante*. São Paulo: FTD, 2011. p. 31.

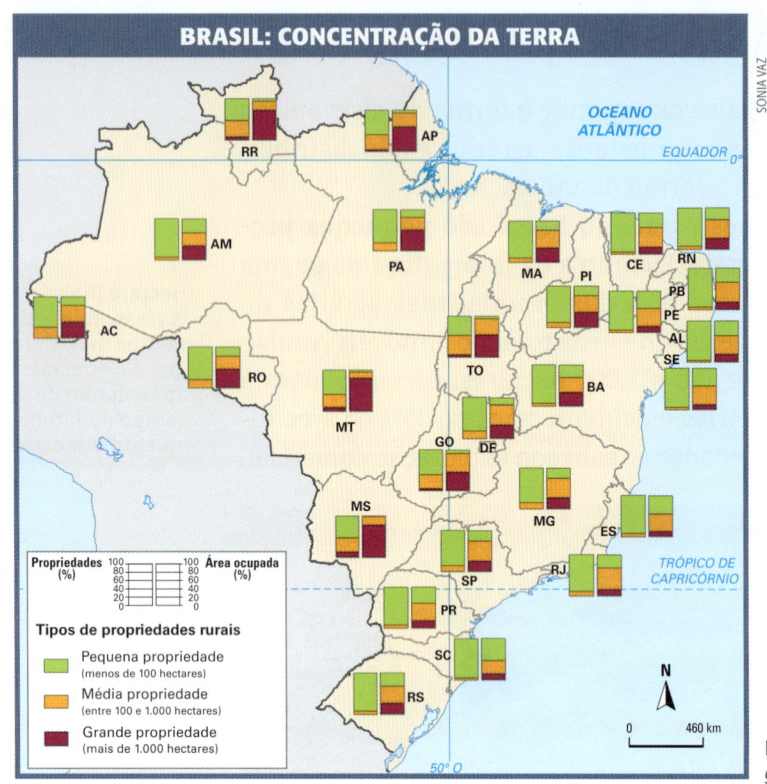

LEITURA DE IMAGEM

1. Cite as duas Unidades da Federação que concentram o maior percentual de grandes propriedades rurais. Qual a porcentagem da área ocupada por essas propriedades? O que isso significa?

2. Que tipo de propriedade predomina na Unidade da Federação onde você mora? Qual o percentual aproximado da área ocupada por essas propriedades na UF? Você diria que a concentração de terras na UF onde você vive é grande? Comente.

Reforma agrária

Cada vez mais, grande parcela da sociedade brasileira reconhece a necessidade de realizar uma melhor distribuição das terras, por meio de uma efetiva reforma agrária, beneficiando a agricultura familiar, que é responsável por cerca de 70% dos alimentos que chegam à mesa dos brasileiros.

A reforma agrária consiste em redistribuir as terras e proporcionar condições para que os trabalhadores rurais e suas famílias consigam nelas produzir e permanecer. Assim, além do acesso à terra, há necessidade de várias medidas, como:

- construção de estradas e acesso a transportes para deslocar a produção;
- abastecimento de água e acesso à energia elétrica;
- facilidades para compra de equipamentos, sementes e adubos;
- orientação de especialistas sobre técnicas de produção para aumentar a produtividade.

Também é essencial que as famílias tenham acesso a serviços públicos básicos, como transporte, atendimento médico e escola.

A redistribuição de terras consiste na desapropriação de estabelecimentos rurais improdutivos. Na desapropriação, o Governo paga aos proprietários o valor das terras e, se for o caso, das benfeitorias (construções, pastagens, açudes etc.) realizadas. Segundo a Constituição Federal: "Compete à União desapropriar por interesse social, para fins de reforma agrária, o imóvel rural que não esteja cumprindo sua função social.".

Entre outros itens, cumprir a função social significa:

I – fazer um aproveitamento adequado da terra;

II – utilizar adequadamente os recursos naturais disponíveis e preservar o meio ambiente.

Agricultura familiar: desenvolvimento de agricultura, pecuária e outras atividades comandadas por uma família; a mão de obra é principalmente constituída por pessoas da família.

Assentamentos e movimentos sociais

Os **assentamentos** são terras redistribuídas (chamadas de lotes) pelo governo por meio da reforma agrária. Os trabalhadores rurais que recebem os lotes passam a ter o compromisso de produzir neles, promovendo seu sustento e o dos familiares. Observe o mapa e a fotografia.

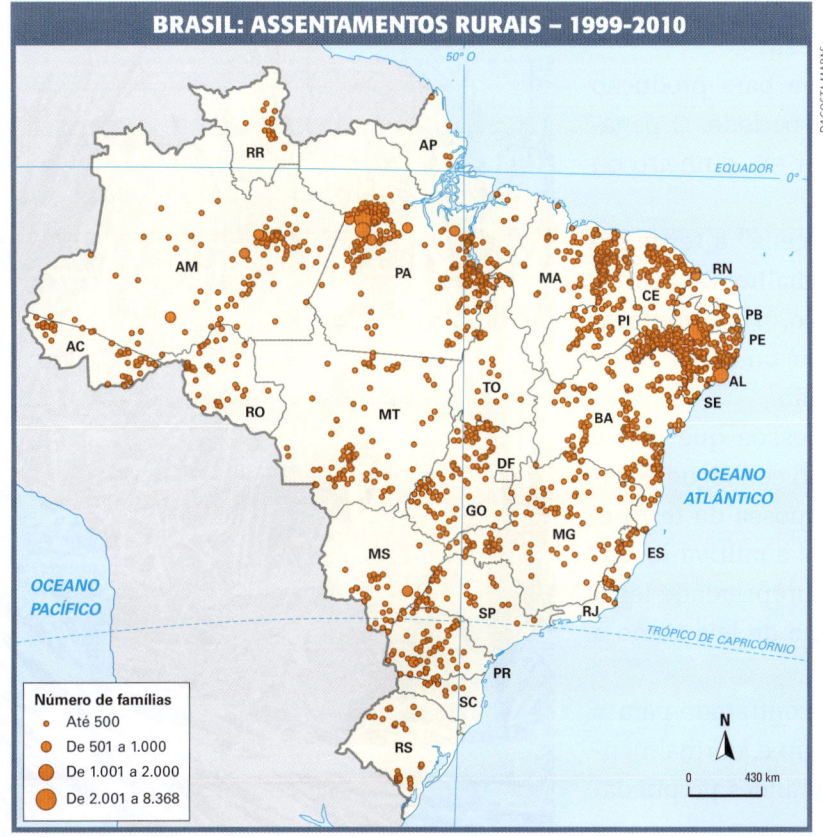

BRASIL: ASSENTAMENTOS RURAIS – 1999-2010

Número de famílias
- Até 500
- De 501 a 1.000
- De 1.001 a 2.000
- De 2.001 a 8.368

Fonte: *Atlas geográfico escolar.* Rio de Janeiro: IBGE, 2012. p. 135.

LEITURA DE IMAGEM

1. Que informações o mapa representa?
2. Em que macrorregião ocorreu um maior número de assentamentos?
3. Na UF onde você mora predominam assentamentos de quantas famílias?

Muitos dos assentamentos foram criados devido à luta de trabalhadores rurais nos movimentos sociais pela terra. O Movimento dos Trabalhadores Rurais Sem Terra (MST) é o mais conhecido deles, mas existem muitos outros, como a Confederação Nacional dos Trabalhadores na Agricultura (Contag), a Federação dos Trabalhadores na Agricultura (Fetag) etc. No Brasil, os movimentos pela terra lutam não só pela reforma agrária mas também pelo cumprimento de leis trabalhistas no campo, por uma produção mais saudável para as pessoas e para o ambiente, entre outras reivindicações.

Uma das formas de luta desses movimentos é a ocupação das propriedades improdutivas.

Outras formas de luta e reivindicação dos movimentos sociais são as marchas e passeatas, com o objetivo de chamar a atenção da sociedade e pressionar o poder público para o atendimento de reivindicações. Muitas vezes, porém, essas reivindicações só ganham destaque na imprensa quando ocorrem conflitos e mortes.

Plantação do assentamento Eli Vive, em Londrina (PR), 2012.

Movimentos sociais: organizações de pessoas que lutam por algum direito que não têm atendido.

TRABALHADORES DO CAMPO BRASILEIRO

Muitos trabalhadores do campo brasileiro vivem e trabalham em sua própria terra. Outros vivem e trabalham em propriedades de terceiros. Também há os que estão em terras coletivas. Veja a seguir como se classificam alguns dos trabalhadores rurais no Brasil.

- **Arrendatário:** aluga a terra para produção durante um determinado período. O pagamento do aluguel pode ser em dinheiro ou em produto.
- **Parceiro:** o proprietário "cede" a terra e o agricultor entra com o trabalho. De acordo com o que for combinado, o proprietário fica com a metade (meeiro) ou com a terça parte (terceiro) da produção.
- **Posseiro ou ocupante:** pessoa que não é proprietária da terra e não consegue acesso legal a ela. Então, se apossa da terra e, sem documentos, começa a cultivá-la. Alguns posseiros tentam a propriedade legal da terra ocupada por meio de leis como a do usucapião.
- **Empregado permanente:** contratado para o ano todo, recebe em dinheiro e, normalmente, trabalha em médias e grandes propriedades rurais.
- **Empregado temporário:** contratado em períodos específicos, como na colheita. É remunerado em dinheiro ou em produtos. Também conhecido como "boia-fria", "volante" ou "peão". Muitas vezes, esse tipo de trabalhador mora em cidades próximas das propriedades rurais onde trabalha.

Empregado temporário em colheita manual de cana-de-açúcar em Araraquara (SP), 2013.

Boia: em algumas regiões do Brasil é o nome popular para comida ou refeição.

Usucapião: direito que um cidadão adquire à propriedade legal de um bem móvel ou imóvel em decorrência do tempo de uso.

+ SAIBA MAIS

Direitos trabalhistas

Segundo as leis do nosso país, os trabalhadores rurais têm os mesmos direitos dos trabalhadores de outros setores, como comércio, serviços e indústria. Alguns desses direitos são: 13º salário, férias remuneradas, repouso semanal, jornada de trabalho semanal de, no máximo, 44 horas e aposentadoria. Embora a situação venha melhorando, devido à maior fiscalização do poder público, muitos empregadores não respeitam as leis trabalhistas no meio rural.

1. Cite elementos que diferenciam a paisagem do campo da paisagem da cidade. Apesar dessas diferenças, esses espaços estão relacionados. Cite, também, exemplos de produtos que você consome ou situações vivenciadas por você que mostram essa relação.

2. Leia o depoimento e, depois, faça as atividades no caderno.

> " Nasci em 1963, em Minas Gerais, no município de Salinas. Quando eu tinha 4 anos, mudei para o norte do Paraná, com meus pais e meus três irmãos. Vivi no Paraná por 22 anos e em todo esse tempo morei e trabalhei nas propriedades de outros. A gente plantava principalmente café e pagava o dono da fazenda com metade do que era produzido.
> Por alguns anos morei na cidade, mas continuei trabalhando no campo, como boia-fria. Logo cedo, ia de caminhão para as fazendas trabalhar principalmente na colheita de café, algodão e amendoim.
> Depois que me casei, tive dois filhos e voltei a morar na propriedade de um fazendeiro, pois não tínhamos condições de comprar nossa própria terra. Como a vida estava cada vez mais difícil, e não havia nenhuma perspectiva de melhoria, em 1985 mudamos para São Paulo, no município de Guarulhos, onde vivo até hoje. "
>
> Depoimento de Marlene de Lima.

a. De acordo com o depoimento de Marlene, como são nomeadas as relações de trabalho vivenciadas por ela como trabalhadora rural?

b. Por que Marlene e sua família deixaram o campo?

3. Além das relações de trabalho vivenciadas por Marlene, outras são encontradas no meio rural brasileiro. No caderno, identifique o tipo de trabalhador rural a que se refere cada informação.

a. Trabalhador que utiliza a terra de outra pessoa, pagando uma espécie de aluguel.

b. Trabalhador que vive e produz em terras das quais não tem a propriedade legal.

4. Em que atividade econômica praticada no campo Marlene trabalhava? Além dessa atividade, que outras podem ser encontradas no meio rural brasileiro?

5. A mudança de Marlene para São Paulo está relacionada a qual importante característica do campo brasileiro?

6. Um dos aspectos da modernização do campo é a mecanização. Quais as consequências desse aspecto para o trabalho e o meio ambiente?

7. O crescimento da produção agrícola tem relação com o aumento do uso de tratores e fertilizantes? Explique sua resposta.

8. A estrutura fundiária de um país se refere ao modelo como as propriedades agrárias estão distribuídas, quer pela área, quer pela forma de utilização. Sobre isso, faça as atividades.

a. Caracterize a estrutura fundiária do nosso país.

b. Classifique as propriedades rurais no Brasil pelo tamanho.

c. Cite o que geralmente é produzido nas pequenas e nas grandes propriedades rurais do Brasil. Qual é o destino de cada uma dessas produções?

9. De acordo com o que você estudou, escreva, no caderno, um pequeno texto com as seguintes palavras-chave: Constituição – concentração da propriedade – reforma agrária – assentamento – movimentos pela terra.

LINGUAGEM CARTOGRÁFICA

Trabalho escravo: uso da variável visual tamanho

Pela lei, a escravidão no Brasil foi abolida há bastante tempo, em 1888. No entanto, formas de trabalho escravo ainda persistem em diversos lugares do nosso país, principalmente no meio rural. Na versão atual da escravidão – chamada de "situação análoga ao trabalho escravo" –, o trabalhador se mantém ligado ao patrão por meio de dívidas que é obrigado a fazer. Além disso, é submetido a péssimas condições de trabalho e falta de liberdade.

Observe o mapa a seguir.

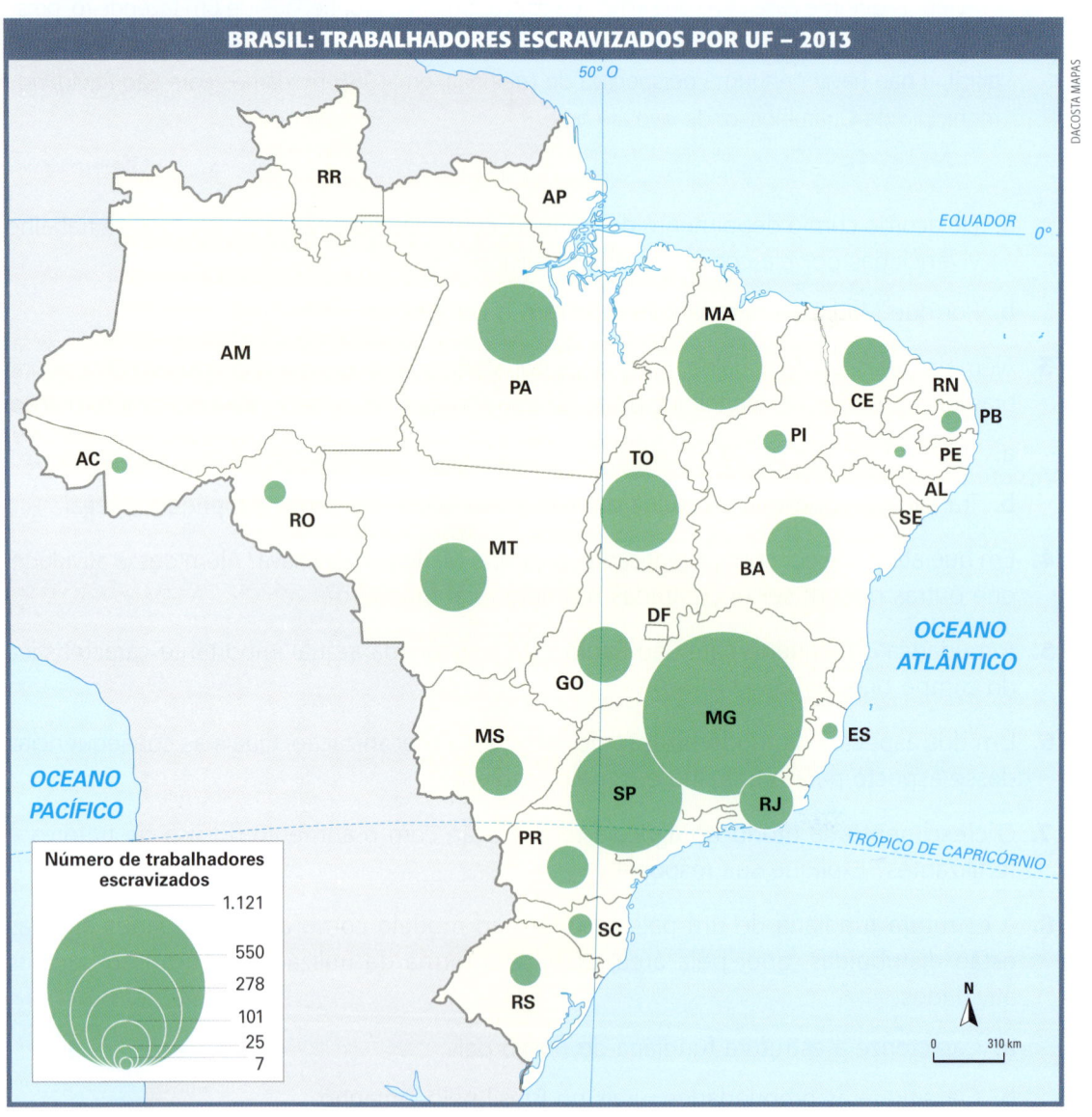

BRASIL: TRABALHADORES ESCRAVIZADOS POR UF – 2013

Número de trabalhadores escravizados
- 1.121
- 550
- 278
- 101
- 25
- 7

Fonte: Comissão Pastoral da Terra (CPT). Disponível em: <www.cptnacional.org.br>. Acesso em: ago. 2014.

Observe que as informações sobre o trabalho escravo foram representadas por círculos. Esses círculos variam de tamanho conforme o número de casos representados: quanto maior o círculo, maior o número de ocorrências.

Agora, observe no gráfico as atividades em que mais se encontrou trabalho escravo.

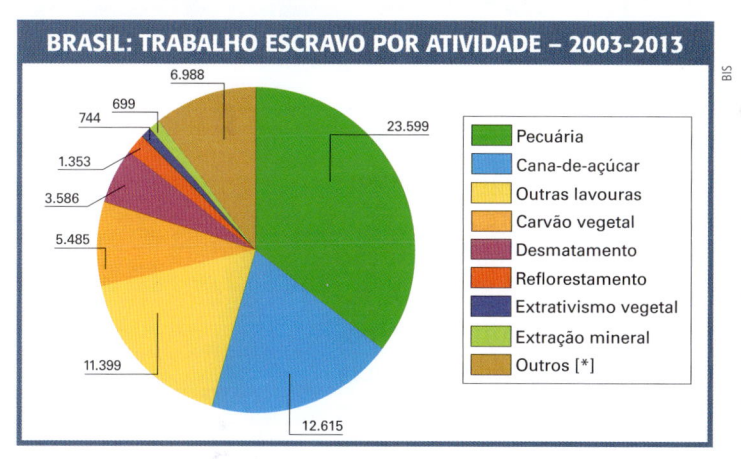

BRASIL: TRABALHO ESCRAVO POR ATIVIDADE – 2003-2013

- Pecuária: 23.599
- Cana-de-açúcar: 12.615
- Outras lavouras: 11.399
- Carvão vegetal: 5.485
- Desmatamento: 3.586
- Reflorestamento: 1.353
- Extrativismo vegetal: 744
- Extração mineral: 699
- Outros [*]: 6.988

[*] Corresponde principalmente à construção civil e à confecção.
Total: 66.468 trabalhadores.
Fonte: Comissão Pastoral da Terra (CPT). Disponível em: <www.cptnacional.org.br>. Acesso em: ago. 2014.

NÃO DEIXE DE ACESSAR

- **Mapa de conflitos envolvendo injustiça ambiental e saúde no Brasil**
www.conflitoambiental.icict.fiocruz.br/index.php?pag=mapas

Este *link* dá acesso a informações e à localização de conflitos envolvendo trabalhadores brasileiros, como casos de trabalho análogo à escravidão, conflitos pela terra, uso exagerado de agrotóxicos por empresas rurais etc.

Atividades

1. Que estado brasileiro teve o maior número de pessoas envolvidas com o trabalho escravo em 2013?

2. Em 2013, foram registrados casos de trabalhadores escravizados na UF onde você mora?

3. De 2003 a 2013 a maior parte dos trabalhadores em situação análoga à escravidão estava em atividades desenvolvidas no meio rural ou urbano? Cite essas atividades.

4. Muitas vezes, fatos que ocorrem no espaço são mais bem visualizados em mapas que em tabelas ou gráficos. A partir dos dados da tabela abaixo, produza um mapa, seguindo as etapas.

Brasil: trabalhadores escravizados, por região – 2012/2013

Região	Número de trabalhadores
Norte	2.439
Nordeste	1.193
Centro-Oeste	787
Sul	507
Sudeste	2.436

Fonte: Comissão Pastoral da Terra (CPT). Disponível em: <www.cptnacional.org.br>. Acesso em: ago. 2014.

I. Utilize um mapa do Brasil, dividido em regiões, como base.

II. Você vai representar as informações no mapa usando a variável tamanho. Para isso, utilize círculos, quadrados ou outras formas, de tamanhos diferentes, proporcionais aos valores da tabela.

III. Não se esqueça de inserir título, legenda, fonte, escala e indicação de norte.

- Quais as duas regiões que tiveram maior ocorrência de trabalho escravo em 2012/2013? Essa informação foi mais facilmente visualizada no mapa? Comente.

5. Em grupo, faça uma pesquisa para descobrir quais atividades são realizadas pela maior parte dos trabalhadores escravizados na região onde você mora e onde eles se encontram. Procure pesquisar dados recentes e as ações de entidades e do poder público no combate ao trabalho escravo. Na opinião de vocês, que outras ações poderiam ser tomadas para resolver o problema?

3 Agricultura brasileira

A agricultura é a atividade econômica de preparo e cultivo da terra para gerar diversos produtos. Ela desempenha importante papel na economia brasileira, pois fornece alimentos, matérias-primas para a indústria e para produção de combustíveis, produtos agrícolas para as exportações, emprega inúmeros trabalhadores, entre outros fatores.

Além da modernização do campo, do processo de industrialização e do agronegócio, a grande produção da agricultura brasileira é favorecida pela disponibilidade de terras propícias aos cultivos e pelas características naturais do território, tais como a predominância de terrenos pouco acidentados e a inexistência de climas rigorosos (muito quentes ou muito frios), que dificultariam o cultivo de muitos produtos agrícolas.

ALGUNS PRODUTOS DE DESTAQUE

Café

Por mais de um século, o café foi o principal produto de exportação do Brasil. Com a diversificação da economia brasileira, a partir da segunda metade do século XX, a importância do café diminuiu na pauta de exportações, embora o Brasil ainda seja o maior produtor mundial.

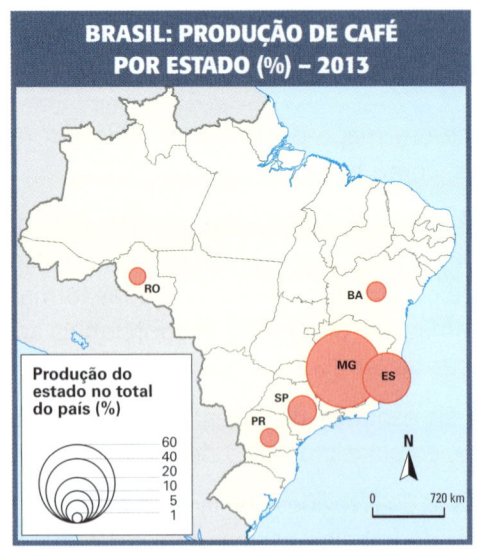

BRASIL: PRODUÇÃO DE CAFÉ POR ESTADO (%) – 2013

Fonte: Companhia Nacional de Abastecimento (Conab). Disponível em: <www.conab.gov.br>. Acesso em: ago. 2014.

Ramos de café em plantação em Jacutinga (MG), 2014.

Agronegócio: produção e comércio de produtos agropecuários em grande escala, ou seja, o agronegócio compreende um conjunto de atividades que se articulam, desde a produção de insumos básicos até o produto final e o consumo.

LEITURA DE IMAGEM

1. Quais os dois maiores produtores de café do Brasil?
2. Que macrorregião concentra a produção de café do país?
3. Que estados se destacam na Região Sul, Norte e Nordeste?

Soja

O cultivo da soja foi o que mais cresceu no Brasil nos últimos anos. Atualmente, é o principal produto agrícola de exportação e corresponde a 49% da área plantada em grãos do país. O Brasil é o maior produtor de soja do mundo.

Inicialmente, o cultivo aconteceu no Sul, devido às condições climáticas mais favoráveis. A partir da década de 1970, com o desenvolvimento de sementes e a correção dos solos do Cerrado, expandiu-se para o Centro-Oeste e o Norte do Brasil. A chamada região de Matopiba (municípios dos estados do Maranhão, do Tocantins, do Piauí e da Bahia) vem ganhando grande destaque na produção agrícola, em especial de soja.

BRASIL: PRODUÇÃO DE SOJA POR ESTADO (%) – 2012/2013

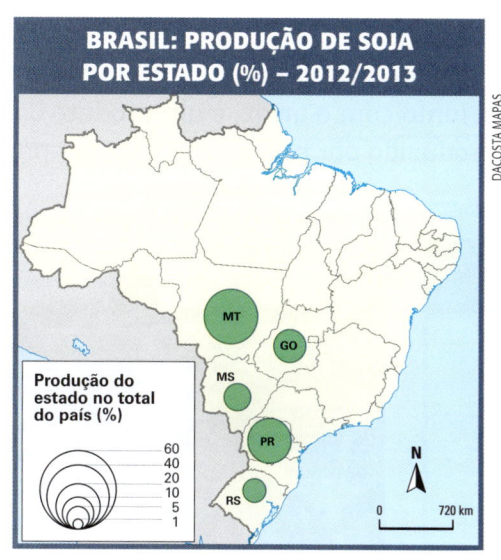

Fonte: Companhia Nacional de Abastecimento (Conab). Disponível em: <www.conab.gov.br>. Acesso em: ago. 2014.

Plantação de soja em Rondonópolis (MT), 2011.

Milho

O Brasil é o terceiro maior produtor mundial de milho. Durante anos apresentou grande parte da produção voltada para a subsistência ou pequenos mercados locais. Com a industrialização do país, transformou-se em importante matéria-prima para a produção de vários produtos (óleo, farinha, amido, margarina, cerveja etc.).

BRASIL: PRODUÇÃO DE MILHO POR ESTADO (%) – 2012/2013

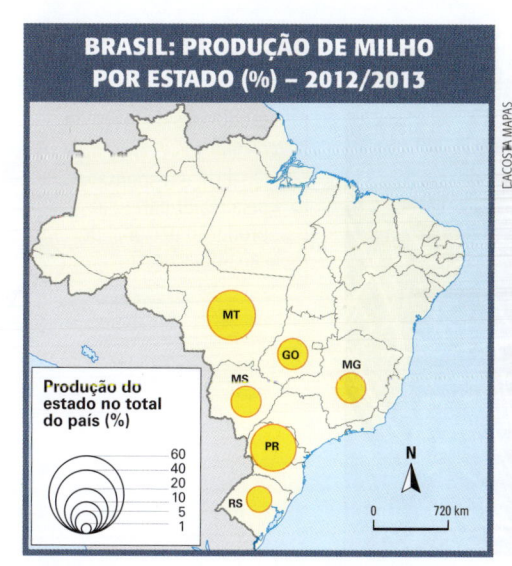

Fonte: Companhia Nacional de Abastecimento (Conab). Disponível em: <www.conab.gov.br>. Acesso em: ago. 2014.

Espigas de milho de plantação em Santa Rosa (RS), 2012.

LEITURA DE IMAGEM

1. Quais as duas UFs maiores produtoras de soja e milho?
2. Que macrorregiões se destacam na produção de soja e milho?

Feijão

O Brasil é o maior produtor mundial de feijão. O grão é uma excelente fonte de proteínas, além de possuir significativa quantidade de carboidratos, vitaminas, minerais e fibras. Junto com o arroz, é um produto básico na alimentação do brasileiro. É produzido por pequenos e grandes produtores em todas as regiões.

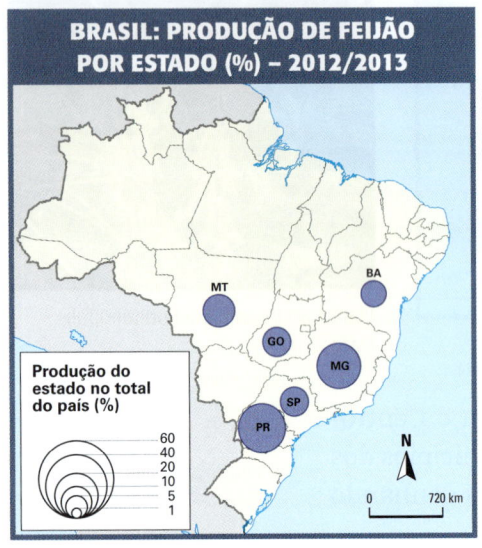

Fonte: Companhia Nacional de Abastecimento (Conab). Disponível em: <www.conab.gov.br>. Acesso em: ago. 2014.

Lavoura de feijão em Teixeira Soares (PR), 2012.

Cana-de-açúcar

A cana-de-açúcar foi introduzida no Brasil pelos portugueses, trazida da Ásia. Implantada em diversos locais do litoral brasileiro, rapidamente se transformou em uma das principais culturas da agricultura brasileira.

O Brasil é o maior produtor de cana-de-açúcar e também o primeiro do mundo na produção de açúcar e etanol.

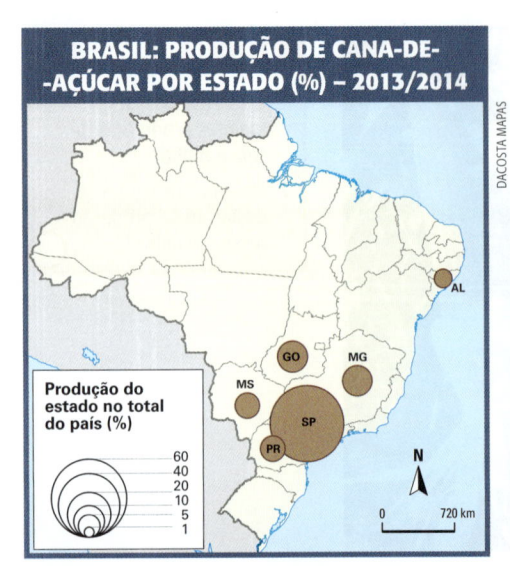

Fonte: Companhia Nacional de Abastecimento (Conab). Disponível em: www.conab.gov.br>. Acesso em: ago. 2014.

Plantação de cana-de-açúcar em Serra Azul (SP), 2014.

LEITURA DE IMAGEM

1. Quais os três maiores produtores de feijão do Brasil?
2. Qual UF é responsável pela maior parte da produção nacional de cana-de-açúcar?

SAIBA MAIS

Agriculturas alternativas

Em muitos países, e cada vez mais no Brasil, são desenvolvidas técnicas de produção que fazem parte das chamadas **agriculturas alternativas**.

As agriculturas alternativas (**agroecologia, agricultura sustentável, agricultura orgânica** etc.) incluem práticas de cultivo menos agressivas ao meio ambiente, em relação à agricultura convencional, promovem a proteção de recursos naturais, como a água e o solo, e há preocupação com a saúde e o bem-estar dos trabalhadores e das criações. Assim, constituem alternativa às práticas predominantes na produção agrícola, especialmente aquelas ligadas ao agronegócio, que em muitos casos provocam danos ambientais e problemas na saúde dos agricultores.

Muitas das técnicas usadas nas agriculturas alternativas fazem parte do conhecimento de populações tradicionais, como os indígenas e camponeses, que têm ampla vivência no meio rural. Nos últimos anos, pesquisas vêm sendo realizadas para melhorar tais técnicas, aliando o conhecimento tradicional, o respeito ao meio ambiente, a melhoria da produtividade e o sustento e o bem-estar de famílias.

A seguir, listamos algumas práticas agroecológicas:

• No lugar de fertilizantes químicos (adubos) são utilizados fertilizantes orgânicos, também chamados de **biofertilizantes**, que são produzidos com espécies vegetais, esterco e minerais, entre outros.

• Os agrotóxicos, que contaminam o solo e as águas e trazem problemas para a saúde dos agricultores e dos consumidores dos produtos, podem ser substituídos por **defensivos agrícolas naturais**.

• A técnica tradicional da **rotação de culturas**, que consiste em alternar o plantio de espécies vegetais, numa mesma área, visando à recuperação do solo. Entre as vantagens da rotação de culturas destacam-se o controle de plantas daninhas, doenças e pragas; a reposição da matéria orgânica e a proteção do solo da ação dos elementos climáticos.

Atualmente, no Brasil, ocorre uma grande expansão das agriculturas alternativas, especialmente em propriedades familiares, muitas das quais recebem apoio de órgãos governamentais e não governamentais. Na fotografia, plantação de milho orgânico em São Bento do Sapucaí (SP), 2014.

Trabalhadores manuseiam pilha de adubo orgânico, à base de esterco de galinha, em Conde (BA), 2013.

NÃO DEIXE DE LER

• **Agricultura e meio ambiente**
Antonio Vitor Rosa. São Paulo: Atual, 1998.
Nesta obra, procura-se identificar as graves consequências que as práticas agrícolas do passado e da atualidade têm provocado no meio ambiente, mostrando ainda caminhos alternativos e viáveis para essa atividade, sem comprometer a qualidade de vida em nosso planeta.

4 Pecuária e extrativismo

PECUÁRIA

A pecuária é a atividade econômica de criação, domesticação e reprodução de animais (bovinos, suínos, equinos, caprinos etc.), com a finalidade de fornecer alimentos e matérias-primas para a fabricação de produtos, como couro para calçados, lã para roupas etc.

Nas últimas décadas, o Brasil apresentou grande aumento na produção pecuária, fato relacionado à modernização do campo e ao fornecimento de produtos para a indústria alimentícia e para a exportação.

Pecuária tradicional e moderna

De acordo com as técnicas usadas na produção, a pecuária pode ser classificada em:

- **Pecuária tradicional:** praticada com o gado solto em pastagens naturais, sem aplicação de técnicas modernas. A produção geralmente se destina ao corte para abastecimento de um mercado local.

- **Pecuária moderna:** máquinas, equipamentos e modernas técnicas são amplamente utilizados no processo de criação dos animais, na maior parte dos casos criados confinados (presos) com administração de vacinas e medicamentos para controle da saúde. Geralmente, o rebanho destina-se ao fornecimento de leite e carne para grandes frigoríficos, indústrias alimentícias e redes de supermercados.

Sistema de pecuária tradicional, em Alto Jequitibá (MG), 2014.

Sistema de pecuária moderna, em Santa Fé (PR), 2011.

Pecuária orgânica

Na pecuária orgânica, a criação de animais causa menores impactos ao ambiente e ao próprio rebanho. Em geral, os animais são criados soltos; a alimentação é composta de produtos sem agrotóxicos; são usados preparos naturais para o trato do rebanho, evitando produtos químicos; não são utilizados hormônios e medicamentos para que os animais se desenvolvam mais rapidamente.

Na pecuária orgânica são retomadas técnicas tradicionais de produção, mas com atenção especial à saúde e ao bem-estar do rebanho. De acordo com pesquisas, a carne, o leite e os ovos desses animais são mais saudáveis, saborosos e ricos em vitaminas.

Principais rebanhos e áreas de criação

Observe no mapa onde estão os principais rebanhos do Brasil.

Bovinos

A criação de gado bovino é um dos principais destaques do agronegócio brasileiro. O Brasil possui o segundo maior rebanho do mundo, com cerca de 212 milhões de cabeças e, desde 2008, é o maior exportador mundial de carne bovina. Os maiores rebanhos do país encontram-se nos estados de Mato Grosso, Minas Gerais, Mato Grosso do Sul e Goiás.

A pecuária bovina costuma ser classificada em dois tipos:

- **Pecuária de corte:** criação destinada ao abastecimento de carne. Os maiores centros desse tipo de pecuária estão em Minas Gerais, sudeste de Goiás, sul de Mato Grosso do Sul, Rio Grande do Sul (Campanha Gaúcha), oeste de São Paulo e no Sertão nordestino.
- **Pecuária leiteira:** criação destinada à produção de leite e derivados. Os grandes centros criadores estão no sul de Minas Gerais, vale do Rio Paraíba do Sul (SP) e noroeste de São Paulo.

BRASIL: PRINCIPAIS REBANHOS

Rebanhos:
- Bovino
- Bubalino
- Caprino
- Suíno
- Ovino
- Aves

Fonte: CALDINI, Vera; ÍSOLA, Leda. *Atlas geográfico Saraiva*. São Paulo: Saraiva, 2013. p. 45.

Suínos

O Brasil possui o quarto maior rebanho de suínos do mundo, com mais de 38 milhões de cabeças. Os maiores rebanhos estão no Paraná, no Rio Grande do Sul, em Minas Gerais e em Santa Catarina, onde também se localizam os principais frigoríficos do país, os quais utilizam a carne desses animais para a fabricação de alimentos, como linguiça, salsicha, salame, entre outros.

LEITURA DE IMAGEM

1. Dos rebanhos representados no mapa, qual é o maior?
2. O rebanho caprino se destaca em qual macrorregião?
3. Quais os principais rebanhos criados na Unidade da Federação onde você vive?

Outros rebanhos

Ovinos: a produção de ovelhas e carneiros destina-se principalmente ao fornecimento de lã. O Rio Grande do Sul e a Bahia possuem os maiores rebanhos do país.

Caprinos: o maior rebanho do país localiza-se no Nordeste, com destaque para o estado da Bahia, o maior produtor nacional.

Avicultura: está concentrada principalmente nas regiões Sul e Sudeste, com destaque para os estados do Paraná e de São Paulo. O Brasil é o terceiro maior produtor mundial e líder em exportação de carne de frango.

Bubalinos: o maior rebanho de búfalos localiza-se na Região Norte, com destaque para o estado do Pará, o maior produtor nacional.

EXTRATIVISMO VEGETAL

O extrativismo vegetal é a atividade na qual são retirados produtos de florestas e matas. É uma atividade econômica praticada em todas as regiões. Observe o mapa.

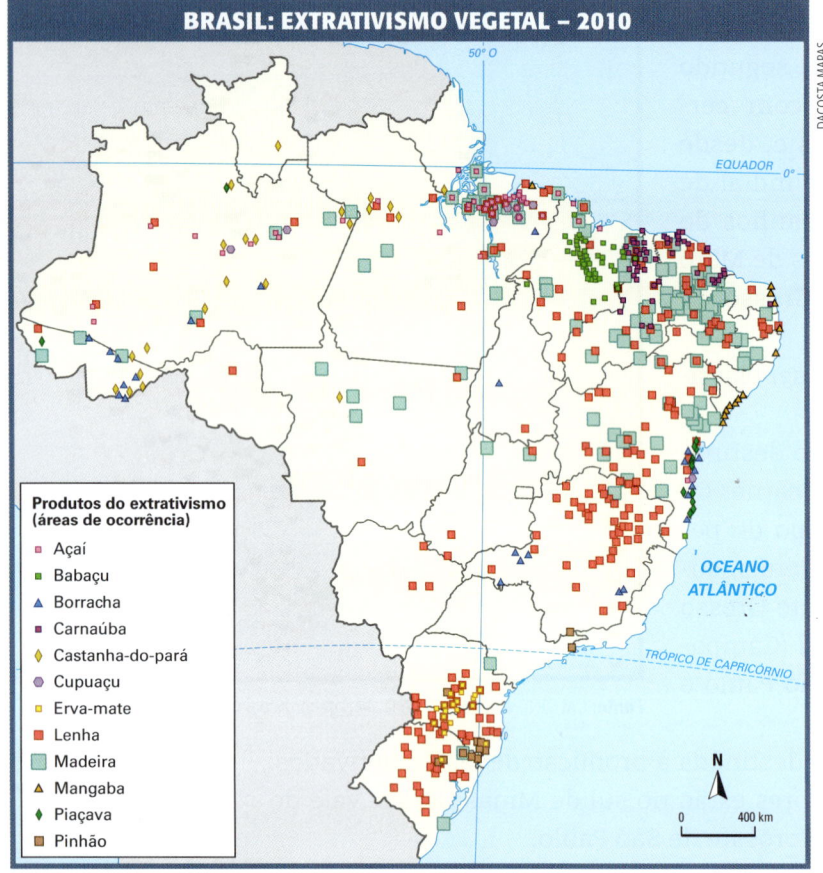

BRASIL: EXTRATIVISMO VEGETAL – 2010

Produtos do extrativismo (áreas de ocorrência):
- Açaí
- Babaçu
- Borracha
- Carnaúba
- Castanha-do-pará
- Cupuaçu
- Erva-mate
- Lenha
- Madeira
- Mangaba
- Piaçava
- Pinhão

Fonte: *Atlas do espaço rural brasileiro.* Rio de Janeiro: IBGE, 2011. p. 68.

LEITURA DE IMAGEM

1. Quais são os produtos de extrativismo vegetal mais explorados na Unidade da Federação onde você mora?
2. Faça uma lista de produtos do extrativismo vegetal por macrorregião.

SAIBA MAIS

Carnaúba, a "árvore da vida"

Costuma-se dizer que da carnaúba tudo se aproveita: as raízes têm uso medicinal; os frutos são usados na ração animal; o tronco é utilizado na construção de moradias; as folhas servem para a produção de objetos artesanais, adubo para o solo e extração da cera utilizada na produção de cosméticos, cápsulas de remédios, componentes eletrônicos, produtos alimentícios, ceras polidoras e revestimentos.

Bolsas feitas de palha de carnaúba, à venda em Teresina (PI), 2012.

Atividades

1. Observe novamente o mapa e descubra em que estados há maior ocorrência de carnaúba.
2. Por que a carnaúba é chamada de "árvore da vida"?

EXTRATIVISMO MINERAL

O extrativismo mineral é a atividade relacionada à extração de recursos naturais de origem mineral. Das jazidas são extraídos importantes minerais, como cobre, ferro, zinco, manganês, bauxita, ouro etc., utilizados na fabricação de vários produtos, como automóveis, computadores, panelas, garfos, latas de conserva, fios de eletricidade, joias etc.

A localização das jazidas minerais depende da estrutura geológica dos terrenos. Grande parte dos minerais se localiza em áreas de escudos cristalinos. Já os combustíveis fósseis são mais facilmente encontrados nas bacias sedimentares, como vimos na Unidade 3.

Apesar da importância para a economia brasileira, a exploração mineral provoca muitos danos ambientais, como desmatamento de grandes áreas, alteração do relevo, erosão do solo, destruição de ecossistemas. Os resíduos sólidos e líquidos, produzidos na extração, contaminam os solos e as águas de rios e lençóis subterrâneos.

No entanto, há leis ambientais específicas para que as mineradoras recuperem as áreas que exploraram.

Observe no mapa a distribuição dos recursos minerais e a localização das principais áreas de extração no Brasil.

> **NÃO DEIXE DE ACESSAR**
>
> - **Excursão virtual pela Estrada Real no Quadrilátero Ferrífero**
> www.cprm.gov.br/estrada_real/index.html
> Neste *site* você realiza uma excursão virtual a 32 pontos importantes da região do Quadrilátero Ferrífero, como serras, cachoeiras, museus, caminhos e minas antigos.

BRASIL: RECURSOS MINERAIS

Fonte: FERREIRA, Graça M. Lemos. *Atlas geográfico*: espaço mundial. São Paulo: Moderna, 2013. p. 121.

❶ Vale do Rio Trombetas (PA): maior jazida de bauxita do Brasil, matéria-prima básica para a produção de alumínio. O minério é explorado por grandes empresas estrangeiras e nacionais.

❷ Serra do Navio (AP): foi a mais tradicional área de extração e exportação de manganês do Brasil. Desde 1998, a exploração do minério está paralisada devido ao esgotamento da jazida. Grande parte do manganês extraído da região foi exportada para os Estados Unidos.

❸ Quadrilátero Ferrífero (MG): principal área de extração de minério de ferro e responsável pela maior parte da produção nacional. A região também é rica em outros minerais, como manganês e ouro. A produção atende ao mercado interno (usinas siderúrgicas) e externo (Japão e Europa), sendo escoada pela estrada de ferro Vitória-Minas até o porto de Tubarão (ES), e pela estrada de ferro Central do Brasil até o porto de Sepetiba (RJ).

❹ Maciço de Urucum (MS): a jazida, localizada próximo à cidade de Corumbá (MS), é rica em minério de ferro e manganês. A produção abastece principalmente os países da América do Sul, sobretudo Argentina e Bolívia, e o escoamento ocorre pelo Rio Paraguai.

❺ Serra dos Carajás (PA): na região está localizada a maior jazida de minério de ferro do mundo e a segunda maior área de extração do Brasil. Também são extraídos manganês, bauxita, cobre e ouro. A produção é destinada, principalmente, ao mercado externo e escoada até o porto de Itaqui (MA) pela estrada de ferro Carajás. O minério é embarcado em navios que o transportam para Estados Unidos, Canadá, Japão e Europa.

teia do saber

1. Leia a notícia e faça as atividades no caderno.

   > **Agronegócio bate recordes, mas 2014 deve ter queda de preços**
   >
   > "Crescendo desde o início dos anos 2000, a safra de grãos brasileira voltou a ser recorde em 2013. [...]. A supercolheita teve reflexos nas exportações, especialmente de milho e soja. O milho se beneficiou novamente da quebra de safra nos Estados Unidos e deve encerrar o ano com venda de 25 milhões de toneladas. No caso da soja, as exportações devem ficar em 43 de milhões de toneladas contra a previsão inicial de 38 milhões. [...]"
   >
   > BRANCO, Mariana. Agronegócio bate recordes, mas 2014 deve ter queda de preços. 29 dez. 2013. *Economia Terra*. Disponível em: <http://economia.terra.com.br>. Acesso em: ago. 2014.

   Descarregamento de milho na zona rural de Itapeva (SP), 2012.

   a. O que é agronegócio? Que fatores contribuem para a expansão da produção e do agronegócio em nosso país?

   b. De acordo com a notícia, que produtos da agricultura foram destaque nas exportações? Cite as principais Unidades Federativas produtoras desses gêneros.

   c. Qual é o papel da agricultura na economia brasileira? Cite outros gêneros agrícolas produzidos em nosso país e as UFs que são as principais produtoras.

2. A produção pecuária também faz parte do agronegócio. Sobre essa atividade econômica, responda às questões.

   a. O que é pecuária?

   b. Qual rebanho é destaque na atividade pecuária brasileira? Qual o destino da produção?

3. Apesar da grande contribuição do agronegócio para a economia do nosso país, esse modelo de produção agropecuária provoca problemas ambientais e sociais no campo. Cite dois desses problemas.

4. Diferentemente das técnicas modernas, usadas no agronegócio, técnicas tradicionais de criação de animais e cultivo são usadas na produção orgânica. Sobre isso, leia a experiência de uma família de agricultores da comunidade Canabrava na área rural de Jussiape, na Bahia. Depois, responda às questões.

> [...] Toda a alimentação da família é feita à base do que produzem. Na propriedade eles têm: mandioca, batata, mamão, banana, coco, abóbora, limão, berinjela, caju, pitanga, acerola, cana-de-açúcar, palma, feijão e uma diversidade de hortaliças. Para a imunização da plantação, utilizam-se defensivos naturais como a folha de fumo, a urina [de vaca], leite da mamona e a mistura de vinagre com pimenta-do-reino e álcool.
>
> O Candeeiro. Boletim Informativo do Programa Uma Terra Duas Águas, Ano 8, n. 1490, jul. 2014. Disponível em:<www.asabrasil.org.br>. Acesso em: ago. 2014.

  a. De que forma os agricultores substituem os agrotóxicos?

  b. Cite outras práticas da chamada agricultura alternativa que substituem as técnicas usadas na agricultura em grande escala ligada ao agronegócio.

5. Como vimos, não é só a agricultura que tem produção orgânica. Na pecuária, ela também ocorre. Leia o texto abaixo e responda às questões.

> **Criação de galinhas sem estresse produz ovos com mais qualidade**
>
> Em vez de serem criadas em gaiolas, como nas granjas convencionais, as galinhas ficam soltas, em um espaço grande. As chamadas 'galinhas felizes' botam ovos com o dobro de vitamina E e 40% a mais de vitamina A.
>
> TEIXEIRA, Monica. Globo Repórter, 25 mar. 2011. Disponível em: <http://g1.globo.com>. Acesso em: ago. 2014.

  a. Qual a diferença entre a criação de galinhas citada na notícia e a criação convencional?

  b. Cite as vantagens da pecuária orgânica.

6. Sobre o extrativismo vegetal no Brasil, responda.

  a. Que produtos se destacam? Observe novamente o mapa da página 136 e identifique as principais áreas produtoras de um desses produtos.

  b. Escolha outro importante produto do extrativismo no Brasil e faça uma pesquisa para descobrir seu aproveitamento.

7. Que impactos ambientais são causados pelo extrativismo mineral? Como as empresas mineradoras devem agir nas áreas exploradas?

Encerrando a unidade

- Em grupo, façam uma pesquisa sobre a área rural do seu município. Se não houver área rural, investiguem a área rural de um município vizinho. Procurem descobrir que tipos de propriedades existem; que atividades são desenvolvidas; qual é a importância dessas atividades para a geração de emprego e renda no município; se ocorrem ou já ocorreram conflitos de terra, se há assentamentos etc.

- Exponham os resultados da sua pesquisa aos colegas e ao professor e montem um mural para registro e divulgação das informações.

Agricultura familiar e feiras orgânicas

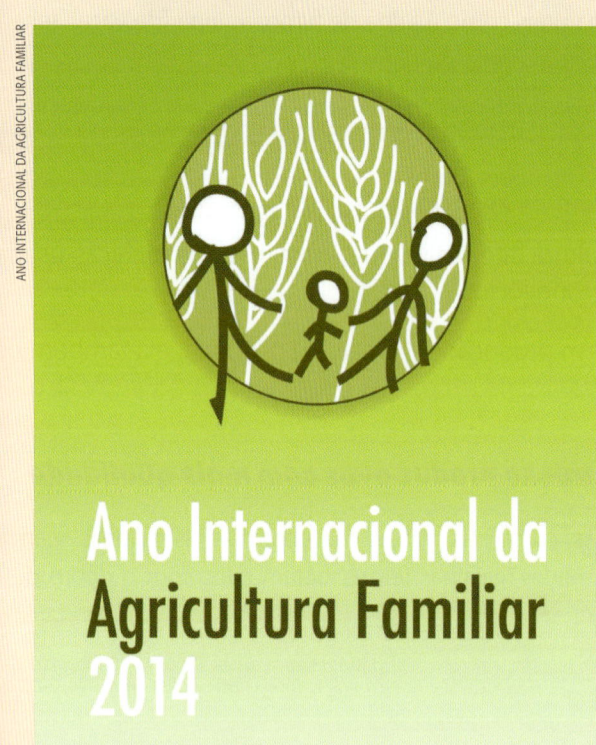

A importância da agricultura familiar é bastante grande no mundo inteiro, pois gera empregos, produz alimentos, usa técnicas menos agressivas ao ambiente, entre outros aspectos.

No Brasil, a agricultura familiar emprega sete a cada dez trabalhadores no meio rural, é responsável pela maior parte dos alimentos que consumimos no dia a dia e também pela maior parte dos produtos orgânicos do nosso país.

ANO INTERNACIONAL DA AGRICULTURA FAMILIAR

Ano Internacional da Agricultura Familiar 2014

A Organização das Nações Unidas para a Alimentação e Agricultura (FAO) declarou 2014 **Ano Internacional da Agricultura Familiar**, visando aumentar a visibilidade dos agricultores familiares e identificar maneiras eficientes de apoiá-los. A FAO destaca também a importância dos pequenos agricultores na gestão dos recursos naturais e na proteção do meio ambiente.

Comercialização dos produtos

Um dos grandes problemas enfrentados por agricultores familiares é vender seus produtos a um preço justo, sem depender dos chamados atravessadores. Por isso, muitos agricultores têm se organizado em cooperativas, onde reúnem produtos de várias propriedades e vendem para grandes mercados.

Em muitos lugares do Brasil são os pequenos agricultores quem fornecem as merendas para as escolas, por exemplo.

A Prefeitura de São Gabriel (RS) apoia o uso de produtos da agricultura familiar na merenda escolar. Cartaz de 2013.

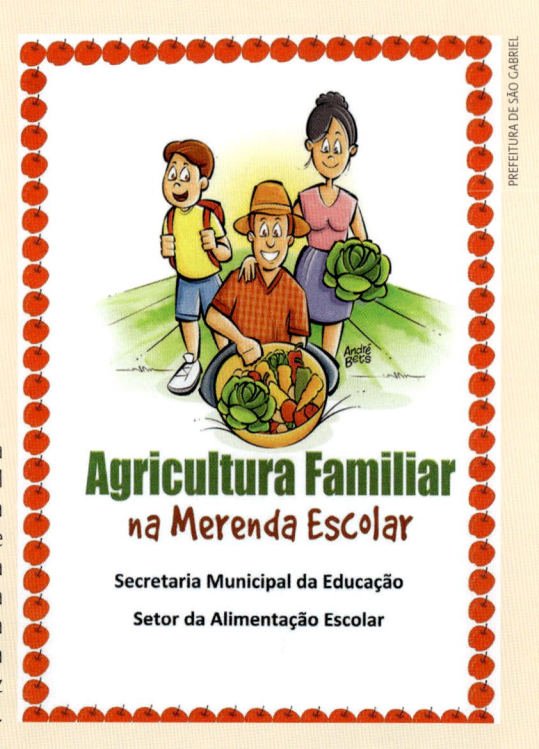

Agricultura Familiar na Merenda Escolar
Secretaria Municipal da Educação
Setor da Alimentação Escolar

PREFEITURA DE SÃO GABRIEL

EM AÇÃO

140

Feiras orgânicas

Outra forma de os produtores familiares venderem os produtos a um preço justo são as feiras orgânicas, onde a venda é feita diretamente ao consumidor.

Com o objetivo de tornar os produtos orgânicos mais acessíveis aos consumidores e contribuir para uma alimentação saudável, o Instituto Brasileiro de Defesa ao Consumidor (IDEC) criou um *site* com mapa que mostra a localização das feiras orgânicas em todo o Brasil (veja imagem ao lado). Também informa as frutas, verduras e legumes da estação de cada região para que as pessoas optem pelos produtos locais.

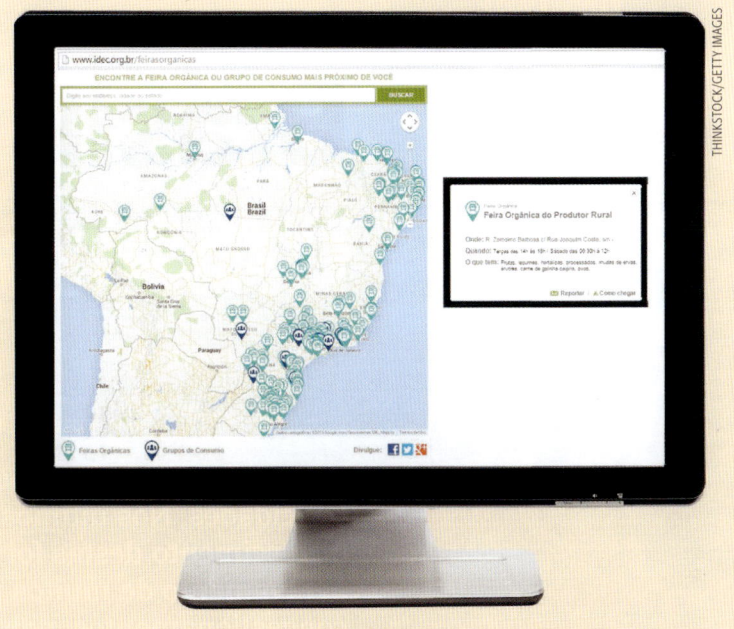

Para saber mais informações sobre a feira ou o grupo de consumo, é só clicar nos símbolos que aparecem no mapa disponível em: <http://feirasorganicas.idec.gov.br>. Ou utilize uma ferramenta de busca para localizar o mapa.

Feira de produtos orgânicos em Bagé (RS), 2014.

Atividades

1. Em muitos países, inclusive no Brasil, a produção de orgânicos teve grande crescimento nos últimos anos. Na sua opinião, por que isso vem acontecendo?

2. Você e sua família consomem produtos orgânicos? O acesso a esses produtos é mais fácil que aos produtos convencionais? Comente.

3. Faça uma pesquisa para descobrir por que, no Brasil, a oferta de produtos orgânicos ainda é muito menor que a de produtos não orgânicos. Cite os principais fatores e procure analisar opiniões diversas de especialistas no assunto.

UNIDADE 6
Brasil: país urbano

A maior parte da população brasileira vive em cidades. Nos últimos anos, o crescimento destas foi acompanhado pelo agravamento de muitos problemas, como congestionamentos, poluição e violência. Por outro lado, ampliaram-se suas atividades econômicas e riquezas, as oportunidades de trabalho e lazer, além de ações para a melhoria das condições da vida urbana.

Nesta unidade você vai saber mais sobre

- Do campo para a cidade
- Fatores da urbanização brasileira
- Diferenças socioespaciais nas cidades
- Uso de croqui em propagandas
- Rede urbana, hierarquia urbana e metropolização
- Serviços públicos nas cidades
- Problemas ambientais urbanos
- Cidades sustentáveis

Parque Ecológico do Rio Cocó em Fortaleza (CE), 2013.

Congestionamento na Marginal do Rio Tietê em São Paulo (SP), 2013.

TROCANDO IDEIAS

1. Que cidades foram retratadas? Em que Unidades da Federação se localizam?
2. Na sua opinião, qual a importância de áreas verdes nas cidades como a da fotografia 1?
3. Que problemas, comuns nas grandes cidades brasileiras, podem ser identificados na fotografia 2?

143

1 Do campo para a cidade

A URBANIZAÇÃO BRASILEIRA

Observe o gráfico.

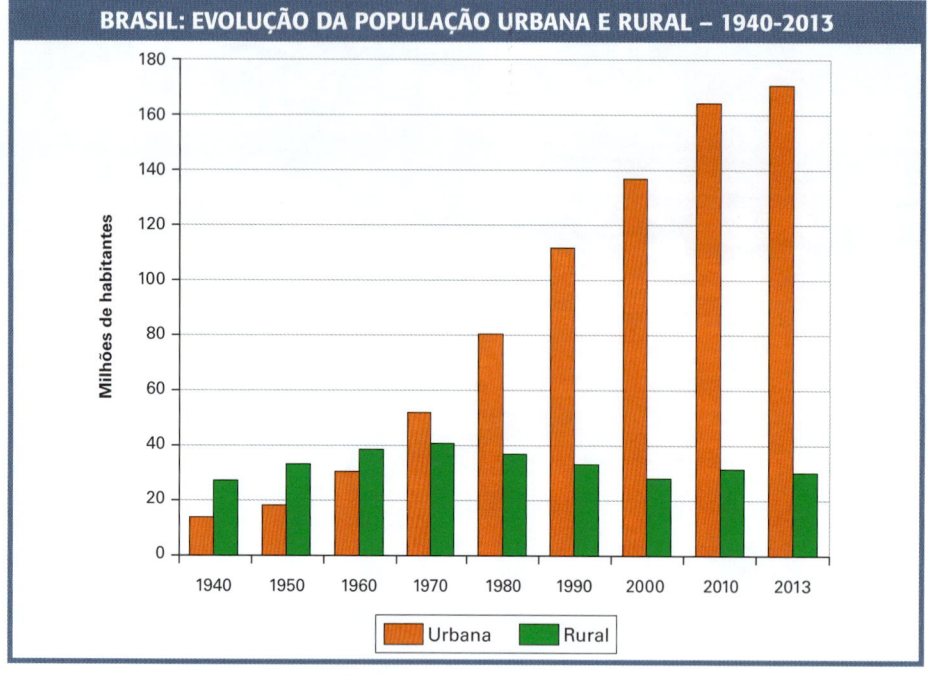

BRASIL: EVOLUÇÃO DA POPULAÇÃO URBANA E RURAL – 1940-2013

[Gráfico de barras mostrando milhões de habitantes urbanos e rurais de 1940 a 2013:
- 1940: Urbana ~13, Rural ~27
- 1950: Urbana ~18, Rural ~33
- 1960: Urbana ~30, Rural ~38
- 1970: Urbana ~52, Rural ~40
- 1980: Urbana ~80, Rural ~37
- 1990: Urbana ~111, Rural ~33
- 2000: Urbana ~136, Rural ~28
- 2010: Urbana ~164, Rural ~31
- 2013: Urbana ~170, Rural ~30]

Fontes: IBGE. *Sinopse do Censo 2010*. Disponível em: <www.censo2010.ibge.gov.br>. Acesso em: ago. 2014; IBGE. Estimativa da População 2013. Disponível em: <ftp://ftp.ibge.gov.br>. Acesso em: ago. 2014.

LEITURA DE IMAGEM

1. A partir de que ano a população urbana ultrapassou a rural?
2. Aproximadamente quantos habitantes formam a população urbana e a rural na data mais recente do gráfico?

Ao ler os dados do gráfico, você percebeu que a maioria da população brasileira é urbana: 85% das pessoas moram em cidades e 15% no campo, segundo dados do Instituto Brasileiro de Geografia e Estatística (IBGE).

Também podemos verificar que a população urbana cresceu ao longo das décadas e que o maior aumento percentual ocorreu de 1970 para 1980. Mas por que a partir de 1970 há mais pessoas no Brasil vivendo nas cidades? Para responder a essa pergunta temos que analisar o processo de urbanização ocorrido no nosso país.

A **urbanização** é o processo de transferência de pessoas da área rural (campo) para a área urbana (cidade). Portanto, a urbanização se define quando a população urbana torna-se maior que a população rural.

No Brasil, o processo teve como principal característica o **êxodo rural**, ou seja, a migração de uma grande quantidade de pessoas do campo para as cidades, ocorrida num curto período de tempo. Dois fatores associados explicam esse intenso êxodo: a **expulsão do campo** e a **atração exercida pelas cidades**, como explicados a seguir.

Fugindo da falta de oportunidades de trabalho, da seca e da fome, milhares de nordestinos abandonaram o campo em busca de melhores condições de vida, principalmente nas cidades de São Paulo, Rio de Janeiro e Belo Horizonte. Fotografia de 1978.

- **Expulsão do campo**

As más condições de vida e a falta de oportunidades de trabalho fizeram com que muitos trabalhadores rurais abandonassem o espaço rural brasileiro.

Como vimos na *Unidade 5*, a expulsão do campo ocorreu, principalmente, devido à substituição da mão de obra por máquinas agrícolas e à expansão das grandes propriedades.

- **Atração exercida pelas cidades**

A partir de 1940, expandiu-se em algumas cidades (principalmente São Paulo e Rio de Janeiro) o trabalho nas fábricas, já que o país passava por um processo de industrialização.

A industrialização ampliou a oferta de emprego nas cidades e contribuiu para o crescimento de outras atividades, como a construção civil, o comércio e os serviços. A maior disponibilidade de recursos nas cidades ampliou e melhorou a infraestrutura urbana (escolas, hospitais, abastecimento de água, limpeza pública, rede de esgoto, meios de transporte etc.), atraindo ainda mais as pessoas que viviam no campo.

As cidades tornaram-se o centro das decisões políticas e econômicas, o espaço dos movimentos culturais e das reivindicações sociais. O espaço urbano se sobrepôs ao rural.

E NO MUNDO?

Um mundo cada vez mais urbano

Não foi apenas no Brasil que muitas pessoas deixaram o campo para viver na cidade. Vários outros países passaram e ainda passam pelo mesmo processo. Observe o planisfério.

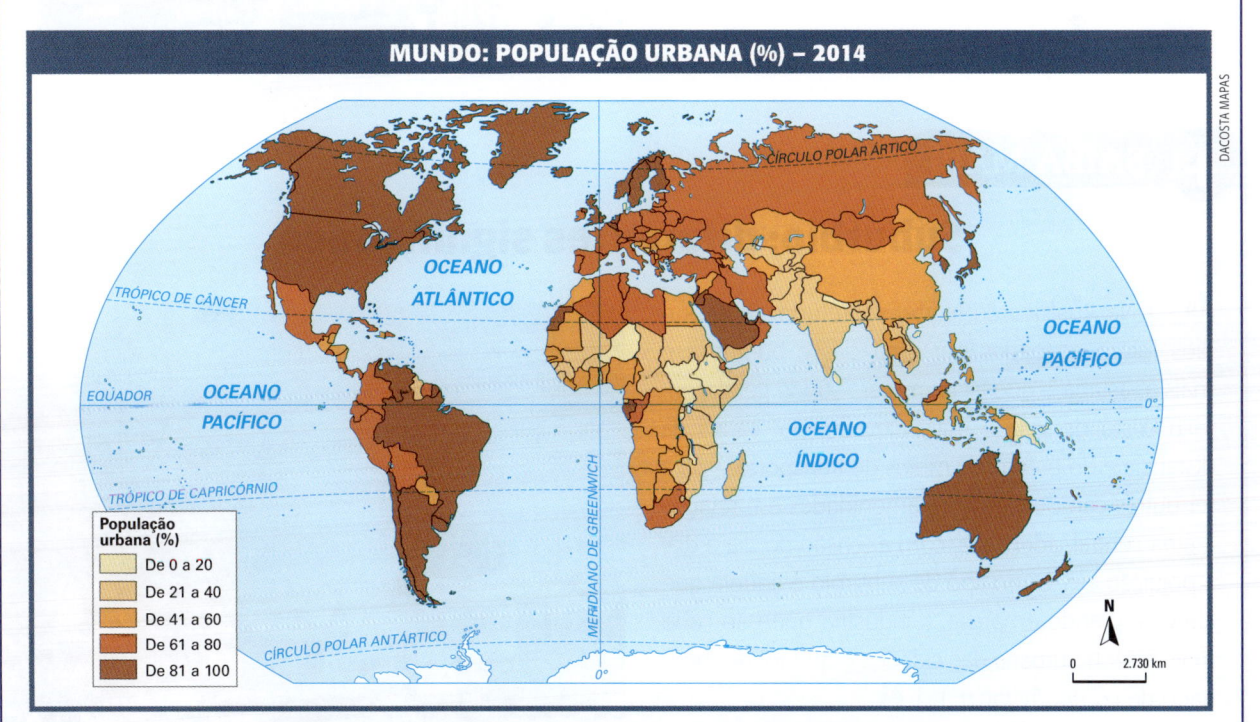

MUNDO: POPULAÇÃO URBANA (%) – 2014

População urbana (%)
- De 0 a 20
- De 21 a 40
- De 41 a 60
- De 61 a 80
- De 81 a 100

Fonte: ONU. *World Urbanization Prospects, the 2014 revision*. Disponível em: <http://esa.un.org/unpd/wup/CD-ROM>. Acesso em: set. 2014.

Na América do Sul, além do Brasil, Argentina, Uruguai, Chile e Venezuela possuem mais de 80% da população vivendo em áreas urbanas.

CIDADE: ESPAÇO DE GRANDES CONTRASTES

O centro e a periferia

Toda cidade possui uma **área central** que, geralmente, corresponde aos arredores do local em que foi fundada (centro histórico) e onde se concentram comércio, serviços e circulação de pessoas e veículos.

No Brasil, conforme as cidades cresceram, passaram a ser divididas em bairros ou distritos. Os bairros mais distantes da área central formam a **periferia**, também chamada de subúrbio.

As periferias de muitas cidades brasileiras, principalmente a partir de 1970, tiveram grande crescimento. Essa rápida e grande expansão ocorreu, na maior parte dos casos, sem planejamento urbano, com as classes de menor renda ocupando áreas com carência de infraestrutura e serviços públicos. Assim, o crescimento das cidades foi caracterizado pela desigualdade social e pela segregação espacial, principalmente nas grandes cidades brasileiras.

Vista aérea do Pátio do Colégio, no centro histórico de São Paulo (SP), 2014. O Pátio do Colégio marca a fundação da cidade de São Paulo.

Avenida na área central da cidade de Araguaína (TO), 2013.

+ SAIBA MAIS

Subúrbio: diferentes significados

" [...] Na América do Norte, sobretudo, os subúrbios foram ocupados por uma classe burguesa e mais abastada e que ali foi morar – onde geralmente o custo de vida é mais elevado, por causa da distância e do preço dos meios de transporte – para ter outras compensações e amenidades em relação à área central, adensada, com a tensão do dia a dia, a poluição etc. Outro tipo de subúrbio é aquele que abriga a grande empresa, a indústria que não cabe mais na zona urbana das cidades e que foi denominado de *company town*. [...] "

OLIVEIRA, Márcio Piñon de. Soluções e Esperança nas Fronteiras da Cidade. In: *Caderno Globo Universidades*. p. 22. Disponível em: <http://especial.globouniversidade.redeglobo.globo.com>. Acesso em: out. 2014.

Subúrbio de Los Angeles (Estados Unidos), 2013.

Desigualdade social

Atualmente, em quase todos os países existem muitas diferenças nas condições de vida das pessoas. Em uma mesma sociedade, há pessoas que vivem com boas condições de moradia, estudo, trabalho, e outras que vivem em más condições. Essa situação caracteriza o que chamamos de **desigualdade social**.

Nosso país é um dos que apresentam maior desigualdade social, resultante de um longo processo histórico que permitiu a concentração da renda e das riquezas produzidas nas mãos de um pequeno grupo de pessoas. Por isso, uma grande parcela da população vive com renda insuficiente para garantir as necessidades básicas, como moradia, alimentação, saúde, vestuário e educação.

As desigualdades sociais nas cidades promovem paisagens contrastantes num mesmo município, como as das fotografias abaixo.

> **LEITURA DE IMAGEM**
> 1. Que contrastes você observa nas paisagens retratadas? No seu município há esse tipo de contraste? Comente.
> 2. Que tipo de serviço e infraestrutura faltam para a comunidade da fotografia 1 e podem ser observados na fotografia 2?

Comunidade sem infraestrutura básica no bairro da Barra Funda, em São Paulo (SP), 2011.

Avenida Paulista, importante centro financeiro da cidade de São Paulo (SP), 2014.

Em geral, em bairros da periferia, mais afastados da área central, os serviços públicos ou são deficientes ou não existem. Muitas moradias se localizam em áreas de risco, como encostas de morros, onde podem ocorrer desmoronamentos, ou em áreas próximas a rios e córregos, onde há perigo de enchentes. Já os bairros centrais, em geral, são dotados de mais e melhores serviços e infraestrutura, como transporte coletivo, fornecimento de energia elétrica, água encanada e tratada, iluminação pública, telefonia, segurança pública, coleta de lixo e esgoto, hospitais, faculdades etc.

Segregação espacial

Comparando os bairros centrais com os da periferia de grandes cidades brasileiras, podemos afirmar que há uma **segregação espacial**, ou seja, uma separação das pessoas em relação à ocupação e ao uso do espaço: o acesso aos espaços mais valorizados ou menos valorizados da cidade é determinado, principalmente, pela renda das pessoas.

Assim, de modo geral, nas periferias, os preços dos terrenos, casas e aluguéis são mais baixos. Já nos bairros centrais e nobres, onde há mais serviços públicos e infraestrutura, geralmente os preços das moradias são mais elevados. Observe os anúncios.

1 Saia do aluguel. Apartamentos de 2 dormitórios, com 60 m². Escola, supermercado e ponto de ônibus nas proximidades. Apenas 100 mil reais e você pode financiar.

2 Apartamentos de 2 dormitórios, com 60 m². More ao lado do trabalho, com muitas opções de lazer, áreas verdes, colégios, faculdades, hospitais, estações de metrô. Apartamentos a partir de 500 mil reais.

ILUSTRAÇÕES: ALAN CARVALHO

Embora nas periferias, em geral, os imóveis sejam mais baratos que nos bairros centrais, em muitas cidades brasileiras ou municípios próximos a metrópoles, em Regiões Metropolitanas, destacam-se na paisagem condomínios fechados, muitos deles bastante luxuosos e destinados a pessoas de alta renda. Observe a fotografia.

ANDRÉ DURÃO/OPÇÃO BRASIL IMAGENS

Condomínio fechado no município do Rio de Janeiro (RJ), 2014. Esse tipo de condomínio vem crescendo em muitos municípios de nosso país, principalmente por causa da segurança. Nesses lugares, a entrada e a saída de pessoas são controladas e os moradores pagam um valor mensal em troca de segurança, áreas de lazer, limpeza de ruas, área verde, entre outros benefícios.

O surgimento e a expansão dos condomínios fechados é outro aspecto que caracteriza o rápido crescimento em direção às periferias. Nesses conjuntos de moradias, grande parte dos serviços e infraestrutura (como limpeza, lazer e segurança) é paga pelos moradores.

NÃO DEIXE DE LER

- **Redes solidárias**
Maria Tereza Maldonado. São Paulo: Saraiva, 2009.

Gabriel mora em um apartamento de classe média e estuda em faculdade particular; Marcão vive em uma casa de favela e frequenta escola pública. Quando se conhecem, descobrem um ponto em comum: a alegria de contribuir para melhorar a qualidade de vida de muita gente, por meio de ideias criativas, concretizadas em projetos sociais.

LEITURA DE IMAGEM

1. O tamanho do imóvel é um dos fatores que determinam o seu valor. Essa afirmação vale para os casos apresentados? Comente.
2. Que fator influencia os preços dos imóveis anunciados?

Especulação imobiliária e moradias precárias

A especulação imobiliária ocorre quando proprietários de terrenos os deixam sem uso para aguardar sua valorização. Dessa forma, podem vendê-los a preços muito elevados. Isso torna a compra de terrenos e imóveis bastante cara e muitas vezes inacessível para muitas pessoas que vivem nas cidades. Para as pessoas de baixa renda, na maioria das vezes, não existe a opção de comprar um imóvel (terreno, casa ou apartamento) em bairros centrais ou nobres.

Ao longo dos anos, a população de baixa renda, desprovida de recursos para adquirir um imóvel nas áreas nobres, foi empurrada para áreas mais desvalorizadas das cidades, como áreas de risco e moradias precárias nos centros, como os cortiços. Observe as fotografias.

> **NÃO DEIXE DE ASSISTIR**
>
> - **Recife: cidade roubada**
>   O vídeo, de pouco mais de 13 minutos, trata do projeto Novo Recife, que pretende implementar um grande empreendimento imobiliário na área do cais José Estelita, no centro da cidade, sendo alvo de críticas de movimentos e especialistas. Está disponível na internet em: <http://www.ocupeestelita.com.br/recife-cidade-roubada/>.

Muitas comunidades, também chamadas de favelas, surgem em áreas inadequadas para a construção de moradias, como em morros ou margens de rios. Fotografia da favela do Vidigal, na encosta do Morro Dois Irmãos, no Rio de Janeiro (RJ), 2013.

Os cortiços são casas e prédios abandonados, geralmente antigos e localizados em áreas centrais das cidades, que são ocupados por diversas famílias. Quase sempre, as famílias têm que dividir apenas um banheiro e uma cozinha. Na fotografia, cortiço vertical no centro de São Paulo (SP), 2011.

A segregação espacial, que reserva aos mais pobres os piores lugares para se viver, só pode ser alterada quando todos tiverem o efetivo direito à moradia e aos serviços que a cidade oferece. Para isso, muitas ações devem ser realizadas. Um exemplo é a reforma de prédios sem uso nos centros das cidades para a ocupação de pessoas de baixa renda, ou projetos que determinam às construtoras destinarem unidades de um prédio novo a pessoas de baixa renda, como ocorre em importantes cidades do mundo, como Paris e Londres.

> **LEITURA DE IMAGEM**
>
> - Na sua opinião, que problemas são enfrentados pelas famílias que habitam as moradias retratadas?

149

LINGUAGEM CARTOGRÁFICA

Venda de imóveis na cidade: uso de croqui

Croqui é uma forma de representação do espaço que usa recursos da linguagem cartográfica. Geralmente, representa os fenômenos espaciais em visão vertical, podendo ser feito à mão livre e sem a necessidade de atender a normas técnicas, como ocorre em mapas, cartas e plantas.

Observe um **croqui** usado em uma propaganda de lançamento de imóvel.

Em muitos croquis de localização de imóveis, elementos como *shopping centers*, supermercados e parques são representados de maneira que o leitor pense que essas áreas estão próximas ao imóvel à venda. Se fossem usadas normas técnicas, como nas plantas, seria possível observar as distâncias de acordo com a realidade.

Atividades

1. Que diferenças há entre o croqui e a planta?

2. Que elementos do espaço foram representados no croqui? Na sua opinião, por que esses elementos foram selecionados por quem o produziu?

3. Na sua opinião, os elementos destacados no croqui valorizam o imóvel? Por quê?

Agora, observe a mesma área representada em uma **planta**.

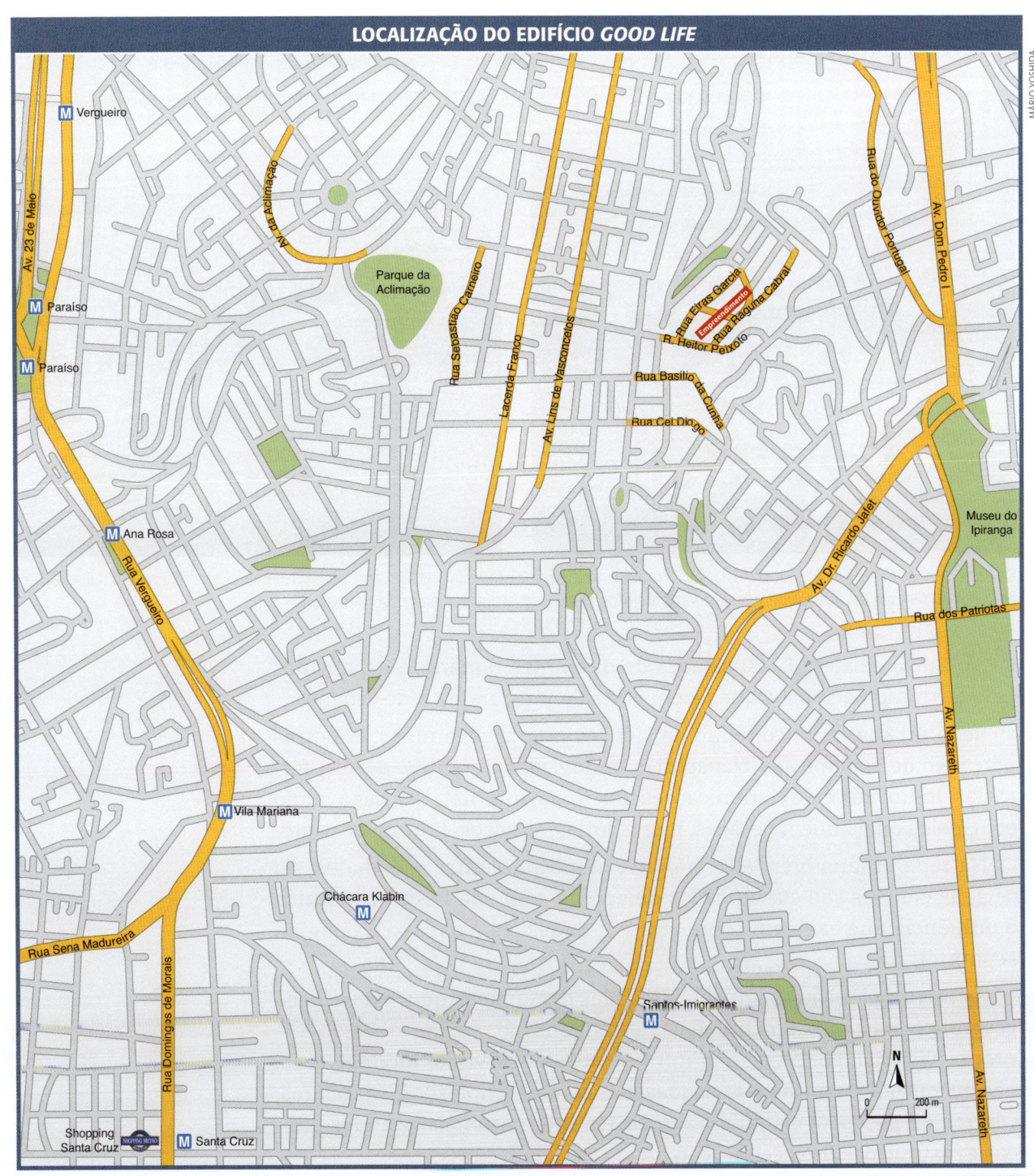

LOCALIZAÇÃO DO EDIFÍCIO *GOOD LIFE*

Fonte: Google Earth. Disponível em: <http://maps.google.com.br>. Acesso em: ago. 2014.

4. Coloque um papel transparente sobre a planta e trace as mesmas ruas e localidades representadas no croqui. Insira título, escala e indicação de norte.

5. Na sua opinião, a planta produzida por você seria aceita para compor o folheto de propaganda? Converse sobre isso com os colegas e o professor.

151

2 A rede urbana brasileira

Observe as fotografias.

Os habitantes de Caucaia (CE) (fotografia 1) vão a Fortaleza (fotografia 2), capital do estado do Ceará, quando não encontram determinados produtos ou serviços em sua cidade, como serviços médicos, cursos, entre outros. Fotografias de 2013.

No Brasil existem 5.570 cidades de diferentes tamanhos espalhadas pelo território nacional e que fazem parte de uma ampla rede urbana.

Rede urbana é um conjunto de cidades interligadas umas às outras por meio de sistemas de transportes (rodovias, aeroportos, portos, ferrovias, hidrovias) e de comunicações (telefonia, internet, televisão, rádio etc.), pelos quais fluem pessoas, mercadorias, serviços, informações etc.

Na rede urbana brasileira, há uma hierarquia entre as cidades, ou seja, as cidades são classificadas de acordo com sua força econômica e influência que exercem sobre outras cidades (veja o mapa na página seguinte).

As metrópoles são as principais cidades dessa hierarquia e do espaço geográfico brasileiro. Sua influência estende-se por vastas áreas do território nacional, concentrando infraestrutura e serviços, muitas vezes, não encontrados nas demais cidades, tais como: complexos hospitalares, centros de pesquisa científica, aeroportos internacionais, grandes bancos e instituições financeiras, comércios especializados etc.

Nos dias de hoje, a relação entre as cidades não ocorre apenas de acordo com sua hierarquia. Devido principalmente aos avanços nos meios de comunicação e de transporte, as cidades se relacionam umas com as outras, independente do tamanho de sua economia. Assim, podem ocorrer relações diretas entre uma metrópole global e uma pequena cidade, por meio de trocas de mercadorias e de informações, por deslocamento de pessoas entre esses espaços para trabalhar ou utilizar serviços etc.

HIERARQUIA URBANA

Observe como as cidades podem ser classificadas na hierarquia urbana brasileira.

BRASIL: HIERARQUIA URBANA – 2010

Fonte: CALDINI, Vera; ÍSOLA, Leda. *Atlas geográfico Saraiva*. São Paulo: Saraiva, 2013. p. 64.

LEITURA DE IMAGEM

1. Que cidade brasileira é metrópole global?
2. Identifique três metrópoles nacionais.
3. Indique uma metrópole regional na região onde você mora.
4. Na hierarquia urbana brasileira, como é classificada a capital da Unidade da Federação onde você mora?
5. O município onde você mora está classificado na hierarquia urbana brasileira? Se sim, qual a classificação? Se não, por que será que isso aconteceu?

Metrópole global: são metrópoles que se destacam no espaço mundial pela força econômica que possuem e os serviços que oferecem.

Metrópole nacional: suas áreas de influência ultrapassam as regiões onde estão localizadas.

Metrópole regional: influência restrita à região geográfica onde está localizada.

Centro regional: a influência dessas cidades está restrita a uma região na Unidade da Federação onde se localizam.

Centro sub-regional: engloba diversas cidades com influência local.

153

Metropolização

A rápida urbanização brasileira se caracterizou por um processo de **metropolização**, isto é, a concentração da população urbana nas metrópoles e regiões metropolitanas do país. A **região metropolitana** é um conjunto de cidades vizinhas umas das outras, integradas a uma cidade principal, a metrópole. Observe o mapa.

No Brasil, existem 35 regiões metropolitanas. Elas são criadas por meio de leis (pelo Governo Federal ou Estadual) para facilitar a administração pública e o planejamento, visando ações conjuntas dos municípios para promover a integração do transporte coletivo, o abastecimento de água, a coleta de esgoto etc.

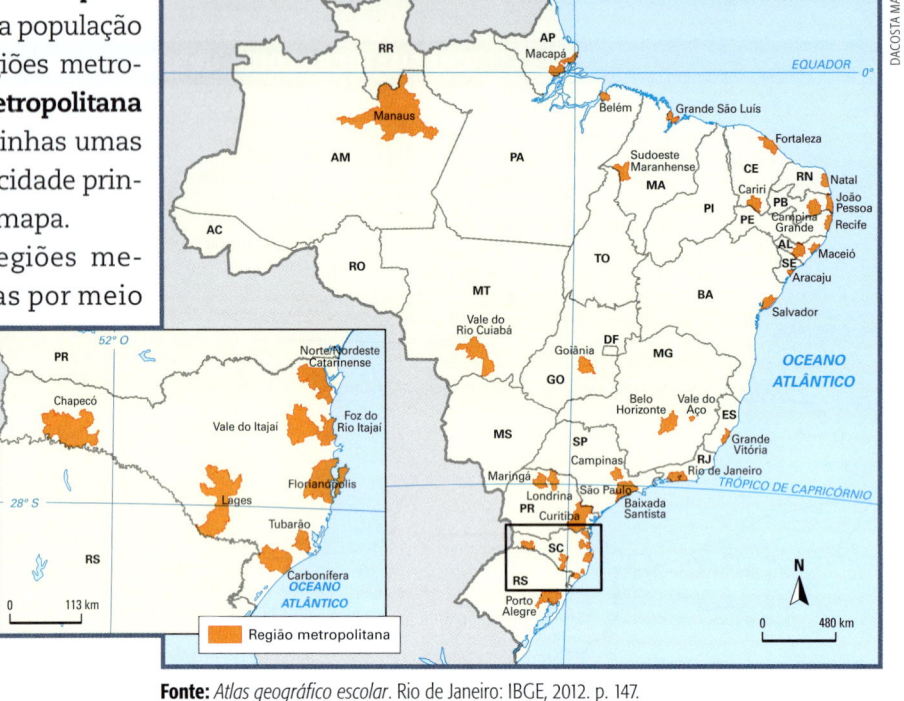

Fonte: *Atlas geográfico escolar.* Rio de Janeiro: IBGE, 2012. p. 147.

E NO MUNDO?

Aglomerações urbanas

No mundo também ocorreu a expansão das cidades, formando **aglomerações urbanas** ou **aglomerados urbanos**. Esse conceito se refere a uma metrópole ou a um conjunto formado por duas ou mais cidades vizinhas, como as regiões metropolitanas. No mapa você pode observar a localização da principal cidade de cada um dos maiores aglomerados urbanos do mundo.

Fonte: *Atlante Geografico Metodico De Agostini.* Novara: Istituto Geografico De Agostini, 2014. p. E39.

1. Leia o que foi notícia após a divulgação dos dados do Censo 2010. Depois, responda às questões.

   > Números do Censo 2010 divulgados nesta sexta-feira [29 abr. 2011] pelo IBGE (Instituto Brasileiro de Geografia e Estatística) mostram que o crescimento brasileiro nas áreas urbanas em 20 anos é superior ao dobro de habitantes da cidade chinesa de Shangai, considerada a mais populosa do mundo. Segundo levantamento apresentado nesta sexta-feira [29 abr. 2011], o Brasil tem 50 milhões de habitantes a mais em suas áreas urbanas em relação aos números divulgados em 1991.
   >
   > ELIAS, Gabriel S. Em 20 anos, zonas urbanas do país crescem o equivalente a duas Shangai. UOL Notícias. 29 abr. 2011. Disponível em: <http://noticias.uol.com.br/>. Acesso em: ago. 2014.

   a. De acordo com a notícia, o que ocorreu com a população urbana no Brasil de 1991 a 2010?

   b. Observe o gráfico da página 144 e o mapa da página 145 e apresente dados sobre a população urbana no Brasil e em outros países.

   c. Explique os fatores que justificam o grande aumento da população urbana no Brasil.

2. Com o crescimento, algumas cidades passaram a concentrar serviços usados pela população de municípios e até de estados vizinhos, fazendo parte da chamada rede urbana. Explique o significado desse conceito.

3. Na rede urbana, há uma hierarquia entre as cidades, e no topo dessa hierarquia estão as metrópoles globais. Responda às questões no caderno.

   a. Qual é a única metrópole global do nosso país?

   b. Por que uma metrópole global é assim classificada?

   c. Quais as outras classificações das cidades na hierarquia urbana brasileira? Observe o mapa *Brasil: hierarquia urbana – 2010* (página 153) e cite um exemplo de cidade em cada classificação.

4. A metrópole global brasileira está localizada na maior região metropolitana do nosso país. Responda.

   a. Que região metropolitana é essa?

   b. O que é uma região metropolitana? Quantas existem no território brasileiro?

   c. Que região(ões) metropolitana(s) há na macrorregião onde você mora?

5. Leia este depoimento. Depois resolva as questões no caderno.

   > Finalmente eu e minha família conseguimos sair do aluguel e estamos morando numa casa própria, num bairro de Itapecerica da Serra, na Região Metropolitana de São Paulo. A gente morava num bairro de São Paulo, mais perto do meu trabalho. Lá não conseguimos comprar a casa, pois era bem mais caro. Aqui era bem mais barato.
   >
   > Paulo de Souza Ramos, especialmente para esta obra.

   a. Por que a família não conseguiu comprar uma casa na cidade de São Paulo?

   b. A situação descrita no depoimento ocorre em centros urbanos de todo o país e está relacionada ao processo de **segregação espacial**. Explique esse processo.

   c. Na sua opinião, o quadro de segregação espacial pode ser alterado? Discuta o assunto com um colega, tomando como base os exemplos de Paris e Londres, citados no *Capítulo 1*.

3 Serviços públicos nas cidades

Observe as fotografias.

Praça Garibaldi, em Curitiba (PR), 2012.

Ônibus urbano em Fortaleza (CE), 2013.

Lixo espalhado em rua de São Vicente (SP), 2013.

Para que os moradores de uma cidade tenham boas condições de vida, é importante que todos os bairros sejam atendidos por serviços públicos. Mas, como vimos, em muitos lugares das cidades há carência ou insuficiência desses serviços.

Os **serviços públicos** são fornecidos ou supervisionados pelo governo, como o transporte coletivo, o fornecimento de energia elétrica e água encanada e tratada, a iluminação pública, a telefonia, a segurança pública, a coleta de lixo e esgoto, entre muitos outros.

LEITURA DE IMAGEM

1. Que serviço público está retratado na fotografia 1 e relacionado à conservação da praça?
2. Que serviço público foi retratado na fotografia 2?
3. Que problema foi retratado na fotografia 3? Que serviço público poderia resolver o problema?

LIMPEZA PÚBLICA

O acúmulo do lixo é um dos principais problemas enfrentados por moradores de vários bairros em diversos municípios. Muitas vezes, o lixo não é recolhido e fica acumulado nas ruas e calçadas, provocando mau cheiro, entupimento de bueiros e atraindo insetos e outros animais que podem transmitir doenças para as pessoas.

Os serviços públicos de coleta de lixo e limpeza de ruas poderiam resolver esse problema. Além disso, cada cidadão pode dar a sua contribuição para manter os espaços limpos, com atitudes simples, como a coleta seletiva, o reaproveitamento, a reciclagem, o correto acondicionamento do lixo, a observância dos horários de coleta, a varrição e conservação de calçadas.

Coleta de lixo na cidade de Manaus (AM), 2014.

ÁREAS VERDES NAS CIDADES

Parques e praças são fundamentais para o dia a dia nas cidades, pois preservam a cobertura vegetal, contribuem para amenizar as temperaturas, aumentam a absorção de água pelo solo, são importantes espaços para o lazer e a convivência, contribuem para uma paisagem mais agradável na cidade etc.

Poucas cidades brasileiras apresentam áreas verdes em quantidade que permita melhorar a qualidade de vida de sua população. Segundo a Organização Mundial da Saúde (OMS), o ideal nas áreas urbanas é 12 metros quadrados de área verde por habitante. A cidade de São Paulo, por exemplo, pode ser considerada um "mar de concreto", possuindo apenas 3 metros quadrados de área verde por habitante. Mas, no Brasil, há várias cidades que contam com muitas áreas verdes e que são bastante arborizadas. Observe as fotografias.

Bueiro: cano ou tubo localizado nas sarjetas das ruas que coleta a água das chuvas e a água utilizada para lavar quintais e calçadas.

Goiânia (GO) e Curitiba (PR) estão entre as capitais mais arborizadas do Brasil. À esquerda, Bosque dos Buritis, em Goiânia, 2011; à direita, Parque Barigui, 2014, em Curitiba.

157

TRANSPORTE PÚBLICO

A maioria dos moradores das regiões metropolitanas e das capitais brasileiras utilizam o transporte público no dia a dia. Muitas dessas pessoas enfrentam problemas como superlotação, tempo de viagem longo, demora entre um ônibus e outro, problemas de manutenção dos veículos, valor das passagens etc.

As cidades brasileiras têm buscado alternativas para a crescente demanda por transporte público, como a abertura ou ampliação de corredores de ônibus e a construção de linhas de metrô. Além disso, outros meios e sistemas de transporte público e coletivo começam a ser ampliados e implantados, como o aproveitamento de rios e o Veículo Leve sobre Trilhos (VLT), visando melhorias da mobilidade, sustentabilidade, melhor atendimento ao público, diminuição dos congestionamentos etc.

O VLT é um trem elétrico urbano. Possui menor capacidade para transportar passageiros e velocidade inferior à dos trens de metrô; no entanto, produz menos poluição e menor intensidade de ruído. Fotografia de São Vicente (SP), 2014.

SAIBA MAIS

Transporte e mobilidade urbana

❝ O direito à mobilidade urbana é um dos componentes do direito à cidade. As cidades devem permitir a circulação das pessoas e cargas em condições harmoniosas e adequadas. Para tanto, elas devem ser dotadas de um adequado sistema de mobilidade. [...]

A infraestrutura de mobilidade urbana é composta de calçadas com passeios para trânsito de pedestres, ciclovias, vias automotivas, metroferrovias, hidrovias, estacionamentos, pontos de embarque e desembarque de passageiros e cargas; terminais, estações, conexões; sinalização viária e de trânsito, etc. [...] ❞

Ministério Público do Estado do Paraná. Transporte e mobilidade urbana. Disponível em: <www.urbanismo.mppr.mp.br>. Acesso em: ago. 2014.

Atividades

1. Na sua opinião, o direito à mobilidade urbana está sendo atendido no seu município? Comente.

2. A infraestrutura de mobilidade urbana não é composta apenas pelos veículos. Que outros itens fazem parte dessa infraestrutura? O município onde você mora possui uma boa infraestrutura de mobilidade urbana? Comente.

QUEM PAGA PELOS SERVIÇOS PÚBLICOS?

Para fornecer os serviços públicos, os governos cobram impostos e taxas da população. Portanto, os serviços públicos são pagos pelas próprias pessoas que os utilizam.

Entre os principais impostos pagos pela população estão:

- **Imposto sobre a Propriedade Territorial e Predial Urbana** (IPTU) e **Imposto sobre a Propriedade Territorial Rural** (ITR): impostos municipais cobrados dos proprietários dos imóveis urbanos e rurais, respectivamente.
- **Imposto sobre Circulação de Mercadorias e Serviços** (ICMS): imposto recolhido pelos governos das UFs. Para toda mercadoria ou serviço comercializado, é cobrado o ICMS.
- **Imposto de Renda de Pessoa Física** (IRPF): imposto federal recolhido de acordo com renda de cada pessoa.

Para alguns serviços prestados, como o fornecimento de energia elétrica e água encanada, também são cobradas tarifas mensais, de acordo com o consumo dos domicílios e das empresas. Observe.

Impostos: valores cobrados pelos governos sobre a propriedade de casas, terrenos, fazendas, automóveis, consumo de energia, produção de automóveis, venda de mercadorias etc.

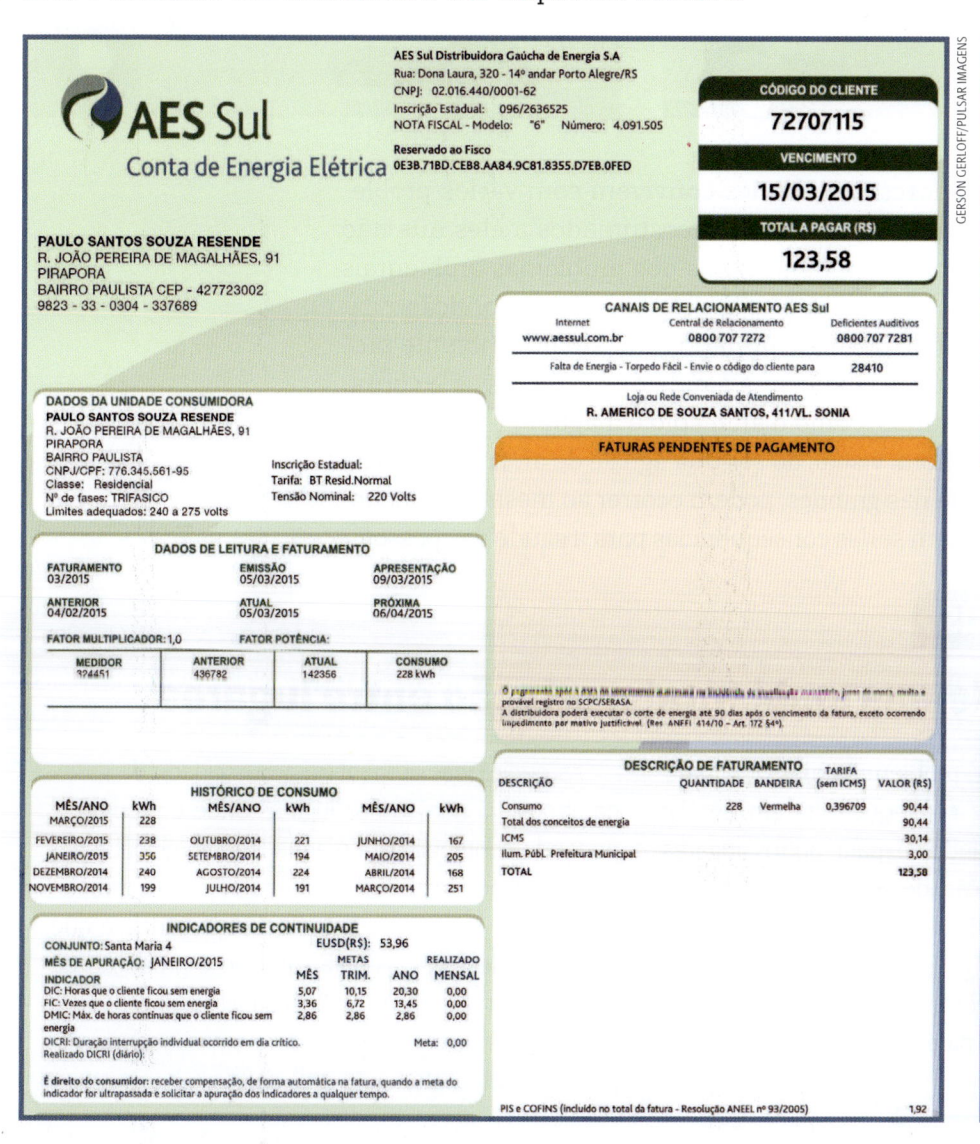

LEITURA DE IMAGEM

- Identifique na fatura mensal:
1. o tipo do serviço público prestado;
2. o nome da empresa prestadora do serviço;
3. o valor a ser pago;
4. a data de vencimento;
5. o consumo do último mês;
6. o valor do ICMS cobrado.

NÃO DEIXE DE ACESSAR

- **Impostômetro**
www.impostometro.com.br/
Este *site* traz informações constantemente atualizadas sobre os impostos recolhidos por municípios, estados e União. Você pode saber o valor de impostos recolhidos por seu município em um mês ou um ano, por exemplo.

4 Problemas ambientais nas cidades

POLUIÇÃO

Leia os quadrinhos abaixo.

PUXA, NÃO SEI POR QUE, MAS ESTOU SENTINDO A GARGANTA IRRITADA E OS OLHOS ARDENDO...

No dia a dia, os moradores das cidades convivem com vários problemas ambientais e, muitas vezes, estão tão acostumados a eles que não os percebem. Neste capítulo, veremos alguns dos problemas ambientais que ocorrem em cidades, especialmente os relacionados à poluição.

A **poluição** ocorre quando os seres humanos lançam no ambiente produtos, substâncias etc. que prejudicam a saúde dos seres vivos e contaminam os elementos naturais, como o ar, o solo e a água.

A poluição pode ser sonora, visual, do solo, da água e do ar. Em uma mesma cidade, principalmente nas grandes, podem ocorrer ao mesmo tempo todos os tipos de poluição, com sérias consequências para a saúde das pessoas.

+ SAIBA MAIS

Problemas ambientais: relação entre lugares

Muitas vezes, um problema ambiental gerado localmente produz consequências em escalas mais amplas, expandindo-se para outros lugares. Por exemplo: a poluição do ar gerada na Região Metropolitana de São Paulo (Grande São Paulo) se espalha para o interior do estado. Em determinadas épocas do ano, com ventos fortes, a poluição pode chegar a até 400 km para o interior, no município de Bauru.

As queimadas aumentam a quantidade de gases na atmosfera não só nos lugares onde é produzida, podendo contribuir para o aquecimento global e outras alterações climáticas. Outra relação do desmatamento com lugares distantes de onde ocorre é que áreas são desmatadas para extração e produção de matérias-primas. Essas serão usadas e consumidas em diversos outros lugares, como em outros municípios, estados e, até, em outros países.

CONTAMINAÇÃO DO SOLO

A principal causa da **poluição do solo** nas cidades é o acúmulo de lixo, como restos de alimentos, embalagens de plástico, papel e metal. O material sólido, muitas vezes, é descartado e depositado em terrenos sem nenhuma preocupação com o meio ambiente, demorando muito tempo para desaparecer.

As soluções usadas para reduzir o acúmulo de lixo, como a incineração e a deposição em aterros, também têm efeito poluidor. No primeiro caso há emissão de fumaça tóxica e, no segundo, produção de fluidos tóxicos que se infiltram no solo e contaminam a água do subsolo.

Para amenizar o sério problema do lixo é necessário repensar o consumo de produtos, evitando o desperdício, usar materiais ==biodegradáveis==, reaproveitar materiais, investir em ==coleta seletiva== e processos de ==reciclagem==.

Os lixões são terrenos localizados nas periferias, onde o lixo é depositado a céu aberto. São o principal destino do lixo em nosso país e trazem sérios problemas, como a poluição do solo e das águas subterrâneas e a proliferação de animais transmissores de doenças. Na fotografia, lixão em Brasília (DF), 2014.

POLUIÇÃO VISUAL

A **poluição visual** resulta do excesso de placas, cartazes, telões, painéis eletrônicos, faixas, entre outros elementos que ocupam a paisagem, provocando cansaço visual nas pessoas que circulam pelas cidades.

Em algumas cidades, o uso de letreiros, cartazes ou *outdoors* é proibido ou controlado pela Prefeitura.

Avenida em Porto Velho (RO), 2013.

Biodegradáveis: materiais que após o uso são rapidamente decompostos por microrganismos existentes na natureza.

Coleta seletiva: consiste em separar restos de alimentos dos materiais que podem ser reciclados, como papel, vidro, latas, plástico e papelão.

Reciclagem: transformação de materiais descartados no lixo em novos produtos.

EXCESSO DE BARULHO

O excesso de barulho nas cidades causa a **poluição sonora**, que pode provocar danos à audição das pessoas e causar-lhes estresse. As cidades, geralmente, contam com leis para regulamentar os horários e a intensidade dos sons.

LEITURA DE IMAGEM

- As onomatopeias da charge representam diversos barulhos produzidos na cidade. Cite as causas desses barulhos.

Charge de Junião, publicada em 2006 no jornal *Bom dia* de Bauru (SP).

POLUIÇÃO DO AR

A **poluição do ar** nas cidades é provocada por gases que são lançados por veículos, indústrias e queimadas de vegetação. A má qualidade do ar prejudica as condições de saúde da população. Os gases poluentes podem afetar diretamente o sistema respiratório, causando doenças como rinite, bronquite, pneumonia, asma e, a longo prazo, casos de câncer de pulmão, por exemplo. O monóxido de carbono (CO), emitido pelos automóveis, é o principal poluente do ar nas grandes cidades. Quando inalado em níveis muito altos provoca náuseas e dor de cabeça, além de agravar problemas cardíacos.

Na tentativa de controlar a poluição do ar nas cidades, o Governo Federal criou, em 1986, o Programa de Controle da Poluição do Ar por Veículos Automotores (Proconve), que estabeleceu limites para a emissão de poluentes. Com a instalação dos equipamentos antipoluentes nos automóveis, a emissão de monóxido de carbono da frota diminuiu consideravelmente.

Vista da poluição sobre a cidade de Belo Horizonte (MG), 2013.

CONTAMINAÇÃO DAS ÁGUAS

A **poluição das águas** de rios e córregos das cidades é causada principalmente por lixo e esgoto sem tratamento lançados nas águas.

O **esgoto** é formado pelos dejetos e pela água usada em residências, indústrias e estabelecimentos comerciais. Nele, há substâncias nocivas ao ambiente e aos seres vivos. Ao entrar em contato com água contaminada, as pessoas acabam contraindo doenças, muitas vezes fatais. Portanto, antes de ser lançado no ambiente, o esgoto precisa ser coletado e tratado.

Nociva: que faz mal; prejudicial.

A Estação de Tratamento de Esgoto (ETE) Ecológica Araruama (RJ) trata o esgoto de forma sustentável. No lugar de produtos químicos são usadas plantas nativas do Pantanal mato-grossense que se alimentam dos nutrientes do esgoto. A água livre de impurezas pode ser usada na indústria, agricultura etc. E os resíduos são transformados em adubo orgânico. Fotografia de 2011.

Em muitos bairros das cidades brasileiras, especialmente nos localizados nas periferias, não há coleta e tratamento de esgoto, ou seja, não existe uma rede de canos e tubos subterrâneos conectados às construções para transportar a água suja para uma estação de tratamento. Em alguns lugares existe apenas a coleta e o esgoto é jogado diretamente em rios e córregos. Em outros lugares, o esgoto corre a céu aberto, isto é, ao ar livre.

Em muitos lugares onde não há rede coletora de esgoto, principalmente em áreas rurais, ele é depositado em **fossas sépticas**, que são tanques enterrados no solo. A construção de fossas sépticas envolve muitos cuidados, para que o solo e as águas próximas a elas não sejam contaminados

NÃO DEIXE DE ASSISTIR

- **Cidades e soluções: Estação de Tratamento de Esgoto Ecológica Araruama**

http://globotv.globo.com/globo-news/cidades-e-solucoes/

Acesse este *link* e procure a reportagem sobre a maior estação ecológica de esgotos do Brasil, que mostra como a ETE Ecológica Araruama trata o esgoto de forma sustentável. Você também pode ver outros vídeos relacionados ao tema Cidades.

O esgoto a céu aberto é um dos aspectos das más condições de vida em muitas cidades brasileiras. Na fotografia, córrego que recebe esgoto no bairro de Parolin, em Curitiba (PR), 2013.

teia do saber

1. Observe a charge e faça as atividades.

   O ENIGMA DO LIXO
   "RECICLA-ME OU TE DEVORO!!"
   JUNIÃO

   a. Na sua opinião o que quer dizer a mensagem da "esfinge de lixo"? Que problemas ambientais podem ser causados pela deposição inadequada do lixo nas cidades?

   b. Que outras atitudes e serviços públicos podem resolver ou amenizar o problema da quantidade e má destinação do lixo nas cidades?

   c. Qual a importância de serviços públicos de coleta de lixo e limpeza pública?

2. Além de serviços relacionados ao lixo e à limpeza pública, que outros serviços públicos contribuem para melhorar as condições de vida das pessoas? Em geral, como os serviços públicos são pagos?

3. Observe a fotografia e leia o texto sobre a expansão da ocupação na cidade de Salvador.

   > [...] Atualmente, um enorme contingente populacional ocupa as vertentes dos morros de forma irregular, formando assentamentos urbanos de baixa renda desprovidos de infraestrutura básica e muitas vezes sem os serviços públicos necessários. [...]
   >
   > Defesa Civil de Salvador. Disponível em: <www.defesacivil.salvador.ba.gov.br>. Acesso em: ago. 2014.

   Periferia de Salvador (BA), 2011.

   a. O texto acima poderia se referir a várias outras cidades brasileiras. Que riscos estão relacionados a esse tipo de ocupação?

   b. Que outros tipos de ocupação precária ocorrem nas cidades? Por que a população ocupa essas áreas?

   c. Segundo o texto, a população que ocupa os morros da cidade de Salvador é desprovida de serviços públicos. Na sua opinião, que serviços públicos poderiam melhorar a qualidade de vida dessa população?

4. Leia trechos da notícia.

> **Em 16 anos, poluição do ar matará até 256 mil pessoas em São Paulo**
>
> "A poluição atmosférica vai matar até 256 mil pessoas nos próximos 16 anos no estado de São Paulo. Nesse período, a concentração de material particulado no ar ainda provocará a internação de 1 milhão de pessoas, e um gasto público estimado em mais de R$ 1,5 bilhão, de acordo com projeção inédita do Instituto Saúde e Sustentabilidade, realizada por pesquisadores da USP. A estimativa prevê que ao menos 25% das mortes, ou 59 mil, ocorram na capital paulista. [...]
>
> Entre as causas mais prováveis de mortes provocadas pela poluição, o câncer poderá ser o responsável por quase 30 mil casos até 2030 em todos os municípios de São Paulo. Asma, bronquite e outras doenças respiratórias extremamente agravadas pela poluição podem representar outros 93 mil óbitos [...]."
>
> Em 16 anos, poluição do ar matará até 256 mil pessoas em São Paulo.
> 9 ago. 2014. *Veja.com*. Disponível em: <http://veja.abril.com.br>. Acesso em: ago. 2014.

a. A que tipo de poluição a notícia se refere?

b. Qual será a cidade mais afetada por esse tipo de poluição?

c. Segundo o texto, quais as consequências desse tipo de poluição para a população e a economia do estado de São Paulo?

d. De acordo com o estudo, quais doenças provocadas ou agravadas por esse tipo de poluição serão as maiores responsáveis por mortes no estado de São Paulo?

e. Além do problema da poluição do ar, que outros problemas ambientais afetam as cidades brasileiras? Explique as causas e as consequências desses problemas para a população urbana.

Investigando seu lugar

5. Qual a importância das áreas verdes nas cidades? No seu município há muitas áreas verdes? Em grupo, faça uma pesquisa sobre essas áreas (praças, parques etc.). Procure saber se estão bem conservadas, se são abertas à visitação pública etc. Apresente os resultados num cartaz para que todos os alunos da escola possam visualizar.

6. Nesta atividade, propomos um **trabalho de campo** para investigar, na paisagem do município, os serviços públicos.

Você deverá observar quais serviços públicos (manutenção de ruas e avenidas, coleta de lixo, equipamentos em praças, iluminação pública, sinalização etc.) existem e a qualidade deles. Também podem ser realizadas entrevistas com usuários dos serviços.

As informações podem ser registradas por meio de anotações, fotografias, gravação de vídeos etc. Na sala de aula, apresente as informações coletadas em campo, discutindo de que forma a turma pode agir para a melhoria dos serviços públicos dos locais visitados. Pode ser criado, por exemplo, um texto coletivo com reivindicações ou elogios que poderão ser encaminhados aos órgãos de governo.

Encerrando a unidade

- Escreva um pequeno texto com os conceitos a seguir, relacionando-os e citando exemplos do município ou da Unidade da Federação onde você mora: população urbana; urbanização; êxodo rural; metrópole; região metropolitana; rede urbana; desigualdade social; segregação espacial; especulação imobiliária.

EM AÇÃO

Cidades sustentáveis

Nos últimos anos, instituições governamentais e não governamentais, empresas e membros de comunidades de vários países vêm discutindo a sustentabilidade.

O **Programa Cidades Sustentáveis**, por exemplo, constitui uma rede de cidades que têm o compromisso com projetos que proporcionam o desenvolvimento econômico, social e ambiental de forma sustentável, com o objetivo de melhorar as condições de vida das pessoas. Observe algumas das práticas que vêm sendo adotadas em cidades do Brasil e de outros países.

Alimentação e desenvolvimento sustentável – Lauro de Freitas (BA)

O projeto foi instituído para melhorar as condições alimentares das pessoas. Para isso foram criados horta comunitária, cozinha comunitária, restaurante popular com refeição a R$ 1, promoção da agricultura urbana e alimentação saudável, cursos que ensinam o melhor aproveitamento do alimento, panificação, confeitaria etc. Fotografia de 2010.

Cooperativa de Catadores – Santana de Parnaíba (SP)

A organização Avemare, localizada no município de Santana de Parnaíba (SP), é constituída por catadores de materiais recicláveis envolvidos com o Programa Lixo da Gente – Reciclando Cidadania, que desenvolve a coleta seletiva, a conscientização para a importância da reciclagem, a inclusão e o desenvolvimento social. Fotografia de 2010.

Telhados verdes – Chicago (Estados Unidos)

Em Chicago há diversos edifícios com o chamado telhado verde, que é o uso de vegetação no teto de construções. O telhado ameniza o calor no interior das construções, reduzindo gastos de energia com ar-condicionado, absorve a água das chuvas, torna a paisagem mais agradável, entre outras vantagens. Fotografia de 2012.

Mais bicicletas e ônibus, menos carros – Bogotá (Colômbia)

Desde 1998 foram construídos mais de 300 km de ciclovias na cidade de Bogotá (Colômbia). As ciclovias se estendem das periferias até o centro da capital colombiana. Na cidade, também há o TransMilenio, um sistema de ônibus que possui várias estações e que conta com faixas exclusivas para circulação. Além disso, o programa "Domingo sem Carro" permite que a população utilize as ruas e avenidas da cidade para o lazer e a prática de esportes. Fotografia de 2014.

Atividades

1. Algumas das práticas apresentadas ou outras semelhantes a essas são adotadas no município onde você mora? Se sim, pesquise como elas ocorrem. Se não, na sua opinião, elas poderiam ocorrer no seu município? Explique por que e como.

2. Em grupo, pesquisem outra prática que visa melhorar o ambiente urbano. Coletem informações sobre o projeto e apresentem para a turma. Pode ser feito um mural com as práticas pesquisadas.

3. Discutam que ações poderiam ser encaminhadas no bairro ou município onde vivem para a melhoria das condições de vida. De que forma cidadãos, governo e empresas poderiam contribuir para essas ações? Após a discussão, escrevam coletivamente uma carta com sugestões e/ou solicitações para as instituições que possam ser envolvidas.

UNIDADE 7
Indústria, serviços e comércio no Brasil

As atividades econômicas se integram em um ciclo, desde a produção da matéria-prima até o consumidor final. No caso de um automóvel, indústria, serviços e comércio estão associados, desde a extração do minério de ferro até a venda do produto final. Observe as imagens.

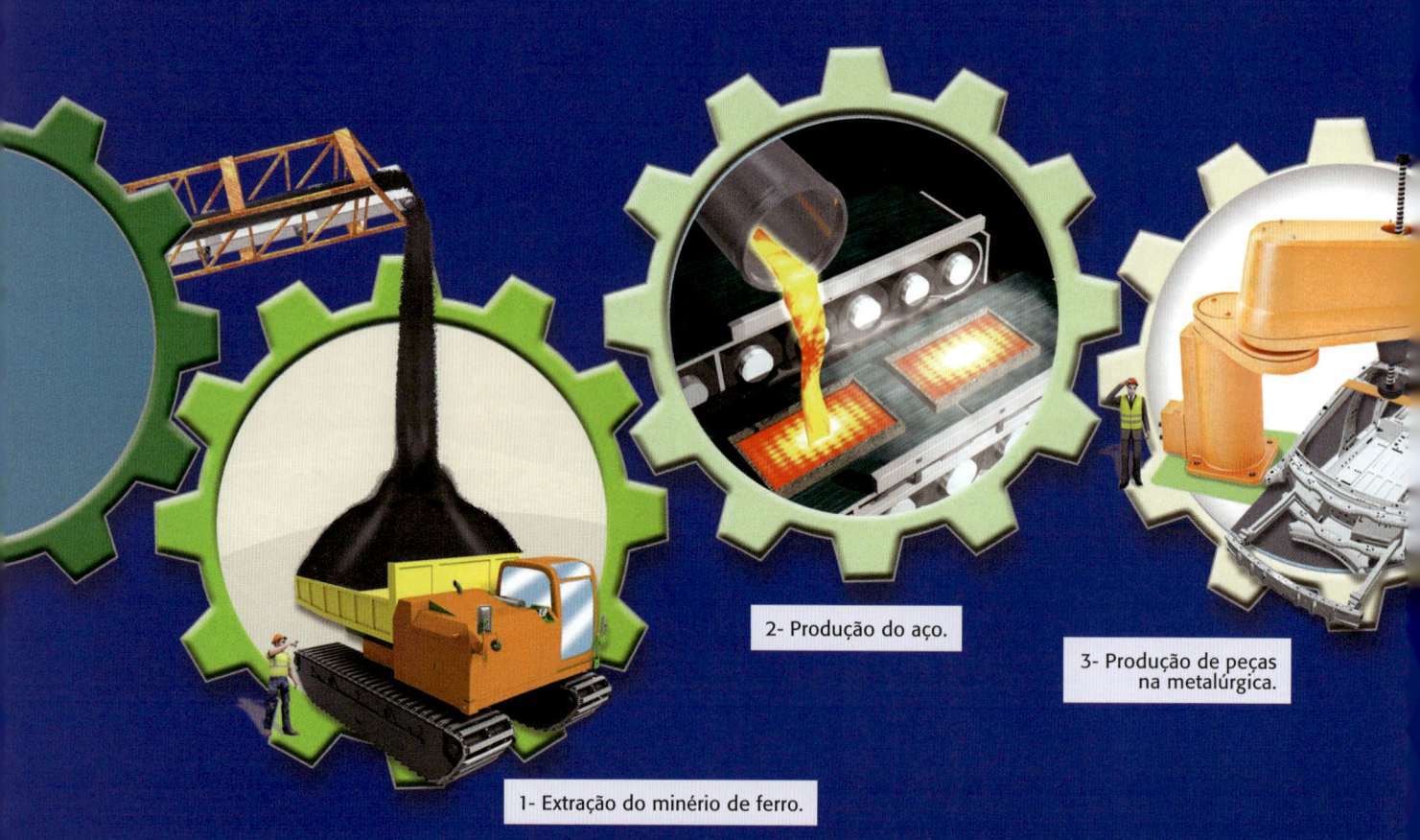

1- Extração do minério de ferro.

2- Produção do aço.

3- Produção de peças na metalúrgica.

Nesta unidade você vai saber mais sobre
- Indústria no Brasil
- Setor de serviços e suas atividades
- Transportes no Brasil
- Turismo
- Comércio

5- Montagem do automóvel.

6- Transporte do automóvel.

4- Projeto e *design* do automóvel.

7- Comercialização do automóvel.

TROCANDO IDEIAS

1. Que atividades econômicas foram representadas em cada etapa de produção do automóvel?
2. Quais atividades econômicas foram responsáveis pela fabricação e venda do automóvel?
3. Escolha um outro produto que você usa no dia a dia e liste as atividades associadas a ele, desde a produção da matéria-prima até o consumo final.

169

1 Indústria no Brasil

DISTRIBUIÇÃO ESPACIAL DA INDÚSTRIA

Observe o mapa.

A **indústria** é a atividade econômica que consiste na transformação da matéria-prima em produtos que serão utilizados pelos consumidores ou pela própria indústria. As matérias-primas são transformadas principalmente por máquinas, com grande divisão do trabalho e especialização do trabalhador.

Ao analisarmos a produção industrial brasileira por município, podemos identificar uma concentração de indústrias na maioria das capitais dos estados, principalmente nas regiões Sul e Sudeste, destacando-se o estado de São Paulo.

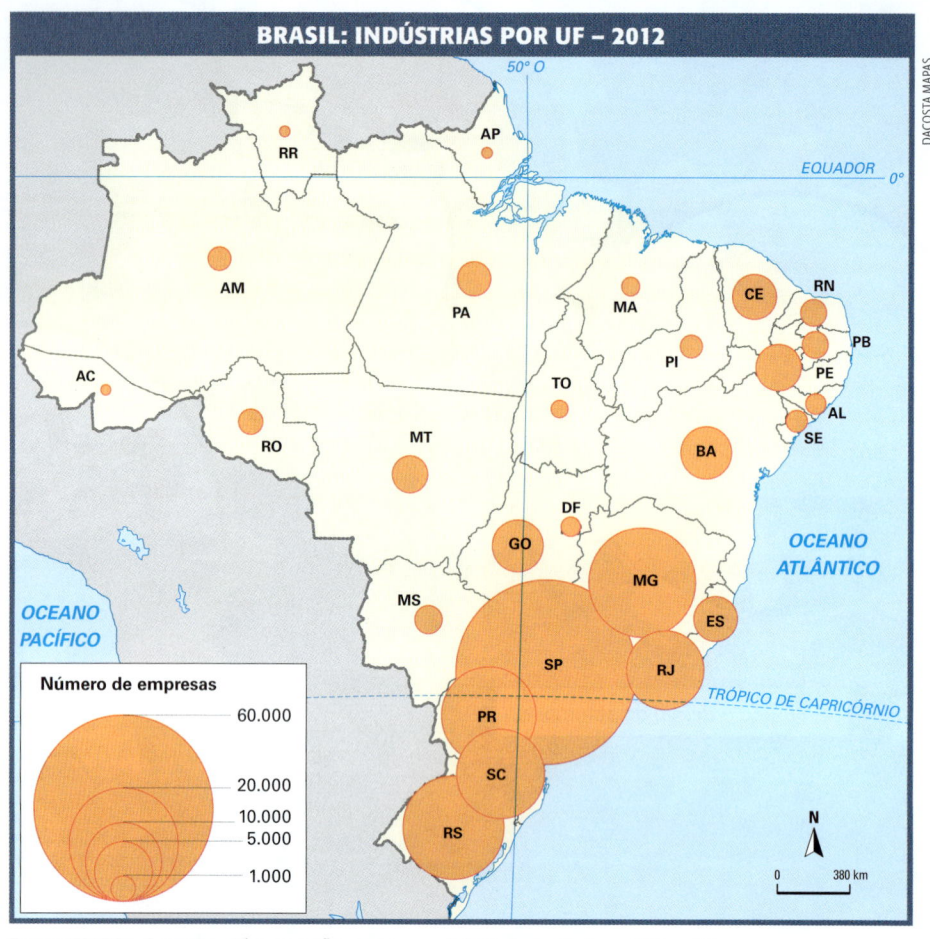

BRASIL: INDÚSTRIAS POR UF – 2012

Número de empresas: 60.000 / 20.000 / 10.000 / 5.000 / 1.000

Fonte: FERREIRA, Graça M. L. *Atlas geográfico*: espaço mundial. São Paulo: Moderna, 2013. p. 145.

Numa análise comparativa entre as macrorregiões, conclui-se que a região com maior produção industrial é a Sudeste, com fortes concentrações especialmente nos estados de São Paulo e Rio de Janeiro. Um longo processo histórico e diversos fatores explicam a concentração de indústrias no Sudeste, o que aprofundou ainda mais as desigualdades regionais e consolidou a região como o principal centro industrial, econômico, financeiro e populacional do Brasil.

A Região Sul é a segunda mais industrializada com uma distribuição equilibrada entre as UFs, destacando-se a parte leste de Santa Catarina e do Rio Grande do Sul, Curitiba e municípios próximos. No Nordeste, as maiores produções industriais estão nas capitais, sendo Ceará, Pernambuco e Bahia os estados mais industrializados. O Centro-Oeste concentra a produção industrial principalmente nas capitais. A Região Norte é a menos industrializada, sendo que a grande produção industrial ocorre em Manaus.

LEITURA DE IMAGEM

1. Que UF concentra o maior número de empresas industriais? Em que macrorregião se localiza?

2. Quais as duas macrorregiões que concentram o maior número de indústrias?

3. Qual a situação da UF onde você mora em relação às demais UFs do país? Faça uma comparação quanto aos números de empresas industriais.

A concentração industrial

Ao longo do processo de industrialização no Brasil, ocorrido principalmente a partir de 1930, a atividade industrial se concentrou nas áreas urbanas, contribuindo para o rápido processo de urbanização do país. Muitos motivos ajudam a compreender essa localização, dentre os quais se destacam:

- **existência de infraestrutura:** as cidades contavam com mais infraestrutura para a instalação das fábricas, como vias e meios de transporte, redes elétricas etc.;
- **disponibilidade de mão de obra:** nas cidades se concentravam maior número de pessoas que poderiam tornar-se mão de obra assalariada nas fábricas;
- **proximidade dos centros de comércio e venda de produtos:** muitas fábricas se instalaram nas cidades pois nelas se concentravam consumidores e estabelecimentos comerciais para venda de produtos industrializados.

Atualmente, no entanto, os motivos citados acima não são tão importantes. No Brasil e em muitos países industrializados, muitas fábricas deixaram grandes centros urbanos de tradição industrial. Esse processo é denominado **desconcentração industrial**.

E NO MUNDO?

Distribuição da indústria no mundo

Apesar de toda a evolução e expansão desde seu aparecimento, a atividade industrial está concentrada em algumas regiões do mundo

MUNDO: PRINCIPAIS CONCENTRAÇÕES INDUSTRIAIS

Fonte: *Atlante Metodico Geografico De Agostini*. Novara: Istituto Geografico De Agostini, 2014 p. E50-E51.

As maiores concentrações industriais estão no nordeste dos Estados Unidos, sudeste do Canadá, Europa Ocidental, Rússia, Japão e leste da China. Países emergentes, como China, Índia e Brasil, vêm se transformando em novos polos industriais. Os países mais ricos, no entanto, continuam concentrando indústrias de alta tecnologia, como informática, biotecnologia e telecomunicações, as chamadas indústrias de ponta.

A desconcentração industrial

No Brasil, a relativa desconcentração industrial ocorreu principalmente a partir da década de 1990, com um decréscimo relativo da concentração industrial na Região Sudeste e o crescimento de outros estados. Observe o gráfico.

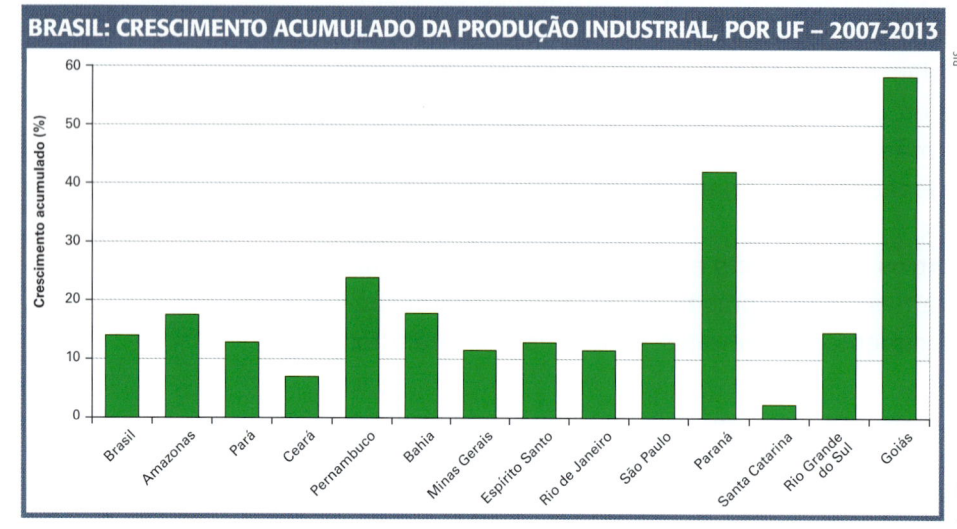

BRASIL: CRESCIMENTO ACUMULADO DA PRODUÇÃO INDUSTRIAL, POR UF – 2007-2013

Fonte: *Anuário estatístico do Brasil 2013.* Rio de Janeiro: IBGE, 2014. p. 273.

> **LEITURA DE IMAGEM**
> - Cite os cinco estados com maior crescimento da produção industrial de 2007 a 2013.

Entre os fatores que explicam a desconcentração industrial em cidades e estados tradicionalmente voltados para essa atividade, do Brasil e de outros países, destacam-se:

- no caso brasileiro, governos de outros municípios e estados ofereceram vantagens para atrair indústrias, tais como: impostos menores, aluguéis e terrenos a preços mais baixos, criação de infraestrutura. Além dessas vantagens, há a mão de obra mais barata em comparação a áreas industriais tradicionais;
- a instalação de fábricas tornou-se cara em muitas cidades, pois os valores de mão de obra, imóveis, aluguéis e impostos tornaram-se muito elevados, o que fez aumentar os custos de produção;
- muitas fábricas já não necessitam se localizar próximas aos estabelecimentos comerciais e consumidores, pois houve um grande avanço nos sistemas de transporte e de distribuição dos produtos;
- problemas de mobilidade urbana, como grandes congestionamentos, dificultam a locomoção dos trabalhadores e o transporte de produtos;
- muitas indústrias passaram por um processo de modernização, não necessitando de um grande número de operários na produção;
- as cidades com tradição industrial desenvolveram um sindicalismo forte, com grande adesão dos operários, em busca de melhores condições de trabalho e do cumprimento de leis trabalhistas junto aos patrões. Essa "pressão" também foi um fator que influenciou na decisão da saída de empresas para áreas sem tradição industrial.

Linha de montagem de veículos em Taubaté (SP), 2014.

INDÚSTRIA E AMBIENTE

1 **POLUIÇÃO DO AR:**
Gases sendo liberados por uma indústria

As indústrias liberam gases que poluem o ar, prejudicando as condições de saúde da população, especialmente a dos centros urbanos.

2 **LIXO PROVENIENTE DE INDÚSTRIAS**
Depositado em lixão.

Outro impacto ambiental gerado pela atividade industrial é a contaminação do solo e das águas subterrâneas. Esse problema ocorre com acúmulo de lixo sólido, como embalagens de plástico, papel e metal, e de produtos químicos restantes da produção industrial.

3 **RIO OU CÓRREGO POLUÍDO**
Recebendo esgoto da indústria.

A poluição das águas por efluentes (rejeitos líquidos) industriais afeta a saúde de pessoas que entram em contato com as águas e pode causar mortandade de espécies animais.

Existem leis que obrigam as indústrias a diminuírem os impactos no meio ambiente, devendo realizar ações como:

- Colocar filtros de ar;
- Tratar a água antes de ser despejada na rede de esgotos ou em rios;
- Dar destino adequado ao lixo industrial.

Além de ações obrigatórias por lei, muitas indústrias passaram a adotar práticas sustentáveis, como o reaproveitamento de materiais, reciclagem das embalagens dos produtos, utilização de energia renovável, entre outras medidas. Para que as leis sejam cumpridas é importante que todos fiquem atentos e denunciem as irregularidades aos órgãos responsáveis.

2 Industrialização no Brasil

Neste capítulo, destacamos alguns aspectos do processo de industrialização brasileiro, do início do seu desenvolvimento até os dias atuais.

ATÉ 1930

Até o início do século XX, o Brasil possuía poucas indústrias, com destaque para as de **bens de consumo não duráveis**. Observe o gráfico.

Como não havia indústrias de **bens de capital** no país, as máquinas utilizadas para produzir farinhas, tecidos, calçados, sabonetes etc. eram importadas, criando uma dependência tecnológica em relação aos países mais industrializados.

Somente a partir da década de 1930 a produção industrial se intensificou e assumiu importância crescente na economia nacional. Até então, o Brasil participava do comércio internacional exclusivamente como exportador de produtos primários (produtos agrícolas e minérios) e importador de bens industrializados.

Operárias da tecelagem Mariangela, das Indústrias Reunidas Matarazzo, São Paulo (SP), 1920.

BRASIL: TIPOS DE INDÚSTRIA E SUA PARTICIPAÇÃO NO VALOR DA PRODUÇÃO – 1920

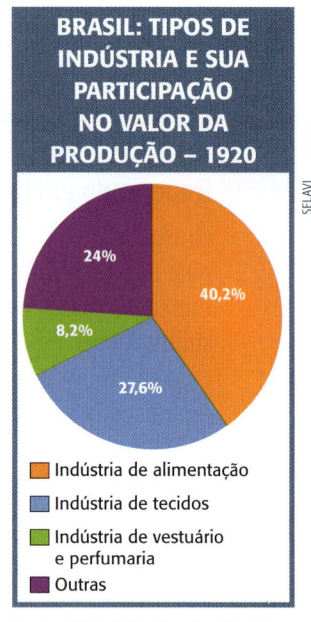

- Indústria de alimentação: 40,2%
- Indústria de tecidos: 27,6%
- Indústria de vestuário e perfumaria: 8,2%
- Outras: 24%

Fonte: LIMA, Heitor Ferreira. *História político-econômica e industrial do Brasil*. São Paulo: Nacional, 1976. p. 331.

Desde o início, o processo de industrialização do Brasil caracterizou-se pela concentração na Região Sudeste, principalmente nas cidades de São Paulo e Rio de Janeiro, favorecida pelos capitais acumulados com a cafeicultura, pelo amplo mercado consumidor e pela maior oferta de mão de obra e de infraestrutura (energia elétrica, ferrovias, rodovias, portos, rede bancária e comercial) encontrados nessas cidades.

LEITURA DE IMAGEM
- Quais os bens de consumo duráveis mais fabricados no Brasil em 1920?

+ SAIBA MAIS

Bens industriais: classificação

Os bens produzidos pelas indústrias são classificados em:

- **bens intermediários:** são as matérias-primas utilizadas no processo industrial. Exemplos: aço, gasolina, plástico, asfalto, entre outros produtos;
- **bens de capital:** são produtos industrializados utilizados pelas indústrias, tais como: máquinas industriais, peças, ferramentas etc.;
- **bens de consumo:** produtos consumidos pelas pessoas, os consumidores. Eles podem ser:

– **bens de consumo duráveis:** bens de relativa durabilidade que não necessitam ser utilizados ou consumidos imediatamente e que demoram para ser substituídos, tais como: automóveis, aviões, eletrodomésticos, móveis, computadores etc.

– **bens de consumo não duráveis:** bens de rápido desgaste ou deterioração que precisam ser consumidos rapidamente. Exemplos: alimentos, roupas, remédios, produtos de higiene etc.

DE 1930 A 1955

A grande crise de 1929 criou dificuldades para a importação de produtos industrializados e para a exportação de produtos primários brasileiros, especialmente o café (principal produto de exportação do Brasil até então), liberando investimentos, mão de obra e infraestrutura para outras atividades, principalmente a indústria.

Em 1931, o Governo Federal anunciou a determinação de implantar indústrias de bens intermediários no país, para sustentar outros tipos de indústria. Contudo, medidas concretas só foram tomadas de 1937 a 1945, durante o Estado Novo. Em 1941, surgiu a Companhia Siderúrgica Nacional (CSN); em 1942, foi criada a Companhia Vale do Rio Doce, para extrair minério de ferro em Minas Gerais.

Companhia Siderúrgica Nacional (CSN) em Volta Redonda (RJ), 1953.

As dificuldades proporcionadas pela Segunda Guerra Mundial (1939--1945), impostas à importação de máquinas e matérias-primas, favoreceram a indústria nacional, pois o Governo Federal passou a incentivar a substituição de importações por produtos nacionais.

Nesse período, o governo brasileiro também passou a investir bastante no setor energético, fundamental para a industrialização. Em 1951, foi inaugurada a Usina Hidrelétrica de Paulo Afonso, no Rio São Francisco. Em 1953, foi criada a Petrobras, empresa estatal responsável pela extração, refino e transporte de petróleo.

NÃO DEIXE DE LER

- **Indústria e trabalho no Brasil: limites e desafios**
William Jorge Gerab e Waldemar Ross. São Paulo: Atual, 1997.

A obra aborda a trajetória da industrialização no Brasil, desde o período colonial. Os autores fazem uma análise da questão do trabalho, decorrente desse processo: o desemprego estrutural, o sucateamento do parque industrial, a desconcentração industrial etc.

Crise de 1929: declínio acentuado da produção de bens e do comércio internacional, gerando queda no consumo e desemprego em várias partes do mundo.

Empresa estatal: empresa controlada e administrada pelo Estado.

Estado Novo: período da história do Brasil entre 1937 e 1945 caracterizado pelo regime político centralizado e autoritário implantado pelo presidente Getúlio Vargas.

DE 1956 A 1990

A partir de 1956, o Plano de Metas do Governo Federal, que tinha como slogan "50 anos em 5", pretendia ampliar e acelerar o desenvolvimento econômico do Brasil por meio de uma industrialização rápida, com estímulos à instalação de multinacionais e investimentos em infraestrutura (transporte e energia). Valorizava-se a implantação das indústrias de **bens de consumo duráveis**, com destaque para a indústria automobilística.

Com a Ditadura Militar, a economia brasileira tornou-se mais dependente de investimentos estatais e do capital estrangeiro. Vivenciou-se um período de grande crescimento econômico conhecido como "Milagre Brasileiro" (1968-1973).

Assembleia de metalúrgicos em São Bernardo do Campo (SP), 1985.

A década de 1980 foi marcada pela crise nas principais atividades econômicas, elevada inflação e desemprego acentuado. O período ficou conhecido como "Década Perdida". A produção industrial brasileira decaiu e os investimentos diminuíram.

DE 1990 AOS DIAS ATUAIS

A década de 1990 foi marcada pela inserção do Brasil no processo de globalização, acompanhado de uma reestruturação econômica, com destaque para a privatização.

Para a indústria, a década de 1990 foi um período de recuperação e de modernização para competir com os produtos importados, principalmente de países como China, Cingapura, Taiwan e Coreia do Sul.

Nos últimos anos, o Brasil atraiu indústrias de bens de consumo duráveis, como montadoras de automóveis. Assim como o Brasil, outros países emergentes (China, Índia e México) apresentam aspectos atrativos, tais como:
- vantagens fiscais (isenção de impostos) oferecidas por governos;
- grande mercado consumidor em expansão, ou seja, aumento da parcela da população com poder de compra;
- busca de diminuição de custos (com fontes de energia, matéria-prima, vantagens em impostos etc.) e mão de obra barata;
- leis e fiscalizações ambientais menos rígidas ou menos eficientes.

Ditadura Militar: período da história do Brasil que vai de 1964 a 1985 e que se caracteriza por um regime político centralizado e autoritário implantado pelas forças armadas: Exército, Marinha e Aeronáutica (forças militares).

Globalização: crescimento da interdependência entre países, governos, empresas e povos do mundo, motivado principalmente pelas evoluções nos meios de comunicação, nos transportes e na informática.

Multinacional: empresa que possui a matriz em um país e filiais em outros países. Também é conhecida como transnacional.

Privatização: venda de empresas estatais e concessão de serviços públicos para empresas privadas.

1. Observe a fotografia, leia a legenda e depois faça as atividades.

Montadora em Juiz de Fora (MG), 2014.

   a. Em que município e Unidades da Federação a montadora está instalada?

   b. Observe o entorno de onde a fábrica foi instalada e descreva o que a paisagem revela: trata-se de um centro urbano? Justifique a resposta, observando os elementos da paisagem.

   c. O município onde se localiza a montadora não faz parte de áreas com tradição industrial. Qual característica do processo de distribuição da indústria no Brasil explica esse fato?

2. Cite três motivos que explicam, em geral, o processo de relativa desconcentração industrial no território brasileiro.

3. O número das chamadas "empresas verdes" vem crescendo no Brasil e em outros países. Em geral, essas empresas têm preocupações ambientais, que vão além daquelas previstas em lei. Muitas delas também se preocupam com a comunidade em que está instalada e com as condições de trabalho dos funcionários, caracterizando-se como social e ambientalmente justas.

A Adobe Systems é uma das maiores empresas verdes do mundo. No prédio-sede, na Califórnia (Estados Unidos), foram adotadas medidas para redução no consumo de energia elétrica e de água e reciclagem de resíduos sólidos. Fotografia de 2012.

   a. Em relação aos impactos ambientais, como as indústrias podem contribuir para um mundo melhor?

   b. Na sua opinião, por que, cada vez mais, as empresas se preocupam com questões ambientais?

4. Que fatores ajudam a explicar a concentração industrial no Sudeste no início do processo de industrialização do nosso país?

5. Escreva um pequeno texto sobre alguns aspectos do processo de industrialização do nosso país, destacando o papel do Estado, a substituição de importações, o Plano de Metas, a Ditadura Militar e a globalização.

6. Explique por que os chamados países emergentes, como o Brasil, atraem empresas multinacionais, especialmente as de bens de consumo duráveis.

3 O setor de serviços

O setor de **serviços** envolve diversas atividades, tais como: turismo, transportes, informática, saúde, educação, comunicações e muitas outras. Nas últimas décadas, o número de trabalhadores empregados nesse setor teve um grande crescimento. Juntamente com o comércio, o setor de serviços compõe o setor terciário da economia.

Alguns fatores ajudam a entender o crescimento do setor de serviços, tais como:

- uso de novas tecnologias (robotização/automação), principalmente na indústria, dispensando trabalhadores que migraram para o setor terciário, e criando atividades e funções ligadas a elas;
- aumento do poder aquisitivo de grande parcela da população, associado à expansão do modo de vida urbano-industrial, caracterizado pelo consumo de bens e serviços, como atividades de lazer, educação, serviços bancários, atendimento médico-hospitalar etc.;
- crescente competição entre empresas, que aumenta a procura por serviços como propaganda, publicidade, pesquisas de mercado e informatização, com o objetivo de alcançar um maior número de consumidores e clientes.

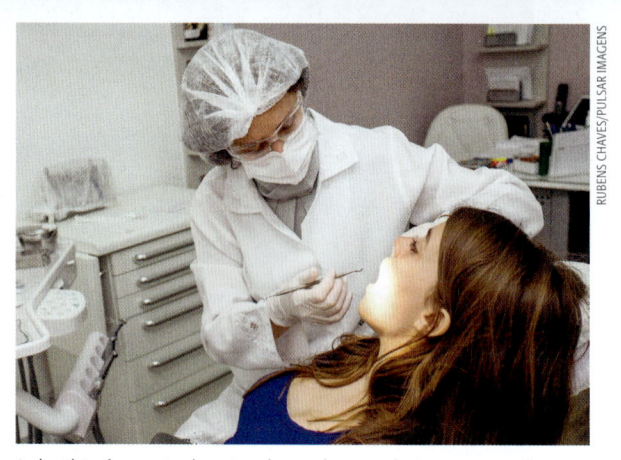

A dentista faz parte do setor de serviços, assim como motorista, pedreiro, professor, bancário, advogado, entre muitos outros. Fotografia de consultório em Itapevi (SP), 2013.

SAIBA MAIS

Informatização e expansão da internet

A informatização dos processos em empresas e a expansão da internet, a rede mundial de computadores, teve um grande impacto no setor de comércio e serviços: nos bancos, inúmeros serviços antes efetuados pelos bancários hoje são feitos pelos clientes em caixas eletrônicos ou pela internet; no comércio, ampliaram-se as vendas *on-line*; na educação, ocorreu a expansão de cursos a distância, entre outras mudanças.

O número de pontos públicos (com acesso gratuito), moradias e pessoas com acesso à rede também cresce a cada ano no Brasil.

Quiosque Digital em São João do Meriti (RJ), 2014.

Atividade

- Cite as mudanças ocorridas no comércio e nos serviços com a informatização e a expansão da internet.

TURISMO

O turismo é a atividade econômica que consiste no deslocamento de pessoas à procura de lazer, compras, cultura, ciência, religião, tratamentos de saúde, negócios e congressos. É uma atividade de grande importância econômica, pois amplia a produção e o consumo de bens e outros serviços (hotelaria, transportes, lazer, comércio em geral, principalmente bares e restaurantes etc.), criando muitos empregos diretos e indiretos.

A grande extensão territorial do Brasil, associada às condições de clima, vegetação, relevo, hidrografia e diversidade cultural, proporciona ao nosso país um grande potencial turístico.

Apesar desse grande potencial, nosso país não está entre os mais visitados por turistas estrangeiros. Os países mais visitados em 2013 foram França, Estados Unidos, Espanha, China e Itália.

O Brasil poderia ter uma colocação melhor no turismo mundial em relação ao número de turistas estrangeiros, gerando mais empregos e aumentando as receitas, caso alguns aspectos fossem melhorados. Entre esses aspectos estão, principalmente, aqueles ligados à:

- **infraestrutura:** melhoria nos transportes, com construção e reforma de portos, aeroportos e estradas; ampliação da rede hoteleira; implantação de postos turísticos; sinalização de ruas em inglês e/ou espanhol, especialmente nas cidades com potencial turístico;
- **formação de profissionais:** melhoria na preparação de profissionais que têm contato direto com o turista, possibilitando a comunicação em outras línguas e o atendimento eficiente, com informações desejadas pelos turistas;
- **violência e insegurança:** este é um item que tem grande influência na decisão de turistas de não escolherem o Brasil como destino. A criminalidade abala a imagem do Brasil junto ao potencial visitante. Assim, a expansão do turismo também está ligada à diminuição da violência;
- **publicidade:** a ampliação de propagandas é essencial para que o candidato a turista tenha um primeiro contato com os atrativos dos locais a serem visitados.

Nos últimos anos, governo e empresas privadas realizaram investimentos para a melhoria de alguns dos aspectos citados acima, especialmente devido aos grandes eventos internacionais sediados pelo Brasil, como a Copa do Mundo em 2014 e as Olimpíadas em 2016. Há, no entanto, ainda muito o que se fazer para tornar o turismo uma atividade econômica de destaque.

O principal atrativo no Brasil para o turista estrangeiro está ligado às praias e aos climas quentes. A cidade mais visitada com o objetivo de lazer é o Rio de Janeiro. Fotografia de 2014.

NÃO DEIXE DE ACESSAR

- **Ministério do Turismo**
www.turismo.gov.br
Neste *site* é possível obter informações a respeito de eventos sobre os diversos destinos turísticos no Brasil, montar um roteiro turístico etc.

Grupo de estudantes com guia turístico visita a Igreja de Nossa Senhora da Conceição, em Ouro Preto (MG), 2011.

TRANSPORTES

Vivemos em um mundo onde mercadorias, pessoas e informações circulam de um lugar para outro constantemente. Nos dias de hoje, é possível comprar uma mercadoria e visitar lugares sem sair de casa, o que ocorre devido aos avanços dos meios de comunicação e transporte.

Com o avanço da ciência e da tecnologia, muitos dos meios de transporte se tornaram mais velozes, permitindo que o tempo gasto entre um lugar e outro diminuísse.

Os transportes também exercem um importante papel na economia de um país, pois deles dependem diversas atividades econômicas.

O desenvolvimento desse setor requer amplo planejamento estratégico do governo, para que ocorra a integração entre os diferentes **sistemas de transportes**, como rodovias, ferrovias e hidrovias interligadas a portos e aeroportos.

Observe os mapas.

Meios de comunicação: equipamentos como telefone, cartas, televisão, *e-mails*, rádio, jornais, internet, revistas etc. que conectam pessoas em diferentes lugares.

LEITURA DE IMAGEM

1. Compare a rede rodoviária (estradas) com a rede ferroviária (ferrovias). Qual delas é mais extensa?
2. Em que macrorregiões há maior concentração de rodovias e ferrovias?

BRASIL: RODOVIAS E FERROVIAS

- Rodovia pavimentada
- Rodovia sem pavimentação
- BR-116 Código federal de rodovia
- Ferrovia

Fonte: FERREIRA, Graça M. L. *Atlas geográfico*: espaço mundial. São Paulo: Moderna, 2013. p. 147.

180

BRASIL: PORTOS, AEROPORTOS E HIDROVIAS

Fonte: CALDINI, Vera; ÍSOLA, Leda. *Atlas geográfico Saraiva*. São Paulo: Saraiva, 2013. p. 51.

LEITURA DE IMAGEM

1. Em sua Unidade da Federação há aeroportos nacionais e internacionais? Se sim, quais são?
2. Em que macrorregião se concentram as hidrovias? Que características do relevo e da hidrografia favorecem sua concentração nessa região?

Os sistemas de transportes são reflexo da organização das atividades econômicas de um país. No Brasil, os sistemas implantados nas últimas décadas do século XIX e início do século XX refletiam a característica agroexportadora da economia brasileira. As **ferrovias** constituíam o principal sistema de transporte no país.

A partir da segunda metade do século XX, a entrada da indústria automobilística, principalmente das grandes montadoras, mudou as características das redes de transporte no Brasil. O governo brasileiro optou pelas **rodovias**.

181

Rodovias

Atualmente, as rodovias constituem o principal sistema de transportes do Brasil, sendo responsáveis por cerca de 62% dos deslocamentos de mercadorias e 96% do transporte de pessoas.

As dificuldades econômicas do país na década de 1980 repercutiram na conservação do sistema rodoviário brasileiro, provocando uma degradação das rodovias. A manutenção, a construção e a pavimentação de estradas foram praticamente paralisadas. Tal situação acarretou um grande número de acidentes e atropelamentos, inclusive com vítimas fatais, e grandes prejuízos a diversos setores da economia.

Cruzamento da Rodovia Osvaldo Aranha em Porto Alegre (RS), 2012.

Praça de pedágio na Rodovia Presidente Dutra (SP), 2014. A crise econômica da década de 1980, associada aos altos custos de manutenção, levou os governos estaduais e federal à concessão de serviços públicos a empresas privadas.

Com a retomada do crescimento econômico, a partir de meados da década de 1990, alguns estados e o Governo Federal começaram a modificar o panorama de dependência em relação ao transporte rodoviário, com investimentos na construção de hidrovias e instalação e recuperação de portos e aeroportos. Além disso, a administração de muitas rodovias federais e estaduais passou para o controle de empresas privadas por meio de concessões.

As rodovias apresentam vantagens e desvantagens:
- vantagens: pela agilidade e rapidez na entrega da mercadoria em curtos espaços a percorrer; o meio de transporte chega até a mercadoria, enquanto nos outros sistemas a mercadoria deve ir ao encontro do meio de transporte; a entrega da mercadoria pode ser efetuada na porta do comprador;
- desvantagens: custo elevado de manutenção e do transporte de carga; menor capacidade de carga; aumento do trânsito contribuindo para os congestionamentos e maior poluição quando comparado a outros sistemas.

Ferrovias

No início do século XX as ferrovias constituíam o principal sistema de transporte no Brasil. Estavam concentradas na Região Sudeste, especialmente no estado de São Paulo, de onde partiam trens carregados de café para o porto de Santos.

A partir da segunda metade do século XX, com a prioridade ao transporte rodoviário, ocorreu a decadência gradual do sistema ferroviário. Ramais e linhas considerados ineficientes e deficitários foram desativados. Assim, em vez de modernizá-los, optou-se por abandoná-los.

A partir de meados da década de 1990, o governo iniciou o processo de concessão das estradas de ferro para a iniciativa privada, com planos para revitalização e expansão do setor. Novas ferrovias estão sendo implantadas, como a Transnordestina e a Ferronorte, e outras recuperadas para transporte de carga ou pra fins turísticos.

Trem turístico, Curitiba-Morretes (PR), 2013.

As principais cargas transportadas pelo sistema ferroviário brasileiro são: produtos siderúrgicos; grãos; minério de ferro; cimento e cal; derivados de petróleo; calcário; carvão mineral.

As ferrovias caracterizam-se, principalmente, pela capacidade de transportar grandes volumes, especialmente em casos de deslocamentos a médias e grandes distâncias. Apresenta, ainda, maior segurança, em relação ao transporte rodoviário, com menor índice de acidentes e menor incidência de furtos e roubos. Mas o custo de implantação é bastante alto.

Ferrovia Transnordestina em Salgueiro (PE), 2012.

LINGUAGEM CARTOGRÁFICA

Áreas de interesse turístico no Brasil: uso de símbolos

O potencial turístico do Brasil é bastante variado e tem relação com aspectos naturais, histórico-culturais e de negócios (reuniões, congressos, encontros de profissionais etc.). Observe o mapa.

BRASIL: PRINCIPAIS ÁREAS DE INTERESSE TURÍSTICO – 2012

Principais áreas de interesse turístico

- Floresta: turismo ecológico
- Pantanal: turismo ecológico
- Rio: pesca esportiva
- Praia: litorânea, fluvial
- Cachoeira
- Estância hidromineral/climática
- Estância serrana
- Formação rochosa (cânion, arenito esculpido etc.)
- Gruta
- Pico: alpinismo
- Construção histórica
- Centro de peregrinação
- Festa popular/folclórica/religiosa
- Sítio arqueológico
- Ferrovia turística
- Esporte náutico
- Turismo de negócios

Fonte: CALDINI, Vera; ÍSOLA, Leda. *Atlas geográfico Saraiva*. São Paulo: Saraiva, 2013. p. 58.

184

Símbolos no mapa

Os símbolos são muito usados nos mapas quando se quer mostrar a localização exata de um ponto da superfície terrestre. No caso do mapa ao lado, esses pontos se referem a cidades ou lugares turísticos.

Cada símbolo escolhido tem relação com a informação representada. São os chamados **símbolos evocativos**. Por exemplo, para o item "Festa popular/folclórica/religiosa" foram usadas bandeirinhas que evocam as festas de São João, ou juninas, um dos eventos mais populares ocorridos no território brasileiro.

Também, foram usadas cores para indicar áreas mais abrangentes (como a Floresta Amazônica) e linhas para indicar fenômenos contínuos (como os rios).

Observe novamente o mapa e faça as atividades.

Atividades

1. Quais áreas de interesse turístico têm relação com os elementos naturais? Que macrorregião se destaca pelo grande potencial para o turismo ecológico? Por quê?

2. Que itens estão relacionados aos interesses pela história e cultura do lugar? Escolha um desses itens e analise a ocorrência dele no território brasileiro.

3. Em quais Unidades da Federação pode ser feito o passeio por uma ferrovia turística?

4. Observe a fotografia, leia a legenda e responda à questão.

    Em que outras Unidades da Federação há importantes sítios arqueológicos?

5. Quais são as principais áreas de interesse turístico na Unidade da Federação onde você mora? Que tipo de atração elas exercem?

6. Das áreas de interesse turístico apresentadas no mapa, qual você gostaria de visitar? Por quê?

7. Em grupo, faça uma pesquisa sobre os lugares com potencial turístico no município ou Unidade da Federação onde vocês moram. Depois, produzam um novo mapa para representar a localização desses lugares (pontos ou áreas), usando símbolos e cores para indicar os tipos de interesse.

No Parque Nacional da Serra da Capivara, no sudeste do Piauí, há inúmeros sítios arqueológicos com pinturas rupestres e vestígios da presença do ser humano de 100.000 anos atrás. Fotografia de 2013.

8. Em grupo, imaginem que vocês trabalham em uma agência de viagens e têm de montar um roteiro turístico para dois grupos. O grupo 1 tem interesse em diversão e lazer. Já o grupo 2 prefere conhecer a cultura e história dos lugares. Vocês deverão indicar os locais a ser visitados, por que esses locais são interessantes, o número de dias necessários, o roteiro, o tipo de transporte a serem usado etc. Depois, apresentem o roteiro para os outros colegas.

185

4 Comércio

Comércio é a atividade econômica de compra, venda ou troca de produtos, também chamados de **mercadorias**. A atividade comercial ocorre tanto no campo quanto na cidade, mas é na cidade que se concentram diversos estabelecimentos comerciais, os locais onde as mercadorias são negociadas. Padarias, supermercados, farmácias e restaurantes são exemplos de estabelecimentos comerciais.

COMÉRCIO ON-LINE

Com o uso cada vez mais comum da internet e de cartões magnéticos, tem crescido o chamado **comércio on-line** ou **e-commerce**, pelo qual é possível comprar mercadorias sem precisar ir até um estabelecimento. Observe o gráfico.

COMÉRCIO INFORMAL

Muitas vezes, sem ter uma profissão e por falta de opção de emprego, algumas pessoas passam a vender mercadorias pelas ruas das cidades, principalmente naqueles lugares por onde passam muitas pessoas. Esses vendedores são chamados de camelôs e vendedores ambulantes.

Muitos ambulantes que trabalham nas cidades brasileiras fazem parte do chamado **comércio informal**, constituído por aqueles que não têm registro nas prefeituras e que não pagam os impostos cobrados dos comerciantes. Por estarem na informalidade, esses trabalhadores não têm acesso a direitos trabalhistas como décimo terceiro salário, aposentadoria, férias remuneradas e licença-maternidade ou paternidade.

BRASIL: CATEGORIAS DE PRODUTOS MAIS VENDIDOS NO COMÉRCIO ON-LINE (%) – 2013

- Moda e acessórios: 13,7%
- Eletrodomésticos: 12,3%
- Cosméticos e perfumaria: 12,2%
- Informática: 9%
- Livros e revistas: 8,9%
- Outros: 43,9%

Fonte: E-bit. Disponível em: <www.e-commerce.org.br>. Acesso em: ago. 2014.

LEITURA DE IMAGEM

1. Que categoria de produtos foi a mais vendida pelo comércio on-line em 2013?
2. Na sua opinião, quais as vantagens e desvantagens do comércio on-line para o consumidor?
3. Na sua opinião, que cuidados o consumidor deve ter ao realizar uma compra pela internet?

Camelô: vendedor que trabalha nas ruas e calçadas expondo suas mercadorias em barracas, tabuleiros ou no chão.

Vendedor ambulante: vendedor que não tem local fixo para vender suas mercadorias.

Vendedor ambulante na Praia dos Açores, em Florianópolis (SC), 2015.

186

COMÉRCIO INTERNO NO BRASIL

O **comércio interno** é a compra e venda de mercadorias dentro de um país, podendo ser feito a varejo ou por atacado. O **comércio varejista**, que vende mercadorias diretamente ao consumidor, em supermercados, restaurantes, padarias etc., envolve pequenas quantidades. Já o **comércio atacadista** vende grandes quantidades de mercadorias para empresas ou comerciantes varejistas.

Observe no mapa a distribuição dos estabelecimentos comerciais e as pessoas ocupadas no comércio interno do Brasil em 2011.

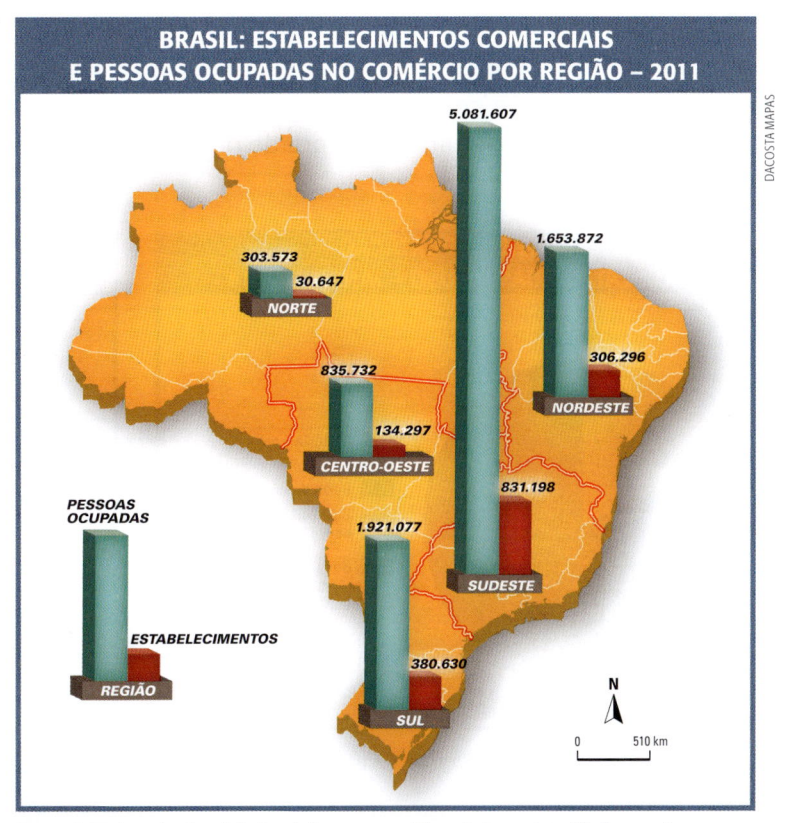

BRASIL: ESTABELECIMENTOS COMERCIAIS E PESSOAS OCUPADAS NO COMÉRCIO POR REGIÃO – 2011

NORTE: 303.573 / 30.647
NORDESTE: 1.653.872 / 306.296
CENTRO-OESTE: 835.732 / 134.297
SUDESTE: 5.081.607 / 831.198
SUL: 1.921.077 / 380.630

Fonte: IBGE. *Pesquisa Anual de Comércio*, v. 23, 2011. Disponível em: <http://ftp.ibge.gov.br>. Acesso em: out. 2014.

SAIBA MAIS

Comércio Justo e Solidário e moedas sociais

Em muitos lugares do Brasil, existem redes do chamado Comércio Justo e Solidário (CJS), como as associações de produtores rurais e urbanos que vendem seus produtos diretamente ao consumidor. É uma ideia simples que tem muitas vantagens. Por exemplo, comprando direto do produtor local o consumidor adquire produtos mais frescos (no caso de alimentos), os preços são mais justos, pois não há os "atravessadores", o dinheiro circula localmente, promovendo o desenvolvimento do bairro ou município, e muitas outras vantagens.

O CJS, também chamado de comércio equitativo e comércio ético, tem muitas versões em outros países, sendo denominado *fair trade*, em países de língua inglesa, ou *commercio equo e solidale*, na Itália, por exemplo.

Para desenvolver o CJS e a produção local, muitos lugares no Brasil criaram **moedas sociais** e bancos comunitários. Ou seja, além do real, a comunidade tem sua própria moeda. O objetivo é fazer o dinheiro circular na comunidade, estimulando a produção e os serviços locais, e garantir pequenos créditos a juros baixos, sem exigência de consultas ou comprovação de renda.

O primeiro banco comunitário criado no Brasil foi o Banco Palmas, na comunidade de Palmeira, em Fortaleza (CE).

Atividade

- Faça uma pesquisa para descobrir se no seu município há redes de comércio justo e solidário. Se houver, procure divulgar as informações para os colegas e familiares.

COMÉRCIO EXTERNO DO BRASIL

Nenhum país é autossuficiente na produção de mercadorias, necessitando comprar bens de outros países, realizando assim o **comércio externo**. Nesse tipo de comércio, quando um país vende para outro país realiza a **exportação**; quando compra de outro país, ocorre a **importação**. Observe os gráficos.

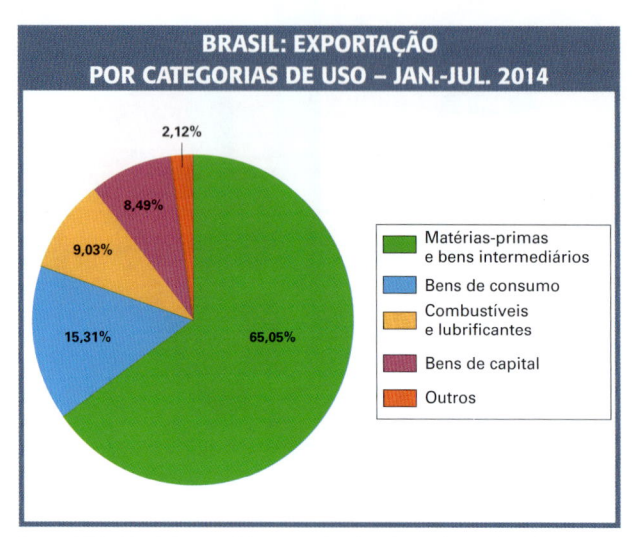

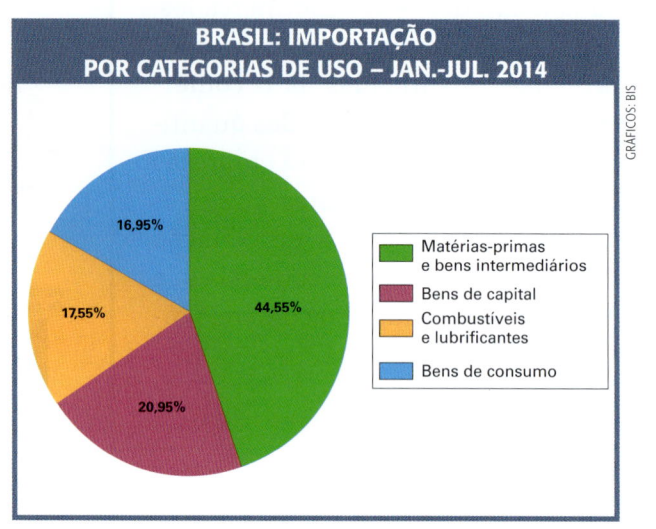

BRASIL: EXPORTAÇÃO POR CATEGORIAS DE USO – JAN.-JUL. 2014
- Matérias-primas e bens intermediários: 65,05%
- Bens de consumo: 15,31%
- Combustíveis e lubrificantes: 9,03%
- Bens de capital: 8,49%
- Outros: 2,12%

BRASIL: IMPORTAÇÃO POR CATEGORIAS DE USO – JAN.-JUL. 2014
- Matérias-primas e bens intermediários: 44,55%
- Bens de capital: 20,95%
- Combustíveis e lubrificantes: 17,55%
- Bens de consumo: 16,95%

Fonte: Ministério do Desenvolvimento, Indústria e Comércio Exterior. Disponível em: <www.mdic.gov.br>. Acesso em: ago. 2014.

Como você estudou, durante muito tempo o Brasil desempenhou a função de país agroexportador no comércio internacional, ou seja, nossas exportações eram, principalmente, de produtos primários ou agrícolas como café, algodão, carne, cacau, madeira e fumo.

A partir da década de 1960, principalmente, o Brasil aumentou bastante a venda de produtos industrializados. No final da década de 1970, as exportações de produtos industrializados começaram a superar as de produtos agrícolas.

Atualmente, embora os produtos primários ainda tenham uma grande participação no comércio externo do Brasil, o país também exporta calçados, suco de laranja, aviões, máquinas, equipamentos, automóveis, veículos de carga, bebidas, armamentos, produtos químicos etc.

As importações também sofreram alterações. Atualmente, além de matérias-primas e bens intermediários como combustíveis, lubrificantes, adubos e fertilizantes, o Brasil importa bens de elevado valor agregado (de maior tecnologia e conhecimento científico), como equipamentos mecânicos, automóveis, artigos de telefonia e informática, equipamentos elétricos e eletrônicos, produtos farmacêuticos, aviões, entre outros.

LEITURA DE IMAGEM

1. Que categorias de produtos se destacam nas exportações e nas importações do Brasil?
2. Excluindo as matérias-primas e os bens intermediários, que categorias de produtos são os mais exportados e os mais importados pelo Brasil? Classifique essas categorias, citando exemplos.

E NO MUNDO?

Quem fiscaliza o comércio mundial?

O órgão que fiscaliza o comércio mundial e cria regras para regulamentá-lo é a Organização Mundial do Comércio (OMC), fundada em 1994, substituindo o Acordo Geral de Tarifas e Comércio (GATT). Com sede em Genebra, na Suíça, a OMC é muito importante para países como o Brasil, pois as normas que regulam o comércio internacional podem defendê-los frente aos interesses de países mais poderosos política e economicamente.

PRINCIPAIS PARCEIROS COMERCIAIS DO BRASIL

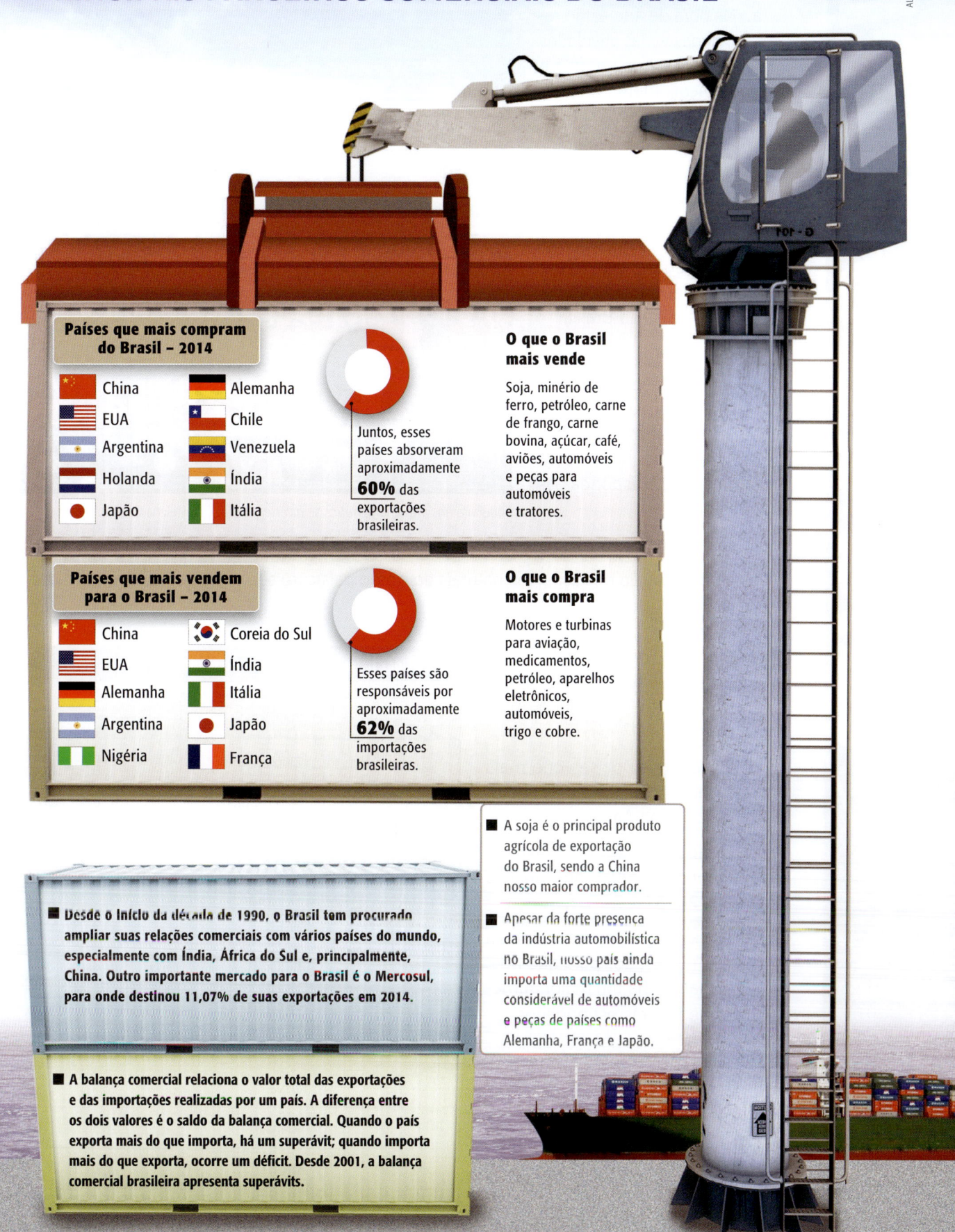

Países que mais compram do Brasil – 2014

- China
- Alemanha
- EUA
- Chile
- Argentina
- Venezuela
- Holanda
- Índia
- Japão
- Itália

Juntos, esses países absorveram aproximadamente **60%** das exportações brasileiras.

O que o Brasil mais vende

Soja, minério de ferro, petróleo, carne de frango, carne bovina, açúcar, café, aviões, automóveis e peças para automóveis e tratores.

Países que mais vendem para o Brasil – 2014

- China
- Coreia do Sul
- EUA
- Índia
- Alemanha
- Itália
- Argentina
- Japão
- Nigéria
- França

Esses países são responsáveis por aproximadamente **62%** das importações brasileiras.

O que o Brasil mais compra

Motores e turbinas para aviação, medicamentos, petróleo, aparelhos eletrônicos, automóveis, trigo e cobre.

■ Desde o início da década de 1990, o Brasil tem procurado ampliar suas relações comerciais com vários países do mundo, especialmente com Índia, África do Sul e, principalmente, China. Outro importante mercado para o Brasil é o Mercosul, para onde destinou 11,07% de suas exportações em 2014.

■ A soja é o principal produto agrícola de exportação do Brasil, sendo a China nosso maior comprador.

■ Apesar da forte presença da indústria automobilística no Brasil, nosso país ainda importa uma quantidade considerável de automóveis e peças de países como Alemanha, França e Japão.

■ A balança comercial relaciona o valor total das exportações e das importações realizadas por um país. A diferença entre os dois valores é o saldo da balança comercial. Quando o país exporta mais do que importa, há um superávit; quando importa mais do que exporta, ocorre um déficit. Desde 2001, a balança comercial brasileira apresenta superávits.

teia do saber

1. Observe a obra de arte e, depois, responda às questões.

    a. Na obra de arte estão retratadas várias atividades do setor de comércio e serviços. Identifique essas atividades.

    b. Cite outras atividades que compõem o setor de serviços.

2. Explique com suas palavras por que vem ocorrendo um grande crescimento do setor de serviço no Brasil.

3. A obra de arte retrata o Rio de Janeiro, cidade brasileira que mais recebe turistas estrangeiros em busca de lazer. Com base nessa informação, responda às questões:

Enquanto uns trabalham, outros se divertem (2001), de Helena Coelho.

    a. Que atrativos turísticos se destacam na obra de arte?

    b. Qual a relação dos aspectos naturais do nosso país com seu principal atrativo turístico?

4. Observe a tabela e responda às questões.

    a. Em 2013, quantos milhões de turistas o país mais visitado do mundo recebeu a mais que o Brasil?

    b. Entre os dez países que mais recebem turistas, qual está localizado na América?

    c. Qual a posição do Brasil no *ranking* mundial do turismo em 2013?

    d. Explique que aspectos devem ser melhorados para que nosso país atraia um maior número de turistas estrangeiros.

5. Um dos passeios turísticos disponíveis no nosso país é realizado em trens destinados especialmente para isso, os chamados **trens turísticos**. Observe a fotografia da página ao lado e, depois, responda às questões.

Os dez países mais visitados do mundo e o Brasil – 2013		
Posição	País	Turistas (milhões de chegadas)
1ª	França	83,0
2ª	Estados Unidos	69,8
3ª	Espanha	60,7
4ª	China	47,7
5ª	Itália	43,2
6ª	Turquia	37,8
7ª	Alemanha	31,5
8ª	Reino Unido	31,2
9ª	Rússia	28,4
10ª	Tailândia	26,5
39ª	**Brasil**	**5,8**

Fonte: Ministério do Turismo. *Anuário Estatístico do Turismo 2014*. Disponível em: <www.dadosefatos.turismo.gov.br>. Acesso em: ago. 2014.

No século XIX, a linha da antiga Companhia Mogiana de Estradas de Ferro transportava o café produzido nas fazendas do interior de São Paulo. Atualmente, um trecho da ferrovia destina-se ao passeio turístico. Na fotografia, estação Jaguariúna (SP), 2011.

a. A ferrovia da Companhia Mogiana de Estradas de Ferro, como outras no século XIX e início do XX, era fundamental para a economia agroexportadora da época. Que importância era essa?

b. O que ocorreu com as ferrovias a partir de meados do século XX?

c. Na sua opinião, o nosso país deveria realizar mais investimentos em ferrovias? Justifique.

6. Em paisagens como a representada na obra de arte da página ao lado, é comum ocorrer o comércio informal. Explique o que é esse tipo de comércio e os problemas enfrentados pelos trabalhadores nele envolvidos.

7. Observe novamente o mapa da página 187, que trata do comércio interno no Brasil, e responda às questões.

a. Aproximadamente quantas pessoas estão empregadas no comércio interno no Brasil?

b. Qual o número de estabelecimentos comerciais na região onde você mora?

c. Que macrorregião apresenta o maior número de estabelecimentos e pessoas ocupadas na atividade comercial? Na sua opinião, por que a atividade comercial é maior nessa região?

8. Sobre o comércio externo do Brasil, copie o quadro ao lado no caderno e preencha-o.

Brasil: comércio externo	Principais parceiros	Principais produtos
Exportação		
Importação		

Investigando seu lugar

9. Entreviste duas pessoas que trabalhem no seu município para saber a atividade profissional que exercem. Depois, de forma coletiva e com a ajuda do professor, separe as atividades por setor da economia. Registre os dados numa tabela ou gráfico e analise: de que setor da economia a maior parte dos entrevistados faz parte? Na opinião de vocês, os resultados refletem as atividades econômicas do município? Explique sua resposta.

Encerrando a unidade

- Providencie fotografias relacionadas ao conteúdo estudado nesta unidade. Depois, em grupo, selecionem quatro ou cinco fotografias que melhor representem cada capítulo. Criem legendas relacionando as imagens ao conteúdo estudado. Depois, montem um painel fotográfico, separado pelos temas de cada capítulo.

ANTIGAS E NOVAS PROFISSÕES

ANTIGAS

Quando alguém lhe pergunta "Que profissão você quer seguir?", o que você responde?

As respostas a essa pergunta variam muito de pessoa para pessoa, mas também variam de acordo com cada época. Se você estivesse na década de 1950, poderia responder, por exemplo, "Gostaria de ser professor de datilografia".

ALFAIATE

O alfaiate é especializado na confecção de roupas masculinas, produzindo-as de acordo com as medidas do cliente. Esse profissional perdeu espaço para as confecções em larga escala. No entanto, os alfaiates que resistiram ao tempo têm clientela cativa. Fotografia de 1938.

DATILÓGRAFO

Um bom e rápido datilógrafo tinha emprego garantido nos escritórios. O datilógrafo escrevia textos e preenchia formulários e relatórios na máquina de escrever. Fotografia de cerca de 1950.

TELEGRAFISTA

O telégrafo foi um aparelho muito usado entre o final do século XIX e início do século XX, pois possibilitava a comunicação a longa distância em pouco tempo. Para transmitir as informações, era usado o código Morse, um sistema constituído de sinais de pontuação, letras e números. Quem fazia e recebia essas transmissões era o telegrafista. Fotografia de 1900.

Conhecimento Interligado

192

NOVAS

Nos dias de hoje, há vagas para profissionais que até bem pouco tempo não existiam.

PRODUTOR DE GAMES

Os *games* fazem muito sucesso como lazer e diversão, mas também têm aplicações na área da Educação e em atividades de simulação de situações da Medicina e da Engenharia. Fotografia de 2010.

BIOTECNÓLOGO

Profissão que envolve atividades muito diversas, como a criação de medicamentos e tratamentos de saúde, a produção de biocombustíveis, o tratamento do lixo etc. Fotografia de 2010.

ESPECIALISTA EM AGRONEGÓCIO E AGROECÓLOGO

O crescimento da produção agrícola justifica a necessidade dos dois profissionais. O primeiro busca garantir a produção em larga escala e o segundo minimizar o impacto ambiental provocado pelas técnicas de cultivo intensivo. Fotografia de 2012.

GERONTÓLOGO

Diferente do médico geriatra (que trata das doenças comuns em idosos), o profissional que estuda o envelhecimento humano acompanha o idoso visando garantir melhor qualidade de vida para o paciente. Fotografia de 2013.

Atividades

1. Observe novamente as fotografias da página 192 e, com um colega, responda: na sua opinião, por que essas profissões deixaram de existir ou se tornaram mais raras?

2. Suas ideias sobre a profissão que deseja seguir mudaram recentemente? Por quê?

3. Das novas profissões mostradas nesta seção, qual você achou mais interessante? Você seguiria essa carreira? Por quê?

UNIDADE 8
População brasileira

Afrodescendentes, jovens, indígenas, mulatos, loiros, umbandistas, idosos, homossexuais, mulheres, crianças, imigrantes, pobres, católicos, ricos... o Brasil é formado por uma grande diversidade de pessoas, e todas elas fazem parte de um único grupo: **a população brasileira**.

Conhecer as características da população nos ajuda a compreender o espaço geográfico que produzimos e como esse espaço pode ser melhor para todas as pessoas, independentemente da sua condição social e financeira, idade, preferência sexual, religião etc.

Nesta unidade você vai saber mais sobre

- População brasileira: quantos somos?
- Fatores do crescimento da população brasileira
- Distribuição da população pelo território
- Movimentos migratórios internos
- Estrutura por idade e sexo
- A pirâmide etária brasileira
- Estrutura ocupacional
- A mulher no mercado de trabalho
- A origem do povo brasileiro

TROCANDO IDEIAS

1. O que há em comum entre as pessoas retratadas?
2. A população brasileira tem origens diversas. Escolha duas fotografias e comente qual é, na sua opinião, a origem das pessoas (povo ou continente).
3. Na sua opinião, o fato de existir uma grande diversidade na população brasileira, nos seus diversos aspectos, faz com que não haja manifestações de preconceito em nosso país? Comente sua resposta.

195

1 Brasil: país populoso

Observe o mapa.

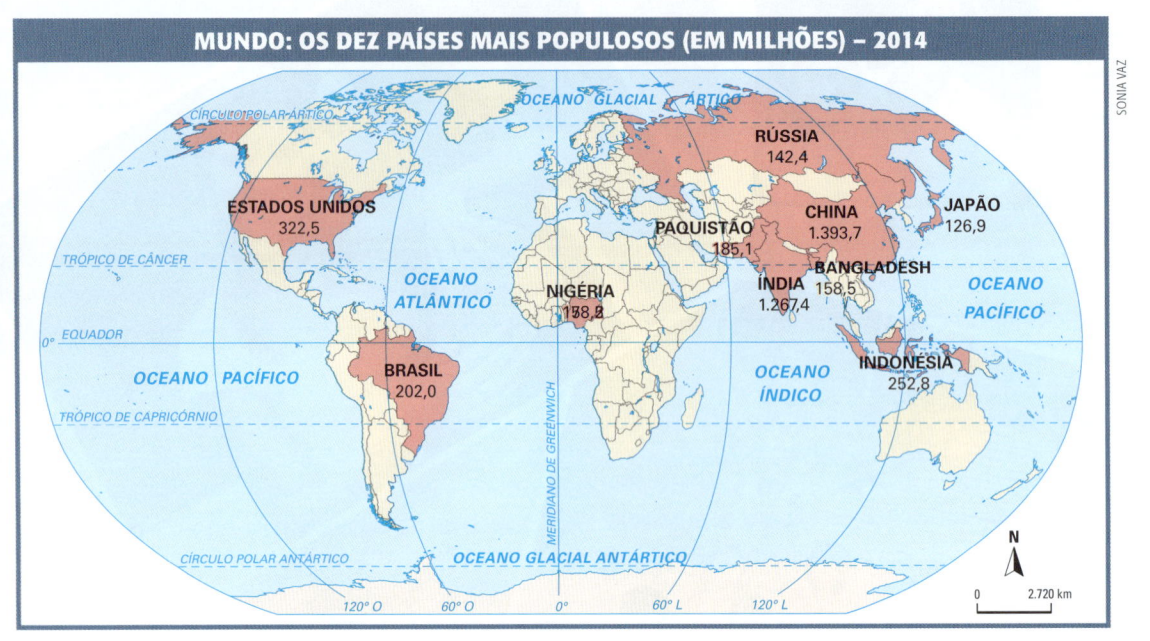

MUNDO: OS DEZ PAÍSES MAIS POPULOSOS (EM MILHÕES) – 2014

- RÚSSIA: 142,4
- ESTADOS UNIDOS: 322,5
- JAPÃO: 126,9
- CHINA: 1.393,7
- PAQUISTÃO: 185,1
- NIGÉRIA: 158,2
- BANGLADESH: 158,5
- ÍNDIA: 1.267,4
- BRASIL: 202,0
- INDONÉSIA: 252,8

Fonte: ONU. *World Urbanization Prospects, the 2014 revision*. Disponível em: <http://esa.un.org/unpd/wup/CD-ROM>. Acesso em: ago. 2014.

A **população absoluta** do planeta Terra no ano de 2014 era de aproximadamente 7,2 bilhões de pessoas, distribuídas irregularmente entre os países. A China, com uma população de mais de 1 bilhão e 300 mil habitantes, é o país mais populoso do mundo. O Brasil, com uma população absoluta de aproximadamente 202 milhões de habitantes também é considerado um país **populoso**. Vários países, no entanto, possuem uma população bem menos numerosa, como é o caso do Uruguai, que possui apenas 3,4 milhões de habitantes, população menor que a de muitos estados e até de municípios brasileiros.

LEITURA DE IMAGEM

1. Faça uma lista classificando de 1 a 10 os países mais populosos do mundo.
2. Em que continente está localizada a maioria dos países mais populosos do mundo?
3. Quantos habitantes havia no Brasil em 2014?

População absoluta: total de habitantes de uma determinada área, podendo ser do mundo, de um país, de uma região, de um município etc.

Concentração de pessoas na área central da cidade do Rio de Janeiro (RJ) em 2010. Esse município possui aproximadamente 6,5 milhões de habitantes, população superior à de muitos países.

196

O CRESCIMENTO DA POPULAÇÃO BRASILEIRA

Desde o primeiro censo demográfico do Brasil, em 1872, verifica-se que a população brasileira não parou de crescer ao longo dos anos. Observe a tabela.

População brasileira de 1872 a 2014		
Ano	Número de habitantes	Crescimento relativo (%)
1872	9.930.478	—
1890	14.333.915	44,3
1900	17.438.434	21,6
1920	30.635.605	75,6
1940	41.236.315	34,6
1950	51.944.397	25,9
1960	70.992.343	36,6
1970	94.508.583	33,1
1980	121.150.573	28,6
1991	146.917.459	21,2
2000	169.590.693	15,4
2010	190.755.799	12,4
2014*	202.033.670	5,91

* Estimativa da população.
Fonte: IBGE. Disponível em: <www.ibge.gov.br>. Acesso em: ago. 2014.

Censo demográfico: pesquisa realizada pelo IBGE a cada dez anos. Por meio dele, reúnem-se informações sobre toda a população brasileira. Com essas informações, o governo pode planejar melhor suas ações para o atendimento das necessidades da população, como educação, saúde, moradia etc. O último censo realizado no Brasil foi em 2010.

Emigrante: pessoa que sai de um determinado país para viver em outro.

Imigrante: pessoa que entra em um país e nele passa a morar.

Taxa de natalidade e taxa de mortalidade: relação porcentual entre o número de nascimentos ou mortes e o da população absoluta em um ano. Assim, quando se diz que as taxas de natalidade e mortalidade em um país são, respectivamente, 6% e 2%, isso significa que, por ano, para cada grupo de 100 habitantes nascem 6 pessoas e morrem 2. É comum a leitura desses índices por mil, ou seja, o número de pessoas acrescidas ou diminuídas a cada grupo de mil habitantes.

Dois fatores principais explicam o crescimento populacional brasileiro: **o saldo migratório positivo**, isto é, a quantidade de imigrantes foi maior que a de emigrantes em determinados períodos; e o **crescimento natural ou vegetativo**, ou seja, a taxa de natalidade manteve-se maior que a taxa de mortalidade.

A grande entrada de imigrantes europeus no país, especialmente a partir do final do século XIX, fez com que a população crescesse mais rapidamente. De 1880 a 1930, mais de 4 milhões de imigrantes entraram no Brasil. No Censo de 1920 foi apontada uma população absoluta de mais de 30 milhões de habitantes, cerca de 75% a mais que o índice obtido no Censo de 1900, como você observou na tabela.

A partir da década de 1930, em muitas cidades brasileiras passaram a ocorrer melhorias nas condições sanitárias e nas condições de saúde da população. Ocorreram a ampliação das redes de água e coleta de esgoto e a introdução de novos medicamentos e campanhas de vacinação que provocaram redução da mortalidade e, consequentemente, aumento do crescimento natural, pois a natalidade continuou alta. Em 1940, a população já era mais que o dobro da de 1900.

Chegada de imigrantes ao Porto de Santos (SP), cerca de 1900.

Crescimento em declínio

Como você observou na tabela da página 197, as taxas de crescimento da população apresentaram uma queda constante a partir de 1960. Isso ocorreu devido à diminuição da entrada de imigrantes e, principalmente, à diminuição da taxa de natalidade, como você pode verificar na tabela abaixo.

Brasil: evolução das taxas de crescimento vegetativo (%) – 1872-2010			
Período	Taxa de natalidade	Taxa de mortalidade	Crescimento natural
1872-1890	4,65	3,02	1,63
1891-1900	4,60	2,78	1,82
1901-1920	4,50	2,64	1,86
1921-1940	4,40	2,53	1,87
1941-1950	4,35	1,97	2,38
1951-1960	4,15	1,50	2,65
1961-1970	3,77	0,94	2,83
1971-1980	3,40	0,80	2,60
1981-1990	2,74	0,78	1,96
1991-2000	2,21	0,68	1,53
2001-2010	1,77	0,60	1,17

Fonte: IBGE. *Estatísticas do Século XX e Censo Demográfico 2010*. Disponível em: <www.ibge.gov.br>. Acesso em: ago. 2014.

Observe que no primeiro período representado na tabela (1872-1890), a taxa de natalidade era de 4,65, caindo para 1,77 no período de 2001-2010. Ao mesmo tempo, nesses mesmos períodos, a taxa de mortalidade caiu de 3,02 para 0,6.

A queda nos índices de crescimento demográfico no Brasil está relacionada a famílias cada vez menores. As fotografias retratam duas famílias brasileiras em épocas diferentes. Observe-as.

Coronel Donnel com esposa e filhos em Parnaguá (PI), 1912.

Família em São Caetano do Sul (SP), 2014.

Na década de 1910 (fotografia 1), era comum os casais terem muitos filhos. Nesse período, cada mulher brasileira tinha em média seis filhos. Atualmente (fotografia 2), esse número caiu para dois filhos. Você mesmo pode analisar em sua família ou em outras que conhece: provavelmente verificará uma diminuição do número de filhos de uma geração para outra.

Por que as famílias brasileiras estão menores?

No Brasil, vários fatores explicam a diminuição das taxas de natalidade e o fato de as famílias estarem menores.

Mulheres e homens passaram a ter maior acesso a informações e métodos contraceptivos, isto é, procedimentos que evitam a gravidez, como uso de pílulas anticoncepcionais e preservativos. Também aumentou o acesso de homens e mulheres a métodos cirúrgicos para não ter mais filhos: a vasectomia e a laqueadura, respectivamente.

A inserção da mulher no mercado de trabalho é outro fator que interferiu na diminuição da natalidade. Além do emprego remunerado, fora de casa, muitas mulheres cuidam da família e dos afazeres domésticos, o que é conhecido como "dupla jornada". Assim, um grande número de filhos sobrecarregaria ainda mais o trabalho da mulher. E as dificuldades de uma mulher grávida conseguir emprego também influenciam a decisão de ter ou não mais filhos.

Cartaz da Secretaria Municipal de Saúde de Campo Grande (MS) sobre planejamento familiar.

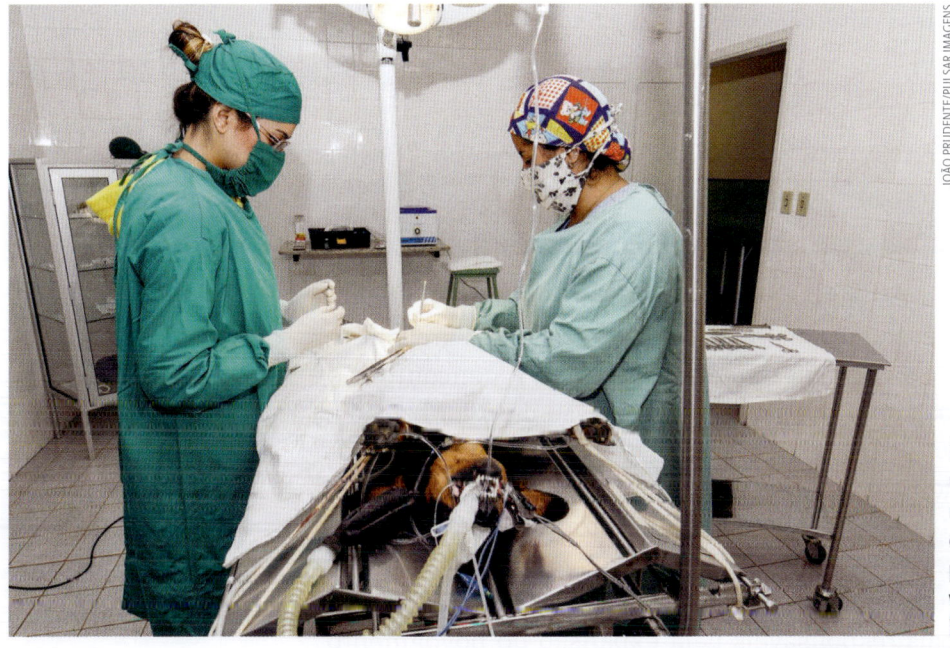

É cada vez maior o número de mulheres com nível universitário no mercado de trabalho, e que exercem profissões valorizadas pela sociedade. Na fotografia, veterinárias operam um cão em Espírito Santo do Pinhal (SP), 2013.

Outro fator está ligado à urbanização brasileira. Além de maior acesso a informações, a vida urbana representa maiores demandas por bens de consumo e serviços, aumentando o custo de vida. Assim, quanto maior o número de filhos, maiores são as despesas com alimentação, saúde, educação, vestuário, lazer etc. Para quem vive nas cidades, outro fator é a preocupação com a segurança e a violência no dia a dia.

2 Distribuição e movimentos da população

DISTRIBUIÇÃO ESPACIAL DA POPULAÇÃO

Observe o mapa.

BRASIL: DISTRIBUIÇÃO DA POPULAÇÃO – 2010

· 10.000 habitantes

Fonte: *Atlas geográfico escolar*. Rio de Janeiro: IBGE, 2012. p. 113.

LEITURA DE IMAGEM
- Observe a Unidade da Federação onde vive e identifique que áreas apresentam maior concentração populacional.

A população brasileira não está distribuída de forma homogênea no território, havendo concentrações na parte leste (litoral e nas áreas próximas a ele) e no entorno das cidades médias e grandes. A concentração populacional nessas áreas tem relação com o processo de colonização e com as atividades econômicas que se desenvolveram ao longo dos séculos: produção de cana-de-açúcar, pecuária, mineração, produção de café, indústria e, mais recentemente, a ampliação do setor de serviços, como vimos em unidades anteriores.

Atividades como a busca pelas drogas do sertão, a mineração e a pecuária foram as principais responsáveis pela expansão do povoamento para o interior do país, porém insuficientes para evitar a concentração no leste do território.

A partir dos anos 1960, a situação começou a mudar com medidas governamentais que favoreceram a expansão da ocupação em direção às regiões Norte e Centro-Oeste, com a construção de estradas, projetos de expansão da fronteira agrícola e a construção de Brasília.

BRASIL: PAÍS POUCO POVOADO

Para definir se um país é muito ou pouco **povoado**, não basta saber a população absoluta. É necessário também conhecer o tamanho do território que essa população ocupa. Com essas informações, calcula-se a **densidade demográfica**.

Densidade demográfica ou **população relativa** é o número médio de pessoas que ocupam determinada área. Quanto maior a densidade demográfica, mais **povoado** é o espaço. E, quanto menor a densidade demográfica, menos povoado é o espaço.

A densidade demográfica é obtida pela divisão da população absoluta pela área que essa população ocupa. Observe:

$$\text{Densidade demográfica} = \frac{\text{População absoluta}}{\text{Área territorial}}$$

Assim, no caso brasileiro, temos: $\frac{202.033.670 \text{ hab.}}{8.515.767 \text{ km}^2} = 23{,}7 \text{ hab./km}^2$.

Com uma densidade demográfica de 23,7 hab./km², o Brasil é considerado **pouco povoado** em relação a outros países, apesar de ser **populoso**. Isso ocorre porque o território brasileiro possui uma grande área territorial.

A densidade não retrata fielmente a distribuição da população pelo território. Em todos os países existem áreas densamente povoadas e áreas menos povoadas. No Brasil, alguns estados apresentam alta densidade demográfica, enquanto outros, densidades bastante baixas.

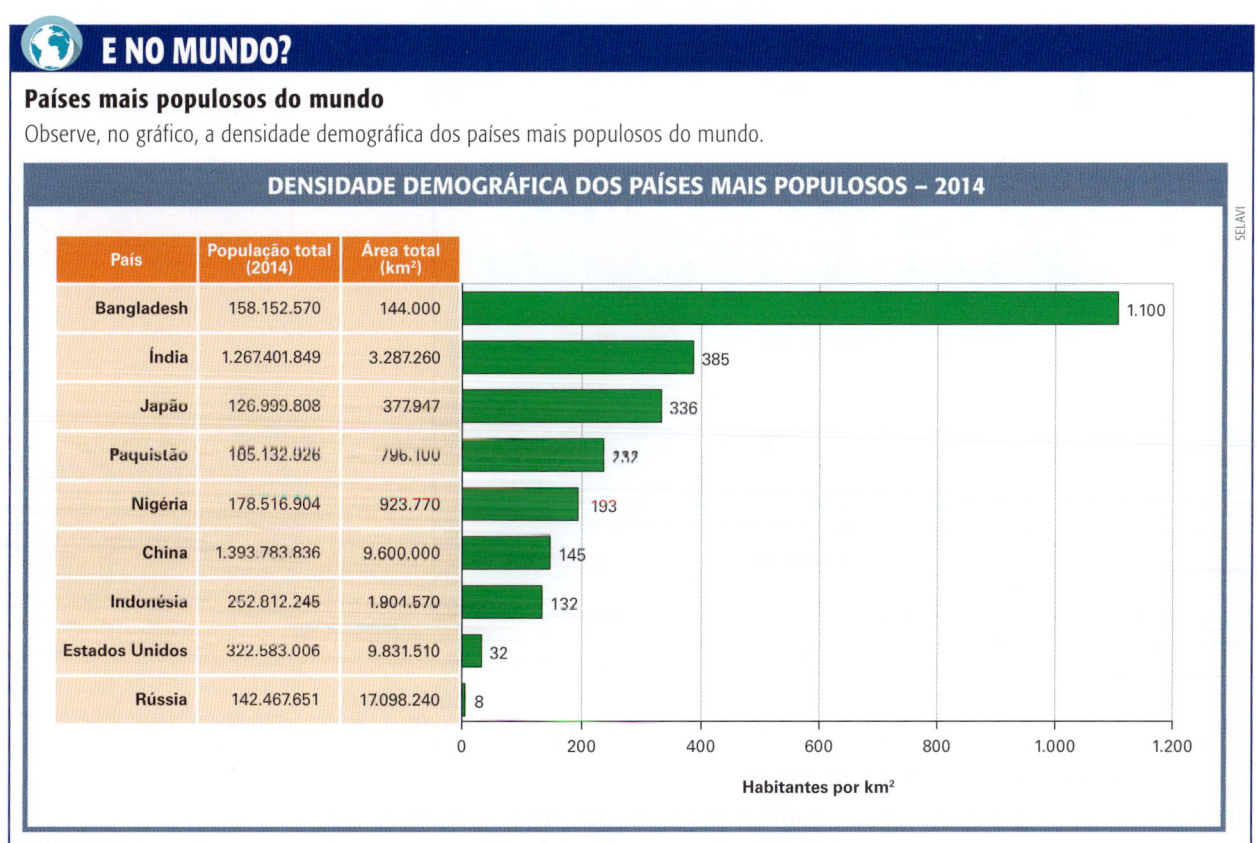

🌎 E NO MUNDO?

Países mais populosos do mundo

Observe, no gráfico, a densidade demográfica dos países mais populosos do mundo.

DENSIDADE DEMOGRÁFICA DOS PAÍSES MAIS POPULOSOS – 2014

País	População total (2014)	Área total (km²)	Habitantes por km²
Bangladesh	158.152.570	144.000	1.100
Índia	1.267.401.849	3.287.260	385
Japão	126.999.808	377.947	336
Paquistão	185.132.926	796.100	232
Nigéria	178.516.904	923.770	193
China	1.393.783.836	9.600.000	145
Indonésia	252.812.245	1.904.570	132
Estados Unidos	322.583.006	9.831.510	32
Rússia	142.467.651	17.098.240	8

Fontes: IBGE Países@. Disponível em: <www.ibge.gov.br>; ONU. *World Urbanization Prospects, the 2014 revision*. Disponível em: <http://esa.un.org/unpd/wup/CD-ROM.>. Acessos em: ago. 2014.

MOVIMENTOS DA POPULAÇÃO BRASILEIRA NO TERRITÓRIO

No mapa da página 200 vimos um retrato da distribuição espacial da população brasileira nos dias de hoje, resultado de um longo processo histórico. Desse processo também fazem parte as **migrações internas**, ou seja, os deslocamentos de pessoas entre os diferentes lugares do país.

No Brasil, segundo as estatísticas do IBGE, quatro em cada dez pessoas não moram no município onde nasceram. Essas pessoas são **migrantes**, isto é, brasileiros que mudam de um município para outro (do mesmo estado ou de estados diferentes), geralmente em busca de trabalho e melhores condições de vida.

Principais fluxos migratórios

De 1960 a 1970

Observe o mapa.

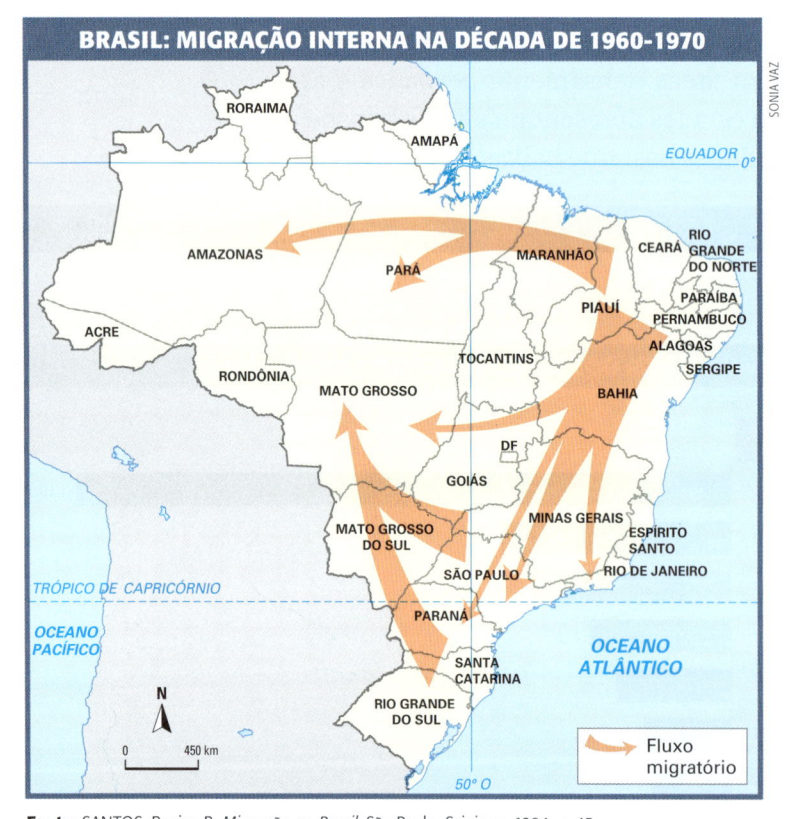

BRASIL: MIGRAÇÃO INTERNA NA DÉCADA DE 1960-1970

Fonte: SANTOS, Regina B. *Migração no Brasil*. São Paulo: Scipione, 1994. p. 45.

LEITURA DE IMAGEM

1. Como os movimentos migratórios foram representados no mapa?
2. Entre 1960 e 1970, os movimentos migratórios tinham origem principalmente em qual região?
3. No período representado no mapa, o Centro-Oeste recebeu muitos migrantes. A maior parte desses migrantes saíram de que regiões?

Como você observou, no período de 1960 a 1970, os principais fluxos migratórios originaram-se na Região Nordeste. Milhares de nordestinos migraram principalmente para as regiões Sudeste (atraídos pelas atividades ligadas à indústria) e Norte (atraídos pelas novas áreas agrícolas, ou garimpos na Amazônia). Da Região Sul também saíram muitas pessoas em direção à Região Centro-Oeste, atraídas pelas novas áreas agrícolas.

De 1970 a 1980

Nessa década, a Região Nordeste manteve a liderança dos fluxos migratórios. Entretanto, aumentaram os deslocamentos de migrantes que deixaram as regiões Sudeste e Sul em direção às regiões Centro-Oeste e Norte, atraídos pelo baixo preço das terras.

De 1980 a 2000

A partir de 1980 verificou-se uma redução da migração entre as regiões brasileiras. Os fluxos migratórios ocorreram principalmente do campo para a cidade e de um município para outro, no interior das regiões. Dessa forma, pessoas do interior do Ceará, por exemplo, migraram para a capital, Fortaleza, e municípios próximos.

De 2000 a atualidade

Desde o ano 2000, o principal movimento que caracteriza as migrações internas é a chamada **migração de retorno**. Muitas pessoas retornaram aos lugares de origem, saindo, por exemplo, do Sudeste, especialmente de São Paulo, e voltando para o Nordeste. Esse movimento de retorno está relacionado, principalmente, ao crescimento econômico e às políticas regionais em outras regiões do país.

Porém, os dados do Censo 2010 revelaram que essa migração de retorno está diminuindo.

BRASIL: MIGRAÇÃO INTERNA NA DÉCADA DE 1970-1980

Fonte: SANTOS, Regina B. *Migração no Brasil*. São Paulo: Scipione, 1994. p. 45.

BRASIL: MIGRAÇÃO INTERNA NAS DÉCADAS DE 1980-2000

Fonte: IBGE *Teen*. Disponível em: <www.ibge.gov.br>. Acesso em: ago. 2014.

NÃO DEIXE DE ASSISTIR

- **O caminho das nuvens**
  Direção: Vicente Amorim. Brasil, 2003.
  Família parte numa jornada de 3.200 km, saindo de Santa Rita, na Paraíba, e indo para o Rio de Janeiro de bicicleta.

203

teia do saber

1. Observe uma das notícias que foi destaque na imprensa sobre os resultados do Censo 2010. Depois, responda às questões.

> ### "Família brasileira está menor", diz IBGE
>
> "[...] o Instituto Brasileiro de Geografia e Estatística (IBGE) revelou hoje [16 ago. 2010] que o ritmo de crescimento da família brasileira tem diminuído, assim como o número de moradores por residência [...]"
>
> Agência Brasil. Disponível em: <http://memoria.ebc.com.br/>.
> Acesso em: ago. 2014.

  a. Por que, atualmente, as famílias brasileiras estão menores? Elabore sua resposta com base no que você estudou no *Capítulo 1*.

  b. Observe a tabela da página 197 e apresente dados que comprovem que a população brasileira diminuiu seu ritmo de crescimento.

2. Apesar de o ritmo de crescimento da população ter diminuído, nosso país continua entre os mais populosos. Responda às questões.

  a. Quantos habitantes, aproximadamente, há em nosso país? Qual é a posição mundial do Brasil quanto à população?

  b. Explique a frase: "Apesar de populoso, o Brasil é pouco povoado, quando comparado com outros países".

3. Observe o mapa para responder às questões.

BRASIL: DENSIDADE DEMOGRÁFICA POR UNIDADE FEDERATIVA – 2014*

(hab./km²)
- De 2 a 5
- De 6 a 26
- De 35 a 70
- De 84 a 177
- De 375 a 493

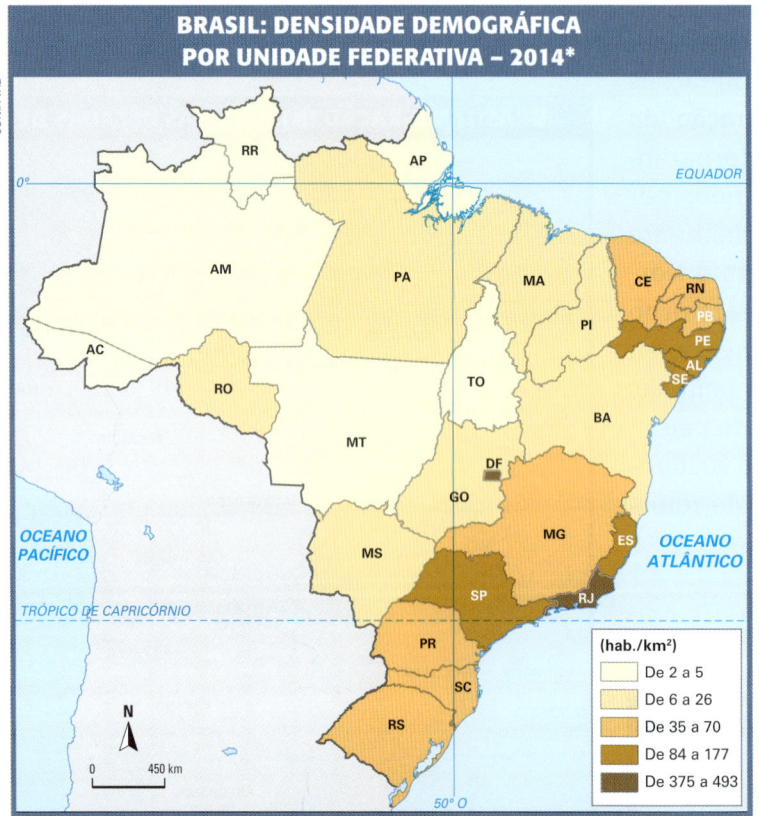

* Dados da população estimada. Na densidade demográfica, não foram considerados os decimais.

Fonte: elaborado com base em IBGE ESTADOS@. Disponível em: <www.ibge.gov.br>.
Acesso em: out. 2014.

  a. O que o mapa representa?

  b. Explique o que é densidade demográfica.

  c. Que Unidades da Federação apresentam as maiores densidades demográficas? Em que macrorregiões estão localizadas?

  d. O mapa representa os estados mais populosos ou mais povoados? Qual a diferença entre os dois conceitos?

  e. Que Unidades da Federação apresentam as menores densidades demográficas? Em que macrorregiões estão localizadas?

  f. Em que faixa de densidade demográfica se encontra a Unidade da Federação onde você mora?

4. Observe novamente o mapa *Brasil: distribuição da população – 2010*, página 200, e responda.

   a. Em que áreas a população brasileira mais se concentra atualmente?

   b. Que fatores explicam essa distribuição?

5. As três Unidades Federativas mais populosas se localizam na Região Sudeste, que, durante muitas décadas, atraiu migrantes de diversas regiões do país. Sobre isso, leia o depoimento e responda às perguntas.

   ### Baiana paulista: Maria Honória de Sousa Assumpção

   "Nasci em 24 de abril de 1959, no povoado de Jaramataia, sertão de Juazeiro da Bahia. Meus tios foram crescendo e, de um em um, indo embora para São Paulo. A cada ano que passavam na cidade, tiravam férias para nos visitar; toda vez que voltavam traziam sempre um irmão e assim, sucessivamente, vieram todos os mais velhos, ficando apenas eu, meu irmão e meu tio caçula.

   [...] Em 1972, os meus tios mandaram nos buscar e assim deixamos toda nossa vida para trás, com muita dor no coração. Viajamos três dias até que chegamos à famosa São Paulo. Meu Deus, quanta coisa que eu nunca tinha visto! Que medo tive de tudo por aqui, foi difícil demais a vida para mim, eu me sentia uma formiguinha. Mas passaram-se os anos e fui me moldando aos costumes da cidade grande, escola, ruas, carros, faróis, nossa... Agora, 35 anos depois, posso dizer que amo São Paulo, mas nunca esqueci minha Jaramataia e sempre que posso viajo e, lá, digo que sou uma baiana paulista."

   São Paulo minha cidade.com: mais de mil memórias. São Paulo: Prefeitura da cidade de São Paulo, São Paulo Turismo, 2008. p. 17.

   a. Em que estado do Brasil nasceu Maria Honória e para qual ela migrou?

   b. Ela foi a única da família a migrar? Explique.

   c. Explique os motivos que levam as pessoas a migrar no nosso país.

   d. Maria Honória e seus familiares migraram nas décadas de 1960 e 1970. Caracterize as migrações internas no nosso país nesse período.

   e. Explique as migrações internas a partir da década de 1980 até os dias atuais.

6. Observe novamente o gráfico *Densidade demográfica dos países mais populosos – 2014* do boxe *E no mundo?*, página 201, e responda às questões.

   a. Qual o país mais populoso? E o mais povoado?

   b. Por que os Estados Unidos, que possuem a população absoluta maior que a de Bangladesh, apresentam menor densidade demográfica?

Investigando seu lugar

7. Em grupo, façam uma entrevista com uma pessoa que já tenha migrado de um município para outro. Procurem saber: nome, onde nasceu, como era o lugar onde morava, do que mais gostava e do que menos gostava nesse lugar, por que saiu de lá, por que escolheu o lugar para onde migrou. Escrevam um texto com as informações da entrevista, procurando ilustrá-lo com mapas e fotografias. Relacionem as informações da entrevista com o conteúdo estudado sobre os movimentos da população brasileira no território.

3 População brasileira: idade, sexo e trabalho

A população de um município, estado, país ou região pode ser analisada de acordo com sua distribuição por idade e sexo e pelas atividades econômicas.

IDADE E SEXO

Observe o gráfico.

Esse gráfico, também chamado de **pirâmide etária** ou **pirâmide de idades**, representa a distribuição da população brasileira de acordo com a idade e com o sexo.

Os últimos censos e as pesquisas demográficas mostram que a população brasileira está envelhecendo, ou seja, as pessoas estão vivendo mais tempo e há um maior número de idosos. Ao mesmo tempo, o crescimento no número de jovens vem diminuindo. Essas mudanças estão relacionadas à redução das taxas de natalidade e ao aumento da **expectativa de vida**.

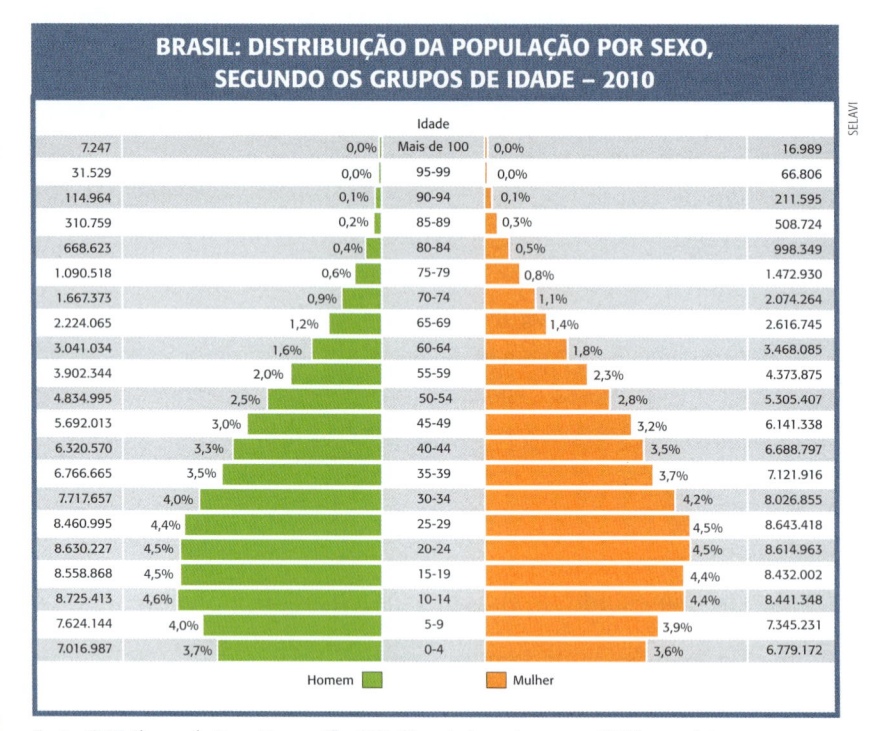

BRASIL: DISTRIBUIÇÃO DA POPULAÇÃO POR SEXO, SEGUNDO OS GRUPOS DE IDADE – 2010

Homem	% H	Idade	% M	Mulher
7.247	0,0%	Mais de 100	0,0%	16.989
31.529	0,0%	95-99	0,0%	66.806
114.964	0,1%	90-94	0,1%	211.595
310.759	0,2%	85-89	0,3%	508.724
668.623	0,4%	80-84	0,5%	998.349
1.090.518	0,6%	75-79	0,8%	1.472.930
1.667.373	0,9%	70-74	1,1%	2.074.264
2.224.065	1,2%	65-69	1,4%	2.616.745
3.041.034	1,6%	60-64	1,8%	3.468.085
3.902.344	2,0%	55-59	2,3%	4.373.875
4.834.995	2,5%	50-54	2,8%	5.305.407
5.692.013	3,0%	45-49	3,2%	6.141.338
6.320.570	3,3%	40-44	3,5%	6.688.797
6.766.665	3,5%	35-39	3,7%	7.121.916
7.717.657	4,0%	30-34	4,2%	8.026.855
8.460.995	4,4%	25-29	4,5%	8.643.418
8.630.227	4,5%	20-24	4,5%	8.614.963
8.558.868	4,5%	15-19	4,4%	8.432.002
8.725.413	4,6%	10-14	4,4%	8.441.348
7.624.144	4,0%	5-9	3,9%	7.345.231
7.016.987	3,7%	0-4	3,6%	6.779.172

Fonte: IBGE. *Sinopse do Censo Demográfico 2010.* Disponível em: <www.censo2010.ibge.gov.br>. Acesso em: ago. 2014.

Em 1950, o brasileiro vivia em média 45 anos. Em 2010 (ano do último censo), essa idade aumentou para 73 anos, ou seja, um aumento de 28 anos. Em 2000, os idosos somavam, aproximadamente, 9,9 milhões de pessoas. Em 2010, correspondiam a 14 milhões de pessoas, ou seja, aproximadamente 4 milhões a mais.

Expectativa de vida: tempo médio de vida de um indivíduo em determinada população.

O envelhecimento da população brasileira traz a necessidade de investimentos em aposentadoria, assistência médica, projetos sociais e culturais que visem à participação dos idosos na sociedade e que valorizem as pessoas que contribuíram para o desenvolvimento do país ao longo de suas vidas.

Ao mesmo tempo, o crescimento mais lento da população jovem diminui as exigências por novas vagas no mercado de trabalho, o que pode permitir melhor preparação intelectual e profissional das pessoas antes de procurarem emprego. Entretanto, é necessário aumento dos investimentos na área de educação e formação profissional dos jovens.

Por outro lado, um maior número de adultos significa ampliação da força de trabalho no país, pois são os integrantes dessa faixa etária que compõem a maioria da população empregada.

LEITURA DE IMAGEM

1. Em qual faixa de idade há mais pessoas?
2. Em qual faixa etária as mulheres somam mais que o dobro dos homens?
3. Até que idade a população masculina é maior que a feminina?
4. No Brasil, há mais crianças, jovens, adultos ou idosos?

SAIBA MAIS

Pirâmides etárias

O formato de uma pirâmide etária permite verificar o perfil da população de um país. Os dados representados auxiliam o governo a planejar e executar ações para melhorar o atendimento aos habitantes, como quantos empregos precisam ser criados anualmente para absorver os novos trabalhadores que entram todos os anos no mercado de trabalho; a quantidade de vagas nas escolas e nas universidades; quantos novos leitos serão necessários nos hospitais etc.

Observe as pirâmides de idade. Para melhor analisá-las, podemos dividi-las em três partes:

- **Base:** parte inferior da pirâmide, representa a parcela da população formada por crianças e jovens, com idade entre 0 e 14 anos.
- **Corpo:** parte intermediária da pirâmide, representa a população de jovens e adultos, com idade entre 15 e 59 anos.
- **Topo ou cume:** parte superior da pirâmide, representa a população de idosos, com idade igual ou superior a 60 anos.

Quando a base da pirâmide é larga, a natalidade é alta e a população se caracteriza pelo grande número de crianças e jovens, necessitando de maiores investimentos em construção de escolas, creches, postos de saúde etc. Já as pirâmides que apresentam a base mais estreita indicam população com baixa natalidade e maioria de adultos. O cume mais alto e largo indica maior expectativa de vida e maior número de idosos.

Se a base é estreita e o corpo e o ápice mais largos, a população de adultos e idosos é mais significativa, havendo necessidade de maiores investimentos em universidades, geração de empregos, programas de aposentadoria, opções de lazer e acesso aos serviços médico-hospitalares de qualidade.

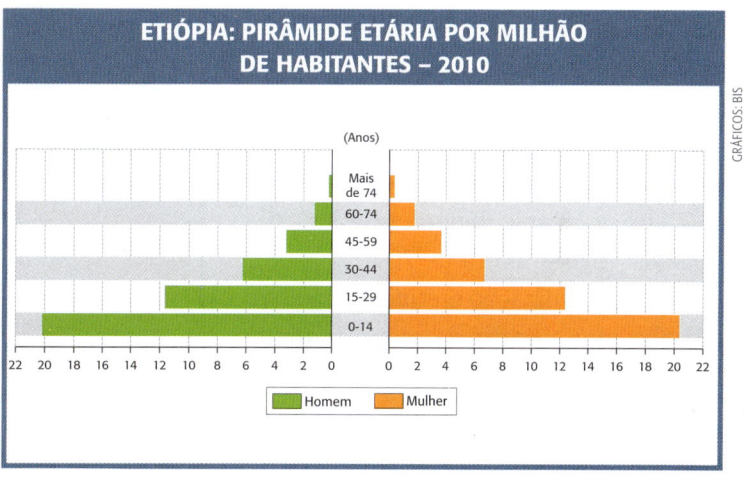

ETIÓPIA: PIRÂMIDE ETÁRIA POR MILHÃO DE HABITANTES – 2010

Fonte: *Atlante geografico metodico De Agostini*. Novara: Istituto Geografico De Agostini, 2014. p. 34.

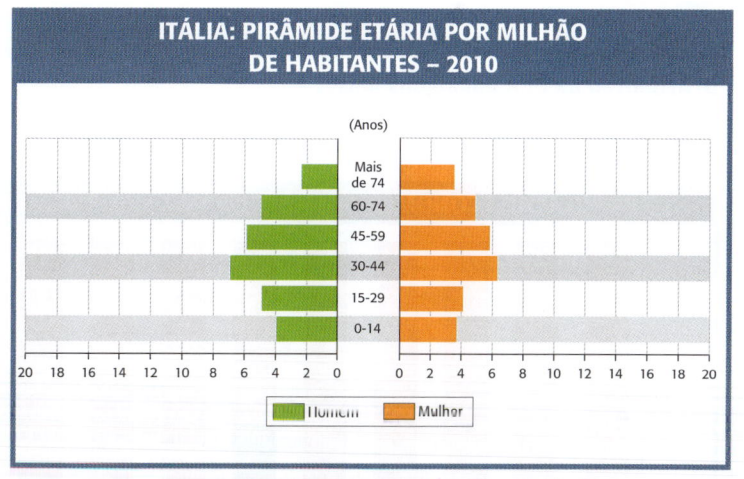

ITÁLIA: PIRÂMIDE ETÁRIA POR MILHÃO DE HABITANTES – 2010

Fonte: *Atlante geografico metodico De Agostini*. Novara: Istituto Geografico De Agostini, 2014. p. 35.

Atividades

1. Que diferenças você notou entre as pirâmides etárias da Itália e da Etiópia?
2. Qual país apresenta maior natalidade? Como você sabe?
3. Observe novamente a pirâmide etária brasileira e responda: o maior número de pessoas está na base, no corpo ou no cume? Na sua opinião, qual é a tendência para os próximos anos?

POPULAÇÃO BRASILEIRA E TRABALHO

Em 2012, do total de habitantes do Brasil, cerca de 100,1 milhões faziam parte da População Economicamente Ativa (PEA). Desses, aproximadamente 94 milhões estavam ocupados em alguma atividade econômica.

Como vimos na *Unidade 7*, atualmente, a maior parte da população brasileira que trabalha exerce atividades do setor de serviços (transporte, educação, serviços domésticos) e de comércio. Observe o gráfico.

População Economicamente Ativa (PEA): corresponde às pessoas com quinze anos ou mais que estão trabalhando ou à procura de emprego.

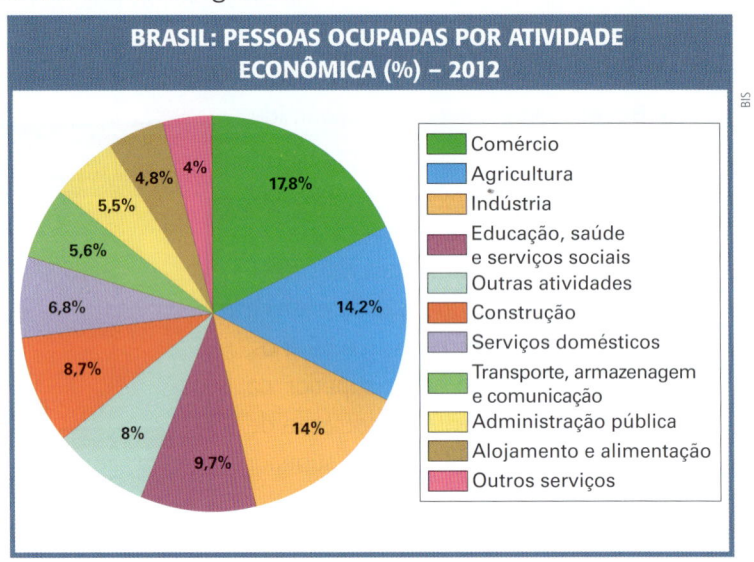

Nem sempre a maior parte da população ocupada no Brasil esteve empregada no setor de comércio e serviços. Quando a maior parte das pessoas vivia no campo, os trabalhadores estavam empregados principalmente no setor primário (agricultura, pecuária, extrativismo vegetal, caça e pesca). Em 1940, por exemplo, o percentual da PEA no setor primário era de 70%.

A industrialização efetiva do país, especialmente a partir da segunda metade do século XX, foi um dos fatores que contribuíram para a transferência da força de trabalho para a indústria e para as atividades do setor terciário.

BRASIL: PESSOAS OCUPADAS POR ATIVIDADE ECONÔMICA (%) – 2012

- Comércio: 17,8%
- Agricultura: 14,2%
- Indústria: 14%
- Educação, saúde e serviços sociais: 9,7%
- Outras atividades: 8%
- Construção: 8,7%
- Serviços domésticos: 6,8%
- Transporte, armazenagem e comunicação: 5,6%
- Administração pública: 5,5%
- Alojamento e alimentação: 4,8%
- Outros serviços: 4%

Fonte: IBGE. *Pesquisa Nacional por Amostra de Domicílios 2012*. Disponível em: <www.ibge.gov.br/>. Acesso em: out. 2014.

E NO MUNDO?

Distribuição da PEA em alguns países

Não só no Brasil, mas também em vários países do mundo que passaram pelo processo de industrialização, o setor terciário teve grande crescimento. Observe o gráfico.

POPULAÇÃO ECONOMICAMENTE ATIVA POR SETOR DE ATIVIDADE – 2013 (%)

País	Setor primário	Setor secundário	Setor terciário
EUA	1,5	17,3	81,2
Japão	3,6	25	71,4
Alemanha	1,6	24,6	73,8
Indonésia	35,9	14,6	49,5
Egito	27,1	24,9	48
China	34,8	29,5	35,7
Chile	10	23,8	66,2
África do Sul	4,6	24,3	71,1
Bolívia	33,2	20,5	46,3

Estados Unidos, Japão, Alemanha, Chile e África do Sul têm maior parcela da população ativa no setor terciário.

Fonte: *Atlante geografico metodico De Agostini* (Sintesi geografica). Novara: Istituto Geografico De Agostini, 2014.

A MULHER NO MERCADO DE TRABALHO

Observe no gráfico que os homens têm maior participação na PEA. No entanto, nunca na história do nosso país a participação das mulheres no mercado de trabalho foi tão grande.

O crescimento da participação feminina no mercado de trabalho não acontece no mesmo ritmo em todos os setores da economia. O setor que mais contrata mulheres é o terciário: a participação feminina passou de 30% em 1940 para aproximadamente 50% atualmente. Nesse setor, a mão de obra feminina é dominante em atividades como educação, saúde, serviços domésticos e atendimento ao público (recepcionistas, atendentes, vendedoras de lojas etc.). Por outro lado, em atividades como transportes e comunicações ainda prevalece a mão de obra masculina.

Em 1940, as mulheres correspondiam a um terço da mão de obra empregada no setor secundário (indústria). Atualmente, representam aproximadamente um quarto.

A menor participação da mulher no emprego industrial está vinculada às transformações ocorridas na indústria brasileira. A modernização da economia diminuiu a importância das indústrias de confecções, alimentos e tecelagem, que empregavam grande quantidade de mulheres. A partir da década de 1970, as indústrias químicas, mecânicas, metalúrgicas e automobilísticas, que superaram em importância as indústrias tradicionais, necessitavam de trabalhadores com maior qualificação. Assim, a mão de obra feminina, que era menos qualificada devido às dificuldades de acesso à educação e à formação profissional, perdeu espaço no setor secundário.

No entanto, essa situação vem se modificando desde o início da década de 1990. As mulheres estão reconquistando o espaço no emprego industrial, devido ao rápido crescimento da qualificação profissional. Com maior escolaridade, elas estão assumindo, inclusive, cargos de comando, antes ocupados exclusivamente por homens.

O crescimento da participação feminina no mercado de trabalho, porém, ainda não reverteu o quadro das diferenças de rendimento de homens e mulheres, que continua desigual, com os homens, de modo geral, recebendo salários maiores que as mulheres.

BRASIL: HOMENS E MULHERES NA PEA – 2013

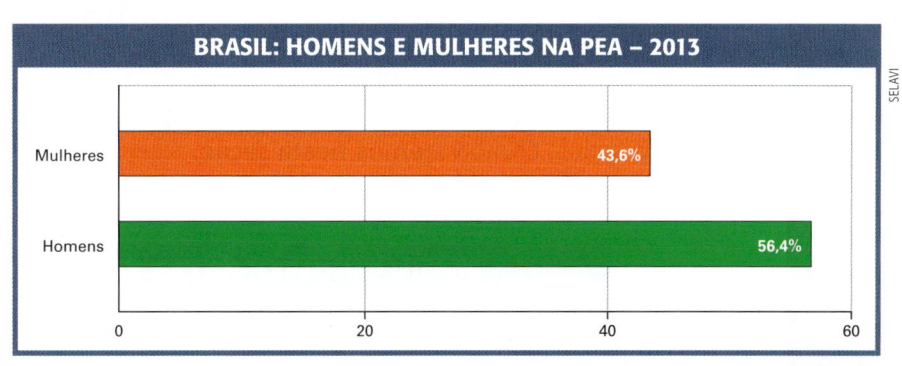

- Mulheres: 43,6%
- Homens: 56,4%

Fonte: IBGE. *Pesquisa Nacional por Amostra de Domicílios 2013*. Disponível em: <www.ibge.gov.br>. Acesso em: abr. 2015.

NÃO DEIXE DE LER

- **Quem manda em mim sou eu**
Fanny Abramovich. São Paulo: Atual, 2005.

Miriam, uma garota de 15 anos, quer ter maior poder de decisão sobre sua vida. Resolve, então, buscar independência e liberdade por meio do trabalho. As dificuldades e soluções encontradas por Miriam em sua busca ajudam-na a ampliar seus horizontes e a compreender melhor a si mesma.

Cada vez mais, as mulheres estão empregadas em atividades que, antes, eram consideradas masculinas. Motorista de ônibus em São Paulo (SP), 2012.

LINGUAGEM CARTOGRÁFICA

Mulheres no mercado de trabalho: variável visual valor

Como vimos, as mulheres vêm participando cada vez mais do mercado de trabalho. Há, no entanto, diferenças na distribuição espacial dessa participação e na comparação entre os sexos, como veremos nesta seção.

Observe o mapa.

BRASIL: MULHERES* NA PEA, POR REGIÃO (%) – 2013

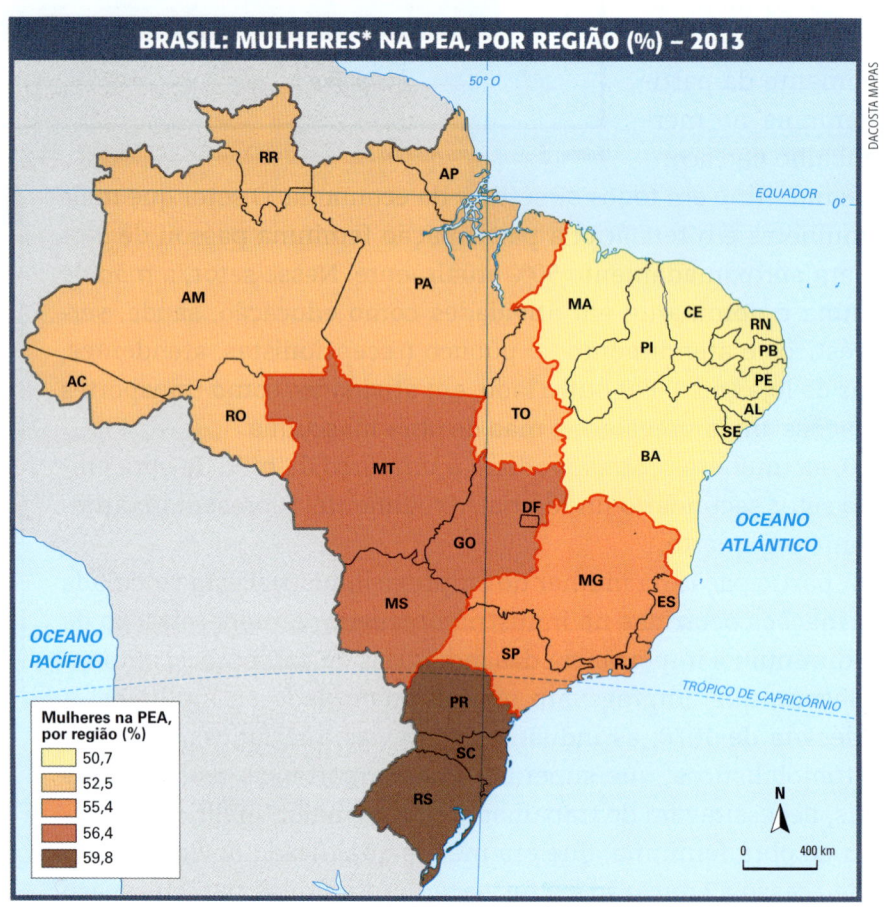

Mulheres na PEA, por região (%)
- 50,7
- 52,5
- 55,4
- 56,4
- 59,8

* Com 15 anos ou mais de idade.

Fonte: IBGE. *Pesquisa Nacional por Amostra de Domicílios 2013* (tabela 4.1.1). Disponível em: <www.ibge.gov.br/>. Acesso em: jan. 2015.

No mapa acima, os dados sobre a participação das mulheres na PEA foram representados pela variável visual valor. Observe que os valores são percebidos pela variação da tonalidade, do claro para o escuro. Assim, quanto mais forte a tonalidade, mais altas são as taxas de participação das mulheres na PEA.

Atividades

1. Observe o mapa acima para responder às questões.

  a. Que região apresenta a taxa mais elevada de participação feminina na PEA?

  b. Que valores aparecem na região onde você mora?

  c. Que região apresenta a taxa mais baixa?

2. Observe o gráfico e faça as atividades.

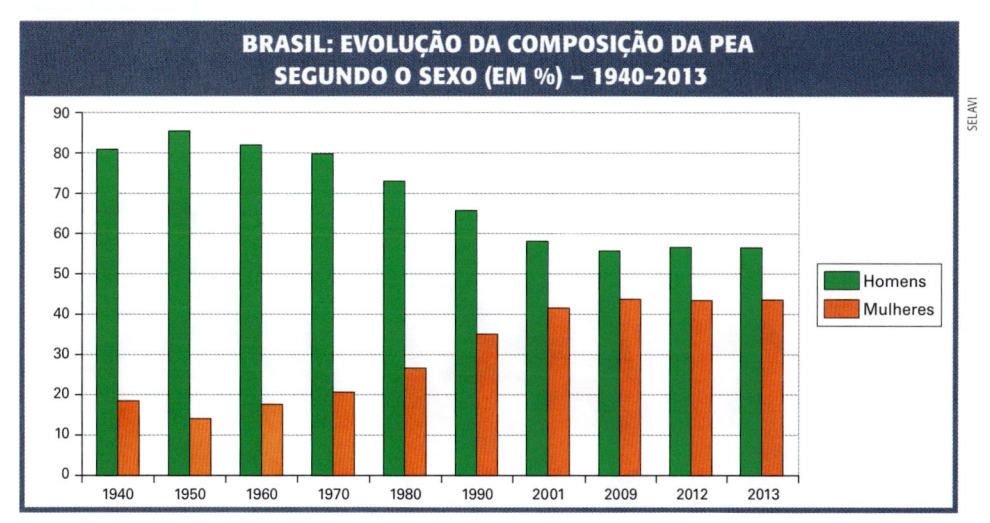

BRASIL: EVOLUÇÃO DA COMPOSIÇÃO DA PEA SEGUNDO O SEXO (EM %) – 1940-2013

(Gráfico de barras com dados de Homens e Mulheres para os anos 1940, 1950, 1960, 1970, 1980, 1990, 2001, 2009, 2012, 2013)

Fonte: IBGE. *Pesquisa Nacional por Amostra de Domicílios 2012 e 2013.* Disponível em: <www.ibge.gov.br/>. Acesso em: jan. 2015.

a. O que ocorreu com a participação da mulher no mercado de trabalho no período representado no gráfico?

b. Em que ano o percentual de mulheres no mercado de trabalho foi menor? Qual a porcentagem do total da PEA?

c. Qual a porcentagem de mulheres no total da PEA na data mais atual do gráfico?

3. Elabore um mapa utilizando a variável visual valor. Para isso, siga o passo a passo.

I. Coloque um papel transparente sobre um mapa do Brasil, dividido por regiões do IBGE (Norte, Nordeste, Centro-Oeste, Sudeste e Sul). Pode ser usado o da página 16. Contorne os limites do território nacional e das regiões.

II. Você vai representar os dados da tabela abaixo usando a variável visual valor. Escolha uma cor e varie a tonalidade conforme os dados da tabela. Lembre-se de associar a tonalidade ao valor. Comece usando uma tonalidade bem clara para o menor valor e a escureça conforme os valores aumentam.

III. Não se esqueça de inserir alguns elementos no mapa: título, legenda, escala, fonte, indicação de norte.

Rendimento médio mensal das mulheres com 15 anos ou mais de idade (R$) – 2013				
Norte	Nordeste	Sudeste	Sul	Centro-Oeste
671	647	1.017	1.061	1.086

Fonte: IBGE. *Pesquisa Nacional por Amostra de Domicílios 2013* (tabela 7.1.8). Disponível em: <www.ibge.gov.br/>. Acesso em: jan. 2015.

4. Com o mapa pronto, faça as atividades.

a. O mapa *Brasil: mulheres na PEA, por região (%) – 2013*, da página anterior, tem relação com o mapa produzido por você? Procure comparar os dados analisando-os em cada região.

b. Em qual região as mulheres possuem maior rendimento médio mensal?

c. Qual o percentual de participação das mulheres na PEA na região citada acima?

d. Que região apresenta o menor rendimento médio mensal?

e. O fato de a região citada acima ter o menor rendimento mensal das mulheres é explicado pela baixa participação feminina na PEA? Explique sua resposta.

4 População brasileira e diversidade cultural

Muitos aspectos de nossa cultura indicam a influência de diversas nações e povos, como os grupos indígenas e os que chegaram ao Brasil vindos da África, da Europa e da Ásia. Observe um desses aspectos nas fotografias.

Comidas atualmente consumidas em diversas regiões do Brasil têm origens diversas, como o sushi e o sashimi (japonesa), o bolinho de bacalhau (portuguesa) e a esfirra (árabe).

Além da comida e dos pratos típicos, a influência de diferentes povos pode ser observada na língua falada, nas músicas, na dança, nas características físicas e no jeito de ser do brasileiro.

OS POVOS INDÍGENAS

Em 1500, quando os conquistadores europeus chegaram, havia aproximadamente 4 milhões de indígenas distribuídos em mais de 1.000 povos. Segundo o Censo 2010, atualmente há 817.963 indígenas distribuídos em menos de 240 povos.

O contato com o colonizador português foi devastador. Doenças, conflitos e escravidão colaboraram para a diminuição dos povos indígenas. Muitos grupos foram exterminados ou integrados à cultura do colonizador europeu. Outros foram lentamente expulsos para o interior do Brasil, devido à ocupação do litoral.

Até os anos 1970, a população de indígenas apresentou diminuição, com o desaparecimento total da maior parte dos povos. No entanto, a partir dos anos de 1980, a população indígena apresentou crescimento.

Um dos principais fatores que explicam esse crescimento é que muitas pessoas passaram a assumir suas origens, declarando-se indígenas. Em relação ao Censo, isso faz muita diferença, pois o que vale é o que a pessoa declara, e não o que o recenseador observa.

Além desse fator, alguns pesquisadores atribuem o aumento do crescimento vegetativo à melhoria das condições de vida, como o acesso a atendimento médico, vacinas e medicamentos.

Cultura: conjunto de características que dão identidade a um povo, como a língua, as religiões praticadas, os hábitos e costumes que são transmitidos de uma geração para a outra.

Povo: conjunto de pessoas que têm a mesma origem e cultura.

Indígena da Aldeia Wederã no estado do Mato Grosso, 2013.

Terras Indígenas

Atualmente, há comunidades indígenas por todo o território brasileiro, sendo que cerca de 40 povos possuem parte de sua população em países vizinhos.

Dos atuais 817.963 indígenas (Censo 2010), 315.180 vivem em cidades e 502.783 em áreas rurais. A maioria dos povos vive em Terras Indígenas e em áreas urbanas próximas. Observe o mapa.

Terras Indígenas: terras ocupadas pelos grupos indígenas, utilizadas para suas atividades produtivas e para a preservação dos recursos ambientais necessários ao seu bem-estar, e aquelas necessárias à sua reprodução física e cultural, segundo seus usos, costumes e tradições.

BRASIL: TERRAS INDÍGENAS – 2012

(área em ha)
- Maiores de 500.000
- Menores de 500.000

Fonte: FUNAI. Disponível em: <http://mapas.funai.gov.br>. Acesso em: out. 2014.

NÃO DEIXE DE ACESSAR

- **Fundação Nacional do Índio – Funai**
  www.funai.gov.br
  No *site* desse órgão do Governo Federal você encontra diversas informações sobre a situação dos povos indígenas no Brasil e suas terras.

SAIBA MAIS

Demarcações e invasões das Terras Indígenas

❝ [...] A Constituição de 1988 consagrou o princípio de que os índios são os primeiros e naturais senhores da terra. Esta é a fonte primária de seu direito, que é anterior a qualquer outro. Consequentemente, o direito dos índios a uma terra determinada independe de reconhecimento formal. [...]

No artigo 20 está estabelecido que essas terras são bens da União, sendo reconhecidos aos índios a posse permanente e o usufruto exclusivo das riquezas do solo, dos rios e dos lagos nelas existentes.

Não obstante, também por força da Constituição, o Poder Público está obrigado a promover tal reconhecimento. [...] A própria Constituição estabeleceu um prazo para a demarcação de todas as Terras Indígenas (TIs): 5 de outubro de 1993. Contudo, isso não ocorreu, e as TIs no Brasil encontram-se em diferentes situações jurídicas.

Grande parte das Terras Indígenas no Brasil sofre invasões de mineradores, pescadores, caçadores, madeireiras e posseiros. Outras são cortadas por estradas, ferrovias, linhas de transmissão ou têm porções inundadas por usinas hidrelétricas. Frequentemente, os índios colhem resultados perversos do que acontece mesmo fora de suas terras, nas regiões que as cercam: poluição de rios por agrotóxicos, desmatamentos etc. ❞

Instituto Socioambiental. O que são Terras Indígenas.
Disponível em:<http://pib.socioambiental.org>. Acesso em: ago. 2014.

OS POVOS NEGROS AFRICANOS

A influência dos povos africanos na população brasileira é bastante grande, como nas características físicas e nas manifestações culturais (comida, música, dança, religião, vocabulário etc.).

Aproximadamente 4 milhões de africanos foram trazidos para o Brasil para trabalhar como escravos em várias atividades. Pessoas de diferentes etnias foram capturadas em diversos lugares do continente africano e trazidas nos chamados navios negreiros.

Os principais destinos dos escravizados eram São Luís (MA), Recife (PE), Salvador (BA) e Rio de Janeiro (RJ), onde eram vendidos e colocados para trabalhar em plantações, mineração, construção de casas e igrejas, calçamento de ruas e como carregadores e empregados domésticos, em péssimas condições de vida.

Muitas palavras que usamos no nosso dia a dia são de origem africana.

A proibição para os escravos africanos de praticar seus cultos originais resultou no sincretismo religioso, que consistiu na identificação das divindades africanas com os santos do catolicismo. Assim, a orixá Iemanjá, por exemplo, foi identificada como Nossa Senhora dos Navegantes. Na fotografia, festa de Iemanjá em Salvador (BA), 2015, que reúne praticantes da umbanda, do candomblé e do catolicismo.

Nosso país foi o último na América a abolir a escravidão. Isso ocorreu apenas em 1888, com a Lei Áurea. A libertação, no entanto, manteve a condição de discriminação na qual os negros viviam. Os ex-escravos e seus descendentes continuaram a viver em péssimas condições, pois não tinham estudo, dinheiro e nem onde morar.

Ainda hoje, mesmo com a relativa valorização do negro na sociedade brasileira, dados revelam diferenças socioeconômicas entre negros, pardos e brancos. Observe o gráfico.

BRASIL: RENDIMENTO MÉDIO DAS POPULAÇÕES NEGRAS, PARDAS E BRANCAS – 2012

População	Rendimento (R$)
Negra	1.437,62
Parda	1.474,31
Branca	2.066,12

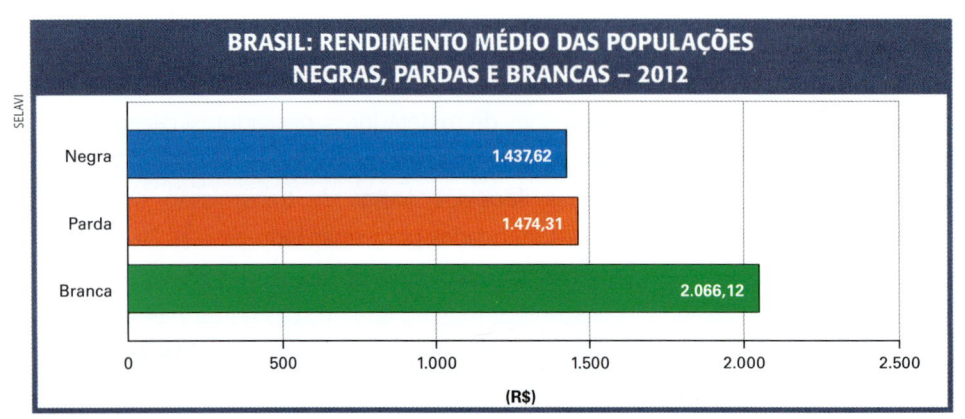

Fonte: Ministério do Trabalho. *Relação Anual de Informações Sociais* (Rais), 2012. Disponível em: <http://portal.mte.gov.br>. Acesso em: ago. 2014.

Há diferenças de rendimentos entre os grupos citados. Um dos fatores que explica essa diferença é que cargos mais valorizados são ocupados principalmente por brancos. Além disso, há pesquisas mostrando que vagas de trabalho não são preenchidas por negros devido ao preconceito racial velado que existe em nosso país.

TERRAS QUILOMBOLAS

Hoje, no Brasil, há mais de três mil comunidades formadas por descendentes de escravizados que viviam nos quilombos.

A partir da Constituição de 1988, as comunidades quilombolas passaram a ter direito às terras onde viviam. Uma pequena parcela dessas terras, chamadas de **Terras quilombolas**, já foi regularizada, mas a maioria encontra-se em processo de regularização. Observe o mapa.

Quilombos: comunidades onde viviam ex-escravizados que fugiam das fazendas em que trabalhavam e moravam, nos séculos XVII e XVIII.

BRASIL: TERRAS QUILOMBOLAS – 2012

Número de comunidades quilombolas por estado – 2012
- Mais de 300
- De 101 a 300
- De 51 a 100
- De 21 a 50
- Menos de 20
- Dados não disponíveis ou inexistência de comunidades quilombolas.

Fonte: CALDINI, Vera; ÍSOLA, Leda. *Atlas geográfico Saraiva*. São Paulo: Saraiva, 2013. p. 62.

LEITURA DE IMAGEM

1. Quais os dois estados com maior número de terras quilombolas?
2. Se dividirmos o território brasileiro em duas partes, leste e oeste, em que parte estão concentradas as terras quilombolas?
3. O número de terras quilombolas da sua UF foi representado no mapa? Qual o número aproximado?

Assim como ocorre com os povos indígenas, os quilombolas enfrentam constantes conflitos com grandes fazendeiros, madeireiras e mineradoras, que tentam expulsá-los de suas terras.

Comunidade quilombola Mimbo do Amarante (PI), 2014.

SAIBA MAIS

Proteção às Comunidades Quilombolas

"As comunidades quilombolas são grupos étnico-raciais, segundo critérios de autoatribuição, com trajetória histórica própria, dotados de relações territoriais específicas e com ancestralidade negra relacionada com a resistência à opressão histórica sofrida [...]. Essas comunidades possuem direito de propriedade de suas terras consagrado desde a Constituição Federal de 1988.

Um levantamento da Fundação Cultural Palmares (FCP) mapeou 3.524 comunidades quilombolas no Brasil. Há outras fontes, no entanto, que estimam cerca de 5 mil comunidades. Partindo dessa perspectiva, foi criada a Agenda Social Quilombola (ASQ). [...]

A ASQ atua em eixos relacionados ao acesso a terra, infraestrutura e qualidade de vida, inclusão produtiva e desenvolvimento local e direitos de cidadania. [...]"

Ministério do Desenvolvimento Social e Combate a Fome. Disponível em: <www.mds.gov.br>. Acesso em: ago. 2014.

OS EUROPEUS E OUTROS POVOS

Europeus e asiáticos migraram para o Brasil em grande número, principalmente após a independência do país, em 1822.

Dos povos de origem europeia, os portugueses foram os mais influentes na formação do povo brasileiro. Os aspectos mais marcantes que revelam a influência dos portugueses na cultura nacional são a língua portuguesa e a religião católica.

Inicialmente, a imigração foi estimulada com o objetivo de ocupar o território. A partir da década de 1820, grande número de alemães e, depois, italianos se fixaram principalmente no sul do país, onde fundaram cidades e desenvolveram a agricultura e a pecuária em pequenas propriedades rurais.

O auge da imigração ocorreu na passagem do século XIX para o XX. Com o fim da escravidão, em 1888, levas de imigrantes chegavam para trabalhar predominantemente nas fazendas de café. O grupo mais numeroso foi o de italianos, seguido dos portugueses e espanhóis.

Entre os povos asiáticos que imigraram, destacam-se os sírios, os turcos e, principalmente, os japoneses, que começaram a chegar ao Brasil em 1908. Observe o gráfico com o número de imigrantes que entraram no país, por período.

Família Boff, de origem italiana, em Caxias do Sul (RS), 1904.

Construção em enxaimel, técnica trazida ao Brasil pelos alemães. Na fotografia, Parque Vila Germânica, Blumenau (SC), 2012.

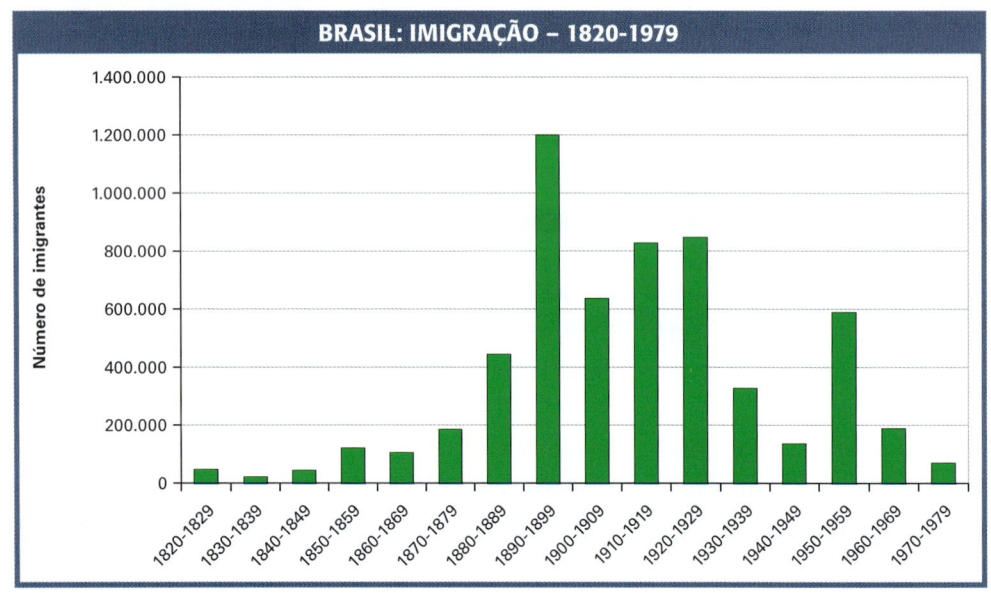

BRASIL: IMIGRAÇÃO – 1820-1979

Fonte: IBGE. *Brasil*: 500 anos de povoamento. Rio de Janeiro: IBGE, 2000. p. 226.

A quantidade de imigrantes decresceu a partir da década de 1930, quando o governo brasileiro implementou políticas para reduzir o fluxo de entrada. Mesmo assim, continuou expressiva a chegada de imigrantes de diversas nacionalidades, entre eles chineses e coreanos.

SAIBA MAIS

Imigração nos dias atuais

Nas últimas décadas, vem se destacando no nosso país a entrada de muitos latino-americanos, especialmente bolivianos e, nos últimos anos, de haitianos. Pessoas de diferentes nacionalidades vindas da África, como angolanos e nigerianos, também se destacam. Todos esses grupos têm um objetivo principal comum: melhorar suas condições de vida. Muitas dessas pessoas chegam ao Brasil de forma ilegal e conseguem trabalhos de baixa qualificação e até realizam o chamado "trabalho escravo urbano", como ocorre em muitas oficinas de costura em São Paulo. Sobre isso, leia a notícia.

Operação resgata haitianos e bolivianos de trabalho escravo

"Uma operação de fiscalização da Superintendência Regional do Trabalho e Emprego em São Paulo (SRTE-SP) resgatou 12 haitianos e dois bolivianos que trabalhavam em uma confecção no Pari, zona norte da capital paulista, em condições análogas à escravidão.

Segundo a superintendência, esta foi a primeira vez que haitianos foram resgatados neste tipo de operação em São Paulo.

[...]

Segundo a auditora fiscal Elisabete Sasse, os imigrantes eram submetidos a jornadas exaustivas de trabalho, entre 11 e 15 horas por dia.

No local, os fiscais observaram também que a oficina e o alojamento ficavam no mesmo ambiente e as condições eram degradantes.

'As instalações elétricas eram precárias, com fiação exposta', disse a auditora, o que representava um grande risco para o local.

Os alojamentos, segundo ela, eram precários: sujos, com ventilação insuficiente, com restos de comida e botijões de gás espalhados pelos quartos e mofo nas paredes.

De acordo com a auditora, os imigrantes recebiam como pagamento somente alimentação e moradia.

Entre os dias 5 de junho e 5 de agosto [quando eles foram resgatados], os trabalhadores receberam apenas R$ 100 de pagamento, que foi pago no dia 1º de agosto após reclamação dos trabalhadores.

'No dia 1º, eles [imigrantes] receberam esse valor e paralisaram as atividades. A oficinista então cortou a alimentação', disse a auditora. A oficina foi interditada.

[...]

Uma das diretoras do Sindicato das Costureiras de São Paulo, Maria Susicleia Assis, disse à Agência Brasil que o trabalho escravo no setor têxtil tem gerado uma grande preocupação no sindicato.

'Está aumentando tanto que agora está agregando também os haitianos. Isso é uma preocupação muito grande porque o nosso setor está se deteriorando. Estamos tirando o emprego formal e fazendo esse trabalho escravo e degradante com os estrangeiros', disse.

De acordo com a diretora, o sindicato tem recebido denúncias diariamente sobre trabalho escravo em confecções.

[...]"

CRUZ, Elaine P. Operação resgata haitianos e bolivianos de trabalho escravo. 22 ago. 2014. Exame.com. Disponível em: <http://exame.abril.com.br>. Acesso em: jan. 2015.

Atividades

1. Identifique no texto as condições de trabalho dos imigrantes bolivianos e haitianos que são definidas como "análogas à escravidão".

2. Na sua opinião, como o problema da escravidão urbana pode ser combatido no Brasil?

teia do saber

1. Observe a fotografia.

Aula de informática para alunos da terceira idade em São Paulo (SP), 2013.

No nosso país, cada vez mais há cursos oferecidos para idosos. Cresce, também, a demanda pelo cuidador de idosos. Explique por que isso vem ocorrendo.

2. Observe novamente a pirâmide etária brasileira na página 206 e responda: esse gráfico sempre teve esse formato ou mudou ao longo dos anos? Explique sua resposta.

3. Sobre a População Economicamente Ativa (PEA), responda.

   a. A que parcela da população corresponde?

   b. Em que setor a maior parte da PEA do Brasil está empregada atualmente?

4. Observe o gráfico. Depois, responda às questões no caderno.

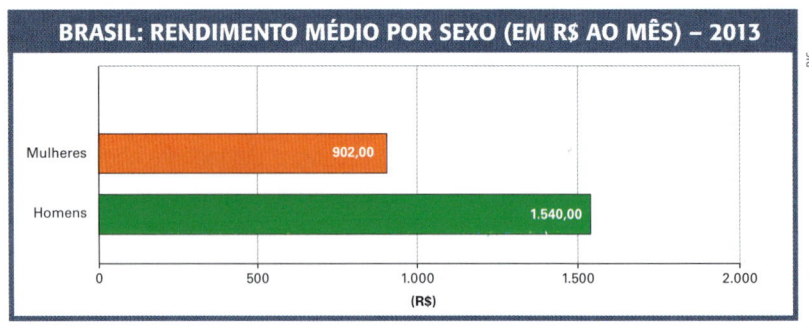

BRASIL: RENDIMENTO MÉDIO POR SEXO (EM R$ AO MÊS) – 2013

Mulheres: 902,00
Homens: 1.540,00

Fonte: IBGE. *Pesquisa Nacional por Amostra de Domicílios 2013*. Disponível em: <http://www.ibge.gov.br/>. Acesso em: abr. 2015.

   a. De acordo com o gráfico, há desigualdade entre as rendas de homens e mulheres. Explique.

   b. Um dos fatores que explicam os dados apresentados no gráfico é a diferença quanto a funções e cargos ocupados por mulheres e homens. Explique essa diferença.

   c. A frase abaixo é verdadeira ou falsa?

   > É cada vez menor o número de mulheres no mercado de trabalho.

   Apresente dados para justificar sua resposta.

5. Leia o depoimento a seguir para fazer as atividades.

> "Cheguei ao Brasil sozinha em 1960, com 24 anos. Desembarquei do navio no porto de Santos e fui para a cidade de São Paulo, pois lá havia alguns conhecidos da minha terra, a Galícia, que é uma região da Espanha.
>
> Naquela época, havia muita pobreza no meu país e a ida para o Brasil era uma oportunidade para conseguir trabalho e ter uma vida melhor. Logo arrumei um emprego em uma tecelagem. Depois de alguns anos, me casei, comprei minha casa e abri um comércio na periferia de São Paulo."
>
> Depoimento de Asuncion Gomez, colhido especialmente para esta obra.

a. Em que ano e de que país a Sra. Asuncion saiu? Por que ela deixou a sua terra natal?

b. Que outras nacionalidades tiveram grande importância na imigração para o Brasil?

c. Quando foi o auge da imigração para o Brasil? Que atividade econômica atraiu os imigrantes e quais eram suas principais nacionalidades?

6. Leia novamente o texto da página 213 e responda: com a Constituição de 1988, os povos indígenas tiveram seus problemas solucionados quanto à terra por eles ocupada? Explique sua resposta.

7. Na sua opinião, nosso país é uma democracia racial? Apresente dados para confirmar sua resposta.

Investigando seu lugar

8. Em grupo, façam uma pesquisa sobre grupos que resgatam e divulgam a cultura de algum povo ou nação. Procurem saber:

I. No município ou UF onde vocês vivem há algum grupo que desenvolve esse tipo de trabalho? Escolham um dos grupos para fazer uma pesquisa mais detalhada: que ações esse grupo realiza? Quem são as pessoas que fazem parte dele?

II. Qual a importância de se resgatar a cultura dos nossos antepassados?

9. Converse com um idoso de sua família ou conhecido seu e procure descobrir as principais dificuldades enfrentadas por ele hoje que não enfrentava quando jovem. Pergunte também se ele participa de alguma atividade direcionada à terceira idade. Pesquise se no seu município ou bairro há atividades gratuitas direcionadas para esse público. Depois, troque ideias com os colegas e o professor para pensar em formas de reivindicar ou de melhor divulgar atividades para os idosos.

Encerrando a unidade

- As histórias de vida nos ajudam a compreender aspectos que caracterizam a população brasileira e o nosso país. Converse com membros de sua família para descobrir suas histórias de vida: onde nasceram; qual a origem dos antepassados; se pessoas da família realizaram algum tipo de migração etc.

- Depois, organize as informações em uma árvore genealógica e escreva um texto sobre a origem de sua família. No seu texto, procure relacionar as informações sobre a família com conteúdos estudados na unidade, como a origem do povo brasileiro, as migrações internas, as atividades de trabalho realizadas etc.

O Censo e as condições de vida

A maior pesquisa feita sobre a população brasileira é o Censo. Durante sua realização, os domicílios (moradias) são visitados pelos recenseadores, que são as pessoas contratadas para aplicar questionários.

No intervalo entre um Censo e outro há pesquisas feitas por amostragem, como a Pesquisa Nacional por Amostra de Domicílios (PNAD).

Para se ter um retrato o mais fiel possível da realidade brasileira é muito importante que as pessoas participem respondendo às perguntas.

Entre os dados pesquisados e divulgados pelo Censo e pelo PNAD, muitos se referem diretamente às condições de vida, como existência de energia elétrica nas moradias, acesso à água, destino do lixo, pessoas alfabetizadas etc.

Conhecendo melhor nossa realidade, podemos reivindicar mais atenção e melhorias para o lugar onde moramos, seja município, Unidade da Federação ou região.

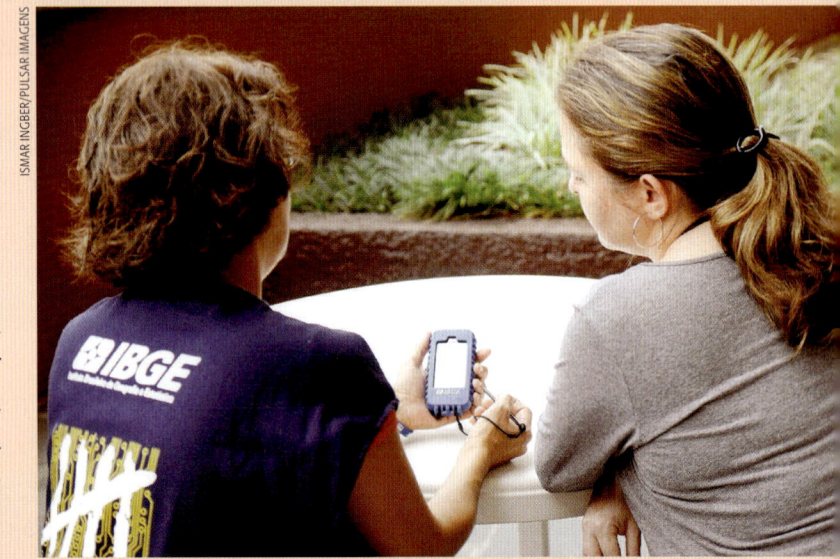

Recenseadora aplicando questionário na cidade do Rio de Janeiro (RJ), 2010.

O Censo de 2010 mostrou que, em 10 anos, o número de domicílios com energia elétrica aumentou de 40,5 milhões para mais de 56 milhões. Ainda há, no entanto, quase 730 mil domicílios sem esse serviço, dos quais cerca de 340 mil estão no Nordeste. Na fotografia, área rural de Rondonópolis (MT), 2011.

Alfabetização no Brasil

Agora, vamos conhecer alguns resultados da PNAD 2013 referentes à alfabetização da população brasileira.

O mapa ao lado mostra a taxa de analfabetismo no Brasil, por macrorregião (em %), no ano de 2013.

Já o gráfico abaixo mostra a evolução da taxa de analfabetismo no nosso país entre os anos de 1992 e 2013.

Fonte: IBGE. *PNAD 2013*.

BRASIL: ANALFABETISMO* – 1992-2013

Pessoas com 15 anos ou mais (%)

Ano	%
1992	17,2
1993	16,4
1995	15,5
1996	14,6
1997	14,7
1998	13,8
1999	13,3
2001	12,4
2002	11,9
2003	11,6
2004	11,3
2005	11
2006	10,3
2007	9,9
2008	9,8
2009	9,6
2011	8,6
2012	8,7
2013	8,5

* % das pessoas com 15 anos ou mais.

Fonte: IBGE. Pesquisa *Nacional por Amostra de Domicílios 2013*.

Taxas por macrorregião (2013): Norte 9,5; Nordeste 16,9; Centro-Oeste 6,5; Sudeste 4,8; Sul 4,6.

Atividades

1. De acordo com o gráfico o que ocorreu com as taxas de analfabetismo no Brasil?

2. Quais as duas macrorregiões com as menores taxas de analfabetismo? E qual tem a maior taxa?

3. Qual é a taxa de analfabetismo na macrorregião onde você mora?

4. Considerando a divisão do nosso país em macrorregiões, podemos dizer que há uma disparidade regional, ou seja, há grandes diferenças entre as regiões? Explique.

5. Em grupo, discutam: na opinião de vocês, que dificuldades uma pessoa enfrenta quando não é alfabetizada? As condições de vida podem melhorar com a alfabetização? Por quê?

6. Em grupo, imaginem que vocês fazem parte dos órgãos governamentais ligados à educação e que têm a missão de acabar com o analfabetismo na sua Unidade da Federação. O que vocês fariam?

Elaborem um plano com as ações que acham que poderiam ser encaminhadas. Depois, apresentem o plano aos demais colegas e ao professor. Após a apresentação dos planos, julguem a viabilidade de cada ação e, juntos, escrevam uma carta para os representantes do governo com as ideias da turma.

PLANISFÉRIO POLÍTICO

Fonte: *Atlas geográfico escolar.* Rio de Janeiro: IBGE, 2012. p. 32-33.

BIBLIOGRAFIA

AB'SABER, Aziz N. *Os domínios da natureza no Brasil*. São Paulo: Ateliê, 2003.

Almanaque Socioambiental. São Paulo: ISA, 2008.

ANDRADE, Manuel C. de. *A terra e o homem do Nordeste*. São Paulo: Ciências Humanas, 1980.

Anuário Estatístico do Brasil 2013. Rio de Janeiro: IBGE, 2014.

ARRUDA, José J. de. *Atlas histórico básico*. São Paulo: Ática, 1999.

Atlante metódico geografico De Agostini. Novara: Istituto De Agostini, 2014.

Atlas do espaço rural brasileiro. Rio de Janeiro: IBGE, 2011.

Atlas geográfico escolar. Rio de Janeiro: IBGE, 2012.

Atlas geográfico das zonas costeiras e oceânicas do Brasil. Rio de Janeiro: IBGE, 2011.

AYOADE, John O. *Introdução à climatologia para os trópicos*. Rio de Janeiro: Bertrand Brasil, 1991.

BECKER, Bertha et al. (Org.). *Geografia e meio ambiente no Brasil*. Rio de Janeiro: Hucitec, 1998.

BECKER, Bertha K.; EGLER, Claudio A. *Brasil*: uma nova potência regional na economia-mundo. Rio de Janeiro: Bertrand Brasil, 2003.

BECKER, Bertha K.; STENNER, Claudio. *Um futuro para a Amazônia*. São Paulo: Oficina de Textos, 2008.

BIGNAMI, Rosana. *A imagem do Brasil no turismo*. São Paulo: Aleph, 2002.

CALDINI, Vera; ÍSOLA, Leda. *Atlas geográfico Saraiva*. São Paulo: Saraiva, 2013.

CAMPANHA, Vilma A.; MORAES, Paulo R. *Recursos minerais*. São Paulo: Harbra/Anglo, 1997.

CARLOS, Ana F. A.; LEMOS, Amália I. G. *Dilemas urbanos*: novas abordagens sobre a cidade. São Paulo: Contexto, 2003.

CASCUDO, Luís Câmara. *Geografia dos mitos brasileiros*. São Paulo: Global, 2002.

CASTRO, Iná E. *Geografia e Política*. Rio de Janeiro: Bertrand Brasil, 2005.

CHIAVENATO, Júlio José. *O Golpe de 64 e a ditadura militar*. São Paulo: Moderna, 2004.

Conjuntura dos Recursos Hídricos no Brasil. Brasília: Agência Nacional de Águas, 2013.

COSTA, Wanderley M. da. *O Estado e as políticas territoriais no Brasil*. São Paulo: Contexto, 2000.

D'ARAUJO, Maria Celina. *A era Vargas*. São Paulo: Moderna, 2004.

DIMENSTEIN, Gilberto et al. *Dez lições de sociologia para um Brasil cidadão*. São Paulo: FTD, 2008.

DUARTE, Paulo A. *Fundamentos de Cartografia*. Florianópolis: Editora da UFSC, 2006.

EISENBERG, José; POGREBINSCHI, Thamy. *Onde está a democracia*. Belo Horizonte: UFMG, 2002.

FERREIRA, Graça M. L. *Atlas geográfico*: espaço mundial. São Paulo: Moderna, 2013.

FORSDYKE, A. G. *Previsão do tempo e clima*. São Paulo: Melhoramentos, 1975. (Série Prisma)

FURTADO, Celso. *Formação econômica do Brasil*. São Paulo: Companhia das Letras, 2007.

GARCIA, Carlos. *O que é Nordeste brasileiro*. São Paulo: Brasiliense, 1986.

GIOVANETTI, Gilberto; LACERDA, Madalena. *Dicionário de Geografia*. São Paulo: Melhoramentos, 1996.

GIRARDI, Gisele; ROSA, Jussara V. *Novo Atlas do Estudante*. São Paulo: FTD, 2005.

GONÇALVES, Carlos W. P. *Os (des)caminhos do meio ambiente*. São Paulo: Contexto, 1996.

GONÇALVES E SILVA, Petronilha B. Africanidades: esclarecendo significados e definindo procedimentos pedagógicos. In: *Revista do Professor*. Porto Alegre: jan./mar. 2003.

GUERRA, Antonio J. T. *Novo dicionário geológico-geomorfológico*. Rio de Janeiro: Bertrand Brasil, 1997.

JOLY, Fernand. *A cartografia*. Campinas: Papirus, 1990.

KNAUSS, Paulo et al. *Brasil*: uma cartografia. Rio de Janeiro: Casa da Palavra, 2010.

LEINZ, Viktor; AMARAL, Sergio E. do. *Geologia geral*. São Paulo: Nacional, 2003.

LOCH, Ruth E. N. *Cartografia*: representação, comunicação e visualização de dados espaciais. Florianópolis: UFSC, 2006.

MANO, Eloísa B. et al. *Meio ambiente, poluição e reciclagem*. Rio de Janeiro: Edgard Blucher, 2005.

MARIANO, Jacqueline B. *Impactos ambientais do refino de petróleo*. Rio de Janeiro: Interciência, 2005.

MARTIN, André R. *Fronteiras e nações*. São Paulo: Contexto, 1998.

MARTINELLI, Marcello. *Curso de cartografia temática*. São Paulo: Contexto, 1991.

_____. *Mapas da Geografia e da cartografia temática*. São Paulo: Contexto, 2011.

MARTINS, Sebastião V. *Recuperação de matas ciliares*. Viçosa: Aprenda Fácil, 2001.

MENDONÇA, Francisco; DANNI-OLIVEIRA, Inês Moresco. *Climatologia*: noções básicas e climas do Brasil. São Paulo: Oficina de Textos, 2007.

MENDONÇA, Francisco; MONTEIRO, Carlos Augusto. *Clima urbano*. São Paulo: Contexto, 2003.

MENDONÇA, Sonia. *A industrialização brasileira*. São Paulo: Moderna, 1995.

MORAES, Antonio C. R. *Geografia histórica do Brasil*. São Paulo: Annablume, 2009.

_____. *Território e história do Brasil*. São Paulo: Annablume, 2005.

MORANDI, Sonia; GIL, Izabel C. *Espaço e turismo*. São Paulo: CEETEPS, 2000.

NATIONAL GEOGRAPHIC SOCIETY. *Atlas National Geographic Brasil*. São Paulo: Abril, 2008.

223

NEGRI, Barjas. *Concentração e desconcentração industrial em São Paulo (1880-1990)*. Campinas: Editora da Unicamp, 1996.

_____. (Org.). *Habitações indígenas*. São Paulo: Nobel/Edusp, 1983.

OLIVEIRA, Ariovaldo U. de. *Amazônia*: monopólio, expropriação e conflitos. Campinas: Papirus, 1987.

OLIVEIRA, Cêurio de. *Curso de Cartografia moderna*. Rio de Janeiro: IBGE, 1988.

OTERO, Edgardo. *A origem dos nomes dos países*. São Paulo: Panda Books, 2006.

Perspectivas do desenvolvimento brasileiro. Brasília: IPEA, 2010.

PORTILHO, Maria de Fátima F. *Sustentabilidade ambiental, consumo e cidadania*. São Paulo: Cortez, 2005.

PRESS, Frank (Org.). *Para entender a Terra*. Porto Alegre: Bookman, 2006.

QUINTAS, Fátima (Org.). *A civilização do açúcar*. Recife: Sebrae/Fundação Gilberto Freyre, 2007.

RAMOS, Cristhiane da Silva. *Visualização cartográfica e cartografia multimídia*: conceitos e tecnologias. São Paulo: Editora da Unesp, 2005.

REBOUÇAS, Aldo. *Uso inteligente da água*. São Paulo: Escrituras, 2004.

RIBEIRO, Darcy. *O povo brasileiro*. São Paulo: Companhia das Letras, 2010.

RODRIGUES, Rosicler M. *Cidades brasileiras*: o passado e o presente. São Paulo: Moderna, 1992.

ROSA, Antônio V. *Agricultura e meio ambiente*. São Paulo: Atual, 1998.

ROSS, Jurandyr L. S. *Geomorfologia, ambiente e planejamento*. São Paulo: Contexto, 1990.

_____. (Org.). *Geografia do Brasil*. São Paulo: Edusp, 2009.

SANDRONI, Paulo. *Novíssimo dicionário de economia*. São Paulo: Best Seller, 1999.

SANTOS, Milton; SILVEIRA, Maria Laura. *O Brasil*: território e sociedade no início do século XXI. Rio de Janeiro/São Paulo: Record, 2002.

SANTOS, Milton. *A urbanização brasileira*. São Paulo: Edusp, 2008.

_____. *O espaço do cidadão*. São Paulo: Edusp, 2007.

SANTOS, Regina B. *Migração no Brasil*. São Paulo: Scipione, 1994.

SEVERIANO, Mylton; REINISCH, Katia. *Em se plantando, tudo dá*. Belo Horizonte: Leitura, 2009.

SOUZA, Marina de Mello e. *África e Brasil africano*. São Paulo: Ática, 2012.

TEIXEIRA, Wilson (Org.). *Decifrando a Terra*. São Paulo: Companhia Editora Nacional, 2009.

THÉRY, Hervé; MELLO, Neli A. de. *Atlas do Brasil*: disparidades e dinâmicas do território. São Paulo: Edusp, 2005.

VESENTINI, José William. *A capital da geopolítica*. São Paulo: Ática, 2001.

Sites

Articulação no Semiárido brasileiro — ASA Brasil
www.asabrasil.org.br/portal/Default.asp

Associação Brasileira de Águas Subterrâneas — Abas
www.abas.org

Agência Nacional de Águas — ANA
www.ana.gov.br/

Agência Nacional do Petróleo — ANP
www.anp.gov.br/

Conselho Indigenista Missionário — Cimi
www.cimi.org.br/site/pt-br/

Fundação Nacional do Índio — Funai
www.funai.org.br

Instituto Brasileiro de Geografia e Estatística — IBGE
www.ibge.gov.br

Instituto de Pesquisa Econômica Aplicada — Ipea
www.ipea.gov.br/portal/

Instituto Socioambiental — ISA
www.socioambiental.org

Ministério da Educação — MEC
www.mec.gov.br

Companhia Nacional de Abastecimento — Conab
www.conab.gov.br

Ministério do Trabalho e Emprego — MTE
www.portal.mte.gov.br/portal-mte/

Ministério do Meio Ambiente — MMA
www.mma.gov.br/sitio/

Ministério do Desenvolvimento Agrário — MDA
www.mda.gov.br/portal/

Ministério do Turismo
www.turismo.gov.br/turismo/home.html

Ministério do Desenvolvimento, Indústria e Comércio Exterior
www.desenvolvimento.gov.br/sitio/

Ministério da Integração Nacional
www.integracao.gov.br/

Empresa Brasileira de Pesquisa Agropecuária — Embrapa
www.embrapa.br/a_embrapa

SOS Mata Atlântica
www.sosmatatlantica.org.br/

Imazon
www.imazon.org.br/

Centro de Previsão do Tempo e Estudos Climáticos — CPTEC/INPE
www.cptec.inpe.br/

Observatório Nacional/Divisão Serviço da Hora — DSHO
http://pcdsh01.com.br/fusbr.htm

Câmara do Deputados
http://www2.camara.leg.br

Superintendência do Desenvolvimento do Nordeste — Sudene
www.sudene.gov.br

Comissão Portal da Terra — CPT
www.cptnacional.org.br

Jornadas.geo

Caderno de Atividades 7
Geografia

Elaboração de atividades: Maíra Fernandes
Bacharel e Licenciada em Geografia pela Universidade de São Paulo
Mestre em Planejamento Urbano pela Universidade de São Paulo
Edição: Sarita Borelli

Editora Saraiva

APRESENTAÇÃO

"Geografia se faz com os pés..." Essa frase, que costuma ser dita por muitos geógrafos, quer dizer que para se fazer pesquisa em Geografia é necessário percorrer os diversos lugares a serem estudados. Sem dúvida, isso é muito importante, e certamente você caminha por diferentes lugares no seu dia a dia, mesmo que sejam apenas aqueles do seu município ou do seu bairro.

Por outro lado, a Geografia não se faz apenas com os pés... os diferentes lugares do mundo também podem ser conhecidos e estudados através de textos, fotografias, mapas, gráficos e infográficos, recursos presentes neste *Caderno de Atividades*, que dá continuidade aos estudos iniciados em seu livro.

Assim, com este material, você tem novos caminhos em suas jornadas pela Geografia, que também o ajudarão a melhor compreender o mundo, refletir sobre ele e discutir com seus colegas sobre as transformações que deseja e que pode realizar. As atividades são bastante diversificadas, e divididas em seções:

- Na seção **Rever a jornada** você poderá revisar conteúdos estudados e avaliar se aprendeu os principais conceitos.

- Em **Outro olhar** são exploradas, principalmente, as habilidades de leitura de imagens, como infográficos, mapas e gráficos presentes no livro, mas pode também retomar o que já aprendeu.

- A seção **Leitura do mundo** explora o conteúdo a partir de diversos documentos, como notícias, fotografias e mapas, que se relacionem com temas importantes na nossa sociedade, como Cidadania, Sustentabilidade e Tecnologias Digitais. Assim, ao mesmo tempo que você desenvolve a competência leitora, pode discutir esses assuntos com os colegas e o professor.

- Por fim, a **Cartografia em destaque** traz atividades que possibilitam desenvolver, ainda mais, sua habilidade de ler e compreender mapas. São atividades nas quais você vai localizar elementos naturais e elementos construídos pelos seres humanos, e também perceber como eles estão distribuídos, como se relacionam e como podem ser representados.

Esperamos, assim, que você se sinta desafiado e estimulado a fazer muitas descobertas nesses novos caminhos que este *Caderno de Atividades* da coleção *Jornadas.geo* lhe proporcionará.

Os autores

SUMÁRIO

1 O território brasileiro
- Rever a jornada, 4
- Outro olhar, 9
- Leitura do mundo, 10
- Cartografia em destaque, 12

2 O Brasil e suas regiões
- Rever a jornada, 14
- Outro olhar, 18
- Leitura do mundo, 19
- Cartografia em destaque, 21

3 Relevo e águas no Brasil
- Rever a jornada, 22
- Outro olhar, 25
- Leitura do mundo, 26
- Cartografia em destaque, 29

4 Vegetação e clima no Brasil
- Rever a jornada, 30
- Outro olhar, 34
- Leitura do mundo, 36
- Cartografia em destaque, 38

5 O espaço rural brasileiro
- Rever a jornada, 40
- Outro olhar, 44
- Leitura do mundo, 46
- Cartografia em destaque, 48

6 Brasil: país urbano
- Rever a jornada, 50
- Outro olhar, 55
- Leitura do mundo, 56
- Cartografia em destaque, 58

7 Indústria, serviços e comércio no Brasil
- Rever a jornada, 60
- Outro olhar, 65
- Leitura do mundo, 66
- Cartografia em destaque, 68

8 População brasileira
- Rever a jornada, 70
- Outro olhar, 75
- Leitura do mundo, 76
- Cartografia em destaque, 78

UNIDADE 1 — O território brasileiro

Rever a jornada

1. Quais poderes constituem o Governo Federal, também chamado de União? Explique qual a função de cada um deles.

_____
_____
_____
_____
_____
_____
_____
_____
_____

2. Quais as principais diferenças entre o federalismo do Brasil e o federalismo dos Estados Unidos?

Federalismo do Brasil

_____
_____
_____
_____

Federalismo dos Estados Unidos

_____
_____
_____
_____

3. Os mapas a seguir indicam duas formas de divisão regional do Brasil. Identifique e descreva os critérios adotados para a elaboração de cada uma delas.

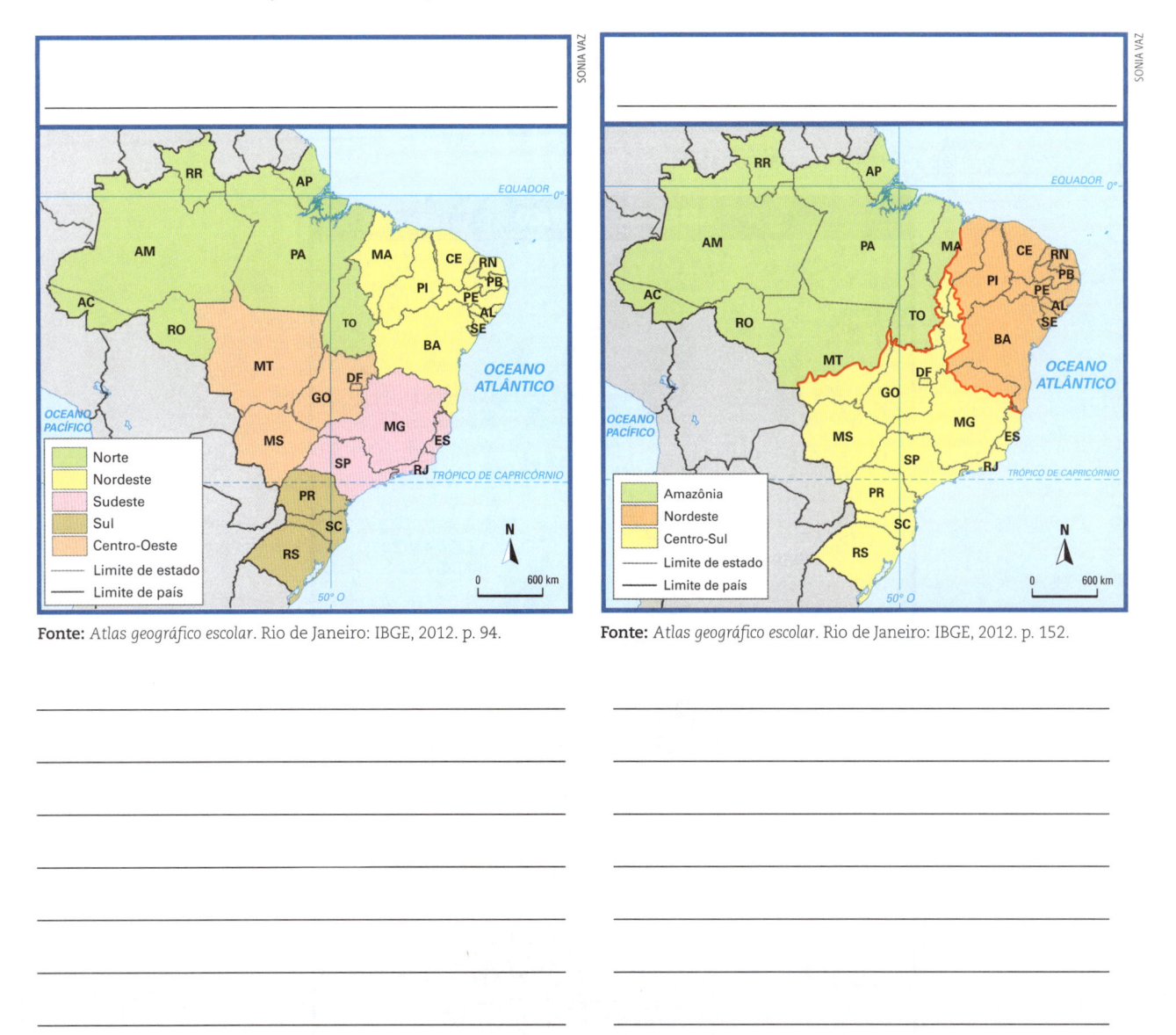

Fonte: Atlas geográfico escolar. Rio de Janeiro: IBGE, 2012. p. 94.

Fonte: Atlas geográfico escolar. Rio de Janeiro: IBGE, 2012. p. 152.

_____

4. Sobre a área territorial do Brasil, assinale a alternativa **correta**.

a) O Brasil possui aproximadamente 8.515.767 km² e é o terceiro maior país do mundo, atrás apenas da Rússia e do Canadá.

b) O Brasil é chamado de país-continente, devido ao seu imenso território, isto é, quase a área total do continente europeu.

c) O território brasileiro está situado totalmente a oeste do Meridiano de Greenwich e totalmente no Hemisfério Sul.

d) Brasil e Argentina disputam entre si pela posição de maior país da América do Sul, com áreas territoriais bastante similares.

e) Dois importantes paralelos, isto é, a Linha do Equador e o Trópico de Câncer atravessam o Brasil, devido à sua extensa área territorial.

5. Sabemos que o Brasil está entre os maiores países do mundo. Cite duas consequências da grande extensão latitudinal e longitudinal do Brasil.

_____

_____

6. Observe o mapa e responda à questão.

AMÉRICA: POLÍTICO

Fonte: elaborado com base em CALDINI, Vera; ÍSOLA, Leda. *Atlas geográfico Saraiva*. São Paulo: Saraiva, 2013. p. 96.

- Por que a América foi dividida em duas porções? Quais os critérios adotados para essa divisão do continente americano?

_____

_____

_____

_____

7. Observe o mapa da divisão política da América do Sul e responda às questões.

AMÉRICA DO SUL: DIVISÃO POLÍTICA

Fonte: *Atlas geográfico escolar.* Rio de Janeiro: IBGE, 2012. p. 41.

a) Quais as fronteiras terrestres e marítimas do Brasil?

b) Quais as vantagens e as desvantagens das extensas fronteiras brasileiras?

8. Em 1494, foi assinado um acordo entre Portugal e Espanha, denominado de Tratado de Tordesilhas. O que representou esse tratado? Qual a importância para a formação do território brasileiro?

_____

_____

_____

_____

9. Sobre a formação do território brasileiro, indique **V** para as afirmações verdadeiras e **F** para as afirmações falsas.

( ) A formação do atual território brasileiro se iniciou com a chegada dos colonizadores europeus, que se apropriaram dos espaços que pertenciam aos indígenas.

( ) A apropriação do espaço brasileiro se deu de maneira conflituosa, que levou à escravidão e ao extermínio dos indígenas.

( ) Para administrar as terras do Brasil, os portugueses estabeleceram as capitanias hereditárias, constituídas de enormes lotes de terras que se estendiam do litoral ao interior do país.

( ) As capitanias hereditárias possuíam entre si um amplo sistema de transporte e comunicação, que facilitava o controle da Coroa Portuguesa.

( ) O governador-geral tinha poderes quase ilimitados, porém sua autoridade se limitava à sede da sua capitania hereditária.

10. Quais os principais ciclos econômicos que marcaram a ocupação e integração do território brasileiro? Escolha um deles e elabore um texto descrevendo suas principais características.

_____

_____

_____

_____

_____

_____

_____

_____

_____

_____

11. Qual o significado da ideia de "arquipélago econômico", utilizado por alguns pesquisadores?

_____

_____

_____

Outro olhar

12. Leia novamente o texto "Saiba Mais" da página 17 do livro sobre as mudanças no mapa do Brasil. Ao longo da história do Brasil, alguns estados se dividiram e outros simplesmente desapareceram. Pesquise alguns estados que se formaram durante o século XX e descreva as circunstâncias que conduziram essas transformações.

_____
_____
_____
_____
_____

13. As imagens da página 30 do livro demonstram três importantes atividades que marcaram o desenvolvimento econômico do Brasil. No entanto, por se estabelecerem em períodos distintos, tais atividades possuíam características diferentes, especialmente o tipo de mão de obra utilizada em cada época. Identifique os tipos de mão de obra e condições de trabalho estabelecidas em cada imagem.

_____
_____
_____
_____
_____

14. O ciclo do café se estabeleceu durante o século XIX, sobretudo na Região Sudeste do Brasil. Observe o mapa *Expansão do Café* da página 32 do livro e responda às questões.

a) Por que a atividade cafeeira se desenvolveu próxima ao litoral?

_____
_____

b) De acordo com o mapa, qual região foi beneficiada pela expansão das atividades cafeeiras a partir do século XX?

_____

c) Quais razões levaram à ocupação dessa região durante o século XX pelas atividades do café?

_____
_____
_____
_____

Leitura do mundo

15. O texto abaixo apresenta o preâmbulo, isto é, a parte preliminar da Constituição Federal do Brasil. Leia atentamente e responda às questões.

> "Nós, representantes do povo brasileiro, reunidos em Assembleia Nacional Constituinte para instituir um Estado Democrático, destinado a assegurar o exercício dos direitos sociais e individuais, a liberdade, a segurança, o bem-estar, o desenvolvimento, a igualdade e a justiça como valores supremos de uma sociedade fraterna, pluralista e sem preconceitos, fundada na harmonia social e comprometida, na ordem interna e internacional, com a solução pacífica das controvérsias, promulgamos, sob a proteção de Deus, a seguinte CONSTITUIÇÃO DA REPÚBLICA FEDERATIVA DO BRASIL."
>
> BRASIL. *Constituição da República Federativa do Brasil de 1988*. Brasília, 5 de outubro de 1988. Disponível em: <www.planalto.gov.br>. Acesso em: jan. 2016.

a) O que é uma Constituição Federal?
_____
_____
_____
_____

b) Quantas Constituições o Brasil já teve?
_____
_____
_____
_____

c) Em que ano foi promulgada a Constituição Federal em vigor?
_____

d) De acordo com o preâmbulo, quais os princípios assegurados pela Constituição Federal?
_____
_____
_____
_____

16. Leia o trecho da entrevista realizada com o professor Paulo Chaves sobre o descobrimento do Brasil. Em seguida, observe os dados do gráfico e responda às questões.

> "Na realidade, Portugal não descobriu o Brasil, ele ocupou, invadiu, submetendo dessa maneira diversas nações indígenas. Se o Brasil já possuía uma população indígena, local, não se trata de uma descoberta, e sim de uma conquista. As comunidades se dividiam entre diversas nações, dentre as quais quatro grupos eram principais: os tupis, no litoral e parte do interior, os macro-jês no norte da Bacia Amazônica; os aruaques, no Planalto Central; e os cariris, também na região Amazônica."
>
> G1. *Descobrimento foi, na verdade, uma invasão à terra dos índios.* Disponível em: <http://g1.globo.com>. Acesso em: jan. 2016.

POPULAÇÃO INDÍGENA – 1500-2010

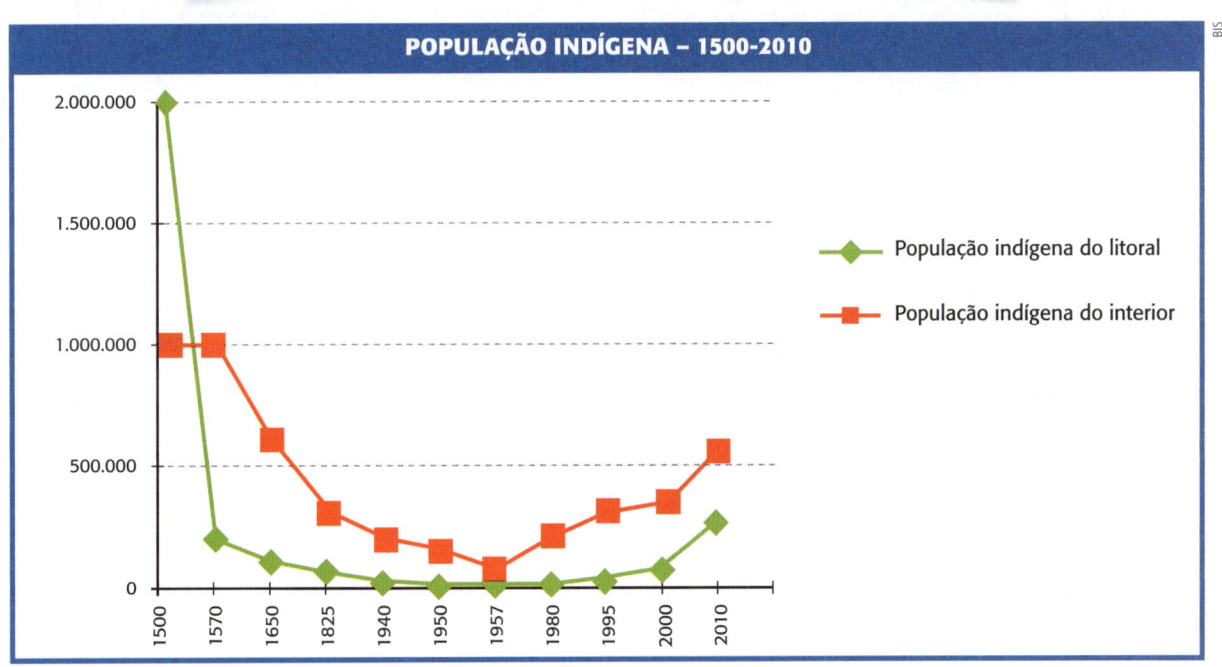

(gráfico com População indígena do litoral e População indígena do interior, anos 1500, 1570, 1650, 1825, 1940, 1950, 1957, 1980, 1995, 2000, 2010)

Fonte: FUNDAÇÃO NACIONAL DO ÍNDIO. Disponível em: <www.funai.gov.br>. Acesso em: dez. 2015.

a) De acordo com o gráfico, o que ocorreu com a população indígena do Brasil desde os anos de 1500?

b) Qual a tendência populacional demonstrada pelo gráfico nas duas últimas décadas?

c) Você concorda com a opinião do professor? Por quê?

11

CARTOGRAFIA EM DESTAQUE

17. Ao longo desta unidade, estudamos duas formas de dividir o Brasil: as macrorregiões brasileiras e as regiões geoeconômicas. No entanto, os geógrafos Milton Santos e Maria Laura Silveira propuseram, em 2001, uma nova forma de regionalizar o espaço brasileiro. Observe o mapa.

BRASIL: NOVA REGIONALIZAÇÃO

Legenda:
- Região Amazônica
- Região Nordeste
- Região Centro-Oeste
- Região Concentrada

Fonte: SANTOS, Milton; SILVEIRA, Maria Laura. *O Brasil: território e sociedade no início do século XXI.* Rio de Janeiro/São Paulo: Record, 2002. p. 308.

- Essa nova regionalização unifica, na denominada Região Concentrada, as regiões Sul e Sudeste. Quais razões levaram os autores a unificar as duas regiões? O que representa a Região Concentrada?

_____
_____
_____
_____

18. Observe o mapa e responda às questões.

AMÉRICA LATINA: ROTAS

Fonte: CONSELHO NACIONAL DE IMIGRAÇÃO. Disponível em: <http://migrante.org.br>. Acesso em: dez. 2015.

a) Quais informações são retratadas no mapa?
___
___

b) Quais recursos são utilizados nesse mapa para demonstrar as informações?
___
___

c) Quais os locais de entrada dos migrantes no Brasil?
___
___

d) Quais razões determinam esses fluxos migratórios?
___
___
___
___

UNIDADE 2
O Brasil e suas regiões

Rever a jornada

1. Como ocorreu a expansão da ocupação e a apropriação das riquezas da Região Norte? Correlacione as informações com seus respectivos períodos.

a) Início da ocupação.

b) Final do século XIX e início do século XX.

c) A partir dos anos 1960.

( ) Esse período é conhecido como o "ciclo da borracha", quando a extração do látex da seringueira era a principal atividade econômica da região.

( ) Período marcado pela intensificação do processo de ocupação da região, a partir dos projetos de infraestrutura e desenvolvimento econômico.

( ) Ocorreu a partir da exploração das chamadas drogas do Sertão e da instalação das missões religiosas e fortes militares.

2. Observe o gráfico e responda às questões.

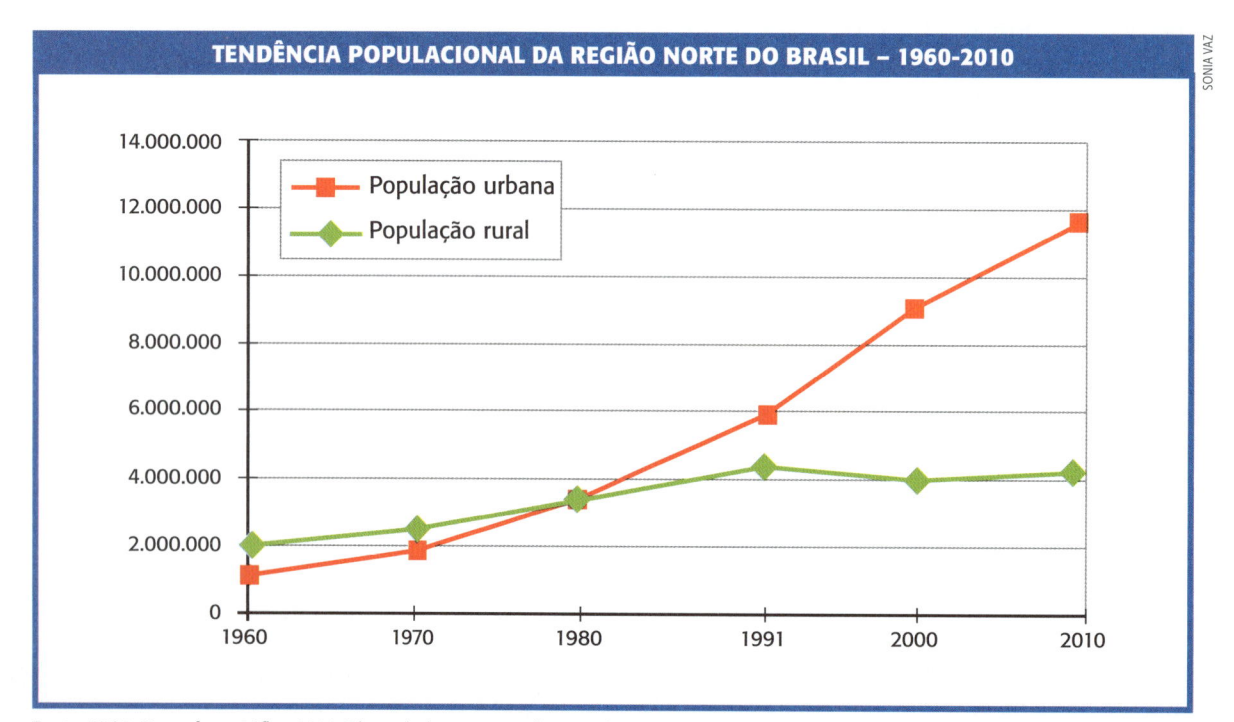

TENDÊNCIA POPULACIONAL DA REGIÃO NORTE DO BRASIL – 1960-2010

Fonte: IBGE. *Censo demográfico*, 2010. Disponível em: <www.ibge.gov.br>. Acesso em: jan. 2016.

a) Qual é a população predominante da Região Norte no século XXI? De acordo com o que foi estudado, quais são os aspectos que contribuem para o predomínio dessa população?

___

b) A população de algumas cidades da Região Norte vive de maneira bastante precária. Quais problemas são enfrentados por essa população?

___

3. Sobre a hidrografia da Região Norte do Brasil, responda às questões a seguir.

a) Qual a importância dos rios para a população?

___

b) O que são comunidades ribeirinhas? Quais as principais características do seu modo de vida?

___

4. Um dos problemas enfrentados pela população nordestina está vinculado ao clima seco da região. Com base nesse tema, construa um texto utilizando, pelo menos, cinco palavras contidas no quadro a seguir.

> seca – Semiárido – Sudene – latifúndio – combate – desenvolvimento – barragens – açudes – indústria – miséria – cisternas – política

___

5. Com base nas características de cada sub-região do Nordeste, insira as letras correspondentes no mapa a seguir.

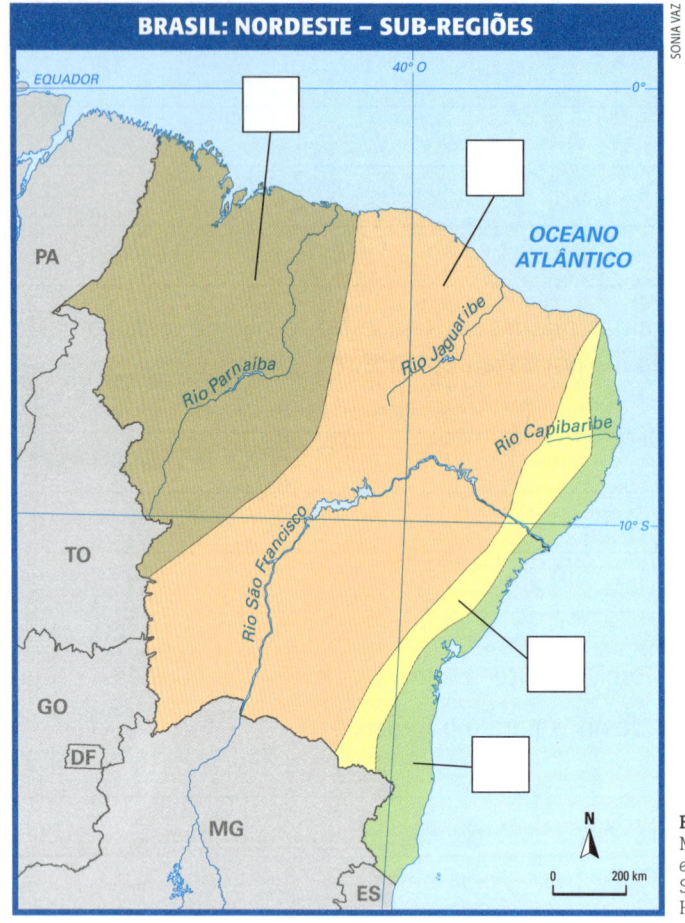

A) Localiza-se entre a Amazônia e o Sertão. O extrativismo vegetal, principalmente do coco-babaçu, destaca-se como atividade econômica. Ultimamente, a plantação de soja e a criação de gado tiveram grande expansão.

B) Predomina o clima quente e com longos períodos de seca, afetando a população local. Projetos modernos de irrigação são implantados nessa sub-região.

C) É caracterizada como uma zona de transição, na qual a pecuária e a agricultura de subsistência são as atividades mais importantes.

D) Trata-se da sub-região de clima quente e úmido, que favoreceu o desenvolvimento da Mata Atlântica. No entanto, o cultivo de cana-de-açúcar e de cacau provocou intensa devastação. Nessa sub-região, estão as principais cidades e atividades industriais do Nordeste.

6. Quais são os principais motivos que atraíram as indústrias para a Região Sul do Brasil?

_____
_____
_____
_____
_____

7. Observe o gráfico e responda às questões.

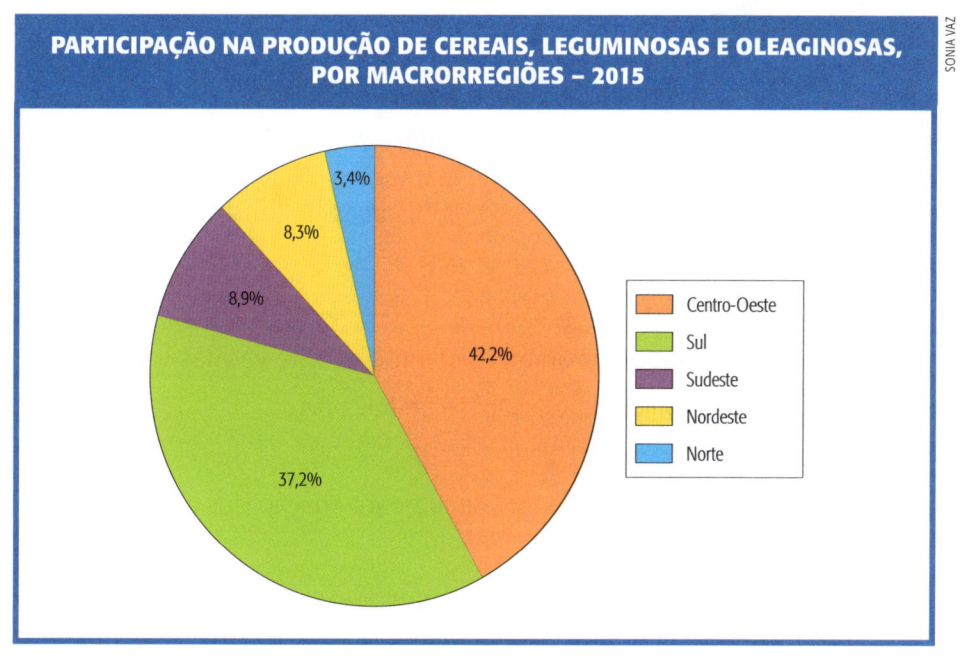

PARTICIPAÇÃO NA PRODUÇÃO DE CEREAIS, LEGUMINOSAS E OLEAGINOSAS, POR MACRORREGIÕES – 2015

- Centro-Oeste: 42,2%
- Sul: 37,2%
- Sudeste: 8,9%
- Nordeste: 8,3%
- Norte: 3,4%

Fonte: NOTÍCIAS AGRÍCOLAS. Em agosto, IBGE prevê crescimento de 8,6% na safra de grãos de 2015. Disponível em: <www.comercialagricola.com.br>. Acesso em: dez. 2015.

a) De acordo com os dados, qual região tem maior participação na produção de cereais, leguminosas e oleaginosas?

___

b) A produção desses alimentos, nos moldes do agronegócio, é de grande importância para as exportações e para a indústria alimentícia. No entanto, alguns aspectos negativos são enfrentados por essa região do Brasil. Explique quais são eles.

___
___
___

8. Sobre a Região Sudeste, assinale **V** para as afirmações verdadeiras e **F** para as afirmações falsas.

( ) A Região Sudeste sempre foi o principal centro econômico do Brasil e, com a descoberta de ouro e diamante em Minas Gerais, a população aumentou consideravelmente.

( ) Diversos fatores foram fundamentais para o desenvolvimento da indústria na Região Sudeste, tais como o acúmulo de capitais proporcionado pela economia cafeeira e a ampliação do mercado consumidor.

( ) A cafeicultura provocou profundas modificações no espaço geográfico da Região Sudeste, como o crescimento das cidades.

( ) O desenvolvimento da indústria ocorreu de forma homogênea, em praticamente todas as cidades da Região Sudeste.

( ) A Região Sudeste é o centro econômico do país, com sede de importantes empresas industriais, comerciais e de serviços e com infraestrutura e opções de lazer.

Outro olhar

9. As imagens das páginas 53 (superior) e 55 (superior) do livro ilustram dois exemplos de criação de animais: bovinos e suínos. Considere a primeira imagem como modo de criação **1**, e a segunda, modo **2**. Correlacione as características abaixo com as imagens retratadas.

( ) Os animais ficam confinados.

( ) Criação do tipo extensiva.

( ) Maior investimento na saúde dos animais, como o uso de vacinas e antibióticos.

( ) Terras mais baratas possibilitam a criação de animais livres.

( ) Os animais ficam soltos no pasto.

( ) Terras mais caras determinam o menor espaço para criação dos animais.

( ) Criação do tipo intensiva.

( ) Criação de animais principalmente para a produção de carne.

10. Observe novamente o mapa da divisão política da Região Nordeste, na página 46 do livro. Em seguida, com base nos seus conhecimentos, responda às questões.

a) Qual importante rio está presente nessa região do Brasil?
___

b) Quais estados são atravessados por esse rio?
___
___
___

c) Qual a importância desse rio para a população local? Como ele é utilizado?
___
___
___
___

11. A imagem da página 56 do livro retrata a paisagem urbana representada pela cidade de Sorocaba, localizada no interior do estado de São Paulo. Você vive em um local com uma paisagem similar a essa? Quais problemas urbanos são enfrentados pela população da sua cidade?
___
___
___
___

18

Leitura do mundo

12. O início do ano de 2015 foi marcado pelo crescimento, em todo o Brasil, do número de casos da dengue, doença viral transmitida pelo mosquito *Aedes aegypti*. Observe o infográfico e responda às questões.

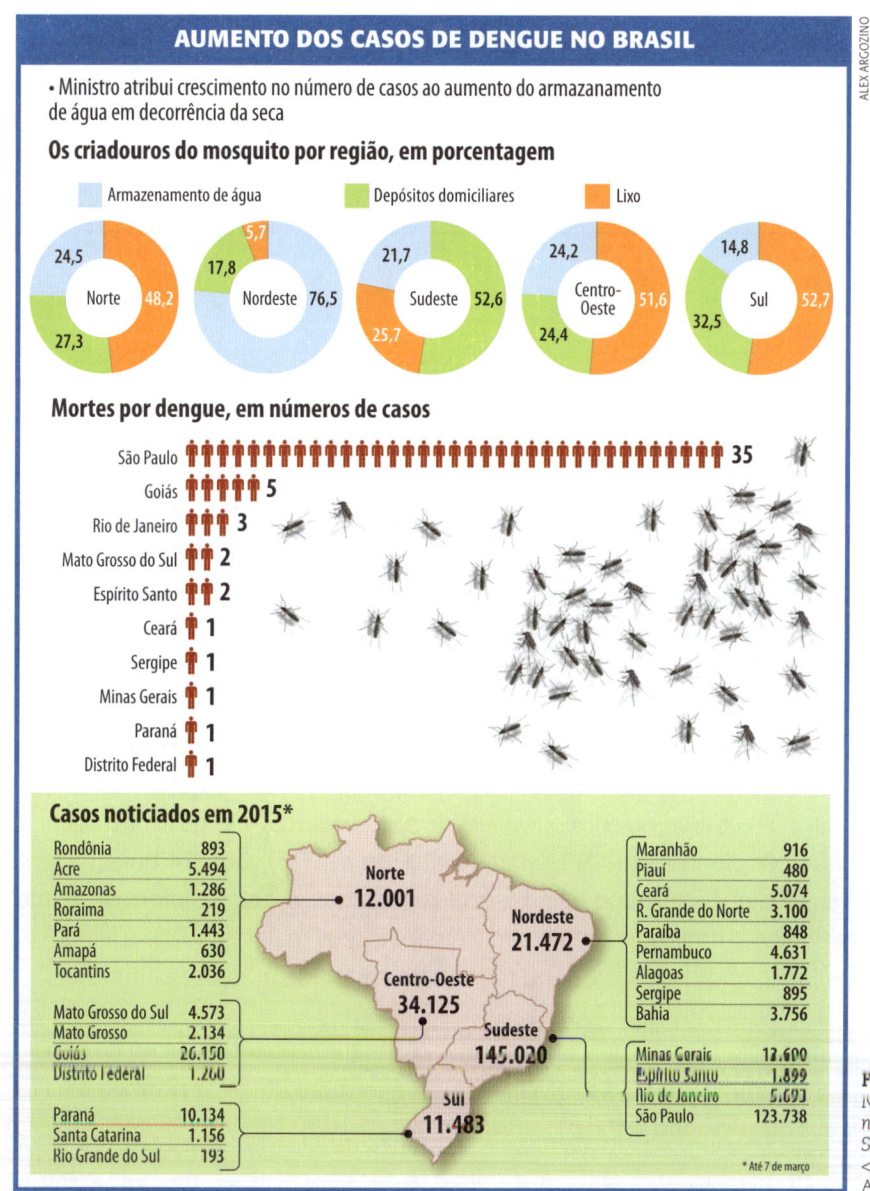

AUMENTO DOS CASOS DE DENGUE NO BRASIL

• Ministro atribui crescimento no número de casos ao aumento do armazenamento de água em decorrência da seca

Os criadouros do mosquito por região, em porcentagem

Legenda: Armazenamento de água | Depósitos domiciliares | Lixo

- Norte: 24,5 / 27,3 / 48,2
- Nordeste: 17,8 / 5,7 / 76,5
- Sudeste: 21,7 / 25,7 / 52,6
- Centro-Oeste: 24,2 / 24,4 / 51,6
- Sul: 14,8 / 32,5 / 52,7

Mortes por dengue, em números de casos

- São Paulo: 35
- Goiás: 5
- Rio de Janeiro: 3
- Mato Grosso do Sul: 2
- Espírito Santo: 2
- Ceará: 1
- Sergipe: 1
- Minas Gerais: 1
- Paraná: 1
- Distrito Federal: 1

Casos noticiados em 2015*

Rondônia	893
Acre	5.494
Amazonas	1.286
Roraima	219
Pará	1.443
Amapá	630
Tocantins	2.036
Mato Grosso do Sul	4.573
Mato Grosso	2.134
Goiás	26.150
Distrito Federal	1.260
Paraná	10.134
Santa Catarina	1.156
Rio Grande do Sul	193
Maranhão	916
Piauí	480
Ceará	5.074
R. Grande do Norte	3.100
Paraíba	848
Pernambuco	4.631
Alagoas	1.772
Sergipe	895
Bahia	3.756
Minas Gerais	12.600
Espírito Santo	1.899
Rio de Janeiro	5.693
São Paulo	123.738

Por região:
- Norte: 12.001
- Nordeste: 21.472
- Centro-Oeste: 34.125
- Sudeste: 145.020
- Sul: 11.483

*Até 7 de março

Fonte: O ESTADO DE S. PAULO. Número de casos de dengue no Brasil sobe 162%; SP puxa alta. Disponível em: <http://saude.estadao.com.br>. Acesso em: dez. 2015.

a) A que o governo atribui o aumento do número de casos da doença em 2015?

_____

b) Qual o local predominante de criadouro do mosquito na Região Sul?

_____

c) Qual estado do Centro-Oeste apresentou o maior número de mortes por dengue em 2015?

_____

19

d) Qual região do Brasil notificou o maior número de casos de dengue em 2015? Por quê?

_____
_____
_____
_____

e) O que deve ser feito para evitar que o mosquito da dengue transmita a doença?

_____
_____
_____
_____
_____

13. Leia o trecho da reportagem a seguir.

> "O IBAMA tem um cálculo antigo que a biopirataria rouba do Brasil em torno de US$ 6 bilhões por ano em plantas, animais ou fósseis. São clássicos os casos de registros de frutas como o cupuaçu no exterior. Uma substância do veneno da jararaca brasileira, conhecida como captopril, foi sintetizada pelo laboratório americano Bristol Myers Squibb e usada no medicamento Capoten, um regulador da pressão arterial, garantindo vendas de US$ 5 bilhões no mundo. O pau-rosa é usado como fixador de perfumes desde a década de 1930, e entra na composição do Chanel nº 5. Castanhas como a andiroba e o óleo de copaíba estão sendo registrados em várias regiões do mundo. Assim como fizeram com o Curare, que os indígenas usam para amortecer as presas nas caçadas, ou com o ayahuasca, o cipó alucinógeno da Amazônia.
>
> A verdade é que em pleno século XXI, da era digital, do celular ligado 24 horas, a Amazônia continua sendo saqueada, como foi nos séculos passados, e, por desinformação total, o povo brasileiro adotou o método químico para cuidar de seus males, ajudando a indústria farmacêutica e química mundial, que quer a todo custo se apoderar desse patrimônio."
>
> TUBINO, Najar. Amazônia: verdades que não se curam. *Carta Maior*, 22 jul. 2015. Disponível em: <www.cartamaior.com.br>. Acesso em: dez. 2015.

a) O que é biopirataria?

_____
_____

b) Qual o interesse das indústrias farmacêuticas e de cosméticos no conhecimento das comunidades tradicionais da Amazônia?

_____
_____
_____

CARTOGRAFIA EM DESTAQUE

14. Estudamos ao longo desta unidade que, a partir dos anos 1990, muitos migrantes nordestinos voltaram para casa, em um processo chamado de migração de retorno. A tabela a seguir demonstra os dados entre 1995 e 2009.

Elabore um mapa de fluxos migratórios entre as regiões Sudeste e Nordeste nos últimos anos. Para isso, utilize setas que variem a espessura conforme o valor dado na tabela, isto é, valores altos deverão ser representados por setas mais espessas e valores baixos, por setas menos espessas. As setas deverão representar cada período por meio de cores diferentes. Não se esqueça de inserir todos os elementos do mapa (legenda, escala – 1:260 km, título, fonte de dados e orientação).

Período	Do Nordeste para o Sudeste	Do Sudeste para o Nordeste
1995 a 2000	969.435	462.628
2001 a 2004	548.513	620.334
2005 a 2009	443.962	319.448

Fonte: IBGE. *Pesquisa Nacional por Amostra de Domicílios – PNAD*, 2011. Disponível em: <www.ibge.gov.br>. Acesso em: jan. 2016.

Fonte: _____

UNIDADE 3 — Relevo e águas no Brasil

Rever a jornada

1. O que você entende por relevo? No local onde vive, o relevo é facilmente perceptível na paisagem?

_____
_____
_____
_____
_____

2. Sobre as características do relevo do Brasil, assinale a alternativa **correta**.

I. No Brasil, predominam altitudes modestas, pois a estrutura geológica é antiga, estável e bastante desgastada.

II. Os terrenos com maiores altitudes estão concentrados nas regiões Sul e Sudeste e no norte do estado de Roraima.

III. O ponto mais alto do território brasileiro é o Pico da Neblina, com 2.994 metros, localizado no estado do Amazonas, próximo à fronteira com a Venezuela.

a) Somente a alternativa I está correta.
b) As alternativas I e II estão corretas.
c) Somente a alternativa III está correta.
d) As alternativas I e III estão corretas.
e) Todas as alternativas estão corretas.

3. Leia a reportagem a seguir e responda à questão.

> "Um novo terremoto, desta vez de 6,7 pontos na escala Richter, atingiu o Norte do Brasil na madrugada desta quinta-feira, também na região da fronteira entre o Acre e o Peru. O tremor de terra, que ocorreu a 127 quilômetros da cidade de Tarauacá (AC), foi registrado pelo Serviço Geológico dos EUA (USGS, na sigla em inglês), por volta das 3h45 (horário de Brasília). O sismo ocorreu a cerca de 600 quilômetros de profundidade o que, segundo os especialistas, diminuiu os efeitos do tremor, mas ampliou seu alcance."
>
> EL PAÍS. *Terremoto volta a atingir região da fronteira entre o Peru e o Brasil.* Disponível em: <www.brasil.elpais.com>. Acesso em: dez. 2015.

- Apesar de terremotos de grande intensidade terem sido registrados no Brasil, eles não são frequentes no país e raramente causam danos ou vítimas. Por que os terremotos são registrados com pouca frequência no Brasil?

_____
_____
_____
_____
_____

4. Complete a cruzada com o nome das principais formas do relevo brasileiro.

a) Formações arredondadas de elevações modestas.

b) Terrenos irregulares, bastante desgastados pela ação da chuva, dos rios e dos ventos. O processo de desgaste supera o de sedimentação. Podem ocorrer em escudos cristalinos e bacias sedimentares.

c) Conjunto de montanhas ou morros com desníveis acentuados.

d) Formas de topo plano e com desníveis acentuados, que lembram um degrau (escarpas).

e) Terrenos desgastados por longos processos erosivos. São formas que se apresentam relativamente planas ou levemente onduladas. Localizam-se entre superfícies mais elevadas.

f) Terrenos relativamente planos, formados pelo acúmulo de materiais transportados principalmente por rios, lagos e mares. Ocorrem em áreas de bacias sedimentares.

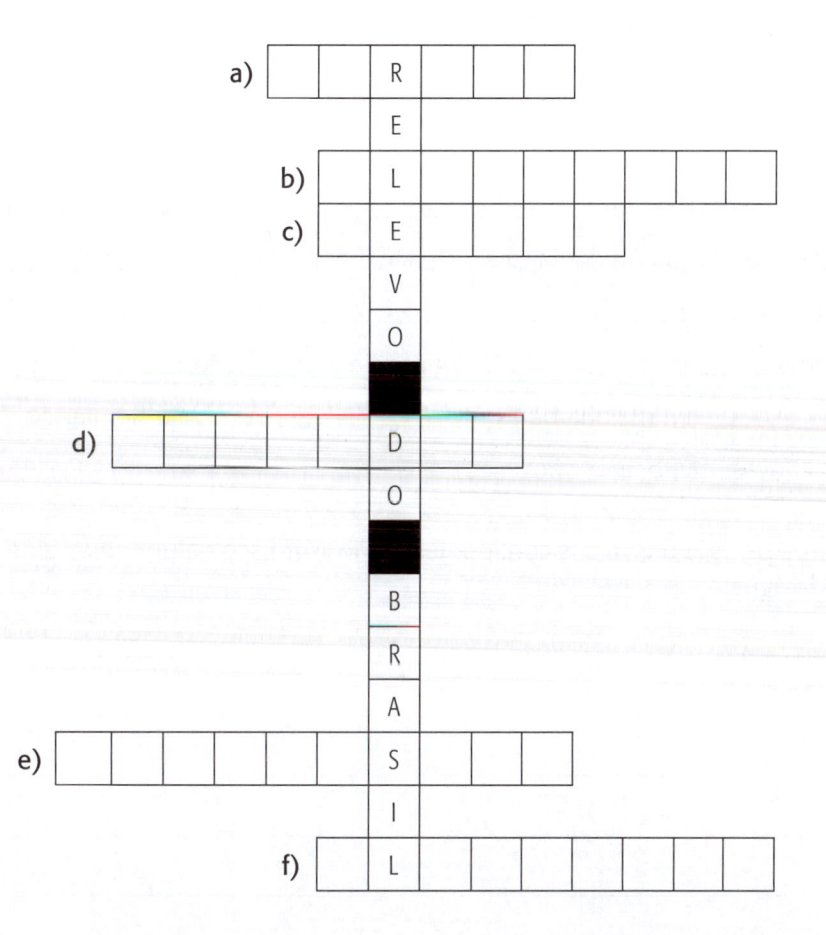

5. O que são agentes externos que modelam o relevo? Qual a sua importância? Quais agentes predominam no Brasil?

_____
_____
_____
_____

6. Quais são e onde estão localizados os principais aquíferos do Brasil? O que influencia a formação dos aquíferos?

_____
_____
_____
_____
_____
_____
_____

7. Complete o texto com as palavras inseridas no quadro.

> intermitentes – bacias hidrográficas – redes hidrográficas – rio principal –
> divisores de água – perene – pluvial

O Brasil possui uma das maiores _____ do planeta, formada por rios extensos e com grande volume de água. Os rios brasileiros estão distribuídos por _____, que são áreas delimitadas por _____ e banhadas por um _____ e todos os seus _____. O regime de alimentação dos rios brasileiros é basicamente _____, e a maioria deles é _____. No Semiárido, por conta da irregularidade das chuvas, muitos rios são _____.

8. Quais os principais usos das águas continentais no Brasil? Escolha um deles e descreva como ocorre a utilização da água.

_____
_____
_____
_____
_____

Outro olhar

9. Observe novamente as imagens da página 66 do livro. Qual das duas imagens representa uma paisagem cuja hidrografia tem maior potencial hidrelétrico? Qual imagem representa uma hidrografia ideal para o transporte de pessoas e mercadorias? Justifique sua resposta.

_____
_____
_____
_____
_____
_____
_____

10. Leia a notícia de jornal a seguir. Qual a relação dessa notícia com o mapa da página 68 do livro?

> "O *tsunami* do Oceano Índico, ocorrido em 2004, foi um dos maiores desastres naturais já registrados.
>
> Um forte terremoto com epicentro no Oceano Índico, de magnitude 9,1, gerou enormes ondas que atingiram a terra firme. O primeiro impacto ocorreu na província de Aceh, na Indonésia, e em seguida, o *tsunami* deixou um rastro de destruição pela Ásia e partes da África.
>
> Mais de 225 mil pessoas morreram e outras centenas de milhares ficaram desabrigadas."
>
> BBC BRASIL. *Tsunami de 2004*: Como foi um dos maiores desastres da história. Disponível em: <www.bbc.com/portuguese>. Acesso em: jan. 2016.

_____
_____
_____
_____
_____
_____
_____

Leitura do mundo

11. A imagem a seguir retrata o Rio Tietê depois de atravessar as principais cidades da Região Metropolitana de São Paulo. Você considera que essa espuma branca seja natural do curso do rio? Quais as razões da ocorrência dessa espuma?

Corredeiras do Rio Tietê em Salto (SP), 2014.

___
___
___
___
___

12. Leia a notícia e o infográfico e, em seguida, responda às questões.

> "Quando o assunto é perda de água tratada, o Brasil ocupa a 20ª posição em um *ranking* com 43 países. O levantamento foi feito pelo IBNET (*International Benchmarking Network for Water and Sanitation Utilities*), com dados de 2011. De acordo com o estudo, o Brasil perde 39% de sua água tratada. As perdas antes que a água chegue ao consumidor final incluem casos como vazamentos e ligações clandestinas. Na lista, o Brasil fica atrás de países como Vietnã (que perde 31%), México (24%), Rússia (23%) e China (22%). O que mais perde água tratada na lista é Fiji, um país insular da Oceania que desperdiça 83% da água que trata. Já entre os com menor índice de perda estão Estados Unidos (13%) e Austrália (7%)."
>
> TREVISAN, Karina. Brasil fica na 20ª posição em *ranking* internacional de perda de água. G1, 30 mar. 2015. Disponível em: <www.g1.globo.com>. Acesso em: jan. 2016.

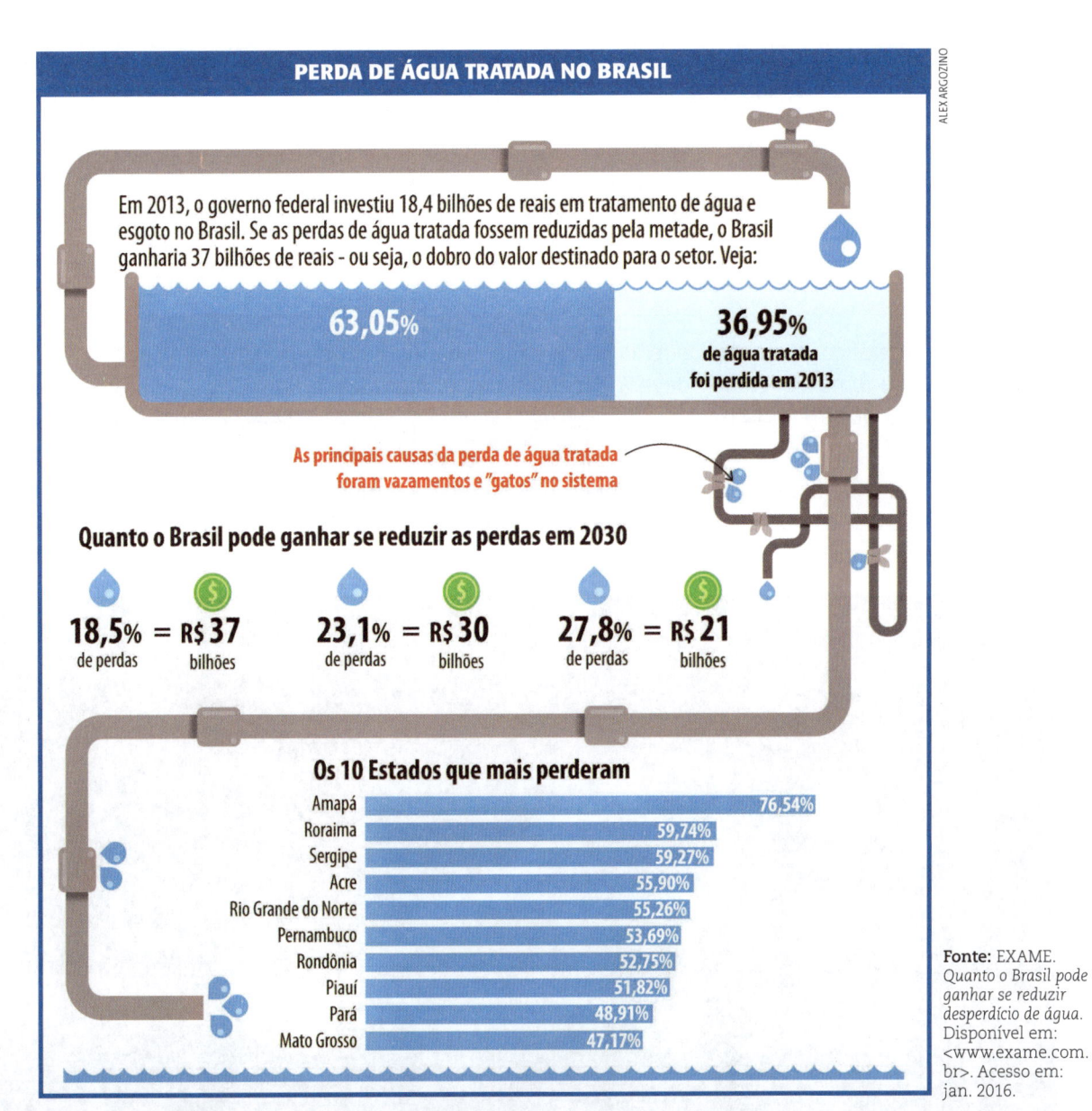

PERDA DE ÁGUA TRATADA NO BRASIL

Em 2013, o governo federal investiu 18,4 bilhões de reais em tratamento de água e esgoto no Brasil. Se as perdas de água tratada fossem reduzidas pela metade, o Brasil ganharia 37 bilhões de reais - ou seja, o dobro do valor destinado para o setor. Veja:

63,05% | **36,95%** de água tratada foi perdida em 2013

As principais causas da perda de água tratada foram vazamentos e "gatos" no sistema

Quanto o Brasil pode ganhar se reduzir as perdas em 2030

- **18,5%** de perdas = **R$ 37** bilhões
- **23,1%** de perdas = **R$ 30** bilhões
- **27,8%** de perdas = **R$ 21** bilhões

Os 10 Estados que mais perderam

Estado	%
Amapá	76,54%
Roraima	59,74%
Sergipe	59,27%
Acre	55,90%
Rio Grande do Norte	55,26%
Pernambuco	53,69%
Rondônia	52,75%
Piauí	51,82%
Pará	48,91%
Mato Grosso	47,17%

Fonte: EXAME. *Quanto o Brasil pode ganhar se reduzir desperdício de água.* Disponível em: <www.exame.com.br>. Acesso em: jan. 2016.

a) Qual o problema exposto no infográfico?

b) Quanto foi investido pelo governo federal, em 2013, no tratamento de água e esgoto? Nesse mesmo ano, qual foi a porcentagem de água perdida e quanto o Brasil ganharia caso a perda de água fosse reduzida pela metade?

c) O índice de desperdício de água se manteve igual entre os anos citados na notícia de jornal (2011) e no infográfico (2013)?

d) De acordo com a notícia e com o infográfico, quais as principais causas de desperdício de água? Como poderia ser evitado esse tipo de desperdício?

_____

_____

_____

_____

e) Elabore um gráfico que demonstre as porcentagens de desperdício de água em cada país citado na notícia de jornal. O gráfico deverá apresentar as porcentagens por meio de setores (gráfico de *pizza*) ou por meio de barras.

13. O uso de imagens de satélites tem sido muito eficiente para o monitoramento do relevo e da dinâmica do uso e ocupação do solo. A imagem de satélite a seguir ilustra a erupção do vulcão Paluweh, na Indonésia, possibilitando o monitoramento da nuvem branca de fumaça e cinzas.

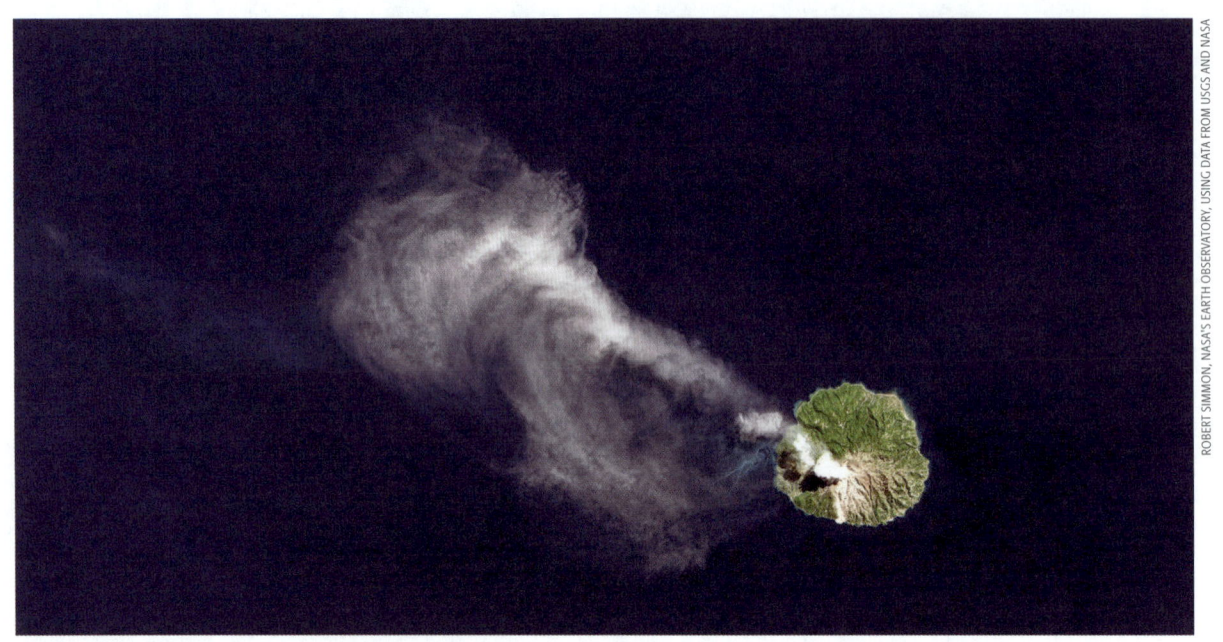

Erupção vulcânica na Indonésia registrada pelo satélite da Nasa, em 29 de abril de 2013. As autoridades locais orientaram os habitantes a permanecerem em casa e usarem máscaras de proteção contra a poeira das cinzas.

- Busque, em notícias de jornais ou revistas ou artigos na internet, outros exemplos de uso de imagens de satélite no monitoramento do relevo e da dinâmica do uso e ocupação do solo.

_____

_____

_____

_____

_____

_____

CARTOGRAFIA EM DESTAQUE

14. As curvas de nível são utilizadas pelos cartógrafos para representar a forma e a altitude do relevo. Trata-se de linhas imaginárias no terreno que unem pontos de mesma altitude. Observe o exemplo do relevo a seguir e responda às perguntas.

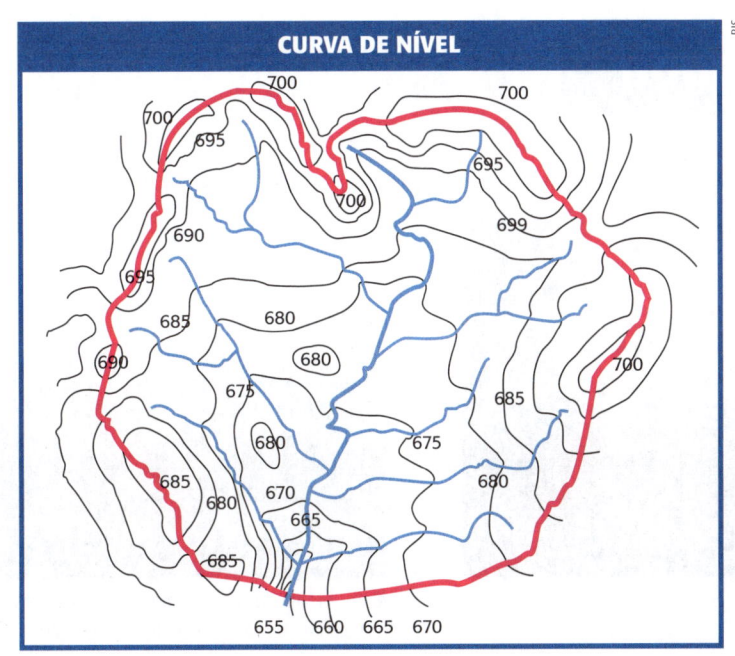

CURVA DE NÍVEL

Fonte: Universidade Federal de Minas Gerais (UFMG). *A bacia hidrográfica*. Disponível em: <www.etg.ufmg.br>. Acesso em: jan. 2016.

a) Qual a altitude da curva de nível mais elevada?
_____

b) Qual a altitude da curva de nível menos elevada?
_____

c) Qual o intervalo entre as curvas de nível desse relevo?
_____

d) Agora pinte as curvas de nível, com base nos intervalos da legenda a seguir. Utilize cores mais claras para as altitudes menos elevadas e cores mais escuras para as altitudes mais elevadas.

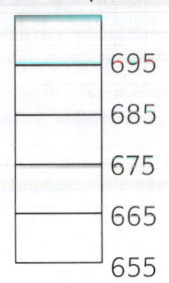

695
685
675
665
655

e) Utilizando caneta colorida, delimite a bacia hidrográfica. A partir da foz do rio principal, trace uma linha tendo como base as curvas de nível mais elevadas. O limite da bacia deve circundar o rio principal e seus afluentes, e nunca cruzá-los. Peça auxílio ao seu professor se for necessário.

29

UNIDADE 4
Vegetação e clima no Brasil

Rever a jornada

1. Observe as imagens a seguir e indique a qual tipo de vegetação corresponde.

Planície aluvial, com vegetação variada, em Poconé (MT), 2014.

_____

Maior bioma do Brasil e também a maior reserva de madeira tropical do mundo, em Uiramutã (RR), 2014.

_____

Presente em vários estados do Brasil, essa vegetação desenvolve-se em solos salinos e pobres em oxigênio. Fotografia de Cairu (BA), 2015.

_____

Pequena variedade de espécies vegetais adaptados ao clima mais frio e com chuvas regulares. Fotografia de São Joaquim (SC), 2012.

_____

2. Quais fatores influenciam o clima? Investigue qual fator tem mais influência no local em que você vive.

_____
_____
_____

3. Como estudamos nesta unidade, a Mata de Araucárias ocupava originalmente do sul do estado de São Paulo até o Rio Grande do Sul, pois, para se desenvolver, necessita de áreas com temperaturas mais baixas e com chuvas regulares. No entanto, a Mata de Araucárias também é encontrada em certas regiões dos estados de Minas Gerais, São Paulo e Rio de Janeiro, como na Serra da Mantiqueira, especificamente nas cidades de Monte Verde e Campos do Jordão.

- Quais fatores são determinantes para o desenvolvimento dessa formação vegetal nesses locais? Justifique sua resposta.

Cidade de Monte Verde, localizada no sul do estado de Minas Gerais, 2015.

_____
_____
_____
_____
_____

4. Programa Nacional de Florestas (PNF) foi criado, em 2000, com o objetivo de articular as ações que promovem o desenvolvimento sustentável, conciliando o uso com a conservação das florestas brasileiras.

a) Quais são as causas de ações como a de preservação das florestas brasileiras?
_____
_____

b) Quais são os agentes que têm buscado meios para proteger as formações vegetais do Brasil e os ecossistemas como um todo?
_____
_____

c) Quais os principais objetivos dessas ações de preservação das formações vegetais do Brasil?
_____
_____

d) Quais as práticas que vêm sendo adotadas no Brasil com esse objetivo?
_____
_____
_____

5. Observe os climogramas a seguir e responda às questões.

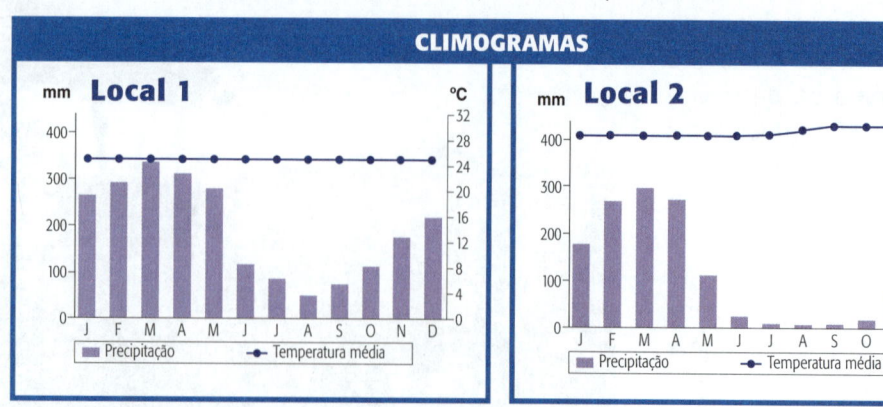

CLIMOGRAMAS

Fonte: Instituto Nacional de Meteorologia (INMET). *Gráfico das Normais climatológicas.* Disponível em: <www.inmet.gov.br>. Acesso em: jan. 2016.

a) Qual o índice de precipitação máxima e mínima do local 1 e do local 2? Quais os meses correspondentes?

_____

_____

b) Qual a temperatura máxima e a mínima do local 1 e do local 2? Quais os meses correspondentes?

_____

_____

c) Qual o possível tipo de clima do local 1 e do local 2? Cite duas cidades que poderão apresentar essas características climáticas.

_____

_____

6. Na figura a seguir estão representados os três tipos de precipitações pluviais. Indique a denominação e descreva como ocorre cada uma delas.

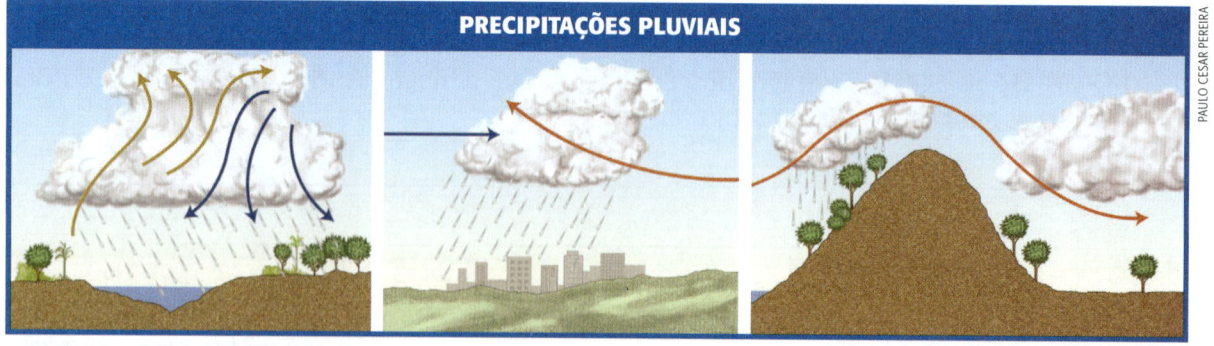

PRECIPITAÇÕES PLUVIAIS

Fontes: FORSDYKE, A. G. *Previsão do tempo e clima.* São Paulo: Melhoramentos, 1975. p. 62-63 (Série Prisma); PRESS, Frank (Org.). *Para entender a Terra.* Porto Alegre: Bookman, 2006. p. 317.

_____

_____

_____

_____

7. Correlacione as zonas térmicas com as características descritas ao lado. Em seguida, indique quais delas estão presentes no território brasileiro, localizando cada região do país.

1) Zona tropical ou intertropical
_____

2) Zona polar
_____

3) Zona temperada
_____

( ) Nessa zona, os raios solares aquecem a superfície com pouca intensidade. As temperaturas são mais baixas, com predomínio de climas frios.

( ) É a que mais recebe calor. Nessa zona térmica, as temperaturas são mais elevadas que nas outras zonas, com predomínio de climas quentes.

( ) Essa zona pode ser considerada intermediária. Nela predominam temperaturas mais amenas e estações do ano bem definidas.

8. Assinale a alternativa que corresponda **corretamente** aos climas e suas respectivas características.

1) Clima Equatorial
2) Clima Tropical
3) Clima Semiárido
4) Clima Tropical Úmido
5) Clima Subtropical
6) Clima Tropical de Altitude

( ) Abrange uma extensa área em estados das regiões Centro-Oeste, Nordeste e Sudeste. A temperatura média anual é superior a 20 °C. Apresenta duas estações bem definidas, uma chuvosa e outra mais seca, quando as temperaturas caem.

( ) Áreas com esse tipo de clima possuem temperaturas mais baixas, devido ao fator altitude e às chuvas, que são bem distribuídas ao longo do ano. Abrange áreas com mais de 1.000 metros de altitude nos estados de São Paulo, Minas Gerais, Rio de Janeiro, Mato Grosso do Sul, Espírito Santo, Paraná e Goiás. As chuvas se concentram no verão, ocorrendo de forma torrencial.

( ) Ocupa extensas áreas dos estados do Nordeste, na sub-região do Sertão. As médias de temperatura são elevadas, superiores a 26 °C. Chove pouco na maior parte do ano e há longos períodos de seca.

( ) Abrange o sul dos estados de São Paulo e Mato Grosso do Sul e todos da Região Sul. As massas de ar que mais atuam nesse tipo de clima são a Polar Atlântica e a Tropical Atlântica. Caracteriza-se por ser um tipo de clima quente no verão e frio no inverno e, em certo lugares, pode ocorrer precipitação de neve. A temperatura média anual é inferior a 18 °C e as chuvas são bem distribuídas ao longo do ano.

( ) Abrange a Amazônia e se caracteriza por ser um clima quente e úmido, dominado pela atuação da Massa Equatorial Continental. Apresenta temperaturas elevadas, com média anual de 25 °C e pequena amplitude térmica. As chuvas são abundantes.

( ) Estende-se pela faixa litorânea, desde São Paulo até o Rio Grande do Norte. Apresenta temperatura média anual superior a 20 °C. As chuvas são abundantes por causa da elevada umidade trazida pelos ventos que vêm do Oceano Atlântico. Apresenta um período mais seco e outro mais chuvoso e, durante o inverno, ocorre queda de temperaturas, devido à ação da Massa Polar Atlântica.

a) 1 – 5 – 4 – 2 – 3 – 6.
b) 4 – 3 – 2 – 5 – 6 – 1.
c) 2 – 4 – 3 – 6 – 1 – 5.
d) 2 – 6 – 3 – 5 – 1 – 4.
e) 3 – 1 – 6 – 4 – 5 – 2.

Outro olhar

9. Leia novamente a seção *Saiba mais* da página 94 do livro. Essa formação vegetal é de extrema importância para a população local, pois várias espécies da flora são fonte de renda de muitas famílias.

a) Como se denomina o tipo de atividade econômica praticada por essas famílias?

___

b) Quais são as espécies da Mata dos Cocais mais utilizadas pela população local como fonte de renda?

___

c) O que são produzidos por essas famílias? Faça uma pesquisa em jornais, revistas ou internet e busque quais os principais usos dessas espécies. Se possível, cole imagens que ilustrem as atividades cotidianas dessas famílias.

___

___

___

10. Observe a manchete da notícia.

Frente fria chega e temperatura cai mais de 12 °C em 4 horas

"Às 12h, termômetros marcavam 30,7 °C; às 16h, passou para 18 °C. Meteorologista diz que, à noite, temperatura chegará a 15 °C."

G1. *Frente fria chega e temperatura cai mais de 12 °C em 4 horas*. Disponível em: <www.g1.globo.com>. Acesso em: jan. 2016.

- Analise novamente o mapa da página 105 do livro e indique qual massa de ar provoca o fenômeno noticiado na manchete acima. Qual cidade poderia estar situada nessas condições climáticas?

___

___

___

11. Leia a canção e, em seguida, responda à questão

Asa Branca

Quando oiei a terra ardendo
Qua fogueira de São João
Eu preguntei a Deus do céu, uai
Por que tamanha judiação
Eu preguntei a Deus do céu, uai
Por que tamanha judiação
Que braseiro, que fornaia
Nem um pé de prantação
Por farta d'água perdi meu gado
Morreu de sede meu alazão
Por farta d'água perdi meu gado
Morreu de sede meu alazão
Inté mesmo a asa branca
Bateu asas do sertão
Entonce eu disse, adeu Rosinha
Guarda contigo meu coração

Entonce eu disse, adeu Rosinha
Guarda contigo meu coração
Hoje longe, muitas légua
Numa triste solidão
Espero a chuva caí de novo
Pra mim vorta pro meu sertão
Espero a chuva caí de novo
Pra mim vorta pro meu sertão
Quando o verde dos teus oio
Se espaiar na prantação
Eu te asseguro não chore não, viu
Que eu vortarei, viu
Meu coração
Eu te asseguro não chore não, viu
Que eu vortarei, viu
Meu coração

GONZAGA, Luiz; TEIXEIRA, Humberto. *Asa Branca*, 1947.
Disponível em: <www.luizluagonzaga.mus.br>. Acesso em: jan. 2016.

- Escolha um dos tipos de formação vegetal do Brasil, presentes nas páginas 93, 94 e 95 do livro, que mais se assemelha com as características descritas na canção. Justifique sua resposta.

_____
_____
_____
_____

12. A ilustração da página 93 do livro mostra os tipos de vegetação da Floresta Amazônica. Entre elas, destaca-se a Mata de Várzea, local onde vive parte da população da região. Quais são as características da Mata de Várzea e quais fatores se tornam um problema para a população que vive nessas áreas?

_____
_____
_____
_____
_____
_____

Leitura do mundo

13. O Parque Indígena do Xingu, no Mato Grosso, abriga aproximadamente 5,5 mil indígenas, remanescentes de 16 etnias. Essa população vem conservando hábitos e costumes de geração em geração. Uma das etnias é denominada de Kawaiwete, que significa o povo verdadeiro ou "índio verdadeiro". A história dessa comunidade indígena explica que o poderoso *mait* (divindade), chamado Tuiarare, fez o povo e ensinou o conhecimento e a tradição que até hoje é mantida no cotidiano de seus habitantes.

Mulheres indígenas descascam mandioca para preparação de beiju e mingau, no Parque Indígena do Xingu, em Gaúcha do Norte (MT), 2013.

Observe o texto a seguir, elaborado por Tymãkari Kaiabi, membro dessa comunidade.

> Ae remipa'rua mamaea Ae remipa'rua mamaea kwa. Apa iapaw jaw. Ninamũ mamaea ae remipa'rua ae remiapo Jaw wyrapat, uyp, kanytat, yrupem, muap, ninamũ mamaea ae remipa'rua kwakwai futat mamaea ipa'rupyra.
>
> Objetos que as pessoas sabem fazer são: arcos, flechas, cocar, peneira e borduna. São estes objetos que usamos e sabemos fazer. Objetos usados pelos homens são: flecha, cocar e borduna. Arco e flecha serve para matar o peixe. O cocar e a borduna são usados na festa. As mulheres usam peneira para fazer mingau e peneirar farinha. A criança também pode usar estes objetos.

MUSEU DO ÍNDIO – FUNAI. *Kaiabi | Kawaiwete*.
Disponível em: <http://prodoclin.museudoindio.gov.br>. Acesso em: jan. 2016.

a) Com base nas informações acima, qual a importância da preservação ambiental do território dos Kawaiwete, assim como dos outros povos indígenas?

_____
_____
_____
_____

b) Por que é importante que a escrita seja estimulada entre os indígenas?

_____
_____
_____

14. Os meios de comunicação apresentam, diariamente, a previsão do tempo, detalhando as condições de temperatura e a possibilidade de chuva ao longo do dia. Para realizar a previsão do tempo, os meteorologistas utilizam imagens captadas por satélites que orbitam a Terra, como no exemplo a seguir.

Imagem de satélite que mostra as massas de ar sobre o Brasil, em 28 de fevereiro de 2014.

a) Descubra e descreva brevemente como são captadas as imagens de satélites.

_____
_____
_____
_____

b) Quais informações poderiam ser retiradas da imagem de satélite acima para a previsão do tempo no Brasil nesse dia?

_____
_____
_____

CARTOGRAFIA EM DESTAQUE

15. Observe o mapa de clima do Brasil a seguir e preencha o quadro, com base no seu conhecimento.

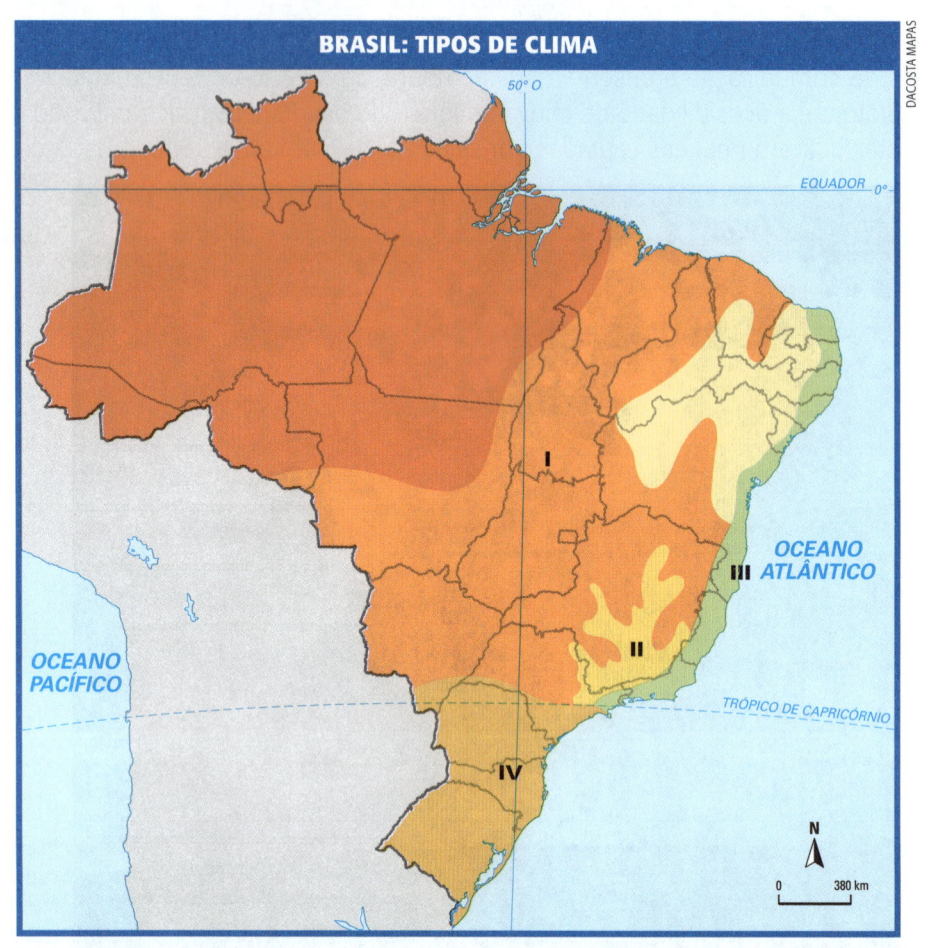

BRASIL: TIPOS DE CLIMA

Fonte: FERREIRA, Graça M. L. *Atlas geográfico*: espaço mundial. São Paulo: Moderna, 2013. p. 123.

	Tipo de clima	Temperatura média anual	Precipitação anual	Um local (cidade)
I	_____	_____	_____	_____
II	_____	_____	_____	_____
III	_____	_____	_____	_____
IV	_____	_____	_____	_____

38

16. Observe o mapa de vegetação nativa do Brasil a seguir e assinale a alternativa **incorreta**.

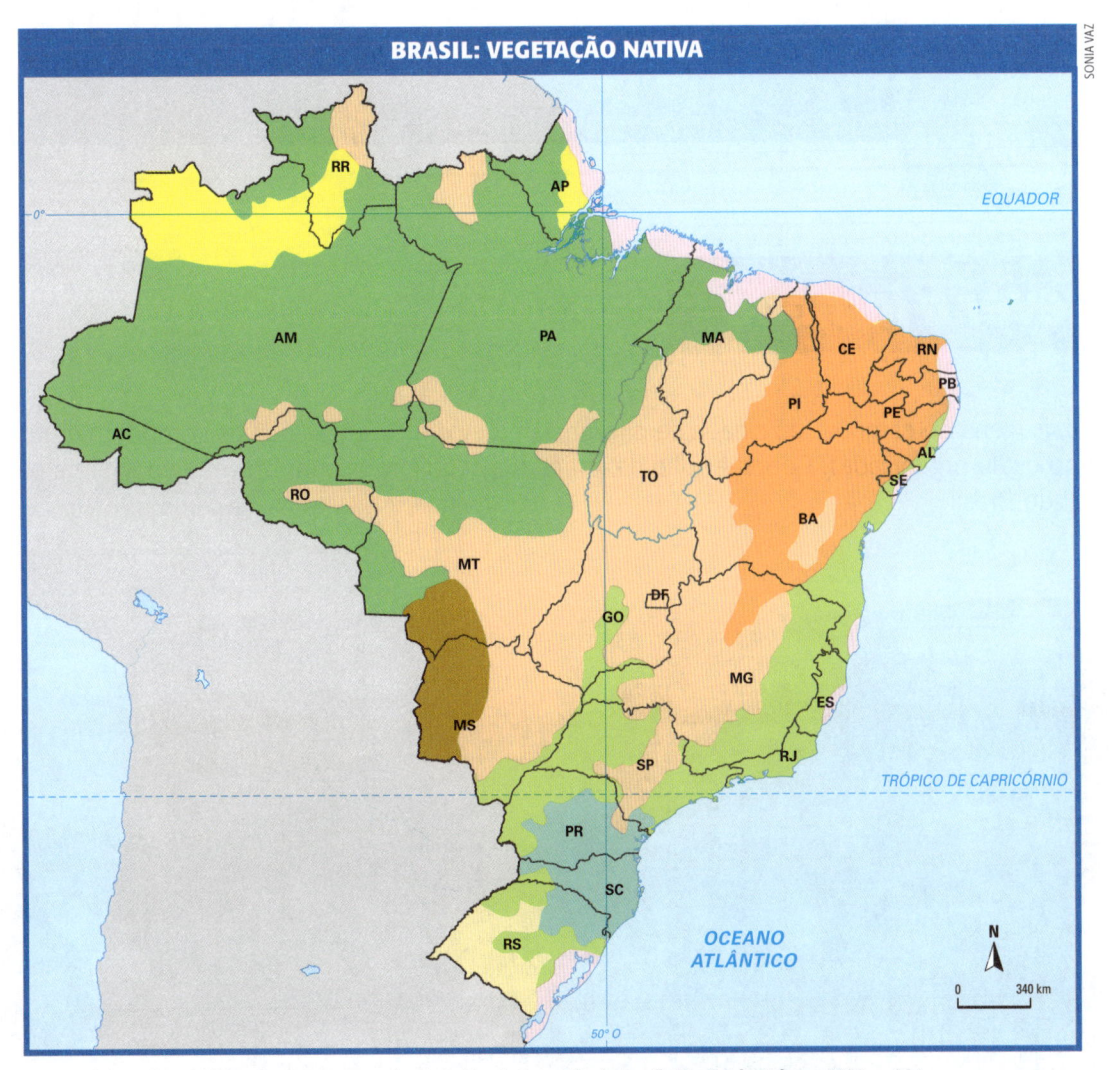

BRASIL: VEGETAÇÃO NATIVA

Fonte: elaborado com base em ROSS, Jurandyr L. S. (Org.). *Geografia do Brasil*. São Paulo: Edusp, 2009. p. 204.

a) O Cerrado está localizado predominantemente na Região Centro-Oeste do Brasil, porém é possível encontrar fragmentos nos estados do Pará, de São Paulo e de Minas Gerais.

b) A Floresta Amazônica está situada totalmente na Região Norte do Brasil.

c) O Semiárido brasileiro se concentra basicamente no interior dos estados da Região Nordeste.

d) O Pantanal abrange trechos dos estados do Mato Grosso e Mato Grosso do Sul.

e) A Mata Atlântica ocupa uma faixa próxima ao litoral que se estende desde a Região Nordeste até a Região Sul do Brasil e trechos do interior dos estados de São Paulo, Paraná e Goiás.

17. Em relação aos tipos de mapa, é **incorreto** afirmar que:

a) o mapa de atividades econômicas representa a divisão político-administrativa dos territórios.

b) a divisão por estados, como ocorre no Brasil, é representada por um mapa político.

c) o mapa hipsométrico representa as altitudes do terreno, além de rios e lagos.

d) o mapa de vegetação original representa os tipos vegetacionais que ocupavam um determinado território antes que ele fosse antropizado.

UNIDADE 5 — O espaço rural brasileiro

Rever a jornada

1. As paisagens do campo e da cidade se diferenciam pelos elementos que as compõem e pela forma como estão organizadas. Com o auxílio da imagem a seguir, redija um breve texto sobre a paisagem rural do Brasil.

Paisagem rural, com pequenas propriedades, em Iporã do Oeste (SC), 2015.

_____
_____
_____
_____

2. Por que podemos dizer que, apesar de serem diferentes, o campo e a cidade são espaços interdependentes?

_____
_____
_____
_____

3. A produtividade agrícola é definida pela quantidade de produção por área cultivada. Analise o gráfico a seguir sobre o aumento da produtividade agrícola em função da modernização do campo e responda às questões.

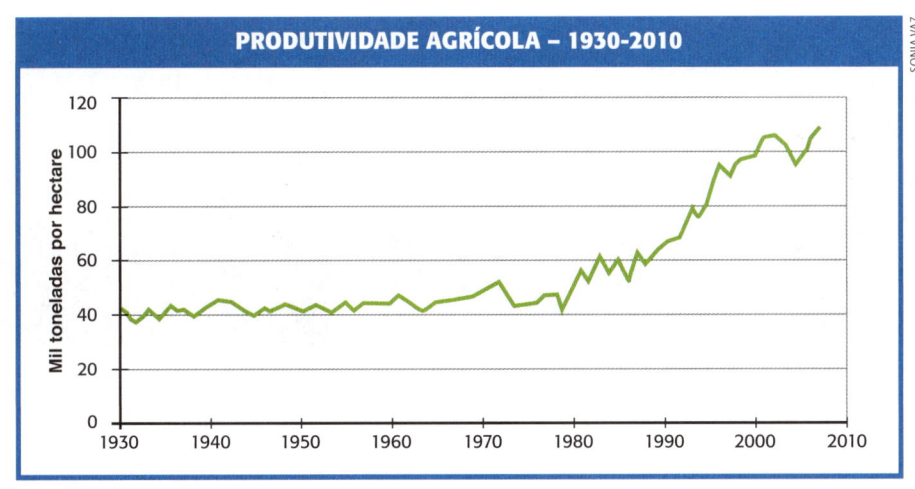

PRODUTIVIDADE AGRÍCOLA – 1930-2010

(Mil toneladas por hectare)

Fonte: ALVIM, Carlos Feu; DIMANDE, Cláudio David. Indicadores de Produtividade de Capital na Agropecuária Brasileira. *Economia e Energia*, ano 14, n. 77, abr./jun. 2010. Disponível em: <www.ecen.com>. Acesso em: jan. 2016.

a) De maneira geral, qual a tendência demonstrada pelo gráfico durante o período analisado?

b) Cite e descreva as principais características da modernização da produção rural que vêm transformando o campo no Brasil.

4. Sobre a reforma agrária, assinale **V** para as afirmações verdadeiras e **F** para as afirmações falsas. Em seguida, aponte os erros das alternativas falsas.

( ) A reforma agrária consiste em redistribuir as terras e proporcionar condições para que os trabalhadores rurais e suas famílias consigam nelas produzir e permanecer.

( ) A redistribuição de terras consiste na distribuição de estabelecimentos rurais produtivos e improdutivos.

( ) Além da redistribuição das terras, é essencial que as famílias tenham acesso a serviços públicos básicos, como transporte, atendimento médico e escola.

( ) Para cumprir sua função social, é fundamental que o produtor rural faça um aproveitamento adequado da terra e utilize apropriadamente os recursos naturais disponíveis.

( ) Na desapropriação, o Governo paga aos proprietários somente o valor da terra.

41

5. A modernização do campo aumentou a produtividade do setor primário no Brasil, porém, concomitantemente, vêm alguns aspectos negativos. Observe as imagens a seguir e cite qual aspecto é retratado. Em seguida, descreva como isso ocorre.

Formação de voçoroca em São Francisco de Assis (RS), 2014

Migrantes da Região Nordeste chegando em São Paulo (SP), 1974.

Plantação de cana-de-açúcar em Ribeirão Preto (SP), 2014.

_____ _____ _____

_____

_____

_____

_____

_____

_____

_____

6. Complete os textos a seguir com os termos associados à estrutura fundiária brasileira e responda à questão.

I. A maior parte das propriedades rurais no Brasil é composta de _____. Elas correspondem a quase _____ das propriedades rurais e ocupam aproximadamente _____ da área total dos imóveis rurais no Brasil.

II. As _____ correspondem a _____ do total das propriedades rurais e ocupam aproximadamente _____ da área total.

III. As _____ representam _____ do total de propriedades rurais e ocupa aproximadamente _____ das terras.

- Com base nesses itens, como podemos caracterizar a estrutura fundiária brasileira?

_____

_____

_____

7. Observe o esquema a seguir, identifique o tema e explique como ele funciona.

ORGANIZAÇÃO DA INDÚSTRIA AGROPECUÁRIA E EXTRATIVISTA VEGETAL

FORNECEDORES — AGROPECUÁRIA E EXTRATIVISMO VEGETAL — PROCESSAMENTO E DISTRIBUIÇÃO

- INSUMOS
- MÁQUINAS E IMPLEMENTOS

- AGROINDÚSTRIA
- INDÚSTRIA
- DISTRIBUIÇÃO E SERVIÇOS

Fonte: MENDONÇA, Cláudio. Agronegócio: atividade alavanca exportações do Brasil. *Uol Educação*, 31 jul. 2005. Disponível em: <http://educacao.uol.com.br>. Acesso em: jan. 2016.

_____
_____
_____
_____

8. Ao longo da unidade, foram vistos os principais produtos agrícolas cultivados no Brasil. Cite esses produtos e o estado que se destaca em sua produção.

_____
_____

9. O que é pecuária? Como ela pode ser classificada?

_____
_____
_____

10. Correlacione os tipos de rebanho e os estados brasileiros que se destacam em sua produção.

a) Suínos   ( ) Criação de bois e vacas   ( ) Região Sul e Minas Gerais

b) Ovinos   ( ) Criação de ovelhas e carneiros   ( ) Região Sul e Sudeste

c) Caprinos   ( ) Criação de aves   ( ) Rio Grande do Sul e Bahia

d) Bubalinos   ( ) Criação de cabras e bodes   ( ) Região Centro-Oeste e Minas Gerais

e) Avicultura   ( ) Criação de porcos   ( ) Região Norte

f) Bovino   ( ) Criação de búfalos   ( ) Região Nordeste

Outro olhar

11. Compare a imagem a seguir com a imagem do lavrador arando a terra da página 120 do livro. Quais as diferenças mais marcantes desses dois tipos de propriedade agrícola?

Plantação de soja, com irrigação, em São Gonçalo do Abaeté (MG), 2014.

_____
_____
_____
_____
_____

12. No gráfico da página 120 do livro, é possível observar o aumento da venda de fertilizantes, em função das transformações que vêm ocorrendo nas atividades rurais no Brasil. Assim como fertilizantes, outros insumos agrícolas, como os agrotóxicos, estão sendo cada vez mais utilizados pelas propriedades rurais. Observe o infográfico abaixo e assinale a alternativa **correta**.

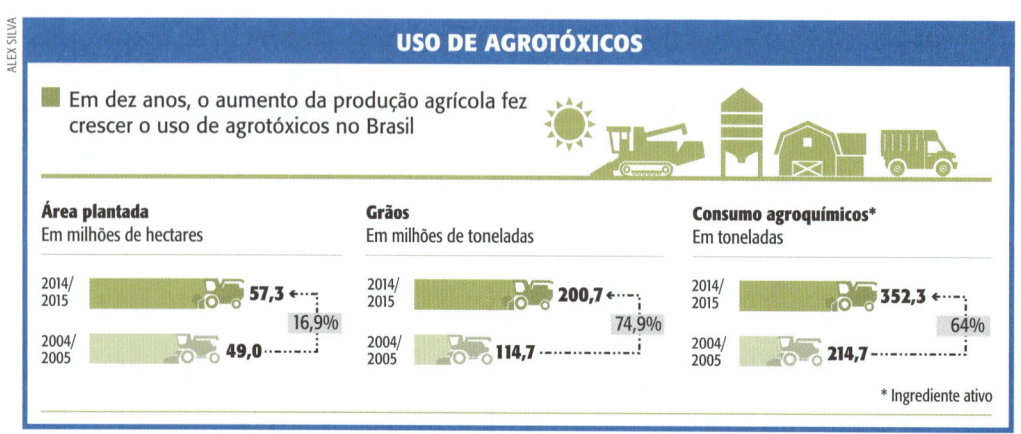

USO DE AGROTÓXICOS

Em dez anos, o aumento da produção agrícola fez crescer o uso de agrotóxicos no Brasil

	2014/2015	2004/2005	Variação
Área plantada (Em milhões de hectares)	57,3	49,0	16,9%
Grãos (Em milhões de toneladas)	200,7	114,7	74,9%
Consumo agroquímicos* (Em toneladas)	352,3	214,7	64%

* Ingrediente ativo

Fonte: ESCOBAR, Herton. Instituto culpa transgênicos por aumento no uso de agrotóxicos, sem provas; especialistas rebatem. *Estadão*, São Paulo, 23 abr. 2015. Disponível em: <http://ciencia.estadao.com.br>. Acesso em: jan. 2016.

I. Em 10 anos, a produção de grãos no Brasil, tais como a soja e o milho, cresceu aproximadamente 75%. Esses grãos são produzidos em larga escala pela agroindústria, usando técnicas agrícolas modernas.

II. As áreas destinadas à agricultura dobraram no período analisado pelo infográfico.

III. O consumo de agrotóxicos aumentou significativamente em 10 anos. Entre os principais aspectos negativos, podemos destacar as mortes e doenças dos trabalhadores que manuseiam esses produtos químicos, a contaminação de solos e recursos hídricos e o agravamento das condições de saúde da população consumidora dos alimentos.

a) Apenas a alternativa I está correta.
b) As alternativas I e II estão corretas.
c) As alternativas I e III estão corretas.
d) As alternativas II e III estão corretas.
e) Todas as alternativas estão corretas.

13. Observe o mapa do Projeto Grande Carajás, ao lado, e o mapa de recursos minerais do Brasil, na página 137 do livro e, em seguida, responda às questões.

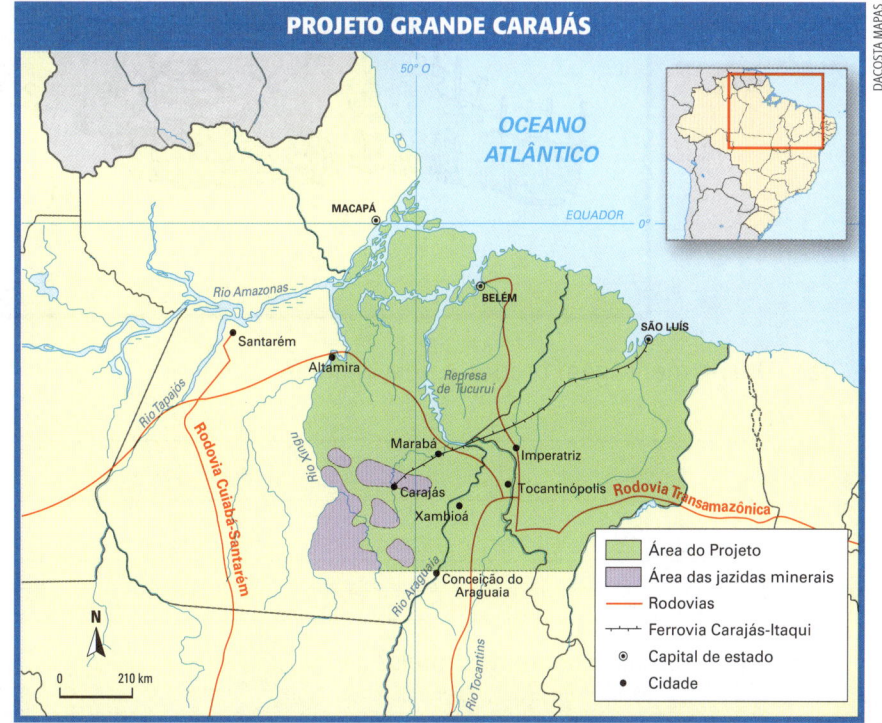

Fonte: elaborado com base em BECKER, Bertha K. *Amazônia*. São Paulo: Ática, 1990.

a) Quais estados se destacam na extração de ouro?

_____

b) Quais estados se destacam na extração de diamante?

_____

c) Qual recurso é explorado com destaque no litoral brasileiro?

_____

d) Sobre o Projeto Grande Carajás, em qual estado está situado? Quais recursos minerais são explorados? Quais os principais países que importam esses recursos minerais? Como e por onde os recursos são escoados?

_____
_____
_____

Leitura do mundo

14. Observe a charge a seguir e responda às questões.

a) Qual a mensagem proposta pela charge?
_____
_____
_____
_____

b) O que são assentamentos rurais?
_____
_____
_____

c) Quais as reivindicações dos movimentos sociais no campo?
_____
_____
_____

d) Cite um exemplo de movimento social.
_____

e) Quais são as formas de luta desses movimentos?
_____
_____

15. Leia o texto a seguir e responda às questões.

> ## Erradicar o trabalho infantil agrícola: uma forma de romper o ciclo da pobreza
>
> A adoção de medidas em prol da erradicação do trabalho infantil na agricultura poderia ter impacto positivo na interrupção do ciclo de pobreza que afeta os setores rurais da América Latina e do Caribe, segundo a Nota sobre Trabalho Rural, elaborada pela Organização das Nações Unidas para a Alimentação e a Agricultura (FAO) e a Organização Internacional do Trabalho (OIT).
>
> Segundo a FAO e a OIT, a maioria das crianças que trabalham em atividades agrícolas mora em zonas rurais e não recebe remuneração por suas tarefas, já que trabalham principalmente apoiando seus pais ou familiares no trabalho independente ou na agricultura de subsistência.
>
> ### Meninos e meninas na agricultura
>
> Segundo o *Estudo sobre trabalho infantil para a América Latina e o Caribe, 2008-2011*, o setor agrícola agrupa a maior quantidade de meninas e meninos trabalhadores (48%), seguido pelo comércio (24%) e pelos serviços (10,4%).
>
> De acordo com a Nota, o trabalho infantil neste setor normalmente se dá como uma resposta a problemas sociais que afetam uma importante proporção da população rural, como a pobreza, a falta de oportunidades, o difícil acesso e baixa qualidade da educação e a necessidade de gerar recursos para a subsistência familiar, entre outros.
>
> Por isso, o relatório assinala que os governos da América Latina e do Caribe devem avançar rumo à erradicação total do trabalho infantil na região pois uma resposta que permita tirar as crianças do trabalho estará estreitamente vinculada à erradicação da pobreza, permitindo assim romper com o ciclo reprodutivo da miséria.
>
> ORGANIZAÇÃO INTERNACIONAL DO TRABALHO (OIT). *Erradicar o trabalho infantil agrícola: uma forma de romper o ciclo da pobreza*. Disponível em: <www.oit.org.br>. Acesso em: jan. 2016.

a) Qual a problemática retratada pelo texto?

b) Quem é o responsável pelo levantamento das informações detalhadas no texto?

c) De acordo com o texto, por que há crianças que trabalham?

d) Qual a porcentagem de crianças trabalhando no setor agrícola, de comércio e de serviços, respectivamente?

e) Qual a razão de haver trabalho infantil nas regiões analisadas pelo texto?

f) De acordo com o texto, qual a solução para erradicar o trabalho infantil?

CARTOGRAFIA EM DESTAQUE

16. Neste exercício, você deverá elaborar um mapa temático com círculos proporcionais, indicando a quantidade de produção de madeira por macrorregião do Brasil em 2011.

Estabeleça a proporção entre a quantidade de produção de madeira e a medida que será adotada para determinar o raio de cada círculo. Por exemplo, o intervalo de até 500.000 m³ será representado por um raio de 0,3 centímetro. O intervalo de 500.000 m³ a 1.000.000 m³ será representado por um raio de 0,5 centímetro.

A partir daí, é só aplicar a proporção para os outros valores de cada região. Caso tenha dificuldade, peça auxílio ao professor de Geografia ou de Matemática.

Insira todos os elementos do mapa (legenda, escala, título, fonte de dados e orientação). Lembre-se: cada 1 cm no mapa corresponde a 260 km da realidade.

Macrorregião do Brasil	Quantidade (m³)
Norte	9.647.643
Centro-Oeste	2.180.106
Nordeste	1.458.390
Sul	795.094
Sudeste	35.478

Fonte: IBGE. *Produção da Extração Vegetal e da Silvicultura 2011.*
Disponível em: <www.ibge.gov.br>. Acesso em: jan. 2016.

Fonte: _____

48

17. Observe os mapas a seguir e assinale **V** para as afirmações verdadeiras e **F** para as afirmações falsas.

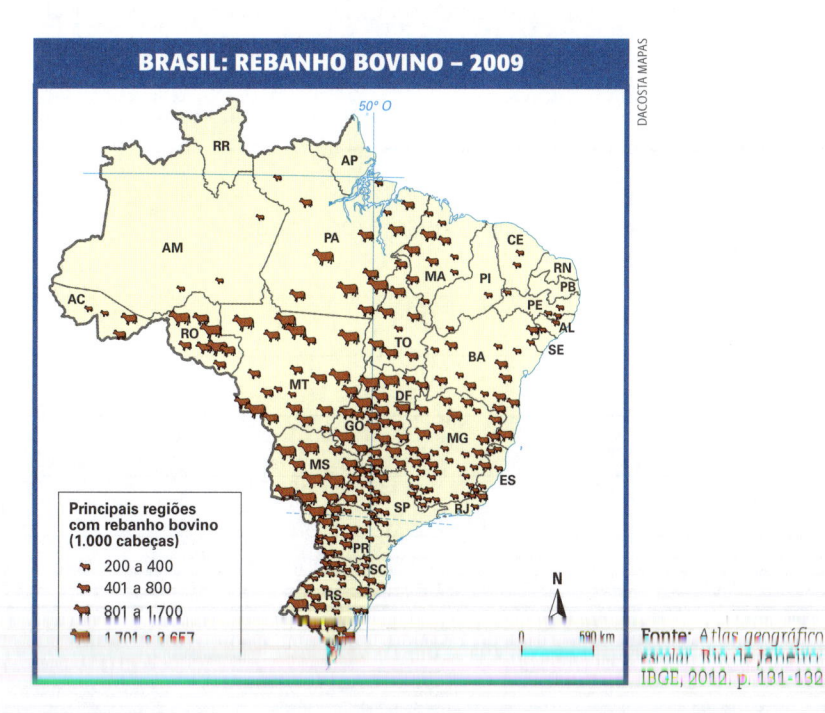

[Mapa: BRASIL: PRODUÇÃO DE AVES – 2009]

[Mapa: BRASIL: PRODUÇÃO DE SUÍNOS – 2009]

[Mapa: BRASIL: REBANHO BOVINO – 2009]

Fonte: Atlas geográfico escolar. Rio de Janeiro: IBGE, 2012. p. 131-132.

a) (   ) A Região Sul é a que mais se destaca na criação de porcos e aves.

b) (   ) Na criação de gado, a Região Centro-Oeste ocupa o primeiro lugar entre as regiões brasileiras.

c) (   ) A criação de suínos, na Região Nordeste, é predominante no estado de Pernambuco.

d) (   ) A Região Amazônica se destaca pela produção de aves no Brasil.

e) (   ) A existência de extensas áreas recobertas por campos possibilitou a formação de pastagens para a pecuária extensiva na Região Centro-Oeste.

49

UNIDADE 6

Brasil: país urbano

Rever a jornada

1. Leia o texto a seguir e responda à questão.

> "Urbanização é o aumento proporcional da população urbana em relação à população rural. Segundo esse conceito, só ocorre urbanização quando o crescimento da população urbana é superior ao crescimento da população rural. Somente na segunda metade do século 20, o Brasil tornou-se um país urbano, ou seja, mais de 50% de sua população passou a residir nas cidades. A partir da década de 1950, o processo de urbanização no Brasil tornou-se cada vez mais acelerado. [...] O processo de urbanização brasileiro apoiou-se essencialmente no êxodo rural. A migração rural-urbana tem múltiplas causas [...]."
>
> MIRANDA, Ângelo T. Urbanização do Brasil: Consequências e características das cidades. *UOL Educação*, 30 jun. 2006. Disponível em: <http://educacao.uol.com.br>. Acesso em: jan. 2016.

- Quais fatores estão associados ao intenso êxodo rural?
  _____
  _____
  _____
  _____
  _____
  _____
  _____

2. Quais as características que diferenciam o centro da periferia das cidades brasileiras?
  _____
  _____
  _____
  _____
  _____
  _____

3. A imagem a seguir retrata um dos principais problemas do Brasil. Observe e responda às questões.

Contraste na paisagem urbana de São Paulo (SP), 2013.

a) Qual problema é retratado? Justifique sua resposta.

b) Como esse problema ocorre no Brasil?

c) Quais as consequências para a população de baixa renda?

4. Sobre segregação espacial, assinale **V** para as afirmações verdadeiras e **F** para as afirmações falsas e assinale a alternativa **correta**.

1) A segregação espacial consiste em uma separação das pessoas em relação à ocupação e ao uso do espaço: o acesso aos espaços mais valorizados ou menos valorizados da cidade é determinado, principalmente, pela renda das pessoas.

2) Em geral, os preços de terrenos, casas e aluguéis são mais altos nas áreas centrais, já que concentram a maior parte dos serviços públicos e infraestruturas urbanas.

3) Nas periferias, encontram-se apenas os imóveis mais baratos das cidades, devido à ausência de serviços públicos e infraestruturas urbanas.

4) Grande parte dos serviços e infraestruturas dos condomínios fechados presentes nas periferias é paga pelas prefeituras.

a) 1 – F; 2 – V; 3 – F; 4 – V.
b) 1 – V; 2 – F; 3 – V; 4 – F.
c) 1 – F; 2 – F; 3 – V; 4 – V.
d) 1 – V; 2 – F; 3 – V; 4 – V.
e) 1 – V; 2 – V; 3 – F; 4 – F.

5. A notícia de jornal a seguir relata uma das medidas que a Prefeitura de São Paulo vem adotando para evitar a especulação imobiliária na cidade. Leia a notícia e responda às questões.

Prefeitura publica decreto que aplica IPTU progressivo a imóveis ociosos

"A Prefeitura de São Paulo publicou nesta quarta-feira (11) no Diário Oficial da cidade o decreto que regulamenta o Imposto Territorial Predial Urbano (IPTU) Progressivo no tempo. O imposto será aplicado em imóveis ociosos ou subutilizados na capital paulista.

O proprietário será notificado e terá prazo para aproveitar o imóvel. A alíquota sobe com o tempo se o dono não fizer as benfeitorias ou ocupar a área. E vai ser aplicada, inclusive, em imóveis isentos do imposto. Depois de cinco anos da cobrança do IPTU Progressivo no tempo, caso o proprietário não faça nada, o imóvel poderá ser desapropriado.

Segundo a Prefeitura, a medida busca garantir a função social dos imóveis e evitar a especulação imobiliária e degradação das regiões que possuem infraestrutura."

G1. *Prefeitura publica decreto que aplica IPTU progressivo a imóveis ociosos.*
Disponível em: <http://g1.globo.com>. Acesso em: jan. 2016.

a) De acordo com o que foi estudado nesta unidade, como ocorre a especulação imobiliária?

_____
_____
_____
_____

b) Qual a consequência da especulação imobiliária para a população de baixa renda?

_____
_____

c) Além do IPTU Progressivo relatado pela notícia, quais outras formas podem ser adotadas para evitar a especulação imobiliária?

_____
_____
_____

d) Você concorda com essas medidas?

_____
_____
_____

6. Relacione os termos a seguir com as descrições da coluna ao lado.

1) Hierarquia urbana

2) Rede urbana

3) Metrópoles

( ) As cidades menores estão sob a influência de uma cidade maior, isto é, as cidades pequenas dependem das médias, que se subordinam às cidades grandes.

( ) São as principais cidades e exercem grande influência no espaço geográfico brasileiro, pois concentram infraestruturas e serviços, muitas vezes não encontrados nas demais cidades.

( ) É um conjunto de cidades interligadas umas às outras por meio de sistemas de transportes e de comunicações pelos quais fluem pessoas, mercadorias, serviços e informações.

7. Com base na hierarquia urbana brasileira, complete o quadro a seguir com as classificações e com as respectivas descrições e os exemplos de cidades.

Classificação	Descrição	Exemplo
	Engloba diversas cidades com influência local.	
		Goiânia
Centro regional		
	São metrópoles que se destacam no espaço mundial pela força econômica que possuem e pelos serviços que oferecem.	
Metrópole nacional		Salvador

8. Quais são os principais serviços públicos de uma cidade? Quem é o principal responsável por fornecer esses serviços públicos? Quem paga pelos serviços públicos?

_____
_____
_____
_____
_____
_____

9. Sobre os problemas ambientais nas cidades, assinale as alternativas **corretas** e reescreva as alternativas **incorretas**.

( ) A poluição ocorre quando os seres humanos lançam no ambiente produtos e substâncias que prejudicam a saúde dos seres vivos e contaminam os elementos naturais, como o ar, o solo e a água.

( ) A poluição pode ser sonora, visual, do solo, da água e do ar. Nas cidades grandes, em geral, pode ocorrer ao mesmo tempo todos os tipos, com sérias consequências para a população.

( ) A poluição do ar nas cidades é provocada apenas pelos automóveis e queimadas e pode afetar diretamente o sistema respiratório das pessoas, causando doenças, como rinite, bronquite etc.

( ) A poluição visual resulta do excesso de placas, cartazes etc. na paisagem urbana, provocando cansaço visual; e a poluição sonora resulta do excesso de barulho e pode provocar danos à audição e estresse na população.

( ) A principal causa de contaminação do solo é o acúmulo de lixo em terrenos sem proteção contra a infiltração dos fluidos tóxicos produzidos no processo de decomposição.

( ) A poluição das águas de rios e córregos das cidades é causada principalmente por lixo e esgoto sem tratamento, porém as doenças são facilmente combatidas por medicamentos e vacinas.

_____
_____
_____
_____
_____

10. Quais tipos de poluição prevalecem no local em que você vive? Faça um levantamento em jornais, revistas, internet e com os seus familiares e amigos.

_____
_____
_____
_____

Outro olhar

11. O mapa da página 145 do livro ilustra a população urbana mundial em 2014. Observe novamente esse mapa e responda às seguintes questões.

a) Qual o recurso utilizado pelo mapa para demonstrar as diferenças da porcentagem de população urbana entre os países?

_____

_____

b) Cite três países que apresentam uma porcentagem baixa de população urbana. Utilize um atlas, se for preciso.

_____

c) Por que esses países abrigam uma porcentagem pequena de população urbana?

_____

_____

_____

_____

_____

12. De acordo com o mapa do Brasil da página 154 do livro, quais macrorregiões apresentam o maior número de regiões metropolitanas? Qual estado está destacado? Por quê?

_____

_____

13. Observe o mapa de aglomerados urbanos da página 154 do livro e assinale a alternativa **correta**.

a) Os maiores aglomerados urbanos estão localizados no continente asiático.

b) O mapa indica que, nas Américas, apenas São Paulo abriga mais de 15 milhões de habitantes.

c) Paris e Londres são aglomerados urbanos situados no continente europeu com a mesma quantidade de população.

d) A China possui apenas um aglomerado urbano com mais de 15 milhões de habitantes, representado por Beijing (Pequim).

e) A África possui aglomerados urbanos que não ultrapassam os 10 milhões de habitantes.

14. Na página 153 do livro, estudamos as características de uma metrópole global, como a cidade de São Paulo. Agora, pesquise três metrópoles globais e justifique suas escolhas.

_____

_____

Leitura do mundo

15. Observe a charge a seguir e, em seguida, leia o artigo 6º da Constituição Federal de 1988.

> Art. 6º – São direitos sociais a educação, a saúde, a alimentação, o trabalho, a moradia, o lazer, a segurança, a previdência social, a proteção à maternidade e à infância, a assistência aos desamparados, na forma desta Constituição.
>
> BRASIL. *Constituição da República Federativa do Brasil de 1988.* Disponível em: <www.planalto.gov.br>. Acesso em: jan. 2016.

a) Faça uma pesquisa e busque o que significa "direito à moradia", citado pelo personagem da charge.

_____
_____
_____
_____
_____
_____

b) Qual a relação entre a charge e o artigo da Constituição citado acima?

_____
_____
_____
_____

c) Com base na sua pesquisa, você considera essa charge irônica?

_____
_____
_____
_____
_____
_____

16. Leia a entrevista a seguir e responda à questão.

> **Zero Hora** – Hoje, Porto Alegre tem 20 quilômetros de ciclovias, mas a cidade tem o potencial para quase 500 quilômetros, segundo o plano cicloviário que você desenhou. O que há de errado: falta vontade política ou são dificuldades comuns de gestão?
>
> **Corrêa** – [...] Se não fizeram é porque faltou interesse. Ainda não perceberam como isso é importante para a economia, o que se concretiza em falta de vontade política. Com ciclovias, você tem pessoas mais saudáveis, menos sedentárias e, por consequência, menos doentes. Há um impacto transversal absurdo. A Alemanha não é rica ou desenvolvida por causa da bicicleta, mas, com certeza, a questão da mobilidade integrada tem sua participação nos indicadores sociais e econômicos. Não é só uma questão ecológica, é econômica. Por aqui, não existe a visão do benefício por parte dos gestores.
>
> ELY, Lara. "Porto Alegre é a cidade mais ciclável do Brasil", diz criador do Plano Cicloviário da Capital. *Zero Hora*, 1º maio 2014. Disponível em: <http://zh.clicrbs.com.br>. Acesso em: jan. 2016.

- O entrevistado indica que a mobilidade integrada, unindo a bicicleta com os outros meios de transporte, pode fornecer muitos ganhos sociais e econômicos. Entre as alternativas a seguir, qual delas **não** apresenta outra medida possível para promover a mobilidade integrada nas cidades?

a) A expansão e a melhoria na qualidade dos transportes coletivos.

b) O investimento em transporte de alta capacidade, como metrôs e trens, nas maiores cidades do país, São Paulo, Rio de Janeiro, Salvador, Recife e Belo Horizonte.

c) Mais segurança e melhorias nas condições do trajeto dos pedestres, assim como implantação de guias com acessibilidade para cadeirantes, carrinhos de bebês etc.

d) A realização de ações públicas de conscientização e educação no trânsito.

e) O incentivo do uso do automóvel, com a implantação de mais sistemas viários que permitam maior fluidez do tráfego.

17. O acúmulo de lixo é um dos principais problemas enfrentados por moradores das cidades. Uma das soluções é a coleta seletiva e a reciclagem de lixo. Redija um breve texto com base nos dados levantados a seguir e inclua a situação da coleta seletiva e reciclagem de lixo no local onde você vive.

_____

_____

_____

_____

Fonte: Ideias Green. *Infográfico sobre reciclagem no Brasil*. Disponível em: <http://ideiasgreen.tumblr.com>. Acesso em: jan. 2016.

RECICLAGEM NO BRASIL E NO MUNDO

- Latas de alumínio 90%
- Papel 45%
- Aço 24%
- Plástico 21%
- Vidro 47%

MUNDO – Maiores produtores de lixo (volume anual em milhões de toneladas)
- EUA: 226
- CHINA: 148
- BRASIL: 57
- JAPÃO: 55,4
- RÚSSIA: 48,6

Países ricos desperdiçam menos comida e geram menos lixo orgânico:
- EUA: 23%
- NORUEGA: 31%
- BRASIL: 60%

- **53** milhões de toneladas é a produção de lixo eletrônico no mundo (computadores, TVs etc.)
- **13%** disso é reciclado
- **152** países importam lixo dos EUA, maior exportador do "produto"
- **10** mil toneladas é o que a China, maior importador, compra para fazer produtos como papel e brinquedos
- **1,2** milhão de toneladas de matéria-prima economizadas graças à importação
- **12,8** milhões de dólares valor dos produtos feitos com lixo
- **1** milhão de animais morrem por ano por ingerir detritos

CARTOGRAFIA EM DESTAQUE

18. Observe o mapa da rede coletora de esgoto do Espírito Santo e assinale a alternativa **incorreta**.

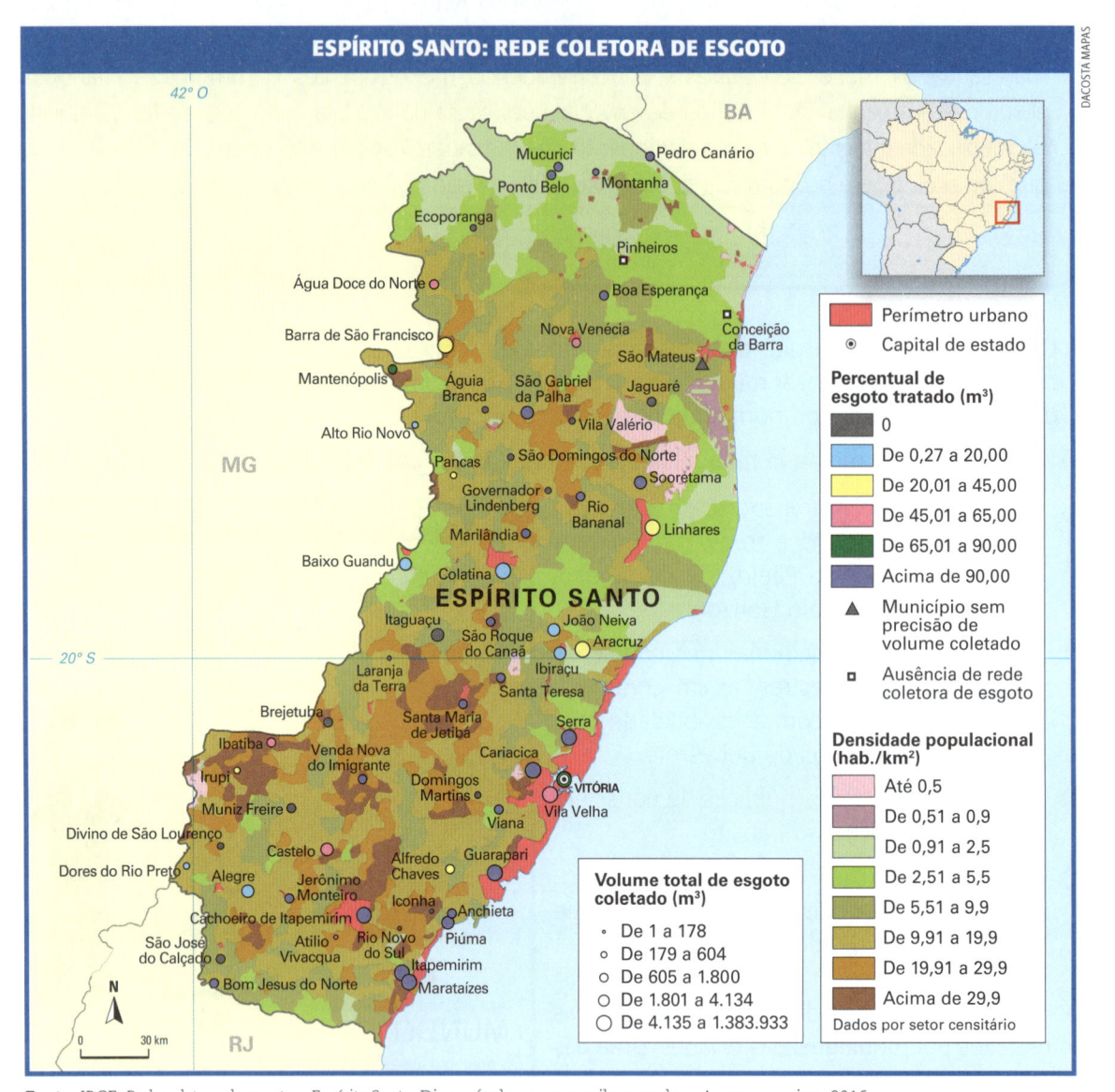

ESPÍRITO SANTO: REDE COLETORA DE ESGOTO

Fonte: IBGE. *Rede coletora de esgoto – Espírito Santo*. Disponível em: <www.ibge.gov.br>. Acesso em: jan. 2016.

a) A capital do Espírito Santo, Vitória, é uma das cidades que mais produzem e coletam esgoto; porém, o índice de tratamento está abaixo de 90%.

b) As cidades de Linhares e Aracruz apresentam um volume de esgoto coletado bastante baixo, mas o percentual de tratamento é bastante alto.

c) Acima de 90% do esgoto gerado nas cidades como Guarapari e Serra é tratado.

d) Na cidade de Colatina, apesar de apresentar um alto índice de coleta de esgoto, o tratamento praticamente não é realizado.

e) Cidades como Conceição da Barra e Pinheiros não possuem rede de coleta de esgoto.

19. Como vimos anteriormente, a partir da década de 1970, a população urbana se tornou predominante no Brasil. No entanto, se analisarmos o mapa a seguir, podemos verificar que algumas regiões ainda possuem um baixo grau de urbanização. Observe atentamente o mapa e responda às questões.

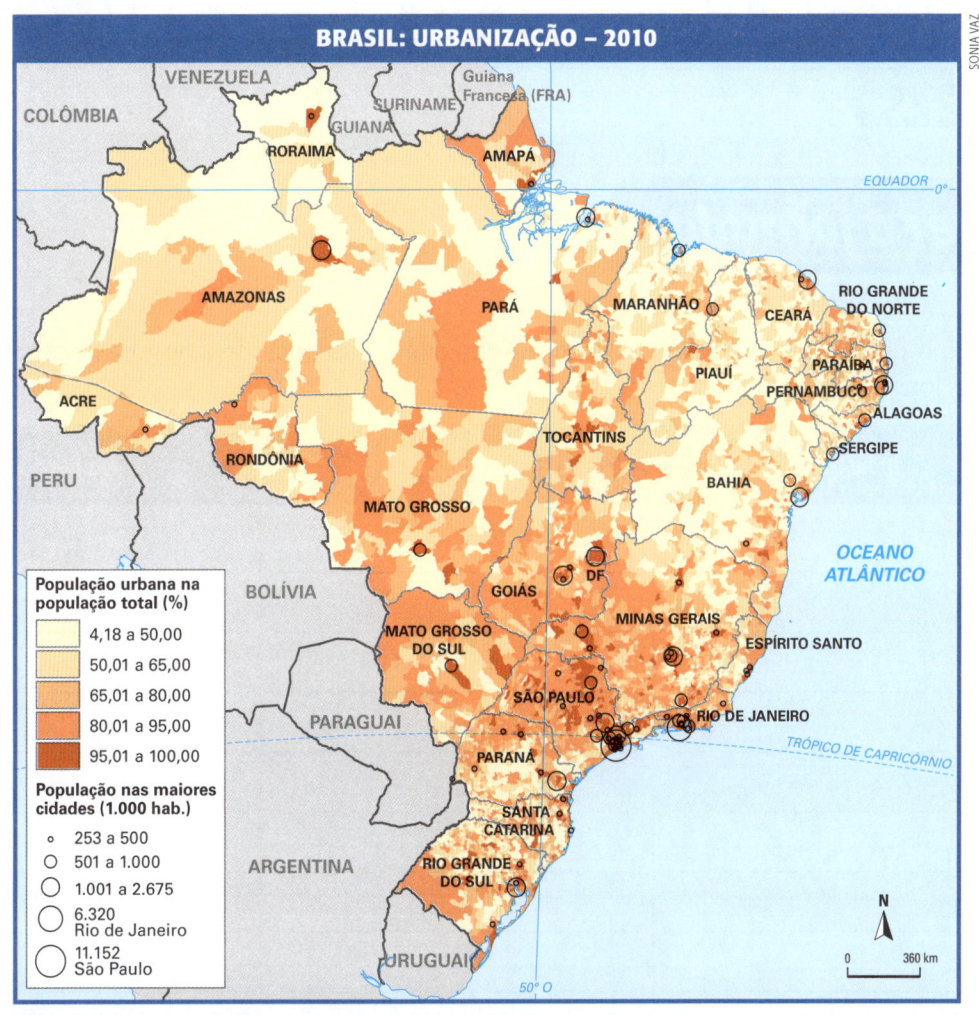

Fonte: Atlas geográfico escolar. 6. ed. Rio de Janeiro: IBGE, 2012. p. 145.

a) Quais regiões apresentam as maiores taxas de população urbana? Por quê?

_____
_____
_____

b) Quais regiões apresentam as menores taxas de população urbana? Por quê?

_____
_____
_____
_____

UNIDADE 7 — Indústria, serviços e comércio no Brasil

Rever a jornada

1. Complete o quadro a seguir com a descrição dos diferentes tipos de atividades econômicas estudadas ao longo desta unidade.

Indústria	Serviços	Comércio

2. Escolha algo que seja produzido industrialmente e elabore um desenho ou esquema que contenha as etapas de produção, com as práticas que devem ser adotadas para diminuir os impactos no meio ambiente.

3. A relativa desconcentração industrial ocorreu principalmente a partir da década de 1990, com o decréscimo da produção em cidades como São Paulo, e crescimento em outras cidades e estados.

SÃO PAULO: DESCONCENTRAÇÃO INDUSTRIAL

Fonte: ADAS, Melhem. *Panorama geográfico do Brasil: contradições, impasses e desafios socioespaciais.* 4. ed. São Paulo: Moderna, 2004. p. 91.

- Indique dois fatores que expliquem a desconcentração industrial em cidades tradicionalmente voltadas para essas atividades.

_____
_____
_____
_____

4. Assinale a alternativa que indique **corretamente** a correlação entre os bens industriais e suas respectivas classificações.

1) Bens intermediários

2) Bens de capital

3) Bens de consumo duráveis

4) Bens de consumo não duráveis

A) São produtos industrializados utilizados pelas indústrias.

B) Bens de rápido desgaste ou deterioração que precisam ser consumidos rapidamente.

C) São as matérias-primas utilizadas no processo industrial.

D) Bens de relativa durabilidade que não necessitam ser utilizados ou consumidos imediatamente e que demoram em ser substituídos.

a) 1 – B; 2 – A; 3 – C; 4 – D.
b) 1 – D; 2 – B; 3 – A; 4 – C.
c) 1 – C; 2 – A; 3 – D; 4 – B.
d) 1 – C; 2 – D; 3 – A; 4 – B.
e) 1 – A; 2 – C; 3 – B; 4 – D.

5. Os itens a seguir se referem a características de determinados períodos da industrialização no Brasil. Insira os termos corretamente nos quadros de cada período.

- Bens de consumo duráveis
- Bens de consumo não duráveis
- Capitais acumulados com a cafeicultura
- Dependência tecnológica
- Empresas estatais
- Estado Novo
- Exportador de produtos primários
- Globalização
- Importador de bens industrializados
- Indústria de bens intermediários
- Industrialização rápida
- Investimento no setor energético
- Milagre econômico
- Modernização e recuperação da indústria
- Multinacionais
- Países emergentes
- Plano de metas
- Privatização
- Substituição das importações
- Vantagem fiscal como atrativo industrial

Até 1930	De 1930 a 1955

De 1956 a 1990	De 1990 aos dias atuais

6. Quais os principais fatores que ajudam a entender o crescimento do setor de serviços?

_____
_____
_____
_____
_____
_____

7. Sobre o desenvolvimento do sistema de transportes no Brasil, assinale **V** para as afirmações verdadeiras e **F** para as afirmações falsas.

( ) Os sistemas implantados nas últimas décadas do século XIX e início do século XX refletiam a característica agroexportadora da economia brasileira. Nesse período, as ferrovias constituíam o principal sistema de transporte no país.

( ) No início do século XX, as ferrovias constituíam o principal sistema de transporte no Brasil e estavam concentradas na Região Norte, de onde partiam trens carregados de recursos minerais.

( ) A partir da segunda metade do século XX, a entrada da indústria automobilística mudou as características das redes de transportes no Brasil. O governo brasileiro optou pelas rodovias.

( ) A partir de meados da década de 1990, o governo iniciou o processo de concessão de ferrovias para a iniciativa privada, com planos de revitalização e expansão para o setor.

( ) Atualmente, as rodovias são o segundo meio de transporte mais utilizado do país, sendo responsáveis por aproximadamente 62% dos deslocamentos de mercadorias e de pessoas.

8. Assinale a alternativa que melhor retrata a imagem a seguir.

Mercadorias expostas de maneira improvisada para venda em Recife (PE), 2013.

Vendedores ambulantes em rua movimentada em Teresina (PI), 2015.

a) Segregação espacial

b) Desigualdade social

c) Poluição visual

d) Comércio informal

e) Desconcentração industrial

9. Com base no gráfico a seguir e nos seus conhecimentos, responda às questões.

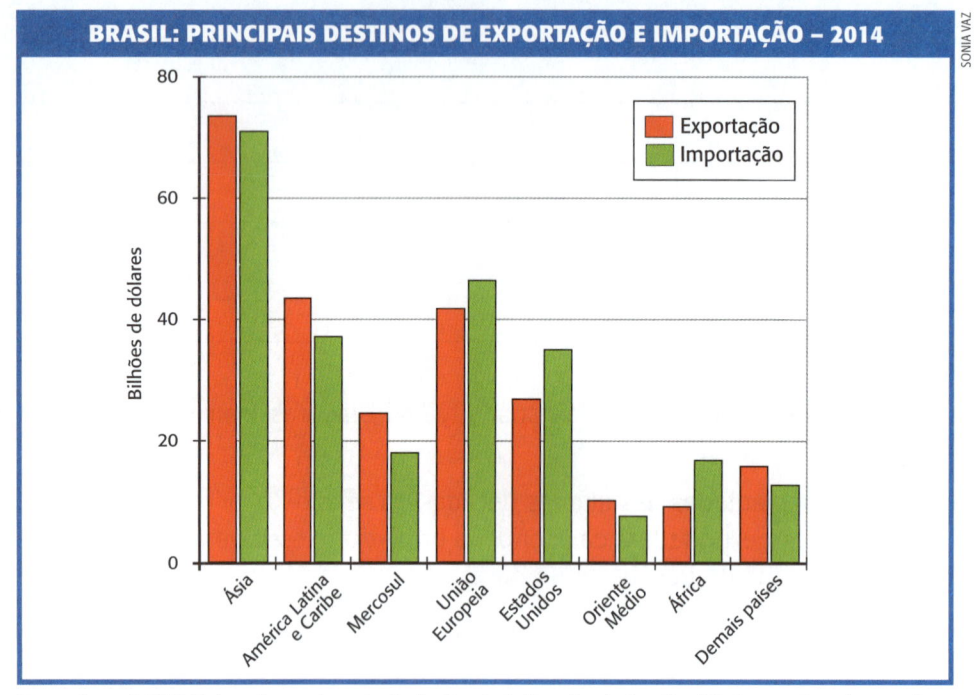

BRASIL: PRINCIPAIS DESTINOS DE EXPORTAÇÃO E IMPORTAÇÃO – 2014

Fonte: Secex/MDIC. Elaborado por Associação de Comércio Exterior do Brasil – AEB. *Exportações e importações brasileiras por principais blocos econômicos*. Disponível em: <www.aeb.org.br/graficos.asp>. Acesso em: jan. 2016.

a) De uma maneira geral, que produtos são mais exportados pelo Brasil?

b) Qual país é o maior parceiro comercial do Brasil? Qual o principal produto vendido pelo Brasil para esse país?

c) Entre os países do Mercosul, qual se destaca no comércio com o Brasil?

d) Em relação ao comércio com os Estados Unidos, o Brasil apresenta déficits ou superávits? Justifique sua resposta.

e) Quais os principais parceiros comerciais do Brasil com a União Europeia? Que tipos de produtos são comprados pelo Brasil?

64

Outro olhar

10. Na imagem da página 176 do livro é apresentada a concentração de funcionários de uma indústria metalúrgica nos anos 1980 para a realização de uma assembleia. O que você acha que é discutido nessas assembleias? Faça uma pesquisa para descobrir o que são os sindicatos e qual a importância deles para o trabalhador.

_____
_____
_____
_____
_____

11. Observe novamente as imagens apresentadas na página 183 do livro. Em seguida, leia o poema e responda às questões.

O MAIOR TREM DO MUNDO (PRAÇA DO AREÃO)

" O maior trem do mundo
Leva minha terra
Para a Alemanha
Leva minha terra
Para o Canadá
Leva minha terra
Para o Japão

[...]
Leva meu tempo, minha infância, minha vida
Triturada em 163 vagões de minério e destruição
O maior trem do mundo
Transporta a coisa mínima do mundo
Meu coração itabirano "

ANDRADE, Carlos Drummond de. "O Maior Trem do Mundo (Praça do Areão)". *O Cometa Itabirano*, Itabira, 1984. Disponível em: <http://outrosolharessobre.blogspot.com.br>. Acesso em: jan. 2016.

a) Qual atividade econômica é descrita no poema? Sublinhe o verso que permite confirmar esse tipo de atividade.

_____

b) O que o autor do poema quis dizer na primeira estrofe?

_____
_____
_____

c) Qual o sentimento principal do autor ao escrever esse poema?

_____
_____
_____

Leitura do mundo

12. Leia o artigo a seguir e responda às questões.

Comunidades indígenas promovem projeto inédito de turismo de pesca sustentável no Rio Negro (AM)

" Uma iniciativa inédita no Brasil promete trazer emprego e renda para comunidades indígenas por meio da exploração do turismo de pesca esportiva sustentável [...]. A expectativa é que sejam gerados pelo menos 22 empregos diretos e em torno de R$ 170 mil anuais apenas em salários. Os números são significativos considerando as pouco mais de 1,2 mil pessoas que devem ser beneficiadas.

Outra parte dos recursos oriundos dos pacotes turísticos será investida diretamente nas comunidades em melhorias de infraestrutura, por exemplo, em radiofonia, transporte e na construção de um laboratório de informática, além da manutenção de um sistema de monitoramento, fiscalização e gestão territorial com envolvimento de todas as comunidades, fortalecendo organizações dos povos indígenas do Rio Negro e coibindo invasões e atividades ilegais. A iniciativa prevê também a organização de uma rede de produtores das comunidades para abastecimento da atividade com frutos da floresta e das roças.

'Essa iniciativa foi construída com base nos anseios e propostas das comunidades e nas normas legais de modo que ela não venha a inviabilizar as atividades do dia a dia dos indígenas, nem prejudicar sua cultura', conta Marivelton Rodrigues Barroso, um dos diretores da Federação das Organizações Indígenas do Rio Negro. 'Nós, os povos indígenas, temos o usufruto das TIs garantido pelo processo de demarcação. A partir daí, temos de fazer a gestão territorial e ambiental para que possamos desenvolver atividades que garantam também a autonomia econômica das comunidades', finaliza. "

Instituto Socioambiental. Comunidades indígenas promovem projeto inédito de turismo de pesca sustentável no Rio Negro (AM).
Disponível em: <www.socioambiental.org>. Acesso em: jan. 2016.

a) Qual a iniciativa proposta pelas comunidades indígenas descrita no artigo acima?

_____

_____

b) Com essa iniciativa, quais benefícios serão trazidos para as comunidades indígenas?

_____

_____

_____

_____

c) Você concorda com esse tipo de atividade explorada pelas comunidades indígenas? Por quê?

_____

_____

_____

13. Ao longo desta unidade, vimos que a competição entre as empresas faz aumentar a procura por serviços como propaganda e publicidade. Veja o infográfico a seguir.

a) De acordo com o infográfico, qual a participação das propagandas de TV no consumo infantil?

b) Que tipo de produto recebe mais influência para a sua compra?

CONSUMO INFANTIL
O que influencia as crianças na hora de comprar

- Propaganda na TV: 73%
- Personagem famoso: 50%
- Embalagens: 48%
- Marca conhecida: 44%
- Usado por amigos: 38%

Participação na decisão de compra dos pais
- 20% não
- 80% sim
  - 38% influenciam fortemente
  - 42% influenciam pouco

Influência por produto
- 86% brinquedos
- 57% roupas
- 92% alimentos

Fonte: O TEMPO. *Consumo infantil.* Disponível em: <http://www.otempo.com.br/infogr%C3%A1ficos/consumo-infantil-1.753001>. Acesso em: jan. 2016.

c) Você considera esses tipos de influência um aspecto positivo ou negativo? Por quê?

d) O que pode ser feito para minimizar tais influências no consumo infantil?

67

CARTOGRAFIA EM DESTAQUE

14. Estudamos nesta unidade que muitos mapas apresentam as informações por meio de símbolos que mostram a localização exata de um ponto na superfície terrestre. Neste exercício, você deverá inserir no mapa da Região Sudeste os pontos notáveis que deseja por meio dos símbolos, por exemplo: a capital, as principais cidades, os locais de portos, aeroportos, os locais onde há extração de minérios, pontos notáveis de patrimônio histórico etc. Não se esqueça de inserir todos os elementos do mapa (legenda, escala, título, fonte de dados e orientação). Este mapa foi elaborado com base no *Atlas geográfico escolar*. 6. ed. Rio de Janeiro: IBGE, 2012, página 182.

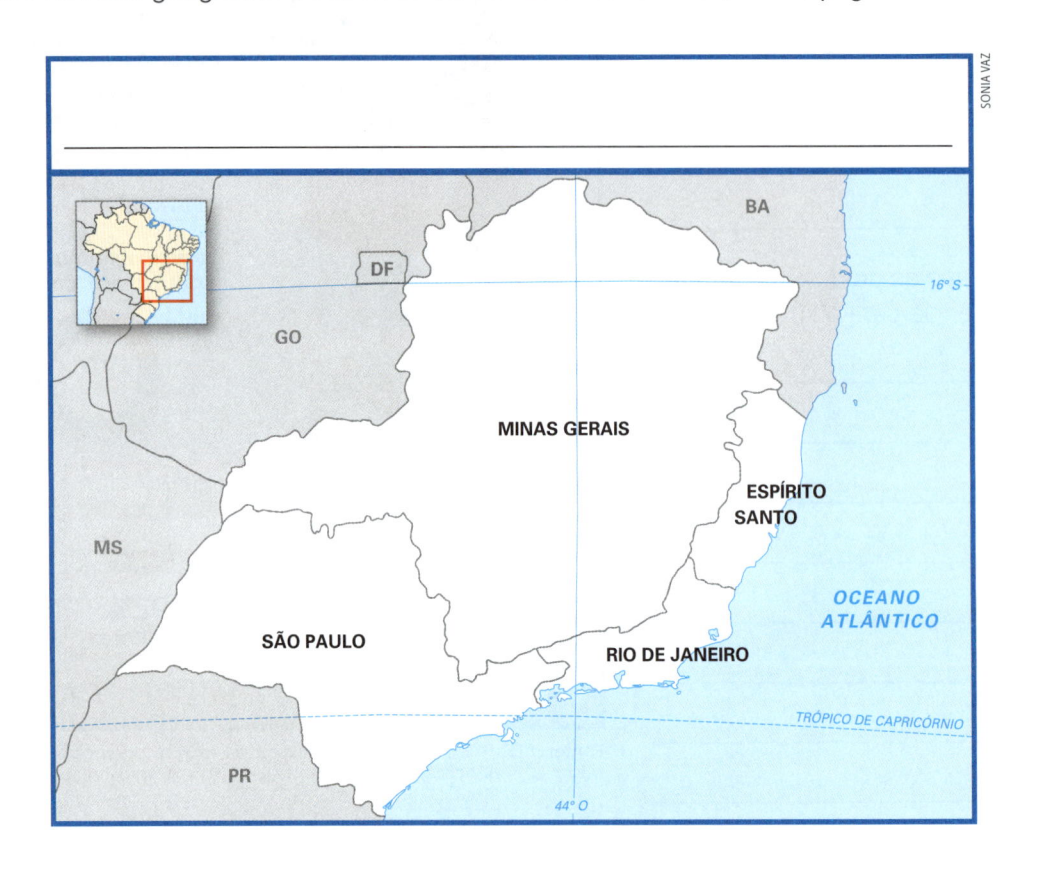

Fonte: _____

- Em seguida, faça uma pesquisa sobre um desses pontos notáveis que colocou no mapa e elabore um pequeno texto.

_____
_____
_____
_____
_____
_____

15. Observe o mapa dos tipos de municípios turísticos a seguir e elabore um pequeno texto demonstrando os principais locais e os aspectos, estudados nesta unidade, em que deverão ser investidos para melhorar as atividades turísticas no Brasil.

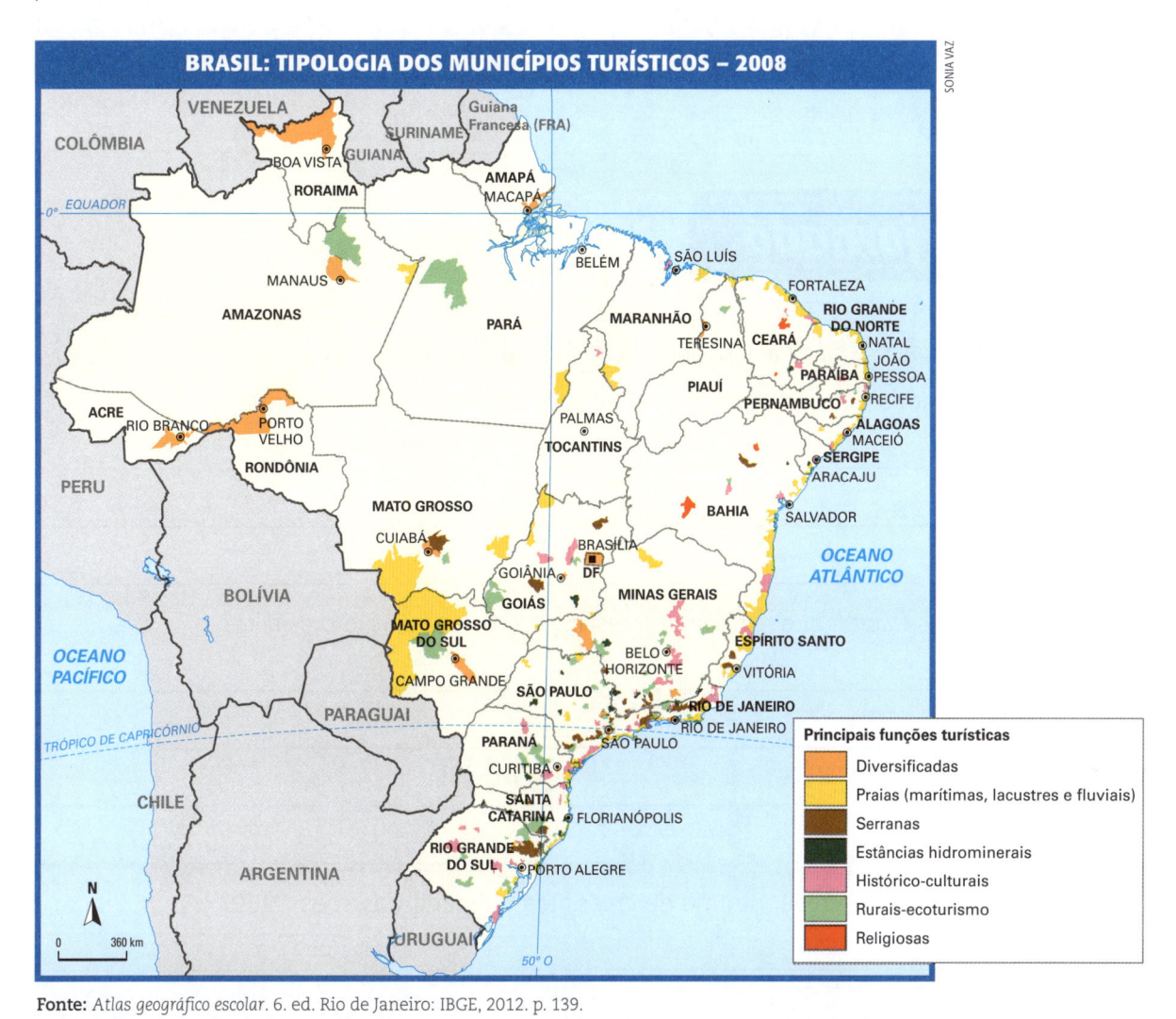

BRASIL: TIPOLOGIA DOS MUNICÍPIOS TURÍSTICOS – 2008

Principais funções turísticas:
- Diversificadas
- Praias (marítimas, lacustres e fluviais)
- Serranas
- Estâncias hidrominerais
- Histórico-culturais
- Rurais-ecoturismo
- Religiosas

Fonte: *Atlas geográfico escolar*. 6. ed. Rio de Janeiro: IBGE, 2012. p. 139.

UNIDADE 8 — População brasileira

Rever a jornada

1. Com base na tabela da página 197 do livro, responda às questões.

   a) Qual é o período de maior crescimento relativo da população brasileira?

   _____
   _____
   _____

   b) Quais os dois fatores que explicam o crescimento da população brasileira?

   _____
   _____
   _____
   _____

   c) Como podemos descrever o ritmo de crescimento a partir dos anos 1960?

   _____
   _____
   _____
   _____

2. Assinale a alternativa que **não se insere** entre as razões da diminuição das taxas de natalidade e a das mudanças nos padrões das famílias brasileiras.

   a) Maior acesso a informações e métodos para evitar gravidez, tais como pílulas anticoncepcionais e preservativos.

   b) O aumento do custo de vida proporcionado pelo modo de vida urbano e o maior acesso ao planejamento familiar.

   c) O aumento significativo da expectativa de vida da população e o desinteresse entre os mais jovens em construir família.

   d) Maior acesso de homens e mulheres a métodos cirúrgicos para não ter mais filhos, como a vasectomia e a laqueadura.

   e) A inserção da mulher no mercado de trabalho e a "dupla jornada" feminina diminuíram a possibilidade de famílias com grande número de filhos.

3. Como é a distribuição espacial da população no território brasileiro? O que determinou esse padrão de distribuição?

_____
_____
_____
_____
_____
_____

4. A tabela a seguir apresenta dados de população e área das macrorregiões brasileiras. Calcule a densidade demográfica de cada macrorregião e classifique se são populosas e povoadas.

BRASIL: DISTRIBUIÇÃO DA POPULAÇÃO POR MACRORREGIÕES

Macrorregião	População (2010)	Área (Km²)	Densidade demográfica (Hab./Km²)	Classificação
Região Norte	15.864.454	3.853.669		
Região Nordeste	53.081.950	1.554.291		
Região Sudeste	80.364.410	924.616		
Região Sul	27.386.891	576.773		
Região Centro-Oeste	14.058.094	1.606.415		

Fonte: IBGE. *Sinopse do Censo Demográfico 2010*. Disponível em: <www.censo2010.ibge.gov.br/sinopse/index.php?dados=4&uf=00>. Acesso em: jan. 2016.

5. Sobre os movimentos da população brasileira no território, assinale **V** para as afirmações verdadeiras e **F** para as afirmações falsas.

( ) No período de 1960 a 1970, os principais fluxos migratórios originaram-se na Região Nordeste. Milhares de nordestinos migraram principalmente para as regiões Sudeste e Norte.

( ) No período de 1960 a 1970, muitas pessoas saíram da Região Sul em direção à Região Nordeste, atraídas pelas novas áreas agrícolas.

( ) Entre 1970 a 1980, a Região Nordeste manteve a liderança dos fluxos migratórios. Entretanto, aumentaram os deslocamentos de migrantes que deixaram as regiões Sudeste e Sul em direção às regiões Centro-Oeste e Norte, atraídos pelos baixos preços das terras.

( ) A partir de 1980, verificou-se um aumento da migração entre as regiões brasileiras. Além disso, os fluxos migratórios do campo para a cidade e de um município para o outro, no interior das regiões, tornaram-se mais comuns.

( ) Desde o ano 2000, o principal movimento que caracteriza as migrações internas é a chamada migração de retorno, especialmente da Região Sudeste para a Região Nordeste.

6. Observe atentamente as pirâmides etárias de 1980 e 2014 do Brasil e responda às questões.

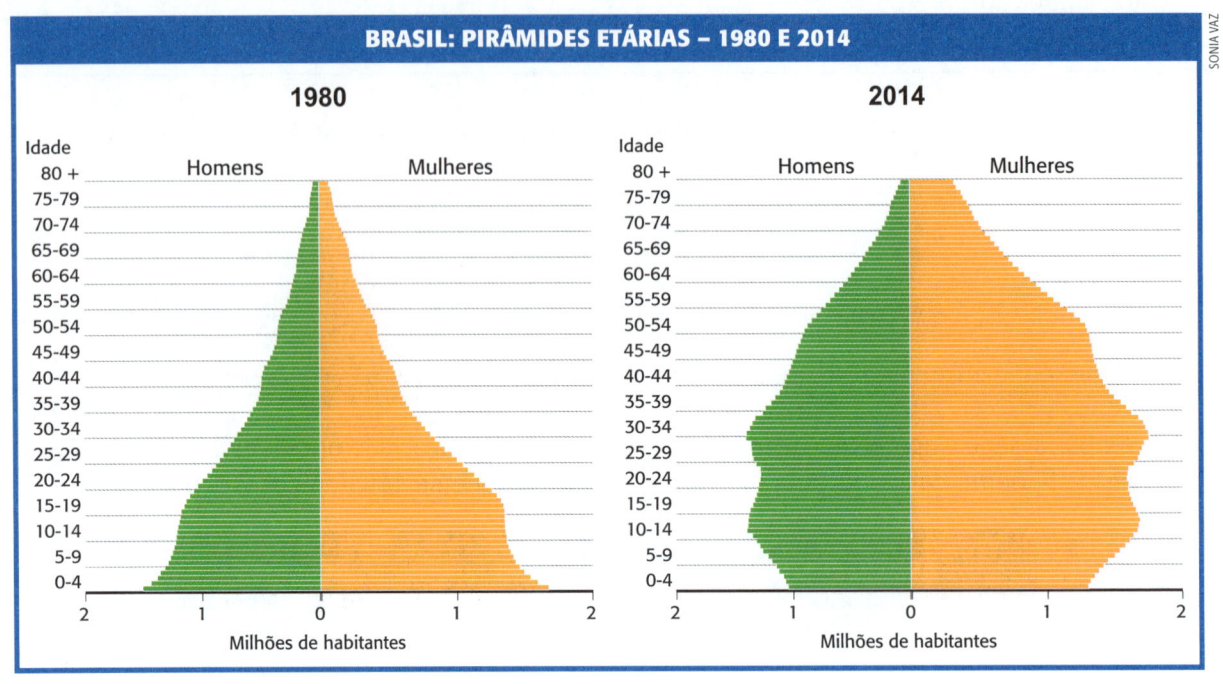

BRASIL: PIRÂMIDES ETÁRIAS – 1980 E 2014

Fonte: IBGE. *Projeção da população*. Disponível em: <www.ibge.gov.br>. Acesso em: jan. 2016.

a) Quais principais diferenças podem ser notadas ao comparar as duas pirâmides etárias?

b) Quais consequências podem ser geradas para a população brasileira em função das características da pirâmide etária de 2014?

7. Com base no que foi discutido durante esta unidade, o que pode explicar as transformações demonstradas pela tabela a seguir?

População de 10 anos ou mais de idade, ocupada, por agrupamentos de atividade econômica – 1950-2014								
Setor de atividade	1950	1960	1970	1980	1990	2000	2014
Primário	59,9	54,0	45,0	29,3	22,8	20,6	14,2
Secundário	13,7	13,0	18,0	25,0	22,7	21,3	22,4
Terciário	26,4	33,0	37,0	45,7	54,5	58,1	63,4

Fontes: OLIVEIRA, Jane Souto. *O traço da desigualdade social no Brasil*. Rio de Janeiro: IBGE, 1993. p. 9. IBGE. Pesquisa Nacional por Amostra de Domicílios, 2002 e 2004. Disponíveis em: <www.biblioteca.ibge.gov.br>. Acessos em: jan. 2016.

_____
_____
_____
_____

8. Quais fatores podem explicar o crescimento da população indígena a partir dos anos 1980?

_____
_____
_____
_____

9. De acordo com o que estudamos nesta unidade, aproximadamente 4 milhões de africanos foram trazidos para o Brasil e forçados a trabalhar como escravos.

a) Onde e em que tipos de atividades os povos negros africanos foram forçados a trabalhar?

_____
_____
_____
_____

b) Cite alguns elementos de influência dos povos africanos presentes na população brasileira.

_____
_____
_____

c) Mesmo com o fim da escravidão, quais as dificuldades que a população negra ainda encontra no Brasil?

10. O que são comunidades quilombolas? Qual a importância da regularização das Terras quilombolas para essas comunidades?

11. Sobre os imigrantes que vieram para o Brasil, assinale a alternativa que identifique as afirmações **corretas**.

Família de imigrantes italianos em uma olaria, em São Caetano do Sul (SP), 1911.

I. Os europeus e asiáticos migraram para o Brasil em grande número, principalmente após a independência do país, em 1822.

II. Inicialmente, a imigração foi estimulada com o objetivo de ocupar o território. Grande número de alemães e italianos se fixaram principalmente nas regiões Sudeste e Centro-Oeste do país, onde fundaram cidades e desenvolveram a agropecuária em pequenas propriedades rurais.

III. O auge da imigração ocorreu na passagem do século XIX para o XX. Com o fim da escravidão, em 1888, levas de imigrantes chegavam para trabalhar predominantemente nas fazendas de café. O grupo mais numeroso foi o de italianos, seguido de portugueses e espanhóis.

IV. Entre os povos asiáticos que imigraram, destacam-se os sírios, os turcos, e, principalmente, os japoneses, que começaram a chegar no Brasil em 1908.

a) Estão corretas apenas as afirmações I e II.
b) Estão corretas apenas as afirmações II e III.
c) Estão corretas apenas as afirmações I, III e IV.
d) Estão corretas apenas as afirmações II, III e IV.
e) Estão corretas todas as afirmações.

Outro olhar

12. Ao observar novamente o mapa da página 203 do livro, que demonstra os principais fluxos migratórios da década de 1970-1980, podemos perceber uma seta menor, que representa o fluxo migratório do estado do Paraná para o exterior. Qual o país de destino desses emigrantes? Quais os principais motivos do deslocamento dessa população?

_____
_____
_____

13. Se observar novamente o gráfico da página 216 do livro, você vai notar um número significativo de entrada de imigrantes no Brasil entre as décadas de 1910 a 1930. Podemos afirmar que grande parte desses imigrantes é representada pelos japoneses, que começaram a chegar ao Brasil em 1908. Faça uma pesquisa e levante as seguintes informações.

a) Qual o meio de transporte utilizado pelos imigrantes japoneses? Quanto tempo levava a viagem do Japão ao Brasil?

_____

b) Quais os principais locais de estabelecimento dos imigrantes japoneses?

_____
_____

c) Quais as principais atividades exercidas pelas comunidades japonesas naquela época?

_____
_____
_____

d) Registre no espaço alguns exemplos da influência da cultura japonesa nessas regiões do Brasil. Para isso, utilize fotografias atuais ou outros tipos de imagens, desenhos etc.

Leitura do mundo

14. Leia a notícia abaixo e responda às questões em seguida.

> ### Aumenta participação de mulheres no mercado de trabalho, constata IBGE
>
> "A participação das mulheres no grupo de pessoas ocupadas nas 5,2 milhões de empresas e outras organizações formais ativas no país registrou alta de 3,2% entre 2011 e 2012 – crescimento de 1,5 ponto percentual em relação ao aumento da participação dos homens no período (1,7%).
>
> Essa melhoria da participação das mulheres no mercado de trabalho também ocorreu em termos salariais. Embora em 2012 os homens tenham recebido, em média, R$ 2.126,67, e as mulheres, R$ 1.697,30, a pesquisa constatou, em relação a 2011, que em 2012 os salários das mulheres tiveram um aumento real superior ao dos homens: 2,4% contra 2%."
>
> OLIVEIRA, Nielmar. Aumenta participação de mulheres no mercado de trabalho, constata IBGE.
> EBC Agência Brasil. Disponível em: <http://agenciabrasil.ebc.com.br>. Acesso em: jan. 2016.

a) De acordo com a notícia, o que vem ocorrendo com a participação da mulher no mercado de trabalho?

b) O crescimento da participação feminina no mercado de trabalho aconteceu no mesmo ritmo em todos os setores da economia? Qual setor que mais contrata mulheres atualmente? Por quê?

c) Apesar das mudanças ocorridas, ainda existem diferenças entre homens e mulheres no mercado de trabalho. Quais são as diferenças presentes na notícia? Como auxílio, observe o gráfico e a tabela na página 211 do livro.

15. Ao longo desta unidade, estudamos as diferenças regionais na taxa de analfabetismo no Brasil, destacando o Nordeste como a região que registra a maior taxa. Agora, observe o gráfico e responda às questões.

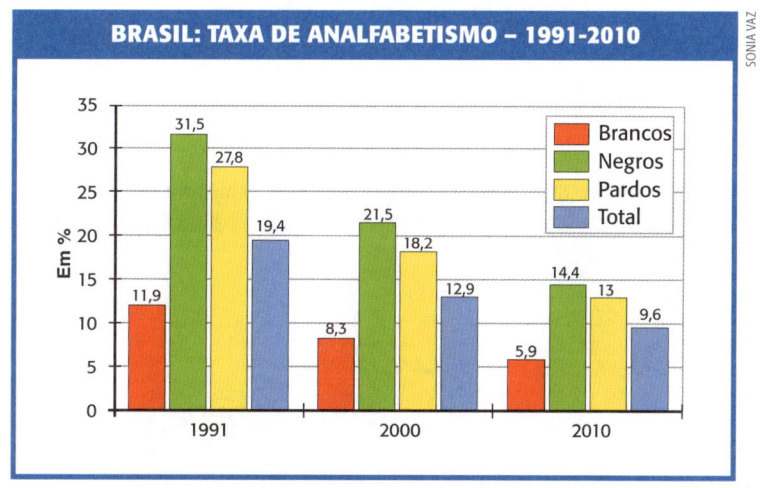

BRASIL: TAXA DE ANALFABETISMO – 1991-2010

Ano	Brancos	Negros	Pardos	Total
1991	11,9	31,5	27,8	19,4
2000	8,3	21,5	18,2	12,9
2010	5,9	14,4	13	9,6

Fonte: SOARES, Lucila; LEMOS, Rafael. IBGE mostra a persistência de dois 'Brasis'. *Veja*, São Paulo, 16 nov. 2011. Disponível em: <http://veja.abril.com.br>. Acesso em: jan. 2016.

a) Qual o problema retratado pelo gráfico?

b) O que podemos refletir sobre os dados do gráfico?

c) O que você acha que pode ser feito para diminuir essas diferenças?

CARTOGRAFIA EM DESTAQUE

16. Com base no mapa abaixo, que indica as taxas de natalidade por Unidades da Federação, responda ao que se pede.

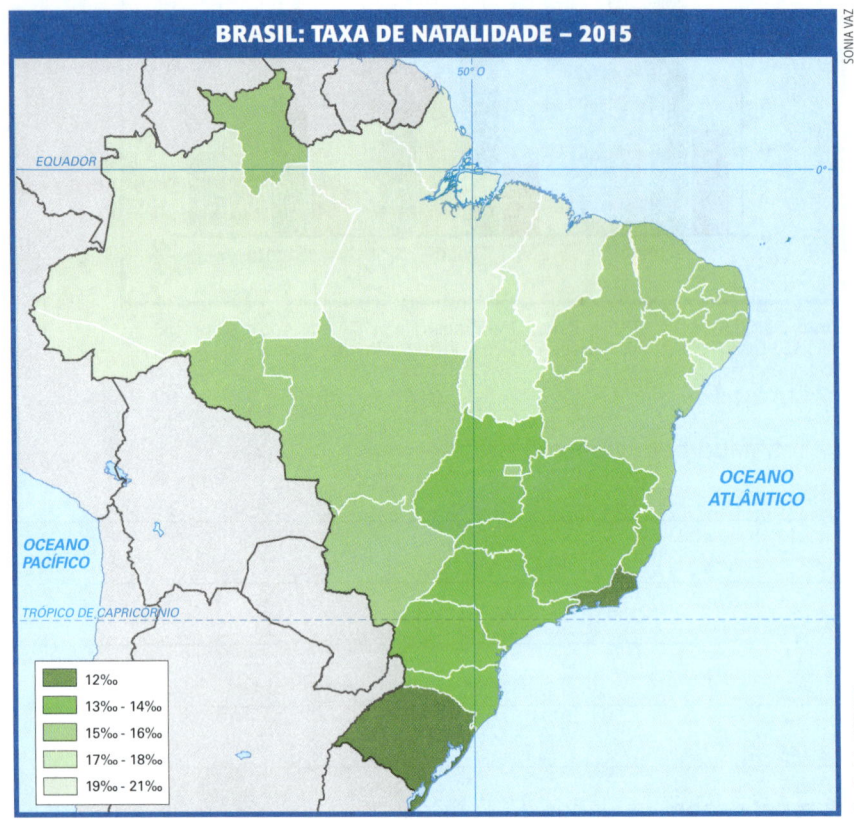

BRASIL: TAXA DE NATALIDADE – 2015

Legenda:
- 12‰
- 13‰ - 14‰
- 15‰ - 16‰
- 17‰ - 18‰
- 19‰ - 21‰

Fonte: IBGE. *Taxa bruta de natalidade por Unidade da Federação.* Disponível em: <www.ibge.gov.br>. Acesso em: jan. 2015.

a) Onde estão concentradas as menores taxas de natalidade do Brasil?

b) Que fatores determinam tal concentração observada no mapa?

c) Que erro pode ser encontrado na elaboração desse mapa?

17. Ao longo desta unidade, vimos que, em geral, os mapas que apresentam a movimentação da população/migração no espaço geográfico são representados por mapas dinâmicos, denominados de mapas de fluxo. Observe o mapa de fluxo a seguir, utilizado em uma notícia de jornal, que apresenta o movimento pendular diário da Região Metropolitana de São Paulo.

Fonte: Folha de S.Paulo. IBGE usa movimento pendular para determinar se cidades se relacionam. São Paulo, 27 mar. 2015. Disponível em: <www.folha.com.br>. Acesso em: jan. 2016.

a) O que você entende por movimento pendular diário?

b) Qual variável visual é utilizada pelo mapa para demonstrar as informações?

c) Cite três municípios que se destacam entre os maiores e os menores fluxos.

d) Que tipo de investimento em infraestrutura urbana deve ser realizado para atender aos movimentos diários da Região Metropolitana de São Paulo?

e) O movimento pendular diário é comum no local onde você vive? Se sim, quais os principais motivos?

79

ANOTAÇÕES